智能汽车
新一代技术与应用

姜鸿雷 ◎著

电子工业出版社·
Publishing House of Electronics Industry
北京·BEIJING

内 容 简 介

本书全方位地介绍了新一代智能汽车的关键技术，系统地阐述了汽车芯片、电子电气架构、车载网络、计算平台、车辆感知、定位、5G、V2X、云计算、大数据、汽车软件、SOA、功能安全、预期功能安全等技术的基本知识，并探讨了相关技术在汽车领域的应用，分析了智能汽车的发展趋势。

本书通俗易懂，实用性强，可供汽车行业工程技术人员参考。

未经许可，不得以任何方式复制或抄袭本书之部分或全部内容。
版权所有，侵权必究。

图书在版编目（CIP）数据

智能汽车：新一代技术与应用 / 姜鸿雷著．—北京：电子工业出版社，2023.4

ISBN 978-7-121-45364-9

I. ①智… II. ①姜… III. ①智能控制—汽车 IV. ①U46

中国国家版本馆 CIP 数据核字（2023）第 069235 号

责任编辑：刘志红（lzhmails@phei.com.cn）　　特约编辑：王　纲
印　　刷：三河市华成印务有限公司
装　　订：三河市华成印务有限公司
出版发行：电子工业出版社
　　　　　北京市海淀区万寿路 173 信箱　邮编　100036
开　　本：787×1 092　1/16　印张：25.75　字数：656 千字
版　　次：2023 年 4 月第 1 版
印　　次：2023 年 4 月第 1 次印刷
定　　价：168.00 元

凡所购买电子工业出版社图书有缺损问题，请向购买书店调换。若书店售缺，请与本社发行部联系，联系及邮购电话：（010）88254888，88258888。
质量投诉请发邮件至 zlts@phei.com.cn，盗版侵权举报请发邮件至 dbqq@phei.com.cn。
本书咨询联系方式：18614084788，lzhmails@163.com。

PREFACE 前 言

当前,全球新一轮科技革命和产业变革快速发展。以人工智能、大数据、云计算为代表的新一代信息技术在多领域加速突破和应用。各领域之间日益呈现交叉融合发展的新态势,产业技术创新也呈现出多点突破。汽车产业规模大,产业链长,产业应用面广,产业技术的集成度高,正在成为本轮新技术革命和产业变革的主要载体。

汽车产业向电动化、智能化、网联化、共享化方向持续转型。信息通信、绿色能源、智能交通、智慧城市等领域的新技术正在成为构建新一代汽车技术体系的关键技术。

随着汽车由信息孤岛变为移动的数据终端和万物互联的关键节点,汽车将从满足代步需求的交通工具,变为支撑多样化智能生活的移动数据工具,进一步促进汽车与城市生活融为一体。在这一进程中,汽车产业将由传统单一的汽车产业链,进一步向跨行业的全面的产业链方向发展。除汽车生产企业、汽车供应商、汽车销售商以外,未来信息通信技术企业、新兴的软硬件技术公司、新的运营商、服务商及内容商都将以技术融合为牵引,成为新型汽车产业的重要组成部分。

智能汽车作为具有代表性的下一代终端繁荣发展,依托出行场景,将构建丰富的垂直领域生态,打造无所不在的汽车互联网。

电动化、智能化技术在汽车和航空领域的跨界发展,使得飞行汽车作为未来立体交通的运载工具在技术上成为可能。飞行汽车将是面向立体的智能交通运载工具,是电动化、智能化、立体化的未来汽车。

2022年,我国交通运输部、科学技术部联合印发了《交通领域科技创新中长期发展规划纲要(2021—2035年)》,将"部署飞行汽车研发,突破飞行器与汽车融合、飞行与地面行驶自由切换等技术"写入其中,为飞行汽车的发展指明了方向,也为其未来实现产业化提供了政策支撑。

面对汽车行业百年未有之大变局,汽车行业从业人员必须停止用从前的思路想问题,要跳出来看自己的位置，从智能汽车整体的角度看问题；要与时俱进，保持谦逊的态度和持续学习的能力，为我国的汽车行业贡献一份自己的力量。

本书主要介绍当前智能汽车关键技术，包括汽车芯片、计算平台、电子电气架构、汽车软件安全等方面，并展望了智能汽车发展趋势，相信读者能有所收获。

在本书写作过程中，广泛参考了各类资料，特向各位作者表示深切的谢意！写作占用了许多陪伴家人的时间，感谢家人对我的理解。

囿于作者知识背景和技术水平，也因行业和时代的快速发展，书中不足之处在所难免，希望读者给予指正和建议。因篇幅有限，部分内容未能深入阐述。

姜鸿雷

2022 年 2 月

CONTENTS 目 录

第1章 智能汽车概述 ·· 001
  1.1 智能网联汽车介绍 ·· 001
  1.2 智能网联汽车关键技术 ·· 002
  1.3 智能网联汽车发展前景 ·· 006

第2章 电子电气架构 ·· 008
  2.1 电子电气架构介绍 ·· 008
    2.1.1 电子电气架构概述 ·· 008
    2.1.2 电子电气架构的开发过程 ·· 009
    2.1.3 电子电气架构的开发方法 ·· 013
  2.2 汽车电子电气架构的发展 ··· 015
    2.2.1 电子电气架构的演进方向 ·· 016
    2.2.2 电子电气架构演进的动力 ·· 017
    2.2.3 新型电子电气架构介绍 ·· 020
  2.3 新型电子电气架构的挑战 ··· 025
  2.4 从 EEA 到 EEI ·· 030

第3章 智能汽车通信基础 ·· 033
  3.1 智能汽车通信基础介绍 ·· 033
  3.2 CAN 总线 ·· 033
    3.2.1 CAN 总线的定义 ·· 034
    3.2.2 CAN 总线的特点 ·· 034
    3.2.3 CAN 总线的数据传输 ·· 035
    3.2.4 CAN 协议的特点 ·· 039

		3.2.5	CAN 数据链路层	040
		3.2.6	CAN-FD 总线	054
		3.2.7	CAN-XL 总线	060
	3.3	汽车以太网		065
		3.3.1	汽车以太网的物理特性	065
		3.3.2	汽车以太网协议	069
		3.3.3	汽车以太网安全	078
		3.3.4	10Base-T1x 总线	081
	3.4	PCIe 总线		086
		3.4.1	汽车网络面临的挑战	086
		3.4.2	使用 PCIe 的优势	088
		3.4.3	PCIe 总线基础知识	089
		3.4.4	PCIe 长距离连接	100
		3.4.5	PCIe 在汽车上的应用	103
	3.5	其他新型总线技术介绍		105
		3.5.1	车载 SerDes	105
		3.5.2	星闪技术	108
第 4 章	智能汽车计算平台和计算芯片			111
	4.1	车载智能计算平台		111
		4.1.1	计算基础平台	111
		4.1.2	汽车智能终端	113
	4.2	汽车芯片的特点		115
	4.3	汽车芯片相关标准介绍		117
		4.3.1	AEC 测试标准	117
		4.3.2	ISO 26262	117
		4.3.3	IATF 16949	118
		4.3.4	汽车芯片标准现存的问题	118
	4.4	典型座舱芯片架构		119
		4.4.1	虚拟化	119
		4.4.2	功能安全	122
		4.4.3	实时性	127
		4.4.4	信息安全	128

  4.4.5　车规需求 130

4.5　典型智能驾驶芯片架构 131

4.6　车载智能计算芯片关键指标 132

4.7　车载计算芯片的发展趋势 134

4.8　后摩尔时代的芯片发展 137

第5章　车联网技术 139

5.1　车联网的定义 139

5.2　车联网标准 DSRC 与 C-V2X 140

  5.2.1　DSRC 介绍 140

  5.2.2　C-V2X 介绍 142

  5.2.3　DSRC 和 C-V2X 技术比较 143

5.3　5G C-V2X 技术 146

  5.3.1　5G 技术介绍 146

  5.3.2　5G C-V2X 技术介绍 149

  5.3.3　5G C-V2X 通信接口 153

  5.3.4　5G C-V2X 关键技术 156

5.4　C-V2X 与车路协同 160

  5.4.1　车路协同介绍 160

  5.4.2　车路协同关键技术 162

  5.4.3　车路协同的技术优势 164

5.5　车联网与大数据 166

5.6　车联网与区块链 170

  5.6.1　车联网面临的挑战 171

  5.6.2　车联网+区块链的优势 172

  5.6.3　MOBI 联盟介绍 176

5.7　车联网与卫星互联网 177

  5.7.1　卫星互联网星座介绍 177

  5.7.2　车联网与低轨宽带星座结合 180

5.8　车联网与算力网络 184

  5.8.1　算力网络的概念 184

  5.8.2　算力网络与云网融合 186

	5.8.3	算力网络关键技术	188
	5.8.4	车联网与算力网络结合	189

第6章 智能汽车定位技术 … 191

- 6.1 智能汽车定位技术的构成 … 191
- 6.2 汽车定位技术 … 193
  - 6.2.1 卫星导航定位系统简介 … 193
  - 6.2.2 GNSS 定位原理 … 194
  - 6.2.3 差分 GNSS 定位技术 … 196
  - 6.2.4 精密单点定位技术 … 198
  - 6.2.5 实时阵列校准技术 … 200
  - 6.2.6 航迹推算 … 202
  - 6.2.7 GNSS 远见系统介绍 … 204
- 6.3 高精度地图 … 206
  - 6.3.1 高精度地图简介 … 206
  - 6.3.2 高精度地图的应用 … 208
- 6.4 多传感器融合定位 … 210
  - 6.4.1 多传感器融合系统简介 … 210
  - 6.4.2 多传感器融合系统分层 … 212
  - 6.4.3 多传感器融合系统定位原理 … 213
  - 6.4.4 多传感器融合误差分析 … 214
- 6.5 汽车网联定位 … 214
  - 6.5.1 车路协同动态地图服务 … 215
  - 6.5.2 5G 定位技术 … 219
  - 6.5.3 室内定位技术 … 221
- 6.6 智能汽车高精度定位关键问题 … 222
  - 6.6.1 卫星定位的指标需求 … 222
  - 6.6.2 智能汽车对高精度定位的指标需求 … 223
  - 6.6.3 高精度卫星定位对用户位置信息和隐私保护的需求 … 224
  - 6.6.4 高精度卫星定位对 GNSS 防欺骗的需求 … 224
  - 6.6.5 高精度卫星定位对时间同步的需求 … 228
  - 6.6.6 高精度卫星定位对冷启动/卫星失锁快速定位的需求 … 229
  - 6.6.7 高精度卫星定位海量用户高并发的需求 … 230

6.6.8　高精度卫星定位与 EEA 的结合 ……………………………………………… 231

第 7 章　智能汽车环境感知技术 …………………………………………………… 233

7.1　智能汽车感知系统简介 ……………………………………………………… 233

7.2　典型传感器技术介绍 ………………………………………………………… 234

7.2.1　摄像头 ………………………………………………………………… 235
7.2.2　超声波雷达 …………………………………………………………… 238
7.2.3　激光雷达 ……………………………………………………………… 242
7.2.4　毫米波雷达 …………………………………………………………… 247

7.3　车载感知融合技术介绍 ……………………………………………………… 252

第 8 章　智能汽车软件架构 ………………………………………………………… 256

8.1　智能汽车软件架构介绍 ……………………………………………………… 256

8.1.1　汽车软件发展历史 …………………………………………………… 256
8.1.2　软件架构风格 ………………………………………………………… 257

8.2　面向服务的架构 ……………………………………………………………… 264

8.2.1　面向服务的架构介绍 ………………………………………………… 264
8.2.2　面向服务的架构开发流程 …………………………………………… 267
8.2.3　SOA 的应用 …………………………………………………………… 269

8.3　SOA 软件中间件 ……………………………………………………………… 272

8.3.1　SOA 软件中间件介绍 ………………………………………………… 272
8.3.2　汽车开放系统架构 …………………………………………………… 273
8.3.3　机器人操作系统 ……………………………………………………… 278
8.3.4　Cyber RT ……………………………………………………………… 287
8.3.5　GENIVI 联盟 …………………………………………………………… 288
8.3.6　AUTOSEMO …………………………………………………………… 289

8.4　面向服务的架构中的通信管理 ……………………………………………… 290

8.4.1　通信中间件 …………………………………………………………… 291
8.4.2　SOME/IP ……………………………………………………………… 293
8.4.3　DDS …………………………………………………………………… 298
8.4.4　Iceoryx ………………………………………………………………… 304
8.4.5　其他协议栈接口介绍 ………………………………………………… 306

8.5　汽车 OTA 介绍 ………………………………………………………………… 308

- 8.6 云原生架构的应用 ... 310
  - 8.6.1 云原生技术 ... 310
  - 8.6.2 SOAFEE 介绍 ... 311
- 8.7 软件开发流程介绍 ... 313
  - 8.7.1 ASPICE ... 313
  - 8.7.2 敏捷开发 ... 316
  - 8.7.3 DevSecOps ... 319

第 9 章 智能汽车操作系统 ... 324

- 9.1 操作系统介绍 ... 324
  - 9.1.1 操作系统概述 ... 324
  - 9.1.2 操作系统的功能 ... 325
  - 9.1.3 操作系统的基本概念 ... 326
  - 9.1.4 操作系统的发展趋势 ... 331
- 9.2 智能汽车操作系统概述 ... 332
- 9.3 安全车控操作系统介绍 ... 334
  - 9.3.1 OSEK/VDX ... 334
  - 9.3.2 Classic AUTOSAR ... 337
- 9.4 智能驾驶操作系统介绍 ... 338
  - 9.4.1 智能驾驶操作系统概述 ... 338
  - 9.4.2 Linux ... 339
  - 9.4.3 QNX ... 341
  - 9.4.4 VxWorks ... 343
- 9.5 车载操作系统介绍 ... 347
  - 9.5.1 车载操作系统概述 ... 347
  - 9.5.2 AGL ... 348
  - 9.5.3 Android ... 349
  - 9.5.4 鸿蒙 OS ... 351
  - 9.5.5 AliOS ... 352
- 9.6 车载多系统架构 ... 353
  - 9.6.1 车载多系统架构方案 ... 353
  - 9.6.2 典型虚拟机技术方案 ... 359

第10章 智能汽车安全设计 ... 369

10.1 汽车安全设计介绍 ... 369
10.2 功能安全设计 ... 370
10.2.1 功能安全介绍 ... 370
10.2.2 ISO 26262 功能安全管理 ... 372
10.2.3 ISO 26262 常见术语 ... 374
10.2.4 车载智能计算平台的功能安全设计 ... 378
10.3 预期功能安全设计 ... 379
10.3.1 预期功能安全介绍 ... 379
10.3.2 预期功能安全相关技术 ... 382
10.3.3 智能驾驶预期功能虚拟仿真测试 ... 384
10.3.4 智能驾驶预期功能封闭道路测试 ... 386
10.4 信息安全设计 ... 386
10.4.1 智能汽车面临的信息安全风险 ... 386
10.4.2 汽车网络安全标准 ISO 21434 ... 390
10.4.3 后量子时代对车辆信息安全的挑战 ... 393
10.5 数据安全介绍 ... 394

第 1 章 智能汽车概述

智能汽车是集当代通信、网络等各种先进技术于一体的新型汽车。它能够通过多种功能的实现，最终替代人类进行驾驶操作，具有十分广阔的发展前景。

1.1 智能网联汽车介绍

智能网联汽车是指搭载先进的车载传感器、控制器、执行器等装置，融合现代通信与网络、人工智能等技术，实现车与车、路、人、云等的智能信息交换、共享，具备复杂环境感知、智能决策、协同控制等功能，可实现安全、高效、舒适、节能行驶，并最终可实现替代人来操作的新一代汽车。

从广义上讲，智能网联汽车是把车辆作为主体和主要节点，将现代通信和网络技术融合在一起，使车辆与外部节点实现信息共享和协同控制，来达到车辆安全、有序、高效、节能行驶的新一代汽车，如图 1-1 所示。

图 1-1 智能网联汽车

智能汽车与智能网联汽车、车联网、智能交通系统密切相关，如图 1-2 所示。

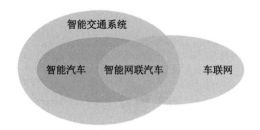

图 1-2　系统关系图

智能网联汽车是车联网的重要组成部分，智能网联汽车的技术进步和产业发展支撑着车联网的发展。同时，车联网是智能网联汽车的重要载体，只有充分利用互联技术才能保障智能网联汽车真正拥有充分的智能和互联功能。智能网联汽车更加重视解决安全、节能、环保等制约产业发展的核心问题。

智能网联汽车与车联网应当并行推进，协同发展。智能网联汽车依托车联网，通过技术创新连接互联网，实现多种方式的信息交互与共享，提高智能网联汽车的行驶安全性。而智能网联汽车本身具备自主的环境感知能力，也是智能交通系统的核心组成部分，是车联网体系的一个节点，能够通过车载信息终端实现与车、路、行人、业务平台等之间的无线通信和信息交换。

智能网联汽车的焦点在车上，发展重点是提高车辆安全性，其终极目标是无人驾驶汽车；而车联网的焦点是建立一个比较大的交通体系，发展重点是给车辆提供信息服务，其终极目标是智能交通系统。

1.2　智能网联汽车关键技术

智能网联汽车包括智能化与网联化两个技术层面，因此可以按照智能化与网联化两个层面分级。在智能化层面，国际机动车工程师协会（SAE International）、美国高速公路安全管理局（NHTSA）、德国汽车工业联合会（VDA）、中国全国汽车标准化技术委员会（汽标委）等组织已经发布了智能化分级方案。智能化等级定义如表 1-1 所示。

表 1-1　智能化等级定义

智能化等级	等级名称	等级定义	控制	监视	失效应对	设计运行范围	典型工况场景
1	辅助驾驶（Driver Assistance，DA）	在特定的设计运行范围内，自动驾驶系统持续执行横向或者纵向运动控制的动态驾驶任务，其余动态驾驶任务由驾驶员执行	人与系统	人	人	有限制	自适应巡航、车道保持等

续表

智能化等级	等级名称	等级定义	控制	监视	失效应对	设计运行范围	典型工况场景
2	部分自动驾驶（Partial Automation，PA）	在特定的设计运行范围内，自动驾驶系统持续执行横向和纵向运动控制的动态驾驶任务，驾驶员执行失效应对和监视自动驾驶系统	系统	人	人	有限制	交通拥堵辅助、协同式自适应巡航、自动泊车等
3	有条件自动驾驶（Conditional Automation，CA）	在特定的设计运行范围内，自动驾驶系统持续执行全部动态驾驶任务，当系统发出接管请求或者系统出现故障时，用户需要接管系统并做出响应	系统	系统	人	有限制	高速公路、交通拥堵、商用车编队、有条件自动驾驶等
4	高度自动驾驶（High Automation，HA）	在特定的设计运行范围内，自动驾驶系统持续执行全部动态驾驶任务和负责失效应对接管，用户不需要响应系统发出的接管请求	系统	系统	系统	有限制	高速公路、城市、城郊、特定场景（如代客泊车）高度自动驾驶等
5	完全自动驾驶（Full Automation，FA）	在任何可行驶条件下，自动驾驶系统持续执行全部动态驾驶任务和负责失效应对接管，用户不需要响应系统发出的接管请求	系统	系统	系统	无限制	所有行驶场景

在网联化层面，按照网联通信内容的区别及对车辆驾驶自动化功能支持的不同程度分为网联辅助信息交互、网联协同感知、网联协同决策与控制3个等级，如表1-2所示。

表1-2 网联化等级定义

网联化等级	等级名称	等级定义	典型信息	传输需求	典型场景	车辆控制主体
1	网联辅助信息交互	基于车—路、车—后台通信，实现导航等辅助信息的获取，以及车辆行驶与驾驶员操作等数据的上传	地图、交通流量、交通标志、油耗里程等信息	传输实时性、可靠性要求较低	交通信息提醒、车载信息服务、天气信息提醒、紧急呼叫服务等	人
2	网联协同感知	基于车—车、车—路、车—人、车—后台通信，实时获取车辆周边交通环境信息，与车载传感器的感知信息融合，作为自主决策与控制系统的输入	周边车辆/行人/非机动车位置、信号灯相位、道路预警等数字化信息	传输实时性、可靠性要求较高	道路湿滑预警、交通事故预警、紧急制动预警、特殊车辆避让等	人或者系统
3	网联协同决策与控制	基于车—车、车—路、车—人、车—云平台通信，实时并可靠获取车辆周边交通环境信息及车辆决策信息，车—车、车—路等各交通参与者之间信息进行交互融合，达到智能协同，从而实现车—车、车—路等各交通参与者之间的协同决策与控制	车—车、车—路、车—云平台间的协同感知、决策与控制信息	传输实时性、可靠性要求最高	引导行驶速度、车辆间距、车道选择、协作式编队、交叉路口通行、匝道汇入等	人或者系统

智能网联汽车涉及整车零部件、信息通信、智能交通、地图定位等多领域技术，形成"三横两纵"技术架构，如图 1-3 所示。"三横"是指智能网联汽车主要涉及的车辆关键技术，信息交互关键技术和基础支撑关键技术，"两纵"是指支撑智能网联汽车发展的车载平台和基础设施。基础设施指除车载平台以外，能够支撑智能网联汽车发展的全部外部环境条件，如交通设施、通信网络、云控平台、定位基站等。这些基础设施将逐渐向数字化、智能化、网联化和软件化方向发展。

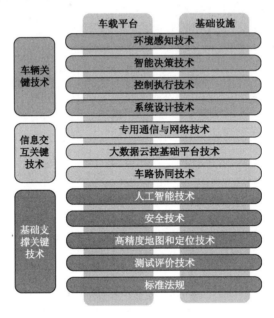

图 1-3 智能网联汽车"三横两纵"技术架构

近年来，众多整车制造、信息通信企业都在加大对智能网联汽车技术研发的投入，各国政府纷纷加快不同自动驾驶等级车辆示范推广与商业应用。技术的快速迭代使得新技术与新应用层出不穷。一方面，围绕单车智能，多种高精度、新型传感器取得突破，复杂环境感知精度提高，适用范围拓大，性价比提升，横纵向控制执行技术同步发展；另一方面，围绕车路协同应用的 C-V2X 技术、云控交互技术及路侧端关键技术的商业化加快，网联化和智能化融合式发展路径得到国内外产业界的广泛认同。此外，整车制造商开始在新一代人工智能技术、高精度地图与全工况定位技术、信息安全、预期功能安全等领域不断扩大集成应用。

伴随上述诸多关键核心技术和基础共性技术的发展，对以车辆为载体的电子电气架构、计算平台、智能终端等提出了更高的要求。为此，《智能网联汽车技术路线图 2.0》在进一步研判技术演进路径和商业应用时间的同时，将技术体系架构在车辆关键技术、信息交互关键技术、基础支撑关键技术的基础上，进行了第二层级与第三层级子领域技术分解研究，如表 1-3 所示。

表 1-3 智能网联汽车"三横"体系

第一层级	第二层级	第三层级
车辆关键技术	环境感知技术	高精度传感器，包括成像系统、毫米波雷达、激光雷达、新型传感器等
		行驶环境感知技术
		车辆状态感知技术
		乘员状态感知技术
		态势分析技术
	智能决策技术	行为预测与决策技术
		轨迹规划技术
		基于深度学习的决策算法
	控制执行技术	关键线控执行机构，包括驱动、制动、转向、悬架系统等
		车辆纵向、横向和垂向运动控制技术
		车辆多目标智能控制技术
	系统设计技术	电子电气架构设计
		人机交互设计
		智能计算平台技术
信息交互关键技术	专用通信与网络技术	C-V2X 无线通信技术
		专用通信芯片和模块技术
		车载信息交互终端技术
		直连通信技术
		5G 网络切片及应用技术
	大数据云控基础平台技术	多接入边缘计算技术
		边云协同技术
	车路协同技术	车路数字化信息共享技术
		车路融合感知技术
		车路融合辅助定位技术
		车路协同决策自动驾驶技术
		车路云一体化协同控制自动驾驶技术
基础支撑关键技术	人工智能技术	新一代人工智能与深度学习技术
		端到端智能控制技术
	安全技术	信息安全技术
		功能安全技术
		预期功能安全技术
	高精度地图和定位技术	高精度三维动态数字地图技术
		多层高清地图采集及更新技术
		高精度地图基础平台技术
		基于北斗卫星的车用高精度定位技术
		高精度地图协作定位技术
		惯性导航与航迹推算技术
	测试评价技术	测试评价方法与技术标准
		自动驾驶训练与仿真测试

续表

第一层级	第二层级	第三层级
基础支撑关键技术	测试评价技术	测试场地规划与建设
		示范应用与推广
	标准法规	标准体系与关键标准构建
		标准技术试验验证
		前瞻标准技术研究
		国际标准法规协调

1.3 智能网联汽车发展前景

根据智能化等级和网联化等级要求，以及《智能网联汽车技术路线图 2.0》的规划，智能网联汽车里程碑如图 1-4 所示。

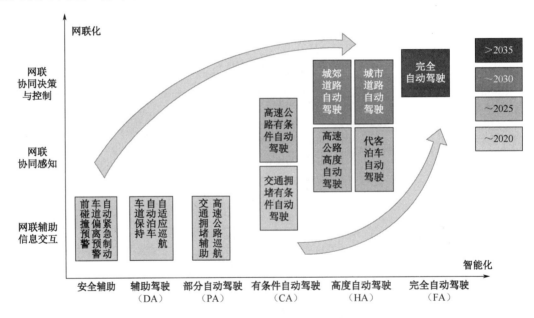

图 1-4 智能网联汽车里程碑

在 2025 年左右，实现有条件自动驾驶技术的规模化应用。高度自动驾驶技术开始进入市场，具备在较复杂工况下的自动驾驶功能。典型场景功能应用包括交通拥堵自动驾驶、高速公路自动驾驶、代客泊车自动驾驶等。同时，以基于 C-V2X 网络的通信能力和边缘计算技术为基础，支持代客泊车和高速公路自动驾驶等功能的协同式迭代更新。

在 2030 年左右，实现高度自动驾驶技术的规模化应用。典型应用场景包括城郊道路、高速公路及覆盖全国主要城市的城市道路。在车路协同边缘计算、多源传感器融合、C-V2X 异构通信网络等技术的成熟基础上，实现路侧设施、车载终端装配率与使用范围的大幅提升，充分利用车端、路侧的多源传感器数据共享融合技术。

在 2035 年以后，完全自动驾驶乘用车开始应用。实现车路之间协同发展，优化交通设施与应用生态，在全路况条件下实现廉价且高可靠、可规模化快速部署的商用无人驾驶功能，实现车路协同、智能移动平台与智能交通云控平台调度的规模化应用。

第 2 章 电子电气架构

电子电气架构（Electrical and Electronic Architecture，EEA）概念最早来源于 IT 行业，由美国德尔福公司首先提出，思路是按整车各功能域类型划分并集成多个功能 ECU 进行控制。ICT 技术与电子电气架构的融合将促进电子电气架构的演进，使其技术不断迭代。

2.1 电子电气架构介绍

随着汽车技术和行业的发展，EEA 概念已基本清晰。但鉴于"架构"一词外延较广，致使各 OEM 电子电气架构工程师不像整车电气设计工程师、电气部件研发工程师和电气测试工程师等工作边界那么清晰。它更倾向于一种抽象化概念，是一种关系的体现。

2.1.1 电子电气架构概述

汽车电子电气设备是汽车的重要组成部分之一，如图 2-1 所示。其性能的好坏直接影响汽车的动力性、经济性、可靠性、安全性、舒适性及排放。

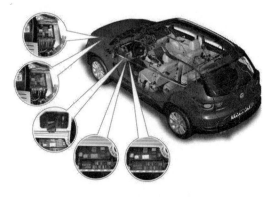

图 2-1 汽车电子电气设备示意图

结合汽车属性和汽车电气系统的功能及性能法规标准要求，汽车电子电气架构可以定义为：汽车电气部件之间的相互关系；包括汽车各电气硬件设计、软件开发测试和各功能/性能实现等所有电气部件和电气系统共同承载的逻辑功能之间的关系；未来研发设计、维护保养和监测电气系统所遵循的诸项原则。

在建筑行业，建造建筑之前，建筑师需要根据业主需求设计建筑设计图，因为设计图能够抽象描述建筑的特定方面，如几何关系和电气连接。若将这种做法转换至汽车行业，就是人们所说的电子电气架构。电子电气架构包括所有电子和电气部件、它们之间的连接结构（拓扑结构），以及它们之间的线束连接。在电子电气架构中，设计图用一个更加通用的概念"模型"来表示。建筑行业和汽车行业的架构对比如图2-2所示。

图2-2　建筑行业和汽车行业的架构对比

电子电气架构属于车辆电子电气系统的顶层设计，目标是在功能需求、法规和设计指标等特定约束条件下，综合对功能、性能、成本和装配等方面的具体分析，得到最优的电子电气系统技术方案。伴随着平台化、模块化开发理念在车辆开发中的应用，电子电气系统普遍基于平台化要求进行规划，即构建利于复用、裁剪、扩展的电子电气架构，用于支撑目标市场的不同车型。

2.1.2　电子电气架构的开发过程

电子电气架构开发指的是汽车完整的电子电气系统的设计开发过程。架构设计师通常对汽车各方面知识、技术都比较了解，综合性理解对于架构设计来说必不可少，它将直接影响对控制器功能的分配、数据网络的规划，以及电能的分配。

电子电气架构开发过程将开发步骤按照逻辑关系和时间先后连接在一起，并对每个设计步骤开始和结束的输入/输出判据进行描述。它的结果是一个可被执行的电子电气系统的架构，以及所采用的电子控制器和电子部件的设计说明书。电子电气架构开发过程对应整车 V 模型的需求分析和设计阶段，如图 2-3 所示。紧接着的实现阶段则根据任务分配或者由汽车制造商自己完成，或者由所选定的供应商来完成。系统集成、验证及有效性确认则由汽车制造商或者相应的第三方服务机构来完成。

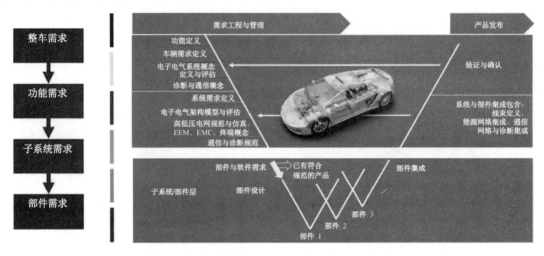

图 2-3　基于 V 模型的电子电气架构开发过程

在进行电子电气架构开发的需求管理和需求分析时，要区分功能需求和非功能需求。功能需求产生于汽车制造商的功能列表，而非功能需求产生于汽车制造商的决策矩阵和设计限制。

某处的最大允许散热就是一个非功能需求的限制条件。例如，汽车扩音器经常被安装在后备厢所处区域，这是由于驾驶员座位区的热量不能很好地散发出去。因此，在提出需求的同时，要给出所要开发的电子电气架构的评价标准。

电子电气架构的开发可以按照两种方式进行：其一是从下到上的开发方式，即以现有的电子电气架构为基础，仅对某些附加的功能和通信所涉及的新部件加以补充，并执行相应的建模步骤，适合对现有电子电气架构的下一代进行开发；其二是从上到下的方式，即从完整的功能和非功能需求描述出发，遵循所有的建模步骤进行建模。

电子电气架构主要包含 4 个层次：系统功能、功能/软件架构、网络架构、部件拓扑，如图 2-4 所示。

1. 系统功能

系统功能所列举的功能分为不同等级，有的功能下面可再划分出各种特性。汽车所提供的功能既要满足车主的要求，能让车主体会得到，又要符合非车主的要求。例如，车主可以体会的功能是在发出车窗开关指令的 100ms 内，车窗玻璃必须有动作；来自非车主的要求是单纯的技术要求或法规规定的要求。

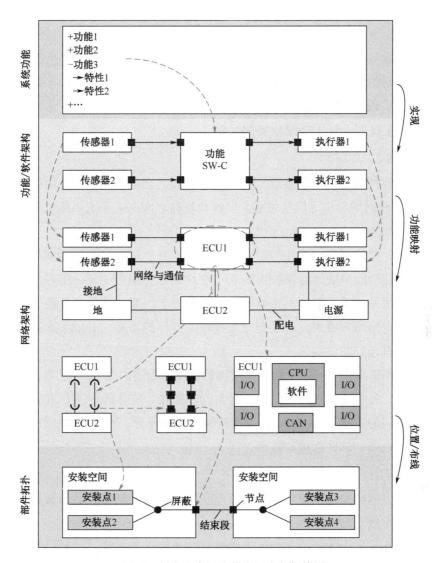

图 2-4　包含 4 个层次的电子电气架构图

2. 功能/软件架构

按照信息传递可将组件的功能划分为不同的功能块（传感器、功能和执行器），在第一层次和第二层次之间有信息指引线，可以指出某种功能的实现取决于哪个功能块。在研发过程中，功能块应满足软件所需要的运行环境，包括接口技术。

功能/软件架构由 3 个部分组成，即功能模块、传感器模块和执行器模块，这些模块按照一定的逻辑连接在一起。功能模块能进行数据处理和数据输出，在功能模块中对数据的正确处理具有非常重要的作用，功能模块的特性可通过接口（也就是端口）、有效数据和与端口的数据匹配来描述，这同样适用于传感器模块和执行器模块。但功能模块只能通过输入端口或输出端口来接收信号或输出信号，3 种模块的输入端口和输出端口是以一定的逻辑关系连接起来的。

在系统层面上 3 个模块可靠地结合在一起，决定着能处理何种信息，能接收什么样的输入信号，并在服务器中产生一个结果，然后输入一个信号，被执行器所接收，所以执行器的工作受传感器信号的影响。接下来要确定的是，什么样的数据可以在确定的模块之间进行交换，在此基础上可实现更高级别的信号簇交换功能。另外，通过信息的处理可以评估 ECU 内部或 ECU 在总线上匹配程度的高低。

3. 网络架构

网络架构是软件和硬件（传感器、ECU 和执行器）之间的结合，可用信息指引线来描述功能/软件架构和网络架构之间的关系。软件和硬件之间在关系上不应发生冲突，和信息相关的全部信号都能在网络上正常运行。

在这个层次，要确定硬件部件的配置，即需要多少个 ECU、传感器和执行器，它们之间如何连接，以及功能模块如何映射到 ECU。在这种软件组件与硬件部件的映射中，必须保证所有的数据依赖都能映射到网络架构的通信资源上。要使硬件部件能工作，还必须给其提供电源的配电网络和线束。为了充分发挥硬件部件的功能，必须考虑到它的电功率，这在功率配置中有详细的说明。

另外，在硬件和线束中网络架构应是清晰的。硬件描述的是 ECU 的内部结构、复杂的传感器或执行器。各个功能软件组件被分配到硬件部件（传感器、ECU 和执行器）。另外，因为存在部件之间的数据交换，所以应注意传输电功率问题。网络架构一般分为 4 个层面：通信架构、配电系统、部件架构和线束。

4. 拓扑架构

在这个层次，网络架构的硬件部件被分配到安装空间，网络、通信和电源的线路沿着指定的路径进行布线。

在部件的拓扑架构中将讨论部件所需安装空间和导线的布置。安装空间涉及空间大小、类型，以及部件安装处的温度范围、湿度。各个单独的安装空间通过节段连接在一起，每个节段的两端都有一个安装空间、分离点或者一个捆绑点。节段可通过节段长度及线束最大捆绑直径等参数来定义。节段的大小和长度可从底盘或车身的 3D 数字模型中获取。例如，在某汽车平面线束节段模型图中，整车外形旁边的框图中描述的是一个单独的安装空间，在平面图中它和其他的安装空间相互重叠，如图 2-5 所示。

在汽车研发阶段架构的评价是个核心要素，在研发的末期，不仅要验证电子电气架构的功能和技术上的正确性，还要实现最优化。在电子电气架构的部分方面具有不同的实施类型的指标，其中有的指标是可以选择的。常用的指标有系统费用、系统重量、线束的横截面积、ECU 数量和通信载荷等。

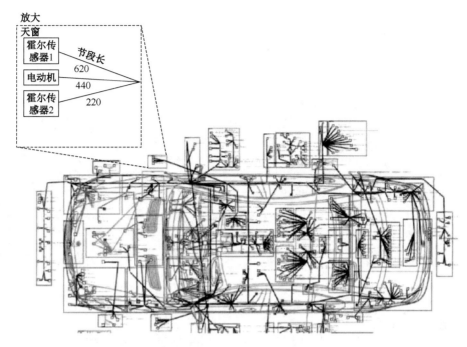

图 2-5 标有节段长和名称的汽车平面线束节段模型图

2.1.3 电子电气架构的开发方法

国内的 OEM 通常采用传统的基于文档的开发方法，因为在过去几十年分布式架构下形成的 OEM、Tier1 的产业供应链是固化的。目前市面上各车型搭载的 ECU 大部分由国外头部 Tier1 供应，特别是底盘、动力领域，ESP、Ibooster、ECM 等零部件的核心技术都掌握在 Bosch、Continental、APTIV 等零部件巨头手里。

国内 OEM 的电子电气架构团队自己的积累太少，并不能在此领域提出足够支配供应商的需求。另外，这些供应商开发的零部件基本是平台化的，相同的零部件应用在多家主机厂的车型上，收发信号事先都被定义好，OEM 只能根据零部件实际的功能情况去更改适配。架构输出规范的作用更多的是梳理目前整车已有的功能，而不是去正向开发、设计整车的新功能，如图 2-6 所示。

而在新一代电子电气架构中，实现 SOA（Service-Oriented Architecture，面向服务的架构）是行业共识，OEM 需要掌握主动权。在新的面向服务的架构中，主机厂要掌握车端和云端可以提供的服务，并将服务开放给第三方应用开发者，从而构建 SOA 的开发生态。因此，作为主机厂的电子电气架构团队，在新的 SOA 趋势下，其作用显得越来越重要，它要由被动适配转变为主动提出需求。

由于需要额外的电子硬件、软件应用程序、网络和其他架构组件来支持更多高级功能，导致车辆架构规模和复杂性迅速增加，使得许多制造商很难利用现有的传统劳动密集型程序进行设计和验证。此外，通过每种车辆抽象来保持车辆需求、功能和实现的可追溯性更是难上加难。面对汽车日益增加的复杂性，OEM 必须改进现有的架构设计流程，充分利用 MBSE（基于模型的系统工程）和数字主线的能力。

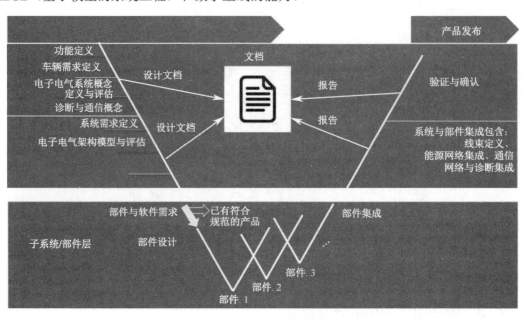

图 2-6　传统的基于文档的开发方法

MBSE 是对复杂系统进行分析设计和开发的有效方法。当系统越来越复杂的时候，各个部分之间的关系跟踪就显得尤为重要。如图 2-7 所示，模型可以引导工程师对工作内容进行梳理，进而提高分析设计的能力。这样一来，模型就会成为专业化积累和交流的基础。通过一些软件工具，可以把原来使用 Word、Excel 表达的文本内容，以模型化的方式呈现出来，减少歧义。

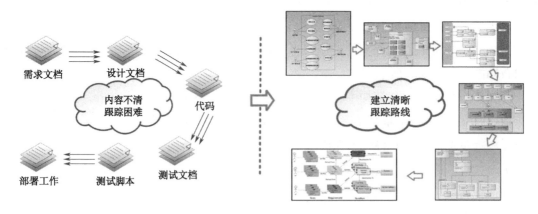

图 2-7　模型可以引导工程师对工作内容进行梳理

在系统工程领域，MBSE 可以帮助人们基于模型对系统、软件和硬件的分析设计进行推理式的分解，实现各个阶段的严谨转换和紧密跟踪，进而提高质量和效率。

通过模型，系统能够随时修改功能，甚至通过软件工具能够直接把模型转换成代码刷到控制器中，迭代会像手机系统升级一样简单。但如果采用基于文档的电子电气架构开发方法，通过文本描述告诉供应商应该如何去做，再进行 DV、PV 验证，迭代速度就会大大降低。

采用基于模型的电子电气解决方案，通过利用强大的数据连续性和先进的自动化功能，工程师可以使用现有的功能模型生成车辆架构和更详细的系统设计，并在上游流程数据的基础上不断构建，确保功能实现及实际元器件或系统的可追溯性。这些解决方案还同时提供了架构和系统设计的闭环验证和优化，以提高车辆在架构层级的性能，如图 2-8 所示。

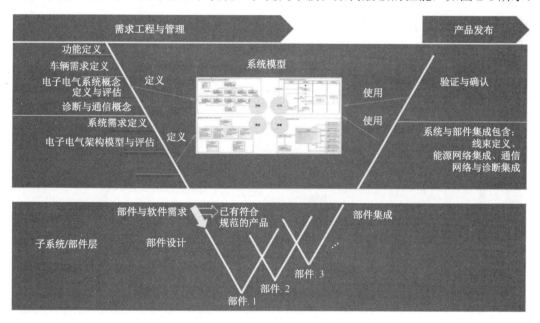

图 2-8　基于模型的开发方法

随着车辆自动化程度越来越高，MBSE 流程与电子电气工程工具所提供的可追溯性会变得越来越重要，作为证明车辆平台合规性和安全性的重要手段，两者的结合将助力 OEM 获得更加优越的制造能力。

2.2　汽车电子电气架构的发展

汽车电气化可以提高车辆的安全性、舒适性和动力性。传统的分布式电子电气架构为一个 ECU 对应一项功能或少数几项功能，而随着技术的迭代，新型的电子电气架构在汽车领域实现了跨域融合。

2.2.1 电子电气架构的演进方向

在不同的应用场景中,汽车的电子电气架构使用总线系统可实现不同控制器之间,控制器与传感器、执行器之间的网络连接。CAN 总线、FlexRay 及以太网作为新型的总线系统主要用于控制器之间的连接。选择不同的总线系统可实现相应的数据传输需求及控制器实时同步要求。

目前,基本上所有的车载控制器都直接或间接通过网络互联在一起。车载控制器的网络化能够实现某一控制器的传感器信息共享,如 ESP 控制器可以向整个与之互联的网络提供实际的车速信息。另外,由于控制器之间强有力的网络互联能力,某些新功能完全不需要附加硬件,通过数据交换和相应的控制软件就可以实现。

不同 OEM 和 Tier1 对电子电气架构的进化路线提出了自己的理念。2017 年,Bosch 提出了 3 段 6 步式演进构想。尽管业内各厂商、机构在具体方案上有所差异,但在大方向上取得了共识——分布式、域集中式、中央计算式,如图 2-9 所示。

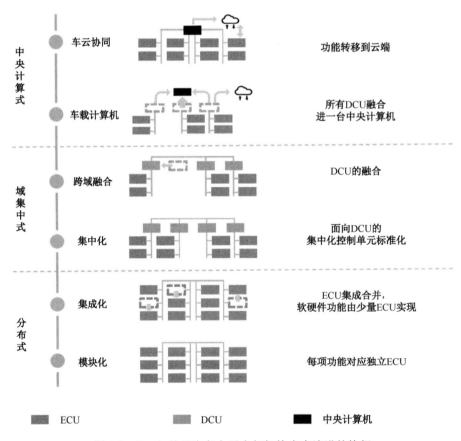

图 2-9 Bosch 关于汽车电子电气架构未来演进的构想

1. 分布式架构

在该架构下，ECU 与实现的功能存在对应关系。在模块化阶段，ECU 与功能一一对应，ECU 数量众多。在集成化阶段，ECU 开始集成多项功能。将原本由两个 ECU 分别执行的功能合并在一个控制器上，由该控制器同时执行车辆信息显示及娱乐系统功能。

2. 域集中式架构

该架构对 ECU 实现了进一步的集成，引入了 DCU（Domain Controller Unit，域控制器）。在集中化阶段，全车共划分为 5~7 个域，每个域配置一个 DCU，每个 DCU 统辖多个 ECU。在 Bosch 经典五域架构中，全车被划分为动力域、底盘域、座舱域、自动驾驶域和车身域，完备集成了所有控制功能。

在跨域融合阶段，整车功能在域的层面进一步集成，功能实现具有相似性的多个域实现融合。由于动力域、底盘域、车身域所涉及的计算与通信具有相似性，这 3 个域融合为整车控制域，同智能座舱域、智能驾驶域共同构成了面向汽车新时代的整车架构。

3. 中央计算式架构

该架构对 DCU 实现了进一步的集成，所有 DCU 融入一台中央计算机。功能与元件之间的对应关系不复存在，由中央计算机按需指挥执行器。

在车载计算机阶段，整车由中央计算机统一管理，但动力、车身、底盘等系统由于执行功能复杂，实时性、安全性要求较高，依然会保留基础控制器，进行边缘计算。而在车云协同阶段，汽车与云端联动，其中车端计算主要用于车内部的实时处理，而云计算则作为车端计算的弹性补充。这一阶段不仅需要对车内系统进行革新，车联专用网络建设也需要进一步完善。

2.2.2 电子电气架构演进的动力

从整车的设计/制造维度讲，若汽车继续按照当前的分布式架构发展，会导致难以布置更多 ECU 和更多线束，严重影响产线的高度自动化。而集中式电子电气架构能够逐步平抑 ECU 和线束的增长趋势，甚至到达某个时间节点之后，能够大幅减少 ECU 和线束用量，降低 EEA 网络拓扑的复杂度。ECU 数量和线束用量的减少，能够降低电子电气系统的重量，对整车的轻量化设计目标也有帮助。

传统的分布式电子电气架构为一个 ECU 对应一项功能或少数几项功能。每个 ECU 带有嵌入式软件，通过 CAN、FlexRay 等总线技术连接。它的优势在于直接性，例如，汽车需要增加蓝牙功能，在总线连接一组能与其他 ECU 通信的蓝牙控制模块就能实现。这种直接的加法模式操作十分简单，而由于各 ECU 功能相互独立，单一 ECU 的失效对整车功能的影响也较小。

长期以来，OEM 只是根据市场需求不断增加 ECU 和调整线束布置，典型汽车线束如

图 2-10 所示。

图 2-10 典型汽车线束

典型汽车线束与 ECU 的重量约占整车重量的 5%～10%，线束已经成为整车第二或第三重的部件。而不同的 ECU 往往由不同供应商提供，甚至单个 ECU 中的多个软件都由不同二级供应商提供，这导致算力浪费、功能冗余、功耗增加、OTA 管理困难的情况持续出现。

目前，一辆汽车平均拥有约 60 个 ECU、近亿行代码（约是安卓系统代码量的 7 倍），电子系统占到整车成本的 46%。而分布式架构在功能上已经到达瓶颈，算力和总线信号传输速率远远落后于电动化和智能化需求，分布式架构的极限是 L2 级别的自动驾驶，L3 级别已经超出其承受范围。

例如，为了让自动驾驶覆盖更多的场景，需要对各有专长的摄像头、毫米波雷达和激光雷达采集到的信息进行融合，提高车辆的感知能力。这对数据处理的实时性和传输速率提出了很高的要求，分布式 ECU+传输速率 1Mbit/s 的 CAN 总线，显然无力完成这样的任务。以大众分布式 MQB 平台为例，CAN 总线上已经挂了很多 ECU，如果再挂雷达，通信协议总量将不支持，把全部的 CAN 总线换成 2Mbit/s 则相当于做了半个架构的改造。

同时，三电系统加剧了电子电气架构的复杂程度，智能座舱、自动驾驶等需要依靠 ECU 实现的功能越来越多，复杂的分布式电子电气架构大大增加了整车成本。在智能化时代，汽车将像手机一样进行 OTA，提升用户体验，减少维护费用和召回成本。而分布式架构的 ECU 软件生态复杂，要实现整车 OTA，必须对电子电气架构进行大刀阔斧的改革，解耦软硬件，简化各个 ECU 的功能，减少其他 ECU 对运算资源的浪费，使算力向中央集中，才能迈出软件定义汽车的第一步。

正是以自动驾驶、智能座舱为代表的智能化功能的涌现，决定了电子电气架构变革的必然性。在功能需求和成本需求的推动下，车企和供应商们纷纷对电子电气架构展开升级，最直观的变化就是独立的 ECU 被功能更集中、算力更强的域控制器所代替。当汽车拥有了传输速率更高、算力更强更集中的集中式电子电气架构，高阶自动驾驶的大门也随之敞开。摄像头、毫米波雷达、激光雷达乃至 GPS 和轮速传感器的数据不再各自为战，而是统一通过车载以太网回传给同一个"大脑"完成车辆位置、环境的辨别，极大地提升了车辆在极端环境下对周围态势的感知能力。

电子电气架构的集中化、ECU 的大型化需要大型、高算力、制程小的（意味着低功耗）车载 SoC 芯片支持实现。只有强大的芯片，才能满足集中化要求的 ECU。从整车维度讲，大型 SoC 芯片以及基于大型 SoC 芯片构建的大型域控制器/高性能计算机和先进线束都是集中化电子电气架构的关键基础技术。

控制器向中央控制器集成的技术性前提是一个控制器中的软件能够移植到另一个控制器中。硬件与软件之间的解耦，让传感器不必依赖固定的 ECU，可以被域控制器灵活调用来完成不同功能，甚至能实现计算机显卡那样的硬件"热插拔"，从而实现即插即用的快速升级。

AUTOSAR 创新性地将控制器软件接口标准化。它提供一种方法，将面向硬件的功能软件加以封装，可方便地实现将一个控制器中的软件移植到另一个控制器中。电子电气架构开发的挑战在于如何制定一套优化的解决方案，以实现所开发车辆的功能。这套解决方案应能平衡功能化和非功能化的（最大限度优化总造价成本）各种要求。

新一代汽车电子电气架构带来的软硬件成本下降，促使 OEM 和 Tier1 投入大量人力物力进行架构的变革。电子电气架构演进需要多方面评估，包括高计算性能、高通信带宽、高功能安全性、高网络安全性、软件持续升级更新能力等。

站在整车厂的角度，还需要具备有效的变形管理，实现相同架构平台下车型谱系之间硬件配置灵活多样，具有很好的沿用性和平台公用性。有效的电子电气架构开发评估体系是确保架构开发顺利进行的重要手段。对架构的评估，一般从 3 个方面进行：首先，架构能否满足用户使用需求及未来可能的需求变化；其次，架构能否实现车型开发成本最优化；最后，在兼顾用户需求、开发成本最优的同时，能否满足汽车本身性能配置。智能汽车电子电气架构的主要需求如表 2-1 所示。

表 2-1 智能汽车电子电气架构的主要需求

序号	架构需求	备注说明
1	适应自动驾驶发展趋势	智能汽车朝自动驾驶方向发展，自动驾驶车辆有 5 个等级，实现不同等级的架构也会有差异
2	高性能计算	智能汽车需要处理更多的数据，执行更复杂的算法，需要特殊的硬件加速器，如图像识别、深度学习、图形显示等
3	高通信带宽	传感器数据增多，尤其是视频、激光雷达等传感器的引入，架构需要更高的传输速率和更低的时延

续表

序号	架构需求	备注说明
4	功能安全性	智能汽车需要更高的功能安全性，架构需要支持关键器件功能冗余备份
5	网络安全性	智能汽车对整车的网络安全、信息安全有更高的要求，要求数据传输路径冗余，信息报文支持加密传输
6	跨域功能协调	域控制器之间需要更多的协同，如自动驾驶域与车辆运动相关域的协同，架构需要保证功能协同的实时性
7	软件持续升级更新	为了提升服务水平，增强客户黏性，架构需要支持域控制器 OTA 功能，支持车辆软件持续升级更新
8	有效的变形管理	架构要有很好的拓展性、灵活性、可维护性，适应不同传感器配置的车型谱系，使整车架构增减配置灵活方便

2.2.3 新型电子电气架构介绍

当前汽车行业处于电子电气架构由分布式转向域集中式的关键期，很多车企开始思考跨域融合的多种方案，目前主要有两种跨域融合方案：按功能融合方案、按位置融合方案。

按功能融合方案主要采用三域架构，将全车划分为车辆控制域、智能驾驶域、智能座舱域三大功能域，分别实现车辆控制、智能驾驶、信息娱乐等功能。大众 MEB 平台的 E3 架构、宝马 iNEXT 车型架构、华为 CC 架构等均属于此类。

按位置融合方案主要采用区集中式架构（Zonal EEA），按照汽车的物理空间，将全车划分为多个区域，如左车身域、右车身域等。由于各处 ECU 均由区域控制器（Zone ECU，ZCU）中继，再连接至中央计算机，因此线束数量大幅减少，能释放更多物理空间。特斯拉、丰田等均属于此类。

以上两种架构如图 2-11 所示。

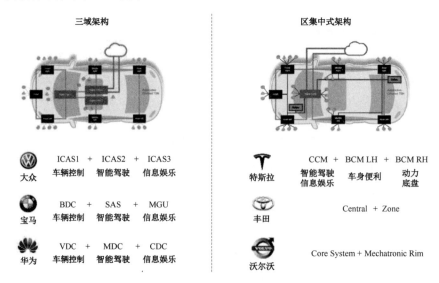

图 2-11 三域架构与区集中式架构

1. 三域架构

传统的模块集成是将模块集中"打包",其本质依然是原有的功能划分,模块与模块之间的壁垒仍然没有被打破,而且有很强的硬件捆绑特性。例如,市面上很多 BCM 集成了 PEPS 功能,但若想将 PEPS 系统集成到 ESP 控制器,那么原有平台将无法兼容,需要花费较大工作量来开发新平台。而域则可以做到兼容,它十分灵活,是系统与软件层面的集成,脱离了硬件捆绑的限制。

在大部分域架构设计中,域控制器可以给其他小控制器、小执行器提供的算法、功能,决定了域的范围有多大。例如,车身域控制器是集成所有车身电子的基础驱动、钥匙、灯、门、车窗等功能的大控制器。由于车身域控制器可以提供车窗防夹算法、电压补偿、备份驱动等功能,因此,小控制器无须关注复杂算法,只需要更多地关注硬件和驱动。这样不但可以大幅缩减软件开发量,还能够实现控制器的精简优化。这样一个标准化的共享软件资源的架构设计理念,在整车各个领域都得到了充分的运用,形成常见的动力域、底盘域、车身域、信息娱乐域和 ADAS 域等。

在三域架构中,车辆控制域将原动力域、底盘域和车身域等传统车辆域进行了整合,智能驾驶域和智能座舱域则专注于实现汽车的智能化和网联化。涉及的零部件主要有 4 类:车辆控制域控制器、智能驾驶域控制器、智能座舱域控制器及若干高性能网关。其中,车辆控制域控制器,负责整车控制,实时性和安全性要求高;智能驾驶域控制器,负责自动驾驶相关感知、规划、决策功能的实现;智能座舱域控制器,负责 HMI 交互和智能座舱相关功能的实现。

1)大众 MEB 平台的 E3 架构

MEB 平台是由大众汽车集团及其子公司开发的电动汽车模块化平台。MEB 平台的 E3 架构,是由 3 个车辆应用服务器(In-Car Application Server,ICAS)组成的域集中式电子电气架构,如图 2-12 所示。

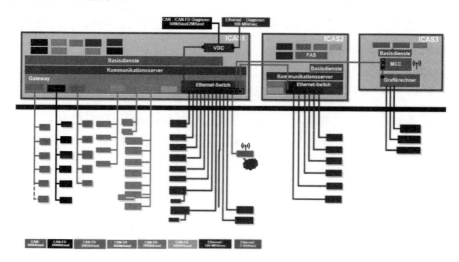

图 2-12 大众 MEB 平台的 E3 架构

ICAS1 主要负责车内应用服务（车身控制、电动系统、高压驱动、灯具系统、舒适系统等）。ICAS2 主要用于支持高级自动驾驶功能。ICAS3 主要负责娱乐系统（导航系统、仪表系统、HUB、智能座舱等）。

通过 ICAS 这种大型域控制器，将本域的其他 ECU 的软件功能（如智能传感器的一些功能，以及基础软件功能）逐步向 ICAS 中转移，直到其他 ECU（本域的传感器和执行系统）慢慢被合并。

2）华为 CC 架构

华为的 CC（Computing/Communication）架构聚焦计算、通信两大领域，通过分布式网关组成环网，进行高速的网络数据传输，并在三大平台的计算中心进行数据实时分析及处理，从而实现整车的感知、算力、电源共享。从计算架构来看，华为将汽车划分为智能驾驶、智能座舱、整车控制三大域并推出相关的开放平台及操作系统（自动驾驶操作系统 AOS、鸿蒙智能座舱操作系统 HOS 和车控操作系统 VOS），如图 2-13 所示。

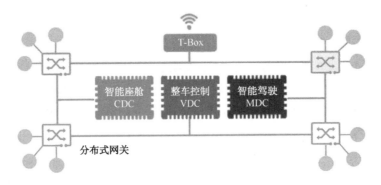

图 2-13　华为 CC 架构

智能驾驶平台包含昇腾芯片、AOS 及标准化硬件产品、配套工具链等。该平台可进行软硬件解耦，整车厂可在该平台基础上快速开发、调试、运行自动驾驶算法和功能，实现 L2+～L4 级别自动驾驶的平滑演进。

智能座舱平台包含麒麟芯片和鸿蒙 OS，并分别基于麒麟芯片构建 IVI 模组，基于鸿蒙 OS 共享华为"1+8"生态，实现跨终端互联。在此基础上，使用 Hicar 手机映射方案提升用车体验并开放 API 接口，为跨终端的软件供应商开发座舱应用提供便利。

整车控制平台（智能电动平台）包含电驱、MCU、整车控制 VOS，将网络能源产业链和技术优势引进智能电动汽车，打造 mPower 多形态电驱及高效的车载充电产品，为整车厂提供差异化的整车控制。

2. 区集中式架构

为了构建以功能为导向的电子电气架构，OEM 不得不将后刹车灯、后位置灯、尾门锁甚至双撑杆的连接线束拉长，跨过 80% 的车身，连接到置于车身前方的域控制器中。ADAS

的前后雷达、空调系统的前后制冷、底盘系统的前后轮转向控制均有类似的问题，给线束系统带来了极大的挑战。

一辆低端车的线束系统成本只要大约 300 美元，重量大约为 30 千克，长度大约为 1500 米，线束大约有 600 根，共 1200 个接点；而一辆豪华车的线束系统成本大约为 550~650 美元，重量大约为 60 千克，线束大约有 1500 根，长度大约为 5000 米，共 3000 个接点。如果按照功能域架构制造汽车，线束成本将不会低于 1000 美元，重量将高达 100 千克。为了解决高昂的成本，且不丢失域的软件集中的核心概念，特斯拉在 Model 3 上重新划分了域。传统的车身域、动力域等被物理空间上划分的 Zonal EEA 所取代。

在 Zonal EEA 中，有几个关键组成部分，即车载中央计算机、区控制器、环形连接的以太网 TSN 组成的主干网及 CAN、LIN、10Base-T1S 区内网、双电源冗余供电及区域内智能分级供电。

车载中央计算机的核心定位是实现智能驾驶和智能座舱相关的业务逻辑，并且具备网联功能，可连接车端和云端。

区控制器主要充当网关、交换机和智能接线盒的角色，提供并分配数据和电力，实现车辆特定区域的 Feature，可能也会涉及一些变迁，如逐步融合区内其他 ECU 的功能。在第一阶段，实现相对通用化的 ZCU，采用标准化软件模块，兼容现有 ECU 网络，并作为数据转发设备，将区内的功能在服务层面进行抽象；在第二阶段，会以降低区内 ECU 数量为目的，整合其他 ECU 功能，并控制 I/O 虚拟化。

Zonal EEA 实际上是"供电的分布式，计算的集中式"。Zonal EEA 不仅能将计算资源集中起来，便于软硬件分离，也给整车各个控制器的电源管理带来很多想象力，但是给软件开发带来了极大的挑战。例如，车身控制器工程师可能需要研习雷达的驱动和算法；功能安全 ASIL-C/D 级别的软件开发逐渐变成标配。域的控制开发要求将不再仅限于功能，软硬件开发将打破传统的功能划分壁垒，需要从整车角度进行思考和设计。

1）特斯拉的 Zonal EEA

特斯拉中央计算模块为 AICM（Autopilot&Infotainment Control Module，辅助驾驶及娱乐控制模块），区域控制器为 BCM RH（Body Control Module Right，右车身控制器）及 BCM LH（Body Control Module Left，左车身控制器），如图 2-14 所示。

AICM 接管了所有辅助驾驶相关传感器、主摄像头和毫米波雷达。BCM RH 集成了自动驶入驶出（Automatic Parking/Autonomous Pull Out）、热管理、扭矩控制等功能，实现了硬件和软件的分离。BCM LH 横跨多个网段，负责内部灯光、进入部分。

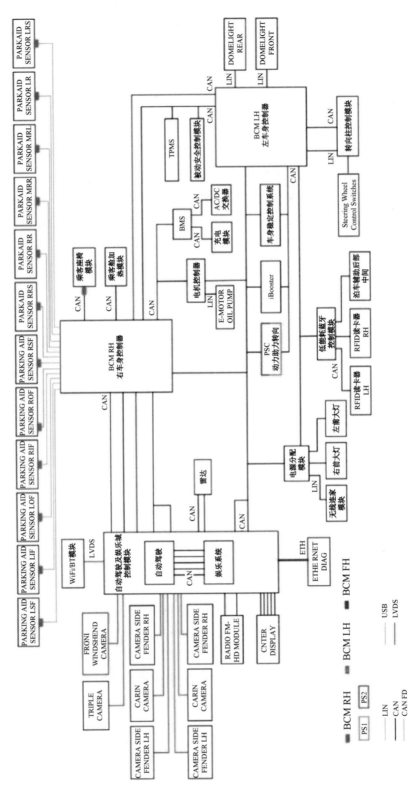

图 2-14 特斯拉 Model 3 电子电气架构

2）沃尔沃的 Zonal EEA

沃尔沃的 Zonal EEA 包括 Core System 和 Mechatronic Rim，将 ZCU 划入中央计算集群中；同时定义了与核心计算系统相对应的概念——机电一体化区域，以 VIU 为节点，也可以分出若干区域。VCU 对应车载中央计算机，VIU 对应区控制器，如图 2-15 所示。

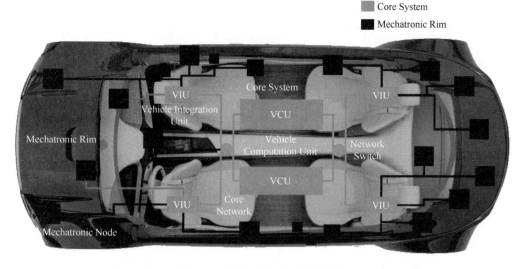

图 2-15　沃尔沃的电子电气架构

从发展趋势看，汽车电子电气架构最终会向中央计算架构演进，将功能逻辑集中到一个中央控制器。据华为预计，到 2030 年，中央计算平台+区域控制+大带宽车载通信的电子电气架构将成为主流。

未来，软件的功能和质量将决定汽车的产品体验，汽车的差异性将逐步由软件定义。凡是有雄心的车企都希望牢牢掌控决定产品个性化的核心技术，因此每个车企都会基于一个智能化、可演化的电子电气架构来打造汽车产品。

2.3　新型电子电气架构的挑战

互联网技术和移动通信技术的成熟将大大加快电子电气架构在当前基础上的进一步演进。计算机技术的高速发展推动控制器计算能力向中央和云端集中，汽车电子电气架构朝着集成式、服务器式这一方向演进。

目前，车载服务器已经被开发出来，可用于预定义功能的应用软件和第三方软件及服务平台，凭此可实现新的移动概念，提升终端用户体验。这对于汽车电子电气架构而言，是未来发展的驱动力量和发展机遇，车辆智能网联化发展为汽车电子电气架构带来了更大的挑战。

1. 安全问题

随着汽车电气化、智能化、网联化的发展，汽车功能越来越复杂，数据信息呈指数级增加。而数据涉及用户隐私和人身安全，必须系统分析安全漏洞与威胁风险，实施有效的安全防护策略，部署相关安全措施，如图 2-16 所示。

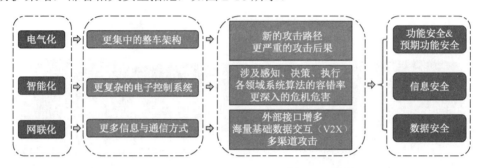

图 2-16　电子电气架构需要应对的安全问题

功能安全是指避免由系统功能故障导致的不可接受的风险，重点关注系统发生故障之后的行为因素，致力于找出所有可能的系统失效原因，并针对这些失效原因制定相应的安全机制，采取相应的安全措施。

电子电气架构面临的功能安全挑战主要体现在感知冗余和自动驾驶控制冗余两方面。车辆的电子电气架构从最初的单激光雷达单摄像头架构，到后来的多激光雷达多摄像头架构及复合摄像头架构，这些架构中不同种类的摄像头、激光雷达都需要进行安全冗余设计。在传感器出现故障后，系统能够依靠冗余备份的传感器进行工作，保证车辆正常行驶。在自动驾驶系统中，自动驾驶域控制器主要负责决策、路径规划控制。为了避免由自动驾驶域控制器失效引起的系统故障，自动驾驶域控制器也要采用冗余设计（一般采用双冗余设计），当主用自动驾驶域控制器失效时，备用自动驾驶域控制器开始工作。

预期功能安全的关注点是由于功能不足、可合理预见的人员误用所导致的危害和风险。例如，传感系统在暴雨、积雪等天气情况下，本身并未发生故障，但能否执行预期的功能是预期功能安全的重点。

信息安全问题一是车载系统本身的网络安全风险迅速增加，智能网联化升级带来代码数量增加，而代码所存在的漏洞是与生俱来的；二是汽车智能网联化功能大幅增加，汽车成为车联网系统中的关键信息节点，人、车、路、云之间的信息传输存在风险；三是云端安全隐患，即车联网云端服务器可能存在安全漏洞，导致黑客通过云端发送恶意文件、向车辆下达指令等问题。

由于汽车产业涉及诸多领域，汽车数据处理能力日益增强，汽车数据规模庞大，汽车数据安全问题和风险隐患也日益突出。例如，汽车数据处理者超越实际需要过度收集重要数据；未经用户同意，违规处理用户个人信息，特别是个人敏感信息；未经安全评估，违规出境重要数据等。因此，亟须加强汽车数据安全管理，防范化解上述安全问题和风险隐患。

2. 通信架构

随着汽车电子电气架构日益复杂化，其中的传感器、控制器和接口越来越多，自动驾驶也需要海量的数据用于实时分析决策，要求车内外通信具有高传输速率、低时延和多通信链路，这对架构的通信能力提出了更高的要求。通信架构升级是电子电气架构亟须解决的问题，如图 2-17 所示。

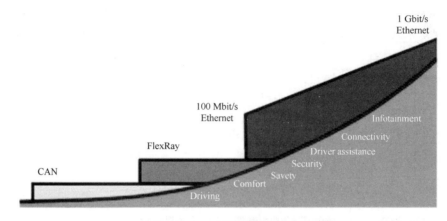

图 2-17　通信架构升级

3. 计算能力

智能网联汽车的发展对于电子电气架构的另一个挑战是控制器算力。智能网联汽车功能繁多，对汽车处理器性能的要求越来越高。据评估，自动驾驶等级每提高一级，算力需要增加一个数量级。L2 级别大概需要 2TFLOPS 的算力，L3 级别需要 24TFLOPS 的算力，L4 级别为 320TFLOPS，L5 级别为 4000+TFLOPS，如图 2-18 所示。如此巨大的算力需求，对于电子电气架构是个巨大的考验。

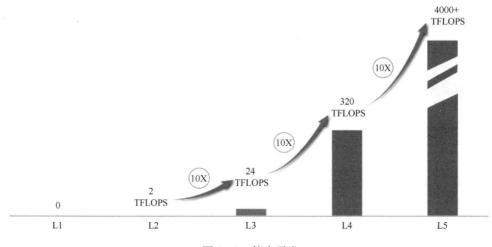

图 2-18　算力需求

4. 硬件超前部署

硬件和软件的分离，以及软件的爆炸性增长，远远超过了技术的变化。软件由于标准化的接口和模块化，可以实现重复使用。一旦汽车成为一个由软件、应用程序和新功能组成的生态系统的移动数据中心，就需要实现硬件的超前部署。功能不再是一个由 ECU 和软件组成的固定品，而是整个生态系统的一部分。虽然过去的标准是将每个 ECU 的计算和存储能力及其基础设施限制在最低水平，但 HPC 提供了从不同来源（新软件供应商、开源社区）OTA 安装额外功能的可能性。如果在 HPC 中提供了足够的资源作为未来的性能缓冲，那么硬件在未来几年内都是适用的，也为随后实现新的基于数据和服务的商业模式（功能升级、新功能）提供了可能性。因此，硬件必须满足未来 5 年甚至 10 年的需求，确保计算能力和存储能力满足未来功能的扩展。

5. 软件架构

随着汽车及其环境中的软件驱动创新不断增加，其复杂度也在快速增长，甚至在有些情况下，复杂度已经超出了可以控制的范围。软件驱动创新的快速增长也是汽车电子日趋复杂的驱动力之一，如图 2-19 所示。

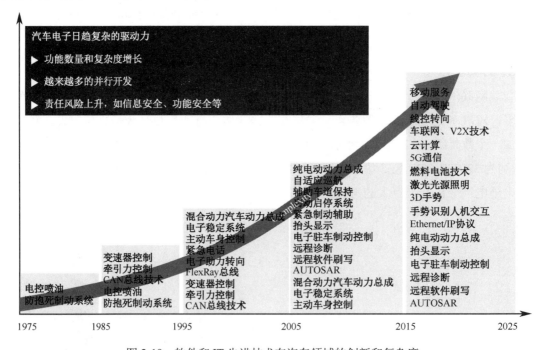

图 2-19　软件和 IT 先进技术在汽车领域的创新和复杂度

为了管控快速增长的复杂度，汽车软件需要一个清晰的架构。当今的架构演进是各公司关注的重点。架构的影响是多方面的，主要包括：系统模型、测试、功能安全；具有安全通信、面向服务式高级操作系统（如 Adaptive AUTOSAR）；ADAS（高级驾驶员辅助系统）和自动驾驶的多传感器融合和图片识别；车辆控制器固件远程更新所需的端对端信息安全；云技术和 IT 骨干网与数十亿辆汽车及其车载设备的连接，以实现信息娱乐、在线应用、远程诊断和紧急呼叫处理。

6. 开发模式

为了确保汽车中安全攸关系统的安全性和可回溯性，以及为了明确责任认定，汽车软件行业如今普遍采用 ISO 26262 和 ASPICE 等标准作为软件开发的方法和流程。汽车行业的供应商多数采用传统的瀑布式流程或 V 型流程来进行软件开发，并编制出大量的相关支持文档。这种流程不仅烦琐，而且越来越不适应如今快速变化的市场需求。

开发汽车控制软件毫无疑问是一个系统工程。V 型流程通常先冻结需求，再让软件和测试团队开始工作，这在实际操作中是很难实现的。因为客户需求在不断变化，软件团队也需要不断调整工作策略。因此，越来越多的软件团队如今倾向于使用敏捷框架进行软件开发，以缩短软件迭代的时间，在保证软件安全性和完备性的前提下，更好地实现不同职能团队之间的协作。

软件定义汽车整车开发模式结合了传统软件开发模式和整车 V 型开发模式的优点，具备快速迭代、持续集成、并行开发、多平台适用及用户个性化等特点，如图 2-20 所示。

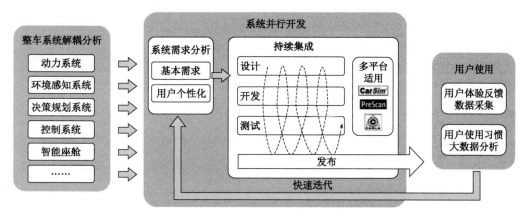

图 2-20 软件定义汽车整车开发模式

在软件定义汽车整车开发模式中，首先进行系统解耦分析，将整车解耦为子系统进行需求分析，然后进入持续集成开发阶段，按照"设计－开发－测试－发布"循环往复进行，持续将软硬件集成至系统主干上，最终完成发布。在持续集成开发阶段，各类开发工具平台如 CarSim、PreScan、CARLA 等的适用性可使整车开发效率大幅提升。整车投入使用后，根据用户反馈情况进行快速迭代，再次经历"系统需求分析－持续集成"的流程并通过 OTA 技术完成功能发布。

软件定义汽车整车开发模式继承了传统软件开发模式的优势，通过并行开发、持续集成，高效利用多开发工具平台的优势，可极大地提升整车系统的开发和测试效率。同时，利用快速迭代的软件开发模式可使用户个性化需求得到最大程度的满足，使整车开发贯穿全产品使用周期。

7. 供给关系

软件定义汽车的概念出现后，传统的主机厂、Tier1 的垂直关系会变成主机厂与合作伙伴之间相互交叉、协同和合作的关系，形成一个开发的生态群，大家一起把产品做好，如图 2-21 所示。

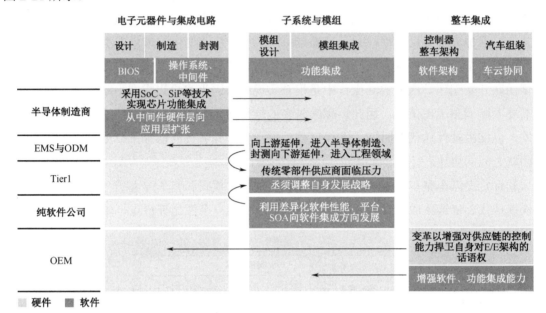

图 2-21　合作模式深度化

功能实现不再只依靠硬件，算法、软件成为功能实现的重要组成部分，随之也出现以算法、软件供应商为主的新型 Tier0.5 级供应商，如自动驾驶算法、自动驾驶解决方案、人工智能、OTA 系统、信息安全等全新供应商，新的生态群合作模式会进一步深度化。

2.4　从 EEA 到 EEI

随着智能网联汽车的推广与普及，特别是车联网、5G 通信、云计算边缘计算等技术的快速发展，围绕多车系统、车路系统、车路云融合系统的协同决策与控制技术得到行业广泛关注。"车—路—云—网"系统协同控制，不仅可以为单车决策提供有效信息，还可以在现有车路协同的基础上，通过全域控制实现对所有交通参与者的全路段、全天候、全场景的自主控制，可以在未来不同等级智能汽车混行的交通环境中，为交通管理与管控提供重要解决方案，如图 2-22 所示。

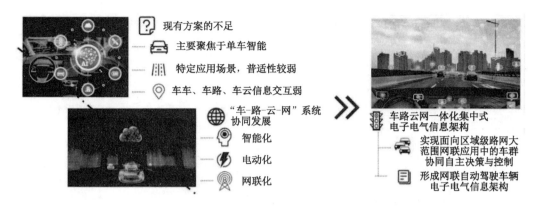

图 2-22 车路云网一体化集中式电子电气信息架构

EEA 通过整车物理层面硬件的布置，获取车辆信息进行转化和处理，为汽车电子电气设计提供整体需求和解决方案。而 EEI 是 Electrical/Electronic Information Architecture（电子信息结构）的缩写，需要对车、路、云、网信息进行融合处理，具备高带宽、低时延、高可靠，以及车辆终端、边缘节点和云平台算力分配的特点，如图 2-23 所示。

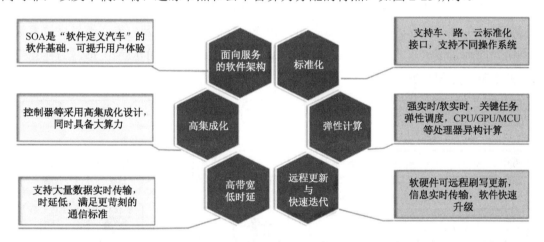

图 2-23 EEI 的特点

利用人工智能、自动驾驶、网络通信、云计算、大数据、物联网等技术，使车、路、云、网、图等核心要素实现全面互联互通，构建以车路协同高维数据为重要基础、以通信网络为纽带、以产品服务应用为核心的服务体系，实现交通基础设施、交通运输装备与交通运行监控的有机结合，为用户和社会提供立体互联、完备可控、便捷舒适、经济高效的一体化交通运输服务。这是对传统分散式交通技术的一次深刻变革，也是构建安全、便捷、高效、绿色、经济的现代化综合交通体系的科技支撑，如图 2-24 所示。

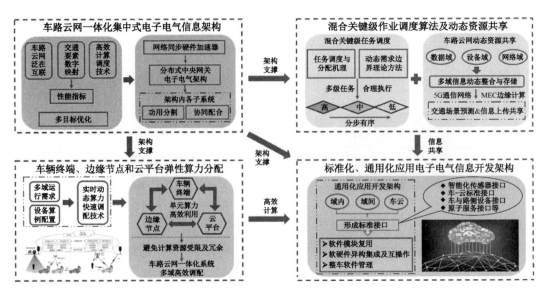

图 2-24 EEI 架构支撑

随着新的汽车超级计算平台和操作系统的发展，融合车、路、云、网一体化，未来信息通信技术企业、新兴的软硬件技术公司、新的运营商、服务商及内容商都将以技术融合为牵引，成为新型汽车产业的重要组成部分。未来将会诞生全新的应用生态，为社会带来巨大的变革，如图 2-25 所示。

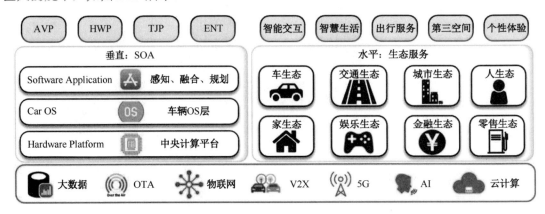

图 2-25 全新的应用生态将会带来巨大的社会变革

第 3 章

智能汽车通信基础

车载网络是计算机网络通信、嵌入式系统及信息安全理论与技术在车辆工程中的应用。这些技术一方面提升了汽车固有的功能水平和性能指标，另一方面拓展了汽车的功能和性能指标，也是汽车智能化的重要基础。

3.1 智能汽车通信基础介绍

汽车电子电气架构的演化主要是围绕强有力的通信架构和整车级计算平台这两项内容展开的。

汽车 EEA 中存在许多通信协议和通信技术，主要的通信技术如下。

（1）LIN 总线：按照主从原则进行工作的串行总线系统。

（2）CAN 总线：具有优先传递信息功能的串行总线系统。

（3）FlexRay 总线：其信息传输的基础为 TDMA，两个通道的传输速率均为 10Mbit/s。

（4）MOST：用于多媒体信息的传递，其最大传输速率可达 150Mbit/s。

（5）LVDS：应用在要求高传输速率的场合，如用于传输视频数据。

（6）汽车以太网：一种用以太网连接车内电子单元的新型局域网技术。

（7）PCIe 总线：具备高带宽、超低时延。

应用在汽车上的每项通信技术都有其特有的解决通信问题的方法，本章重点介绍 CAN 总线、汽车以太网、PCIe 总线和其他新型总线技术的应用。

3.2 CAN 总线

CAN（Controller Area Network，控制器局域网）是一个支持分布式实时控制的串行通信网络，主要用于嵌入式控制器的通信系统及智能装置的开放通信系统。为适应减少线束的数量和通过多个 LAN 进行大量数据的高速通信的需要，Bosch 公司提出了最初用于汽车电子装置互联的控制器局域网串行通信总线系统。

3.2.1 CAN 总线的定义

如今 CAN 在汽车行业和控制领域得到了广泛应用，已经成为 ISO 和 SAE 标准。在 CAN 系统中，协议功能多数由硬件完成，这个硬件称为 CAN 控制器（CAN Controller）。

第一代经典 CAN 通信技术取得了巨大的成功，目前仍然是车载网络中的主导，几乎每一辆新车均装配有 CAN。但随着汽车的智能化，各控制器需要交换的数据越来越多，频次也越来越高。传统 CAN 受限于物理特性，传输速率最大为 1Mbit/s，同时传统 CAN 包含的非信息数据大于 50%，即 CAN 线上只有一半以下的数据是真正有用的信息，其他都是用于协议控制的非信息数据。基于此，第 14 届国际 CAN 大会（international CAN Conference, iCC）正式推出了第二代 CAN 通信技术，即可变速率 CAN（CAN-FD）。

而在 2020 年正式推出的 CAN-XL，意味着继经典 CAN 和 CAN-FD 之后，第三代 CAN 通信技术的到来。CAN 总线的分类如表 3-1 所示。

表 3-1 CAN 总线的分类

	总线类型	传输速率	应用场景
第三代	CAN-XL	大于 10Mbit/s	用于高带宽要求和附加功能，如虚拟网络、多协议支持、数据链路层安全等
第二代	可变速率 CAN（CAN-FD）	2Mbit/s（正常工作） 8Mbit/s（诊断/编程）	在经典 CAN 的基础上增大传输速率，是经典 CAN 的升级版，将随着技术发展逐步替代经典 CAN，特别是在带宽（大于 1Mbit/s）和有效载荷（大于 8 字节/数据帧）要求不能满足的情况下
第一代	高速 CAN（HS-CAN）	最高 1Mbit/s	应用在实时性要求高的节点，如引擎管理单元、电子传动控制、ESP 和仪表盘等
	低速 CAN（LS-CAN）	最高 125kbit/s	应用在实时性要求低的节点，如空调控制、座椅调节、灯光和视镜调整等，这些节点对实时性要求不高，而且分布较为分散，线缆较易受到损坏，低速 CAN 的传输速率即可满足要求，单根线缆也可以工作
	单线 CAN（SWC）	33.3kbit/s（正常模式） 83.3kbit/s（诊断模式）	单线 CAN 的信号抗干扰能力相对较弱，在设计中需要提高信号幅度以增大信噪比，如此又会让它自身的辐射能力增强，因此必须降低其信号传输速率以满足电磁兼容的要求 由于汽车车身可以作为总线的"地"，因此单线 CAN 可以使用一条数据线连接车内各个通信模块，从而大幅减少布线的开销。但是其最大传输速率要远低于高速 CAN 总线

3.2.2 CAN 总线的特点

CAN 总线具有如下特点。

（1）具有高速串行数据接口功能，CAN 总线支持从几 kbit/s 到 1Mbit/s 的数据传输速率。

（2）使用廉价物理介质，CAN 总线可以使用屏蔽或非屏蔽双绞线、同轴电缆及光纤作为网线。

（3）数据帧短，短数据帧有利于减小时延，提高实时性，但会降低有效数据传输速率。

（4）反应速度快，发送时不需要等待令牌，对请求反应迅速。

（5）多站同时发送，优先级高的数据获取总线。

（6）错误检测和校正能力强，保证了系统的可靠性。

（7）无破坏基于优先权的仲裁。

（8）通过接收滤波的方式实现多地址帧传送。

（9）具有远程数据请求功能。

（10）具有全系统数据兼容性。

（11）具有丢失仲裁或出错的帧自动重发功能。

（12）能判别暂时性错误和永久性错误，具有故障节点自动脱离功能。

（13）采用基于事件触发的发送方式，信息传送时延离散度高，有出现长时延的可能。

3.2.3　CAN 总线的数据传输

CAN 控制器根据两根线上的电位差来判断总线电平，进而传输数据。总线电平分为显性电平和隐性电平，发送方通过使总线电平发生变化，将消息发送给接收方，如图 3-1 所示。

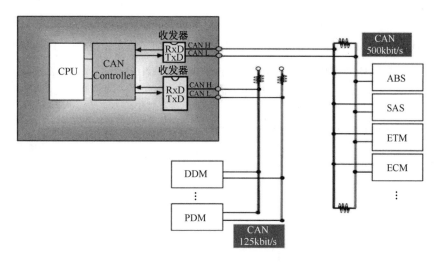

图 3-1　CAN 总线连接示意图

连接在 CAN 总线上的设备称为节点（CAN Node），CAN 的网络拓扑结构一般为线型。线束最常用的为非屏蔽双绞线（UTP），线上传输的是对称的电平信号（差分）。节点主要包括 Host、控制器和收发器三部分。Host 常集成有 CAN 控制器（现在的 MCU 一般都会搭载 CAN 控制器，特别是车载 MCU），CAN 控制器负责处理协议相关功能，以减轻 Host 的负担。CAN 收发器将控制器连接到传输媒介。通常控制器和总线收发器通过光耦或磁耦隔离，这样即使总线上过压，损坏收发器，控制器和 Host 也可以得到保护。

高速 CAN 总线最高信号传输速率为 1Mbit/s，支持的最大距离为 40m。ISO 11898-2 要求在高速 CAN 总线的两端安装端接电阻（RL）以消除反射，而低速 CAN 总线最高传输速率只有 125kbit/s，因此 ISO 11898-3 没有要求端接。ISO 11898 规定 CAN 总线上最多有 32 个节点。在传输距离方面，由于距离越大，信号时延也越大，为确保消息正确采样，总线上的信号传输速率也要相应下降。使用 ISO 11898 兼容的收发器和电缆时，数据传输速率与总线长度的关系如图 3-2 所示。

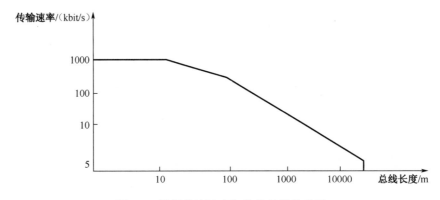

图 3-2 数据传输速率与总线长度的关系

CAN 总线采用不归零码位填充技术，也就是说，CAN 总线上的信号有两种不同的状态，分别是显性的（Dominant）逻辑"0"和隐性的（Recessive）逻辑"1"，信号每一次传输完后不需要返回到逻辑"0"（显性）的电平。高速 CAN 总线和低速 CAN 总线对物理层信号电平的定义有所不同，具体如图 3-3、图 3-4 所示。

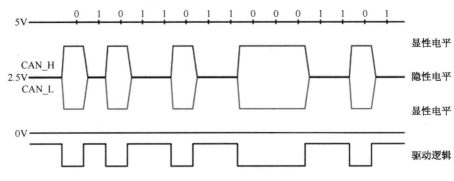

图 3-3 高速 CAN 总线信号电平（ISO 11898-2）

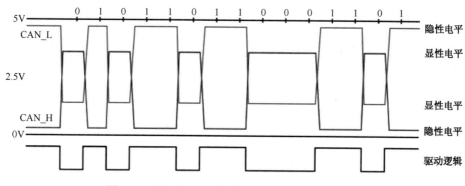

图 3-4　低速 CAN 总线信号电平（ISO 11898-3）

对于高速 CAN 总线，定义 CAN_H 和 CAN_L 电压相同（CAN_H=CAN_L=2.5V）时为逻辑"1"，CAN_H 和 CAN_L 电压相差 2V（CAN_H=3.5V，CAN_L=1.5V）时为逻辑"0"。高速 CAN 收发器在共模电压范围内（-12～12V），将 CAN_H 和 CAN_L 电压相差大于 0.9V 解释为显性状态，而将 CAN_H 和 CAN_L 电压相差小于 0.5V 解释为隐性状态。收发器内部有迟滞电路，可以降低干扰。

对于低速 CAN 总线，定义 CAN_H 和 CAN_L 电压相差 5V（CAN_H=0V，CAN_L=5V）时为逻辑"1"，相差 2.2V（CAN_H=3.6V，CAN_L=1.4V）时为逻辑"0"。

在 CAN 总线上，逻辑"0"和"1"之间显著的电压差是总线可靠通信的保证。参照上面的描述，CAN 总线上的两种电平状态如下：CAN_H-CAN_L<0.5V 时为隐性的，逻辑信号表现为逻辑"1"，即高电平；CAN_H-CAN_L>0.9V 时为显性的，逻辑信号表现为逻辑"0"，即低电平。

CAN 总线的信号电平具有线与特性，即显性电平（0）总是会掩盖隐性电平（1）。如果不同节点同时发送显性电平和隐性电平，则总线上表现出显性电平（0），只有总线上所有节点发送的都是隐性电平（1）时，总线才表现为隐性电平。线与特性是 CAN 总线仲裁的电路基础。除高速 CAN 和低速 CAN 外，还有另外一种 CAN 物理层结构，即单线 CAN（Single Wire CAN）。单线 CAN 可以减少一根信号线，但是要求节点间有良好的共地特性（相当于第二根信号线）。单线 CAN 的信号抗干扰能力相对较弱，在设计中需要提高信号幅度以增大信噪比，如此又会让它自身的辐射能力增强，因此必须降低其信号传输速率以满足电磁兼容的要求。综上所述，单线 CAN 仅适合应用在低速的车身电子单元、舒适及娱乐控制系统中。低速 CAN 总线由于信号传输速率不高，在一根信号线失灵的情况下，仍可工作于单线模式。

对于端接，高速 CAN 的端接是在总线两端，而低速 CAN 和单线 CAN 的端接都是在各节点位置，如图 3-5 所示。

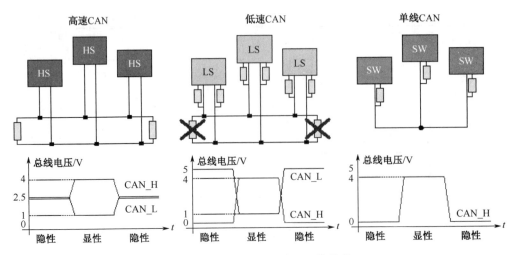

图 3-5 3 种 CAN 总线物理层的比较

3 种 CAN 总线物理层的对比如表 3-2 所示。

表 3-2 3 种 CAN 总线物理层的对比

参数	高速 CAN	低速 CAN	单线 CAN
物理层规范	ISO 11898-2	ISO 11519-2、ISO 11992、ISO 11898-3	SAE J2411
特性	高速、抗干扰能力强	容错,在一根信号线短路的时候,可以进入单线模式进行通信	低成本
典型应用	汽车、工业	卡车、拖车	车身系统、通用汽车局域网(GM—LAN)
传输速率	40 米:1Mbit/s 500 米:125kbit/s	125kbit/s	33.3kbit/s(正常模式) 83.3kbit/s(诊断模式)
线束	双绞线(屏蔽/非屏蔽)	双绞线(屏蔽/非屏蔽)	单线非屏蔽
总线类型	闭环总线	开环总线	开环总线
终端电阻	总线两端有 120Ω(最小 85Ω,最大 130Ω)电阻	每个节点有独立的 CAN_H/CAN_L 终端电阻。阻值和节点数量相关,2.20kΩ(最小 2.09kΩ,最大 2.31kΩ)	终端电阻在节点上,阻值和节点数量相关
极限电压	12V 系统:-3.0/16V 24V 系统:-3.0/32V	12V 系统:-3.0/16V 24V 系统:-3.0/32V	12V 系统:-3.0/16V
共模电压	CAN_L:-2.0V(最小)/2.5V(正常) CAN_H:2.5V(正常)/7.0V(最大)	CAN_L:-2.0V(最小)/2.5V(正常) CAN_H:2.5V(正常)/7.0V(最大)	CAN 网络偏移电压为 1V(最大)

CAN 总线通信主要有以下 3 个特点。

1. 多主

对安全敏感的应用,如汽车动力,对通信系统的可靠性要求很高。将总线工作正常与否归结到单一节点是极其危险的，比较合理的方案是对总线接入的去中心化，使每个节点都有接入总线的能力。这也是 CAN 总线采用多主（Multi-Master）线型拓扑结构的原因。

在 CAN 总线上，每个节点都有往总线上发送消息的能力，而且消息的发送不必遵从任何预先设定的时序，完全是由事件驱动的。只有传递新的信息时，CAN 总线才处于忙碌状态，这使得节点接入总线速度非常快。CAN 总线理论最高数据传输速率为 1Mbit/s，对于异步事件反应迅速，基本上对于毫秒级的实时应用而言没有任何问题。

2. 寻址机制

不同于其他类型的总线，CAN 总线不设定节点的地址，而是通过消息的标识符（Identifier，ID）来区别消息。CAN 总线消息是广播式的，也就是说，在同一时刻所有节点都可以检测到同样的电平信号。接收节点通过识别消息的标识符，与该节点预设的过滤规则对比，如果满足规则就接收这条消息，发送应答，否则就忽略这条消息。这种机制虽然会增加消息帧的复杂度（增加标识符），但是节点在此情况下可以无须了解其他节点的状况，实现相互独立工作，在总线上增加节点时只需要关注消息类型，而非系统中其他节点的状况。这种以消息标识符寻址的方式，使得在总线上增加节点变得更加灵活。

3. CSMA/CD+AMP

CAN 总线通信原理可简单描述为多路载波侦听+基于消息优先级的冲突检测和仲裁机制（CSMA/CD+AMP）。CSMA（Carrier Sense Multiple Access）指的是所有节点必须等到总线处于空闲状态时才能往总线上发送消息；CD+AMP（Collision Detection + Arbitration on Message Priority）指的是如果有多个节点同时往总线上发送消息，则具备最高优先级（标识符最小）的消息将获得总线占有权。

3.2.4 CAN 协议的特点

ISO 11898-1（数据链路层协议）、ISO 11898-2（高速 CAN 总线物理层协议）、ISO 11898-3（低速 CAN 总线物理层协议）定义了物理层和数据链路层。CAN 协议涵盖 ISO 规定的 OSI 基本参照模型中的传输层、数据链路层及物理层。

CAN 协议主要具有以下 8 个特点。

1. 多主控制

在总线空闲时，所有单元都可以开始发送消息（多主控制）。最先访问总线的单元可获得发送权（CSMA/CA 方式）。当多个单元同时开始发送消息时，发送高优先级 ID 消息的单元可获得发送权。

2. 消息的发送

在 CAN 协议中，所有消息都以固定的格式发送。总线空闲时，所有与总线相连的单元都可以开始发送消息。两个以上的单元同时开始发送消息时,根据 ID 确定优先级。ID 并不是表示发送的目的地址,而是表示访问总线的消息的优先级,CAN 总线会对各消息 ID 的每一位依次进行仲裁比较。仲裁获胜(被判定为优先级最高)的单元可继续发送消息,仲裁失利的单元则立刻停止发送而进行接收工作。

3. 系统的柔性

与总线相连的单元没有类似于地址的信息,因此在总线上增加单元时,连接在总线上的其他单元的软硬件及应用层都不需要改变。

4. 通信速率

根据整个网络的规模,可设定合适的通信速率。在同一网络中,所有单元必须设定成统一的通信速率。如果有一个单元的通信速率与其他单元不一样,此单元就会输出错误信号,妨碍整个网络的通信。不同网络则可以有不同的通信速率。

5. 远程数据请求

可通过发送远程帧请求其他单元发送数据。

6. 错误检测、通知、恢复功能

所有单元都可以检测错误(错误检测功能),检测出错误的单元会立即同时通知其他所有单元(错误通知功能)。正在发送消息的单元一旦检测出错误,会强制结束当前的发送,强制结束发送的单元会不断反复发送此消息,直到成功发送为止(错误恢复功能)。

7. 故障封闭

CAN 总线可以判断出错误的类型是暂时的数据错误(如外部噪声等)还是持续的数据错误(如单元内部故障、驱动器故障、断线等)。基于此,当总线上发生持续的数据错误时,可将引起此错误的单元从总线上隔离出去。

8. 连接

CAN 总线可以同时连接多个单元,可连接的单元数理论上是没有限制的。但实际上,可连接的单元数受总线上的时延及电气负载的限制。降低通信速率,则可连接的单元数增加;提高通信速率,则可连接的单元数减少。

3.2.5 CAN 数据链路层

单线 CAN、低速 CAN、高速 CAN 的数据链路层相同,都支持 CAN2.0 规范。数据链路层解决收发目标选择、数据校验、总线竞争、错误机制等问题。CAN 规定了 5 种通信帧:数据帧、远程帧、错误帧、过载帧和帧间隔。CAN 控制器实现了数据链路层的全部功能,以及物理层的位定时功能。

通信通过以下 5 种类型的帧进行。

(1) 数据帧：用于发送单元向接收单元传送数据的帧，如图 3-6 所示。

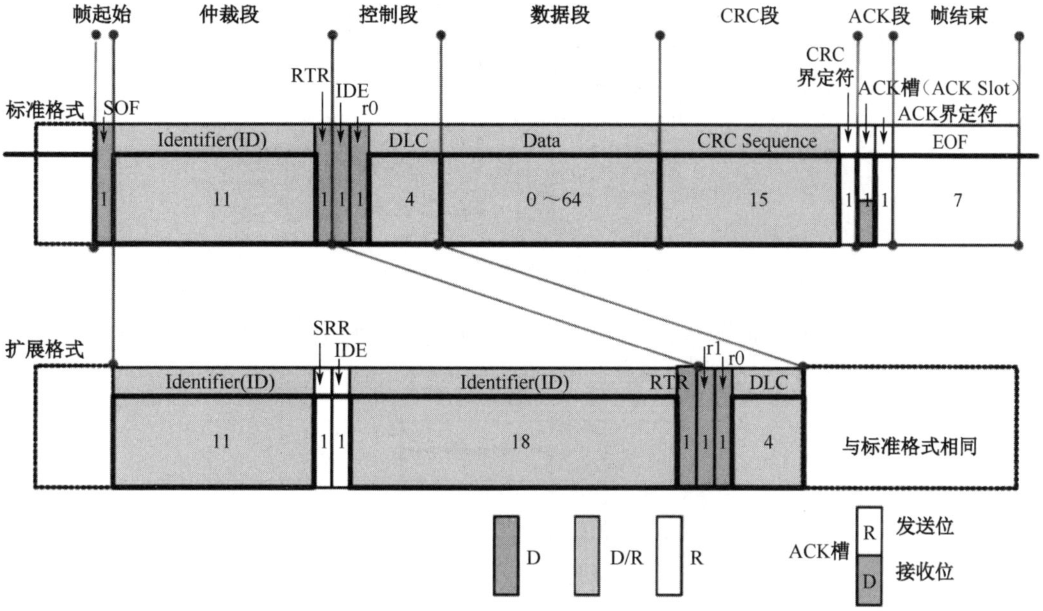

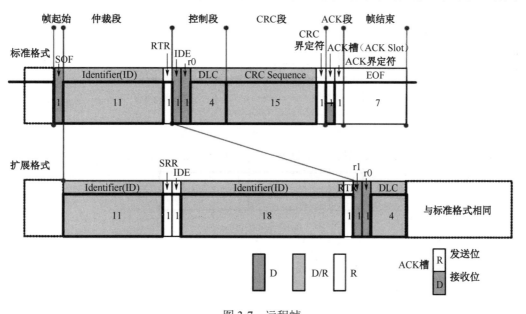

图 3-6 数据帧

(2) 远程帧：用于接收单元向具有相同 ID 的发送单元请求数据的帧，如图 3-7 所示。

图 3-7 远程帧

(3) 错误帧：用于检测出错误时向其他单元通知错误的帧，如图 3-8 所示。

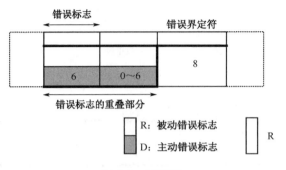

图 3-8　错误帧

（4）过载帧：用于接收单元通知其尚未做好接收准备的帧，如图 3-9 所示。

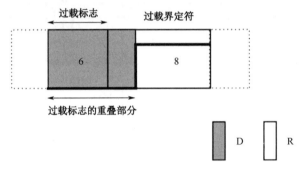

图 3-9　过载帧

（5）帧间隔：用于将数据帧及远程帧与前面的帧分离开来的帧，如图 3-10 所示。

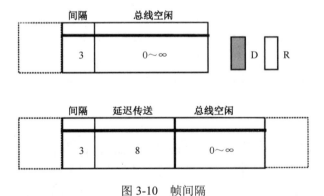

图 3-10　帧间隔

另外，数据帧和远程帧有标准格式和扩展格式。标准格式有 11 位的 ID，扩展格式有 29 位的 ID。

1. 数据帧

数据帧由以下 7 个段构成。

（1）帧起始：表示数据帧开始的段。

（2）仲裁段：表示该帧优先级的段。

（3）控制段：表示数据的字节数及保留位的段。

（4）数据段：数据的内容，可发送 0～8 字节的数据。

（5）CRC 段：检查帧的传输错误的段。

（6）ACK 段：表示确认正常接收的段。

（7）帧结束：表示数据帧结束的段。

下面对数据帧的构成进行说明。

1）帧起始（标准格式与扩展格式相同）

这是表示帧开始的段，包含 1 个显性位，助记符为 SOF，作用是进行硬同步，如图 3-11 所示。

图 3-11　数据帧（帧起始）

2）仲裁段

这是表示数据优先级的段，标准格式和扩展格式的构成有所不同，如图 3-12 所示。

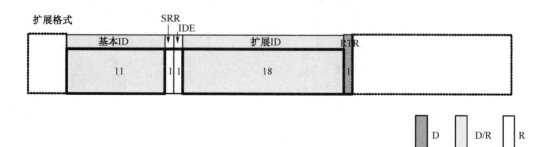

图 3-12　数据帧（仲裁段）

对于 CAN2.0A，仲裁段由 11 位 ID 和 RTR 位组成，ID 规定了数据帧的优先级，ID 越小，优先级越高；RTR 位是远程发送请求位，表明该帧是数据帧还是远程帧，数据帧该位为显性，远程帧该位为隐性。因此，当 ID 相同时，数据帧的优先级高于远程帧。ID 高 7 位 ID10～ID4 不得全为隐性。

对于 CAN2.0B，差别仅仅在于在标准帧 11 位 ID 后面插入了 1 个显性的替代远程请求位 SRR。将标准帧中位于控制段的扩展识别位 IDE 接在 SRR 后面，然后接上扩展的 18 位 ID。扩展帧 ID 有 29 位，标准帧的优先级高于扩展帧。标准帧 IDE 为显性，扩展帧 IDE 为隐性。

CAN 控制器会监测数据线上的电平与发送位的电平，如果电平不相同，则停止发送信息。如果该位在仲裁段，则退出总线竞争；如果不在仲裁段，则产生错误（除了 ACK 段和被动错误标志传输时）。

ID 高 7 位不得全为隐性。在任何情况下，总线上不可能有多个设备在同一时刻使用同一个 ID 传输数据帧。

3）控制段

控制段由 6 位构成，表示数据段的字节数。标准格式和扩展格式的构成有所不同。

对于 CAN2.0A，控制段由 IDE、保留位 r0、4 位数据长度码（DLC）共 6 位组成。DLC 表示数据段数据的字节数，取值为 0～8，用 BCD 码表示。

对于 CAN2.0B，控制段由保留位 r1、r0 和 4 位数据长度码共 6 位组成，如图 3-13 所示。

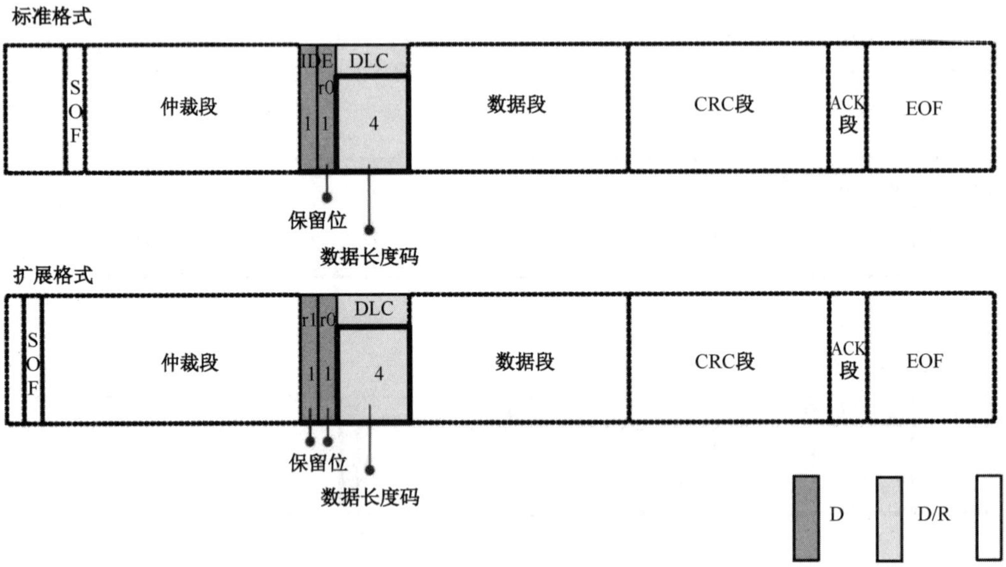

图 3-13 数据帧（控制段）

4）数据段（标准格式与扩展格式相同）

数据段可包含 0～8 字节的数据。Byte0 在前，从 MSB（最高位）开始输出。数据量小，实时性高，如图 3-14 所示。

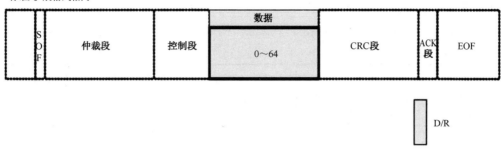

图 3-14 数据帧(数据段)

5) CRC 段(标准格式与扩展格式相同)

CRC 段是检查帧传输错误的段,由 15 位 CRC 顺序和 1 位 CRC 界定符(用于分隔的位)构成。CRC 校验将前 4 段所有位进行模 2 除以多项式 $X^{15}+X^{14}+X^{10}+X^8+X^7+X^4+X^3+1$ 得到 15 位 CRC 值,再加上一位隐性的 CRC 界定符组成 16 位的 CRC 段,如图 3-15 所示。

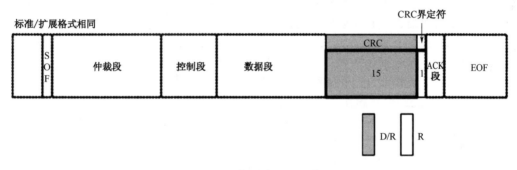

图 3-15 数据帧(CRC 段)

6) ACK 段

ACK 段用来确认是否正常接收,由 ACK 槽(ACK Slot)和 ACK 界定符共 2 位构成,如图 3-16 所示。ACK 槽中的发送节点发送隐性电平,接收正确节点发送显性电平将总线上的信号拉低。ACK 界定符为隐性电平。要保证发送节点在应答间隙接收到应答的显性位,就必须对总线长度进行限制。

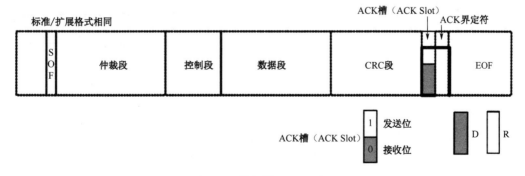

图 3-16 数据帧(ACK 段)

7）帧结束

帧结束是表示该帧结束的段，由7个隐性位构成，助记符为EOF，如图3-17所示。

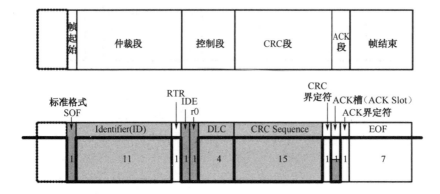

图3-17 数据帧（帧结束）

2. 远程帧

远程帧是接收单元向发送单元请求发送数据所用的帧，由6个段组成。远程帧与数据帧的区别在于它没有数据段，RTR为隐性，其余相同。远程帧的数据长度码的值表示对应请求的数据帧的数据长度码。远程帧的构成如图3-18所示。

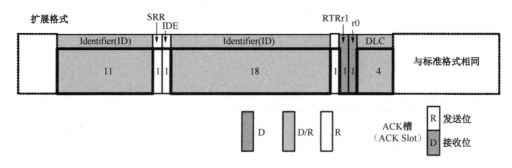

图3-18 远程帧的构成

（1）帧起始：表示帧开始的段。

（2）仲裁段：表示该帧优先级的段。可请求具有相同ID的数据帧。

（3）控制段：表示数据的字节数及保留位的段。

(4) CRC 段：检查帧的传输错误的段。

(5) ACK 段：表示确认正常接收的段。

(6) 帧结束：表示远程帧结束的段。

3. 错误帧

错误帧是用于检测出错误时通知错误的帧。错误类型有 CRC 错误、ACK 错误、位错误、格式错误和填充错误。错误帧由错误标志和错误界定符构成。错误帧的构成如图 3-19 所示。

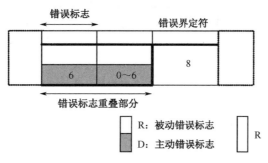

图 3-19　错误帧的构成

（1）错误标志：错误标志包括主动错误标志和被动错误标志两种。主动错误标志包含 6 个显性位，被动错误标志包含 6 个隐性位。

（2）错误界定符：错误界定符由 8 个隐性位构成。发送错误大于 255 时，总线关闭。

4. 过载帧

过载帧是用于接收单元通知其尚未完成接收准备的帧。过载帧由过载标志和过载界定符构成。过载帧的构成如图 3-20 所示。

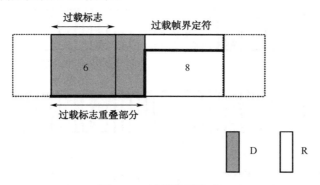

图 3-20　过载帧的构成

（1）过载标志：包含 6 个显性位。过载标志的构成与主动错误标志的构成相同。

（2）过载界定符：包含 8 个隐性位。过载界定符的构成与错误界定符的构成相同。

5. 帧间隔

帧间隔是用于分隔数据帧和远程帧的帧。数据帧和远程帧可通过插入帧间隔将本帧与前面的任何帧（数据帧、远程帧、错误帧、过载帧）分开。过载帧和错误帧前不能插入帧间隔。帧间隔的构成如图 3-21 所示。

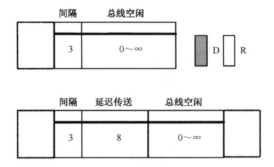

图 3-21　帧间隔的构成

（1）间隔：包含 3 个隐性位。

（2）总线空闲：隐性电平，无长度限制（也可为 0）。在本状态下，可视为总线空闲，要发送的单元可开始访问总线。

（3）延迟传送（发送暂时停止）：包含 8 个隐性位。这是只在处于被动错误状态的单元刚发送一个消息后的帧间隔中包含的段。

6. 优先级的确定

在总线空闲状态下，最先开始发送消息的单元将获得发送权。多个单元同时开始发送消息时，对各发送单元从仲裁段的第一位开始进行仲裁。连续输出显性电平最多的单元可继续发送。仲裁过程如图 3-22 所示。

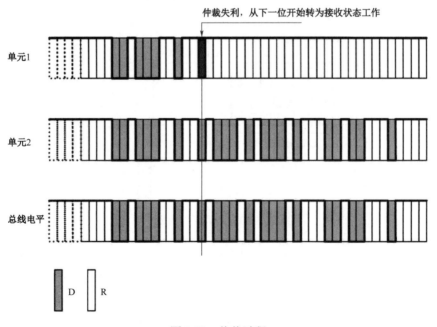

图 3-22　仲裁过程

1）数据帧和远程帧的优先级

具有相同 ID 的数据帧和远程帧在总线上竞争时，仲裁段的最后一位（RTR）为显性位的数据帧具有优先权，可继续发送消息。数据帧和远程帧的仲裁过程如图 3-23 所示。

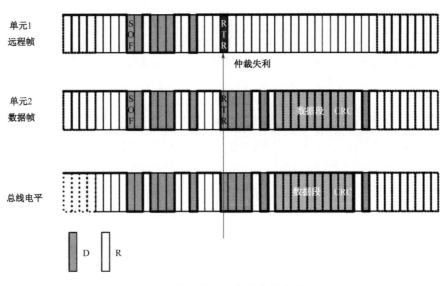

图 3-23 数据帧和远程帧的仲裁过程

2）标准格式和扩展格式的优先级

标准格式的数据帧与具有相同 ID 的远程帧或者扩展格式的数据帧在总线上竞争时，标准格式的 RTR 为显性位的具有优先权，可继续发送消息。标准格式与扩展格式的仲裁过程如图 3-24 所示。

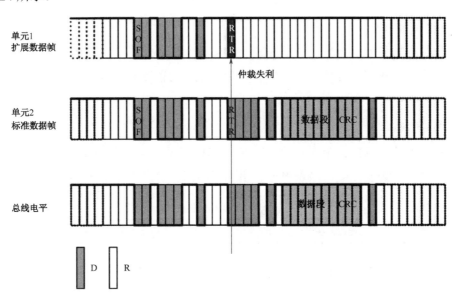

图 3-24 标准格式与扩展格式的仲裁过程

7. 位填充

位填充是为防止突发错误而设定的功能。当同样的电平持续 5 位时则添加 1 位反型数据。位填充如图 3-25 所示。

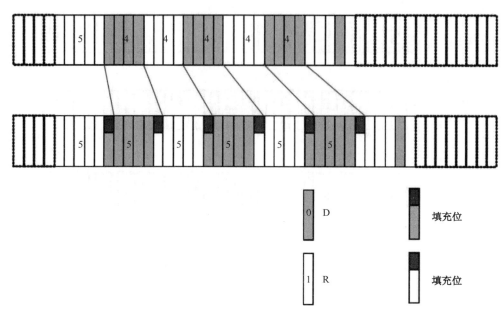

图 3-25　位填充

1）发送单元的工作

在发送数据帧和远程帧时，对于 SOF～CRC 段间的数据，如果相同电平持续 5 位，则要在下一位（第 6 位）插入与前 5 位相反的电平。

2）接收单元的工作

在接收数据帧和远程帧时，对于 SOF～CRC 段间的数据，如果相同电平持续 5 位，则要删除下一位（第 6 位）再接收。如果第 6 位的电平与前 5 位相同，将被视为错误并发送错误帧。

8. 错误的种类

错误共有 5 种，包括位错误、填充错误、CRC 错误、格式错误和 ACK 错误，多种错误可能同时发生。错误种类、错误内容、错误检测帧和检测单元如表 3-3 所示。

表 3-3　错误的种类

错误种类	错误内容	错误检测帧（段）	检测单元
位错误	比较输出电平和总线电平（不含填充位），当两电平不一样时所检测到的错误	• 数据帧（SOF～EOF） • 远程帧（SOF～EOF） • 错误帧 • 过载帧	发送单元 接收单元

续表

错误种类	错误内容	错误检测帧（段）	检测单元
填充错误	在需要位填充的段内，连续检测到6位相同的电平	•数据帧（SOF~CRC顺序） •远程帧（SOF~CRC顺序）	发送单元 接收单元
CRC错误	从接收到的数据计算出的CRC结果与接收到的CRC顺序不同时所检测到的错误	•数据帧（CRC顺序） •远程帧（CRC顺序）	接收单元
格式错误	检测出与固定格式的位段相反的格式	•数据帧（CRC界定符、ACK界定符、EOF） •远程帧（CRC界定符、ACK界定符、EOF） •错误界定符 •过载界定符	接收单元
ACK错误	发送单元在ACK槽中检测出隐性电平	•数据帧（ACK槽） •远程帧（ACK槽）	发送单元

1）位错误

位错误由向总线上输出数据帧、远程帧、错误帧、过载帧的单元和输出ACK的单元、输出错误的单元来检测。需要注意的是，在仲裁段输出隐性电平，但检测出显性电平时，将被视为仲裁失利，而不是位错误。在仲裁段作为填充位输出隐性电平，但检测出显性电平时，将不视为位错误，而是填充错误。

发送单元在ACK段输出隐性电平，但检测到显性电平时，将被判断为其他单元的ACK应答，而非位错误。输出被动错误标志（6个隐性位），但检测出显性电平时，将遵从错误标志的结束条件，等待检测出连续相同6位的值（显性或隐性），而并不视为位错误。

2）格式错误

即使接收单元检测出EOF（7个隐性位）的最后一位（第8位）为显性电平，也不视为格式错误。即使接收单元检测出数据长度码中9~15的值，也不视为格式错误。

3）错误帧的输出

检测出满足错误条件的单元输出错误标志通报错误。处于主动错误状态的单元输出的错误标志为主动错误标志，处于被动错误状态的单元输出的错误标志为被动错误标志。发送单元发送完错误帧后，将再次发送数据帧或远程帧。错误标志输出时序如表3-4所示。

表3-4 错误标志输出时序

错误的种类	输出时序
位错误 填充错误 格式错误 ACK错误	从检测出错误后的下一位开始输出错误标志
CRC错误	从ACK界定符后的下一位开始输出错误标志

9. 位时序

发送单元在非同步的情况下每秒钟发送的位数称为位速率，1位可分为4个段：同步段（Synchronization Segment，SS）、传播时间段（Propagation Time Segment，PTS）、相位缓冲段1（Phase Buffer Segment 1，PBS1）、相位缓冲段2（Phase Buffer Segment 2，PBS2）。这些段又由被称为 Time Quantum（TQ）的最小时间单位构成。

1位分为4个段，每个段又由若干个TQ构成，这称为位时序。可以任意设定位时序。通过设定位时序，多个单元可同时采样，也可任意设定采样点。各段的作用如表3-5所示。

表3-5 各段的作用

段名称	段的作用	TQ 数	
同步段	多个连接在总线上的单元通过此段实现时序调整，同步进行接收和发送的工作。由隐性电平到显性电平的边沿或由显性电平到隐性电平的边沿最好出现在此段中	1TQ	8~25TQ
传播时间段	用于吸收网络上的物理延迟的段。所谓的网络的物理延迟指发送单元的输出延迟、总线上信号的传播延迟和接收单元的输入延迟。这个段的时间为以上各延迟时间的和的两倍	1~8TQ	
相位缓冲段1	当信号边沿不能被包含于 SS 中时，可在此段进行补偿。由于各单元以各自独立的时钟工作，细微的时钟误差会累积起来，相位缓冲段可用于吸收此误差	1~8TQ	
相位缓冲段2	通过对相位缓冲段加减 SJW 来吸收误差。SJW 增大后允许误差增大，但通信速率会下降	2~8TQ	
再同步补偿宽度（re-Synchronization Jump Width，SJW）	因时钟频率偏差、传送延迟等，各单元有同步误差。SJW 为补偿此误差的最大值	1~4TQ	

1位的构成如图3-26所示。采样点是读取总线电平，并将读到的电平作为位值的点。位置在 PBS1 结束处。

10. 同步

CAN 协议的通信方法为 NRZ（Non-Return to Zero）。各位的开头或者结尾都没有附加同步信号。发送单元以与位时序同步的方式开始发送数据。另外，接收单元根据总线上电平的变化进行同步并进行接收工作。但是，发送单元和接收单元存在的时钟频率误差及传输路径上的（电缆、驱动器等）相位延迟会引起同步偏差。因此，接收单元要通过硬件同步或者再同步的方法调整时序进行接收。

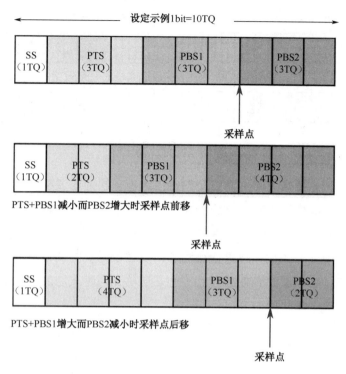

图 3-26　1 位的构成

1) 硬件同步

这是接收单元在总线空闲状态下检测出帧起始时进行的同步调整。在检测出边沿的地方不考虑 SJW 的值而认为是 SS。硬件同步如图 3-27 所示。

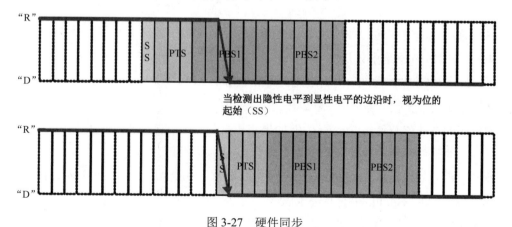

图 3-27　硬件同步

2) 再同步

这是在接收过程中检测出总线上的电平变化时进行的同步调整。每当检测出边沿时，根据 SJW 的值通过增大 PBS1，或减小 PBS2 来调整同步。但发生超过 SJW 值的误差时，最大调整量不能超过 SJW 的值。再同步如图 3-28 所示。

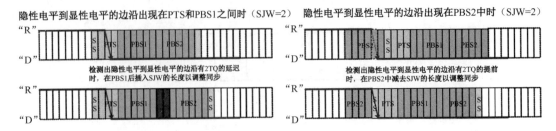

图 3-28 再同步

硬件同步和再同步遵从如下规则：1 位中只进行一次同步调整；只有当上个采样点的总线值和边沿后的总线值不同时，该边沿才能用于调整同步；在总线空闲且存在隐性电平到显性电平的边沿时，一定要进行硬件同步；在总线非空闲时检测到的隐性电平到显性电平的边沿如果满足前两个条件，将进行再同步；发送单元观测到自身输出的显性电平有延迟时不进行再同步；在帧起始到仲裁段有多个发送单元同时发送的情况下，对延迟边沿不进行再同步。

3.2.6 CAN-FD 总线

随着电动汽车、无人驾驶汽车技术的快速发展，以及对汽车高级驾驶辅助系统和人机交互 HMI 需求的增加，传统的 CAN 总线在传输速率和带宽等方面越来越显得力不从心，其主要原因如下。

（1）整车 CAN 网络负载通常大大超过推荐值（50%）。

（2）CAN 消息中只有 40%～50%的带宽用于实际数据传输。

（3）总线传输速率通常被限制在 1Mbit/s，实际应用中的速率更低，大多数情况下为 500kbit/s；在 J1939 网络中使用 250kbit/s。

（4）最大传输速率受响应机制限制，即错误帧、ACK 等。

（5）ACK 延迟=收发器延迟+总线传播延迟。

最直接的办法就是使用 FlexRay。但如果将原来的 CAN 节点全部升级为 FlexRay 节点，会带来巨大的硬件开销、软件通信移植开发，以及漫长的开发周期。

为了缩小 CAN 网络（1Mbit/s）与 FlexRay 网络（10Mbit/s）的带宽差距，Bosch 推出了 CAN-FD（CAN with Flexible Data Rate）方案。CAN-FD 继承了 CAN 的主要特性。

CAN-FD 只是对 CAN 协议进行了升级，物理层并未改变，传输速率的提高大大提高了通信效率。CAN-FD 总线突破了 CAN 总线带宽和数据段长度的制约，经典 CAN 帧的传输速率是恒定的，如 500kbit/s，数据字节数被限定为 8。CAN-FD 总线通过增加有效比特率和每帧的有效负载字节数来增加带宽，如图 3-29 所示。

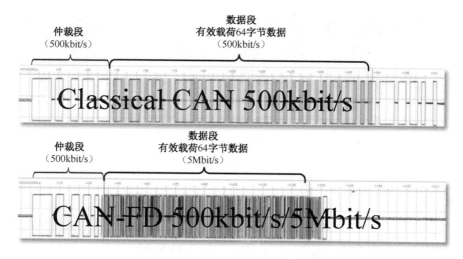

图 3-29　CAN 总线与 CAN-FD 总线的对比

CAN-FD 总线与 CAN 总线的区别主要表现在以下两个方面。

（1）可变速率。

CAN-FD 采用了两种位速率：在仲裁段，标称比特率受到传播延迟的限制，因此 CAN-FD 帧的起始部分与经典 CAN 帧的比特率相同；在数据段，仲裁结束后，只剩下一个发射节点，其他节点都是接收器，因此可以将数据比特率切换到更高的 2Mbit/s 甚至 5Mbit/s。

CAN-FD 有两套位时间配置寄存器，应用于仲裁段的第一套的位时间较长，而应用于数据段的第二套的位时间较短。首先对 BRS 位进行采样，如果显示隐性位，则在 BRS 采样点转换成较短的位时间机制，并在 CRC 界定符位的采样点转换回第一套位时间机制。为保证与其他节点同步，CAN-FD 选择在采样点进行位时间转换。

（2）新的数据段长度。

CAN-FD 对数据段的长度做了很大的扩充，DLC 最大支持 64 字节，在 DLC 小于或等于 8 时与原 CAN 总线是一样的，大于 8 时有一个非线性的增长，所以最大的数据段长度可达 64 字节。使用 CAN-FD 能够在更短的时间内发送 8 倍的数据，这是一个巨大的带宽改进。

增加带宽带来很多好处，它使车载计算机的 EOL 编程速度更快。更高的带宽允许汽车在不拆分网络的情况下添加更多的功能，支持更多的数据字节可以减少帧的后处理。如果每个坐标使用 4 字节整数，则传感器的位置数据需要使用 12 字节。采用经典 CAN 协议时必须将数据至少分割成两帧，然后在接收节点进行数据组装。CAN-FD 通过支持每帧最多 64 字节数据来解决这个问题，传感器的位置数据使用一帧就能放得下。

与经典 CAN 帧相同，CAN-FD 帧也由帧起始、仲裁段、控制段、数据段、CRC 段、ACK 段和帧结束共 7 个部分组成，如图 3-30 所示。

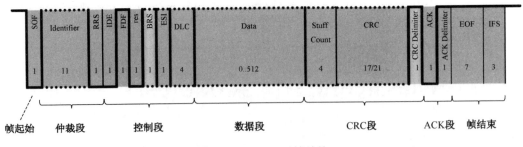

图 3-30　CAN-FD 帧结构

1. 帧起始

CAN 与 CAN-FD 使用相同的 SOF 标志位来标志帧的起始。帧起始由单个显性位构成，标志着帧的开始，并在总线上起着同步作用，如图 3-31 所示。

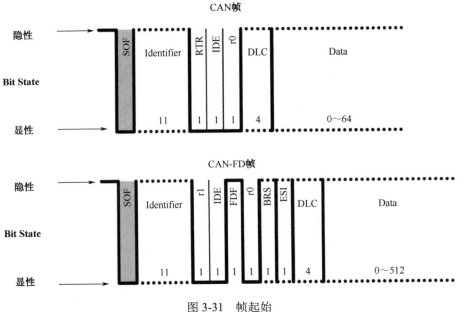

图 3-31　帧起始

2. 仲裁段

与传统 CAN 相比，CAN-FD 取消了对远程帧的支持，用 RRS 位替换了 RTR 位，为常显性。IDE 位仍为标准帧和扩展帧标志位，若标准帧与扩展帧具有相同的前 11 位 ID，那么标准帧将会由于 IDE 位为 0，优先获得总线，如图 3-32 所示。

（1）RTR（Remote Transmission Request）位：远程发送请求位，在数据帧中必须为显性，而在远程帧中为隐性。

（2）RRS（Remote Request Substitution）位：远程请求替换位，即传统 CAN 中的 RTR 位，在 CAN-FD 中为常显性。

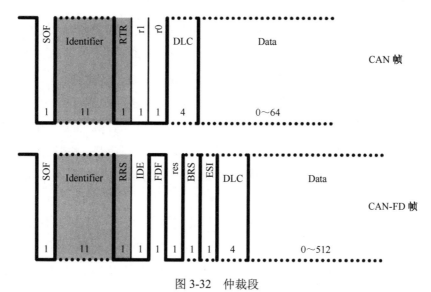

图 3-32 仲裁段

3. 控制段

在控制段中，CAN-FD 与 CAN 有着相同的 IDE、res 和 DLC 位，同时增加了 3 个控制位，即 FDF、BRS、ESI。

（1）FDF（Flexible Data Rate Format）：原 CAN 数据帧中的保留位 r。FDF 常为隐性位，表示 CAN-FD 报文。

（2）BRS（Bit Rate Switch）：位速率转换开关，当 BRS 为显性位时，数据段的位速率与仲裁段的位速率一致。当 BRS 为隐性位时，数据段的位速率高于仲裁段的位速率。

（3）ESI（Error State Indicator）：错误状态指示，主动错误时发送显性位，被动错误时发送隐性位。

CAN-FD 同样使用 4 位来确认报文数据段的长度。CAN-FD 一帧最多可以传输 64 字节，因此 DLC 将重新定义 CAN-FD 的数据长度，值的范围将由原来的 0000～1000（覆盖 8 字节）扩大至 0000～1111 以满足需求。

当 DLC 小于 8 时，CAN-FD 与 CAN 兼容。DLC 等于 8 时，CAN 会忽略低三位数据，CAN-FD 不忽略。

4. 数据段

CAN-FD 不仅能支持传统的 0～8 字节报文，还能支持最大 12、16、20、24、32、48 和 64 字节报文。

5. CRC 段

CAN 总线通常进行位填充以保持同步，但是位填充会干扰 CRC 的计算，从而造成错误漏检率达不到设计目标。因为有两种位错误在个别情况下检测不出来，一种位错误产生位填充条件，另一种位错误失去位填充条件，这两种位错误都会改变帧位。

为了避免这种错误，CAN-FD 对 CRC 算法做了改进：将填充位纳入 CRC 计算中，即 CRC 以含填充位的位流进行计算，从一个填充位开始，每 4 位插入一个填充位加以分割，且填充位的值是上一位的反码。作为格式检查，如果填充位不是上一位的反码，就报错处理。

CAN 帧基于 CRC 多项式的安全校验是发送器根据发送的比特计算校验值，并在 CAN 帧结构的 CRC 段中提供该结果。接收器使用相同的多项式来计算总线上所见位的校验值，将自己计算的校验值与接收的校验值进行比较，如果匹配，则认为帧被正确接收，接收节点在 ACK 时隙位中发送显性状态，从而覆盖发送器的隐性状态。如果不匹配，则接收节点在 ACK 界定符之后发送错误帧。

目前 CAN-FD 的控制器 CRC 校验实现过程相对复杂。在一个 CAN 总线网络中，帧起始被检测到后，所有的节点开始使用 3 组多项式 g15、g17 和 g21 同步计算 CRC 序列，其中也包含发送节点。由于 CRC 的计算受 CAN 帧类型和 DLC 影响，所以直到 CAN 帧的控制段以及 DLC 确认后才选择采用对应的 CRC 序列，确定的 CRC 序列会在帧结构中的 CRC 段被采纳用于发送或者用于接收比较。

CAN-FD 保留了所有的 CAN 错误界定机制，包括错误帧、错误计数器、主动错误/被动错误状态等。CAN-FD 的 CRC 段扩展到了 21 位。由于数据段长度有很大变化区间，所以要根据 DLC 的大小应用不同的 CRC 多项式，如表 3-6 所示。

表 3-6　CRC 多项式

数据长度	CRC 长度	CRC 多项式
CAN（0～8 字节）	15 位	$X^{15}+X^{14}+X^{10}+X^{8}+X^{7}+X^{4}+X^{3}+1$
CAN-FD（0～16 字节）	17 位	$X^{17}+X^{16}+X^{14}+X^{13}+X^{11}+X^{6}+X^{4}+X^{3}+X^{1}+1$
CAN-FD（17～64 字节）	21 位	$X^{21}+X^{20}+X^{13}+X^{11}+X^{7}+X^{4}+X^{3}+1$

6. ACK 段与帧结束

相比于传统 CAN，在 CAN-FD 中最多可接受 2 个位时间有效的 ACK，允许 1 个额外的位时间来补偿收发器相移和传播延迟。EOF（End of Frame）同样用连续 7 个隐性位来表示。

CAN-FD 基本帧的标称比特率为 500kbit/s，通过改变数据比特率和数据字节数来观察它们之间的变化关系，如图 3-33 所示。

当数据比特率为 500kbit/s，并且数据字节数是 8 的时候，经典 CAN 的有效比特率为 250kbit/s，这意味着经典 CAN 有大约 50%的开销。大部分汽车 OEM 开始使用的 CAN-FD 数据比特率为 2Mbit/s。在数据字节数为 8 时，有效比特率超过 600kbit/s，是经典 CAN 带宽的两倍多。如果将数据字节数增加到 64，效率将显著提高，可以实现 1.5Mbit/s 的有效比特率。

CAN-FD 的目标是数据比特率达到 5Mbit/s，这需要实现线型总线拓扑或点对点通信。SIC 收发器在非理想的总线拓扑结构中抑制了信号振铃，如图 3-34 所示，并且在不改变目前应用于经典 CAN 的网络拓扑结构的情况下,在乘用车的应用中可以达到 5Mbit/s 的数据比特率。采用 5Mbit/s 的数据比特率和 64 字节数据,实现了超过 3Mbit/s 的有效比特率,这是经典 CAN 带宽的 10 倍以上。

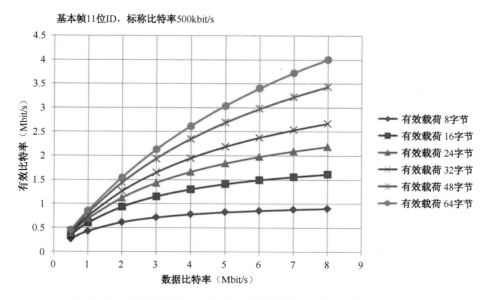

图 3-33 以数据字节数为参数的有效比特率与数据比特率的关系

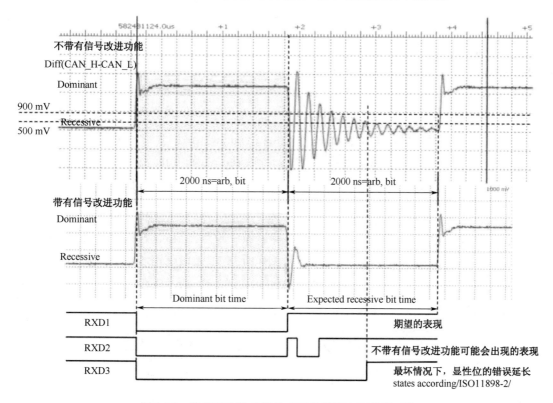

图 3-34 带信号改进功能的 SIC 收发器与不带的对比

CAN-FD 不能向后兼容经典 CAN。经典 CAN 节点将无法接收 CAN-FD 帧，相反，它将检测出一个错误，发送一个错误标志并中断通信。一种解决方案是将混合网络划分为两个网络。其中，一个网络包含所有经典 CAN 节点，另一个网络包含所有 CAN-FD 节点，它们通过连接两个网络的网关相互通信。

另一种解决方案是使用特殊的局部网络收发器。在经典 CAN 节点上采用 CAN-FD Shield 模式的收发器，当收到 CAN-FD 报文时，收发器会将其过滤掉，防止经典 CAN 节点发出错误帧。当 CAN-FD 通信结束后，经典 CAN 节点被唤醒，网络使用经典 CAN 帧，从而实现网络的兼容。

3.2.7　CAN-XL 总线

CAN-FD 引入了更高的数据传输速率（5Mbit/s），但其后果是由于信号振铃而受到严格的拓扑结构限制。这就限制了网络设计的自由度，增加了布线和系统成本。所以，在 2020 年第 17 届国际 CAN 大会上，CiA 推出了第三代 CAN 通信技术 CAN-XL。

CAN-XL 是一种高度可扩展的通信技术，涉及数据传输速率和数据字段的长度，物理层仍在开发中。其目标是实现高达 10Mbit/s 的数据传输速率。CAN-XL 针对面向区域的异构网络体系结构进行优化，能够以最优的长度满足未来车载网络的要求。

汽车工业试图减少布线，以最小化汽车重量，换句话说，就是限制能耗。CAN-XL 通过保持 CAN 协议的优势（如无损仲裁的冲突解决），为高达 10Mbit/s 的数据传输速率提供了出色的解决方案，填补了 CAN-FD 与 100Base-T1 之间的空白。它主要有以下几个核心期望特性。

（1）有效负载长度：与以太网帧长度一样。

（2）可靠性：与 CAN、CAN-FD 和 10Mbit/s 以太网相当，甚至优于它们。

（3）鲁棒性：与 CAN-FD 一样好，甚至优于 10Mbit/s 以太网。

（4）波特率：数据传输速率最大可达 10Mbit/s。

（5）兼容性：向后兼容 CAN-FD。

CAN-XL 是对 CAN 和 CAN-FD 的进一步扩展，并且在很大程度上遵循相同的运行原理。CAN 报文分为仲裁段和数据段，尽管 CAN-XL 在仲裁段使用 500kbit/s～1Mbit/s 的低速率，但在数据段的传输速率可提升至 2～10Mbit/s。相对于 CAN-FD 的可选速率切换功能，CAN-XL 能够强制执行速率切换，如图 3-35 所示。

图 3-35　CAN-XL 协议

此外，总线访问仍旧采用 CSMA/CD（载波侦听多路访问/冲突解决）方案，通过位仲裁解决总线访问权限问题。CAN-XL 遵循严格的优先级概念，允许更重要的消息无延迟地传输。CAN-XL 仅支持 11 位标识符 ID，不再使用 29 位标识符 ID，凭借用于报头和帧以及格式检查的汉明距离 6 算法，确保数据传输的高可靠性，实际上胜过 FlexRay 和以太网的 CRC 功能。

然而，对于未来的应用而言重要的不仅仅是提高数据传输速率。CAN-XL 的主要功能之一是数据段支持 1~2048 字节的可变长度。在必要时，可将以太网帧打包为 CAN-XL 消息，直接或间接通过 CAN-XL 使用 IP 通信技术。

CAN-XL 数据链路层协议的关键功能如下。

（1）传输的数据最多可达 2048 字节。

（2）包含高层协议管理信息。

（3）使用两个 CRC 检验段来提升可靠性。

（4）数据传输速率达到 10Mbit/s。

（5）支持 3 种 CAN 协议，即经典 CAN 协议、CAN-FD 协议和 CAN-XL 协议，保留与 CAN2.0 和 CAN-FD 的互操作性。

（6）支持集成到 TCP/IP 网络系统中。

CAN-XL 重新定义了数据链路层，将其分为两个子层：LLC 子层和 MAC 子层。

LLC 子层：位于 OSI 网络层和 MAC 子层的中间层。LLC 帧结构包含所有的 CAN 帧格式和类型需要的内容。

MAC 子层：负责将帧数据从 LLC 子层移动到 PMA 子层，通过位填充和 CRC 来保证帧的传输。

在发送过程中，LLC 帧被转换为一个 MAC 帧。在接收时 MAC 帧被转换为一个 LLC 帧。在 LLC 帧中未被用于所选的 CAN 帧格式的部分内容将被忽略。

从顶层看，CAN 控制器支持 CAN-XL、CAN-FD 和经典 CAN，所以需要支持 3 种数据格式，新的 LLC 帧格式如图 3-36 所示。

Priority ID	RMF	IDE	FDF	XLF	BRS	ESI	SDT	SEC	DLC	VCID	AF	LLC data
(11+18) bit	1 bit	1 bit	1 bit	1 bit	1 bit	1 bit	8 bit	1 bit	11 bit	8 bit	32 bit	1~2048 字节

图 3-36 新的 LLC 帧格式

有了优先级 ID、远程帧和扩展帧指示，FDF 位表示使用 CAN-FD 协议而不是经典 CAN 协议；选择了 FDF 段，就可以选择额外使用包含很多内容的 XLF 段，表示支持 CAN-XL。

根据 CAN-XL LLC 帧格式，可以总结出如下几个特点。

（1）CAN-XL 数据需要传输一个 11 位的优先级 ID，表示数据在总线上的优先级。系统设计师需要为数据分配独一无二的优先级 ID。

（2）FDF 位一直是显性的。

（3）XLF 位一直是显性的。

（4）服务数据单元（SDU）类型表示这个 CAN-XL 帧使用哪个高层协议。

（5）数据链路层安全指示（SEC）是一个新的位，表示在数据链路层使用了额外的数据安全协议。

（6）DLC 在 CAN-FD 和经典 CAN 中也有，它的长度是 4 位。在 CAN-XL 中是 11 位。

（7）虚拟 CAN ID 和 SDU 类型一样是新的字段。虚拟 CAN ID 可以使完全不同的应用运行在同一条电缆上。

（8）接收段（AF）是正式的 CAN ID，有时直接使用 29 位 ID，可以在这里提供用户希望收到的内容，也可以用作保证字段，像经典 CAN 一样表示数据的内容或者节点地址信息。

（9）LLC 数据字段的帧最多可以包含 2048 字节数据，最少为 1 字节，不能像经典 CAN 和 CAN-FD 一样发送 0 字节数据。

在经典 CAN 和 CAN-FD 中，CAN ID 字段（11 位或 29 位）用于仲裁和寻址目的。而在 CAN-XL 中，这些函数是分开的。11 位优先级 ID 子字段（Priority ID Sub-field）提供了 CAN-XL 数据帧的唯一优先级分配。32 位接收段包含在 CAN-XL 控制器的 64 位硬件接收过滤器中，它可能包含节点地址或内容指示信息，可以用于包含经典 CAN 的高层协议。

服务数据单元类型是一个新的内容，和以太网的 EtherType 类似。OSI 层管理信息符合 ISO 7498-4:1998，这是一个旧的协议，将它内嵌到 CAN-XL 帧中，可以提供更多的应用。在 SDT 中，发送节点提供使用高层协议的信息，可以是传输层协议、网络层协议或应用层协议。例如：遗留的基于 CAN 的高层协议；以太网帧的隧道化，可以传输以太网帧，使过程更加平滑和简单；经典 CAN 帧和 CAN-FD 帧的隧道化，将经典 CAN 帧和 CAN-FD 帧转发到另一个局域网，CAN-XL 作为骨干网使用；TCP/IP 段；CAN open/CAN open FD；J1939-21/22 消息；生产商自定义协议等。

虚拟 CAN ID 和 SDT 虽然有些类似，但也有一定的区别。虚拟 CAN ID 的目的是在电缆上运行不同的应用，带宽和长度足以支持更多的数据。例如，可以同时上传或下载两个不同的应用程序，支持 256 个不同的虚拟通道，某种程度上也属于网络层信息。所以，在同一时间，可将一帧用于某个应用程序，另一帧用于另一个应用程序或一组应用程序。

对于数据链路层，CAN-XL 支持专有的协议。控制段中的 SEC 位表示这个 CAN-XL 数据帧是否使用 CADsec 协议。CADsec 协议具有一个 4 字节的 header，包含密码控制信息、CAN 安全通道 ID 和一个新鲜度值。16 字节的 trailer 包含 128 位身份验证标记。这个功能目前尚在开发中，还需要芯片制造商的支持。

经典 CAN 帧、CAN-FD 帧和 CAN-XL 帧的对比如图 3-37 所示。

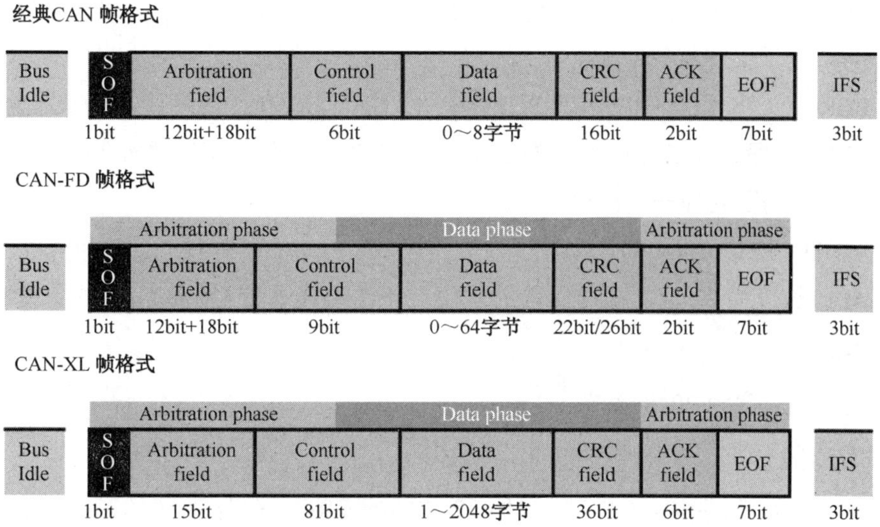

经典CAN 帧格式

Bus Idle	SOF	Arbitration field	Control field	Data field	CRC field	ACK field	EOF	IFS
	1bit	12bit+18bit	6bit	0~8字节	16bit	2bit	7bit	3bit

CAN-FD 帧格式

Bus Idle	SOF	Arbitration field	Control field	Data field	CRC field	ACK field	EOF	IFS
		Arbitration phase		Data phase		Arbitration phase		
	1bit	12bit+18bit	9bit	0~64字节	22bit/26bit	2bit	7bit	3bit

CAN-XL 帧格式

Bus Idle	SOF	Arbitration field	Control field	Data field	CRC field	ACK field	EOF	IFS
		Arbitration phase		Data phase		Arbitration phase		
	1bit	15bit	81bit	1~2048字节	36bit	6bit	7bit	3bit

图 3-37 经典 CAN 帧、CAN-FD 帧和 CAN-XL 帧的对比

1. 帧起始

帧起始和帧结束是不变的部分。

2. 仲裁段

仲裁段中包含如下内容。

（1）优先级 ID：11 位优先级 ID 字段负责分配唯一优先级仲裁的 CAN-XL 数据帧。系统设计人员需要保证优先级 ID 对于不同帧是唯一的。

（2）RRS：用于填充远程帧。

（3）IDE：用于指示是否使用 29 位 ID。

（4）FDF：用于指示使用 2 个波特率。

（5）XLF：用于指示是否使用了 CAN-XL 协议。

3. 控制段

控制段在经典 CAN 和 CAN-FD 中很短，在 CAN-XL 中有更多的功能，需要更多的位去控制 CAN-XL 帧。

控制段中包括以下内容。

（1）R1：保留的 R1 位，用于未来第四代 CAN 的开发。

（2）ADS：并不是协议的一部分，只是切换波特率，为了正确切换到快速波特率，长度需要 4 位。传输使用快速波特率，可以达到 10Mbit/s 或者更高。

（3）SDT：服务数据单元类型。

（4）SEC：安全位。

（5）DLC：数据长度码。

（6）SBC：填充位计数器，这个在 CAN-FD 协议中就已经有了，用于计算填充位的数据。

（7）PCRC：CRC 多项式校验，PCRC 有 13 位，它提供的汉明距离为 6，意味着可以检测出在 CRC 字段之前 5 个随机分布的错误。在 CAN-XL 中可以进行单次发送，也可以停止传输并表明需要处理一个错误。

（8）VCID：虚拟 CAN ID。

（9）AF：长度为 32 位，在控制段的末尾，不需要经典 CAN 和 CAN-FD 的地址信息。

4. 数据段

数据段最大长度为 2048 字节。

5. CRC 段

数据段受 CRC 段保护，CRC 段提供 32 位的帧 CRC，在全部 2048 字节的汉明距离也为 6，比其他网络要好。检查模式用于检测帧中某一位的错误。因为两个 CRC 是级联的，所以 FCRC 也保护 PCRC，所有 FCRC 和 PCRC 保证了通信系统的高可靠性。

6. ACK 段

ACK 段在经典 CAN 和 CAN-FD 中有 2 位，在 CAN-XL 中有 6 位，多出来的 4 位用于将不同节点从高速率重新同步到低速率。DAS 字段中的第一个是 DAH 位，它是作为逻辑"1"发送的。通过该位，将 CAN-XL SIC 收发器切换回 SIC 模式。ACK 位和 ACK 界定符同之前的协议一样。

7. 帧结束

帧结束包含 7 个隐性位，表示已经准备好，并且帧已经发送完毕。

CAN-XL 有很多变化，需要更多位，所以帧头开销更大，数据也变得更长。使用 CAN-XL 仅传输 1 字节的话，效率会非常低。如果使用所有的 2048 字节，如下载软件，效率会很高。

CAN-XL 的物理层有些不同，使用经典 CAN 收发器，速率会被限制在 1Mbit/s；使用 CAN-FD 收发器，速率会被限制在 2Mbit/s；使用 CAN SIC 收发器，速率可以达到 8Mbit/s。

目前正在开发 CAN-XL SIC 收发器，速率可以达到 10Mbit/s 以上。CAN-XL SIC 收发器必须支持 MICI（Medium-Independent CAN Interface，介质无关 CAN 接口），当采用 MICI 时，可以向下兼容 CAN-FD，能够给半导体商和工具开发商提供更多灵活的实现方案。目前正在研发中的芯片 MICI 是和收发器芯片集成在一起的，MICI 用于连接 CAN-XL 控制器和 CAN-XL SIC 收发器，它基于 TX 的单路 PWM 信号工作，如图 3-38 所示。

CiA 规定了 CAN-XL 控制器（CiA 610-1）和 CAN-XL SIC 收发器（CiA 610-3），CAN-XL 控制器可以连接到所有提供 AUI 或 MICI 的标准化 CAN 收发器。CAN-XL SIC 收发器有两个工作模式：SIC 模式和 Fast TX/RX 模式。

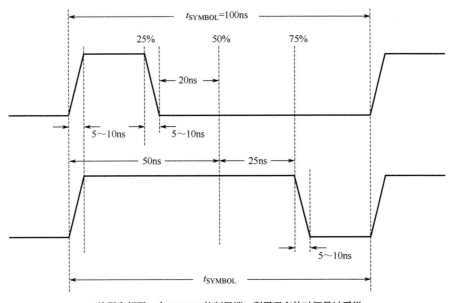

PWM编码和解码：在CAN-XL控制器端，利用现有的时间量过采样产生25%或75%的脉宽周期

图3-38 MICI

CAN-XL 传承自经典 CAN 和 CAN-FD，并缩小了 CAN/CAN-FD 与 Ethernet 之间的传输速率和耦合的差距。在合适的应用领域中，CAN-XL 可以采用更小巧、更便宜的控制器。利用高达 2048 字节的有效数据长度，CAN-XL 可为将来传输以太网帧和利用 IP 通信提供所需的功能。这意味着在不久的将来，CAN-XL 和 10Base-T1S 可以共同在基于信号的通信和面向服务的通信之间提供连接。通过对协议层进行适当的展开，将为应用提供更多的可能性。

3.3 汽车以太网

随着车载电子控制和信息装置及信息服务需求的不断增加，更高级的计算机网络在汽车上的应用是必然的。CAN 总线网络已经很难满足带宽及信息传输形式的需求，由于以太网技术的成熟及广泛应用，人们自然会想到把它运用到汽车上以满足这些需求。但车载环境及网络数据传输需求，和以太网设计初衷有很大差异。在汽车上使用以太网，就要对其进行适当修改，这就是所谓的汽车以太网，也称车载以太网。

3.3.1 汽车以太网的物理特性

1. 物理层（PHY）内部结构简介

汽车以太网和传统以太网仅仅是物理层有所区别，其他（如数据链路层）完全一样。

100Base-T1 在物理层上使用一对双绞线实现全双工的信息传输，而 100Base-TX 使用两对双绞线实现全双工，一对用于发送，另一对用于接收。基于 OSI 参考模型的物理层内部结构如图 3-39 所示。

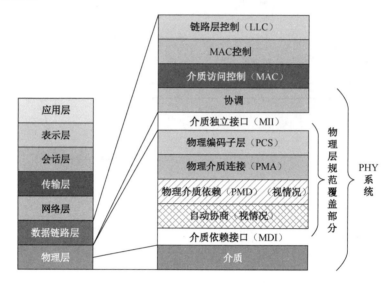

图 3-39　基于 OSI 参考模型的物理层内部结构

物理层的两个子层 PCS 层和 PMA 层集成在同一块 ASIC 芯片中。PCS 层接收 MII 层的数据并将其编码为符号提供给 PMA 层处理，同时将从 PMA 层接收到的信号解码成比特流，通过 MII 层传递给高层。PMA 层准备好用于传输的物理信号，同时接收信号向上传递，以便 PCS 层可以从中提取编码信息。

由于技术上的差异，有些领域可能还会添加其他子层。例如，自动协商层在消费领域比较常见，根据统一信道中不同节点的不同通信速率，选择和建立最佳方式。PMD 层是在有不同传输媒介的情况下使用的，如将电模拟信号转化为光模拟信号。

1000Base-T 的 PCS 层构成与 100Base-T1 既存在相同的地方，也存在不同的地方，如图 3-40 所示（浅色部分为不同之处）。

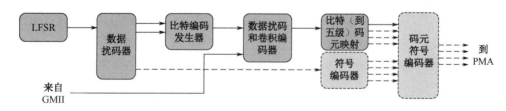

图 3-40　1000Base-T 的 PCS 层构成

1000Base-T 采用的是 4D-PAM5 编码，100Base-T1 采用的是 PAM3 编码。PAM5 将传输线上的电压分为 5 个等级：-1V、-0.5V、0V、+0.5V、+1V，间隔只有 0.5V。PAM3 分

为 3 个电压等级，间隔为 1V。

1000Base-T 的 PMA 层构成如图 3-41 所示。

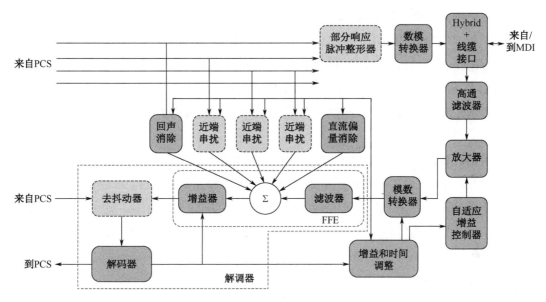

图 3-41　1000Base-T 的 PMA 层构成

图 3-41 中浅色部分是和 100Base-T1 不同的地方。100Base-T1 的 PMA 层构成与之非常相似，只是简化了一下，100Base-T1 发送的信号不会经过部分响应脉冲整形器，因为只有一对线，所以也去除了近端串扰和去抖动器。

2. 物理层的数据编码过程

100Base-T1 在汽车上通过一对非屏蔽双绞线可实现 100Mbit/s 的全双工数据传输，其物理层的主要工作原理是将 MAC 层传递的数据，通过内部时钟转换（4B/3B）、数据编码（3B/2T）及脉冲幅度调制（PAM3）转换成双绞线上传递的差分信号，以进行各种控制信号和数据的发送。接收过程则与发送过程相反。数据编码过程如图 3-42 所示。

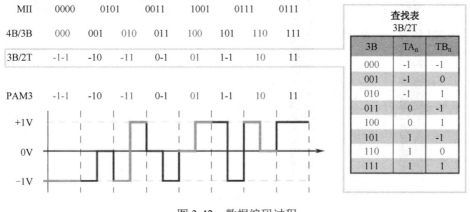

图 3-42　数据编码过程

下面以发送为例,简单介绍该过程。

(1) MAC 层通过 MII,以 25MHz 的速率将 4bit 数据并行传递至物理层之后,先进行 4B/3B 时钟转换。将第一组 4bit 的 "0000" 转换为第一组 3bit 的 "000"。第一组 4bit 的最后一个 0 和第二组 4bit "0101" 的前 2 位 "01" 组成第二组 3bit 的 "001"。

(2) 接下来,进行 3B/2T 编码,将每 3bit 二进制数据(3B)编码成一对三进制符号(2T),标称值分别为-1、0 和+1。由于 3bit 二进制数据可以对应 8 个值,而 2 个三进制符号有 9 个可能值,所以可以通过一对三进制符号实现 3bit 二进制编码值的覆盖且有一个符号对未使用。

(3) 完成 3B/2T 编码后,为了能在双绞线上传输,需要将三进制符号中的-1、0、+1 对应成低电平、0、高电平,这种三电平脉冲幅度调制方式即 PAM3。

从这个过程可以看出,汽车以太网的信号带宽被限制在 33.3MHz,大约为 100Base-TX 带宽的一半。较低的信号带宽可改善回波损耗,降低串扰,因此可以满足严格的汽车电磁辐射要求。

3. 回声消除技术

汽车以太网采用回声消除技术实现一对双绞线同时发送和接收。Hybrid 端口描述了在同一线对上同时发送和接收的情况,它通过消除其引脚在 $t=0$ 时的传输信号来获得接收信号。在原有的 CSMA/CD 以太网中,由于传输媒介为共享媒介,收发器在同一时间仅能够发送或接收数据,此时 Hybrid 端口模式无法发挥优势。而 1000Base-T 技术能够在同一线对上同时进行发送和接收,因此它可以为交换式以太网提供 P2P 链路,即使原始标准仍考虑半双工模式。

回声消除技术如图 3-43 所示。

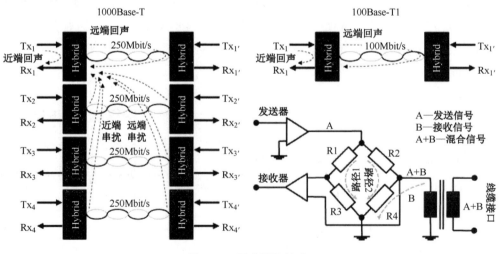

图 3-43 回声消除技术

差分信号 A 经信号线与地线由发送器输出,接着进入一个桥电路:一侧由电阻 R1 和 R3 组成,另一侧由电阻 R2 和 R4 组成。由图 3-43 可知,发送器的实际输出仅含有经过 R2 的信号 A。接收器接收的差分信号 B 位于 R2 和 R4 之间,接收信号通过 R4 端接,理论上而言,接收信号不会与发送信号相遇。在接收器处,接收信号与发送信号完全解耦。然而,在实际系统中,桥电路无法达到完美的平衡。因此,非理想的 Hybrid 电路会在接收器输入端混入一个小的泄露信号。整个系统的线缆接口也会输出混合信号 A+B。这样就不必采用两对或更多对双绞线,从而可以减少线束的数量,降低成本。

4. PHY 参数比较

常见的几种 PHY 参数的对比如表 3-7 所示。其中,有些参数取决于规范标准,有些则取决于实际设计。

表 3-7 常见的几种 PHY 参数的对比

技术	100Base-TX	1000Base-T	100Base-T1	1000Base-T1
链路长度(最大)	100m	100m	15m	15m
双工模式	双单工	全双工	全双工	全双工
编码及波特率	MLT-3 125Mbaud	4D-PAM5 125Mbaud	2D-PAM3 66.67Mbaud	PAM3 750Mbaud
双绞线对数	2(Cat 5)	2(Cat 5e)	1	1
奈奎斯特带宽	62.5MHz	62.5MHz	33.33MHz	375MHz
纠错	N/A	TCM(格码调制)	N/A	RS 编码(里所码)
A/D 转换	5.5bit ideal @125Mbaud	7bit ideal @125Mbaud	7bit ideal @66.67Mbaud	Up to 8bit ideal @750Mbaud
判决反馈均衡器(DFE)	16~24 taps	24taps/channel	24taps	Up to 128taps
前向反馈均衡器(FFE)	8taps	12taps/channel	8taps	Up to 48taps
近端串扰消除	无	3×25taps/channel	无	无
回声消除	无	160taps	48taps	150taps

3.3.2 汽车以太网协议

汽车行业采用基于以太网的车内通信技术的原因之一在于它的可移植性。基于以太网的通信技术涉及诸多通信协议层,是否该采用它,是否需要对它进行改进,甚至增加新的协议来满足它在车内使用的需求等问题,均需要仔细推敲。

典型的车载以太网通信协议架构如图 3-44 所示。

1. AVB 协议介绍

AV 应用和传统以太网对信号质量的要求较为严格。

(1)绝大多数数据应用要求每一个传达的数据包是完好无损的,但是对于 AV 应用而言,用户并不会发觉偶尔丢包的现象。因此,很多 AV 信息都采用有损的压缩格式,如 MP3 和 MPEG 格式。尽管丢失一个压缩数据包比丢失一个非压缩数据包更严重,但是偶尔丢包并不一定会被认为是质量下降。

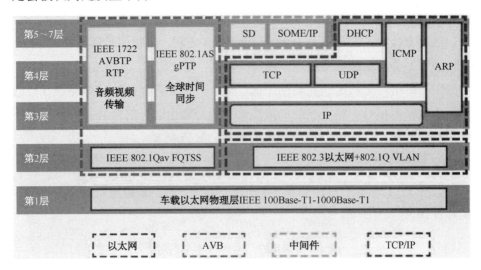

图 3-44 典型的车载以太网通信协议架构

（2）从时延的角度看，AV 应用的要求是非常严苛的，实时传输的绝对时延必须非常小。

（3）音画必须同步。在播放的过程中，语音和画面延迟必须控制在±80ms 以内，这样才能保证在任何情况下，AV 信息的存储和播放都不会出现明显抖动。在一些情况下，可能出现一个应用占用了大带宽，导致 AV 数据流中断或者延迟的现象。增加缓存可以缓解部分问题，但是缓存越大，成本越高。

AVB 不同应用领域的要求和特性如表 3-8 所示。

表 3-8 AVB 不同应用领域的要求和特性

项目	家用/消费类产品	专业音视频产品	车载音频应用
AV 应用场景	家庭监控、AV 传输	录音室、会议中心、音乐会	同步不同优先级的语音、同步 AV 播放
AV 信号质量	与产品价格相关	核心关注点	正常情况下，娱乐和舒适性较为重要，但安全始终是最重要的
网络配置的灵活性和计划性	即插即用、自动设置、服务发现等	事先计划改变配置	已知的可预设配置
网络技术	以太网、Wi-Fi	以太网	以太网
服务的可用性（未达到足够速率）	是	否	否
同步准确度	立体声，约 1ms/10μs	约 1μs	立体声，约 1ms/10μs
最大网络延迟	50ms	2ms	80ms（唇音同步）
启动要求	无	无	AV 系统在车辆启动后 2s 内可用
链路长度	<200m	<1km	<15m，平均 3.5m
可用处理资源	计算机上要求高，手机要求较低	越多越好	与其他功能共用，比较少
成本	非常低	功能优先于成本	有竞争力

在车载领域，AVB 的应用有一些特殊的地方。

（1）音视频质量的重要性永远低于驾驶的安全性。

（2）车载音视频应用有启动时间的要求。车载多媒体系统最重要的需求之一就是提供"early audio"与"early video"。系统必须能够快速启动并在车辆启动后准备好随时呈现音视频。音频通常用来播放安全警报，视频用于播放后视摄像头图像。美国高速公路安全管理局强制要求该系统在车辆启动后 2 秒内可用。

（3）同专业的音频应用相同，车载应用的网络也是预先设置好的。

汽车中的 IEEE 1722 数据及控制数据如图 3-45 所示。

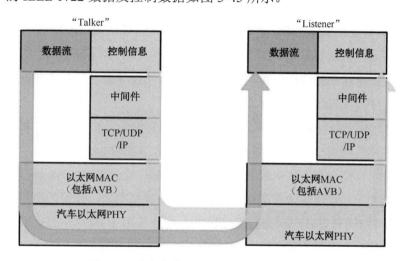

图 3-45　汽车中的 IEEE 1722 数据及控制数据

在 AVB 技术中存在"Talker"和"Listener"两个角色，前者为数据源，后者为请求数据的用户。AVB 技术实现二者间的通信。AV 传输的数据对于上层是透明的，这样可以减少数据的处理时间，让时延更容易被预测。

IEEE 802.1 AVB 工作组制定了一系列新标准，在保持完全兼容现有以太网体系的基础上，对现有以太网进行了功能扩展，通过保障带宽（Bandwidth）、限制时延（Latency）和精确时钟同步（Time Synchronization），建立高质量、低时延、时间同步的音视频以太网，提供各种普通数据及实时音视频流的局域网配套解决方案，如表 3-9 所示。

表 3-9　IEEE 802.1 AVB 工作组制定的新标准

时间	名称	全称	作用
2010 年 1 月 5 日	IEEE 802.1Qav（FQTSS）	Forwarding and Queuing for Time-Sensitive Streams 队列及转发协议	聚焦出端口的排队和消息队列转发问题
2010 年 9 月 30 日	IEEE 802.1Qat（SRP）	Stream Reservation Protocol 流预留协议	为了保证 QoS，为指定的流预留足够的带宽

续表

时间	名称	全称	作用
2011年3月30日	IEEE 802.1AS（gPTP）	Generalized Precision Time Protocol 精准时间同步协议	为网络中所有的 AVB 设备实现时间同步
2016年5月4日	IEEE 1722（AVTP）	Transport Protocol for Time-Sensitive Applications in Bridged LANs	传输音视频流

1）IEEE 802.1Qav（队列及转发协议）

IEEE 802.1Qav 的作用是避免传统的以太网异步数据干扰 AVB 实时音视频数据流。IEEE 802.1Qav 主要包括 3 个方面，即流量整形、优先级划分和队列管理。为了避免普通数据流与 AVB 流数据竞争网络资源，影响 AVB 流数据的传输质量，AVB 交换机会识别对时间敏感的音视频流和普通数据流，并重新赋予优先级，其中实时音视频流数据拥有最高优先级。在优先保证音视频流数据帧传输的条件下，还可以继续进行普通数据帧传输。各种不同数据按照严格的优先级算法进行调度。

需要提前预留带宽的 AVB 流分为 A 类和 B 类，高优先级的为 A 类，低优先级的为 B 类。一般每个交换机的端口预留给 AVB 流的带宽为总带宽的 75%。

每个交换机端口都会有很多流量等待转发，每个端口先通过 FQTSS 标准进行流量的整形。主要分为两大类：预留的流量类别和 Best-effort 流量类别。预留的流量类别优先级比 Best-effort 流量类别优先级高，因此会优先转发。一般将用于 ADAS 的音视频流规定为 A 类流，将用于信息娱乐系统的流规定为 B 类流，如表 3-10 所示。

表 3-10 时间敏感流的转发

SR 类别	SR Class ID	优先级	最大传输时间（ms）
A 类	6	3	2
B 类	5	2	10

2）IEEE 802.1Qat（流预留协议）

为了保证服务质量，AVB 工作组提出了流预留协议。在发送 AVB 音视频流之前，Talker 会向整个网络广播其将要发送流的属性，包含流需要的带宽、优先级等信息。

如果有 Listener 需要订阅这些流，并且此时带宽足够，网桥就会提前预留足够的带宽，并且给 Talker 回复 Ready 报文。当这帧 AVB 流发送出来的时候，交换机就会及时地把流量转发出去，保证低时延和高可靠性，不会由于带宽不足导致丢帧和延迟。一般在车载环境中，由于系统的封闭性，拓扑结构是固定的，交换机都会提前静态配置好流量类别和各类流量需要预留的带宽，如图 3-46 所示。

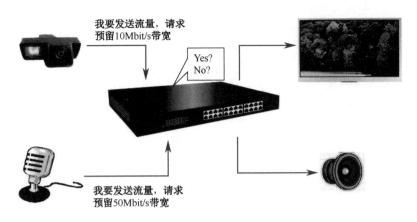

图 3-46 流预留

3）IEEE 802.1AS（精准时间同步协议）

提出 Ethernet AVB 的主要目标是改进以太网在音视频流数据传输实时性方面的性能。因此，精确的时钟同步机制是这类时间敏感数据传输网络的基础。基于 Ethernet AVB 的需求，IEEE 802.1AS 对 IEEE 1588 的精准时间同步协议（PTP）进行了改进，提出了一个通用的精准时间同步协议 gPTP。

通过规定的主时钟选择与协商算法、路径延迟计算与补偿，以及时钟频率匹配与调节的机制，将网络上各个节点的时间与一个共同的主时钟同步。时钟同步的目的是维护一个全局一致的物理或逻辑时钟，或者说，把分布在各地的时钟对准（同步起来），使系统中的信息、事件有一个全局一致的解释。

gPTP 的工作原理如下。

首先，选择最佳主时钟。gPTP 最核心的部分有个 Grandmaster，即整个时间同步域的最佳主时钟，这是最好的时钟节点。AVB 系统中的各个设备都是以 Grandmaster 提供的时间为时钟基准的，由于车载环境是一个封闭系统，每个网络设备在启动前是已知的，所以在汽车领域 Grandmaster 节点是由 OEM 自己指定的。在最大 7 跳的网络环境中，理论上 PTP 能够保证时钟同步误差在 1μs 以内。

主时钟确定后，主时钟节点向相邻的节点发送同步消息，通过时间戳（Time-stamping）机制来进行时钟同步和补偿。当含有主时钟时间戳的消息通过要进行时钟同步的端口时，时钟同步机制会把时间戳的时间与本地时间进行对比，然后利用路径延迟补偿算法对本地时钟进行匹配。时钟同步过程如图 3-47 所示。

主节点在 t_1 时刻发送同步消息，随后再发送一个跟随消息，将同步消息的实际发送时间 t_1 发送给从节点；从节点记录同步消息到达的时间 t_2，随后在 t_3 时刻发送延时请求报文；主节点收到消息后，再发送响应报文，将其到达时间 t_4 返回给从节点。这样从节点可计算得到 t_4-t_1 的值，进而计算路径延迟时间 Delay=[$(t_4-t_1)-(t_3-t_2)$]/2，并以此对本地时钟进行校正。这个校正过程需要在网络运行过程中周期性地重复，以便使本地时钟与主时钟一直处于协调状态，为时间敏感信号的传送提供满足要求的同步时钟信号。

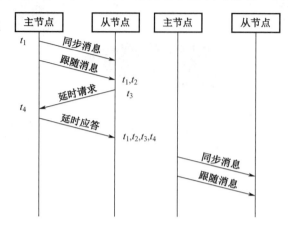

图 3-47 时钟同步过程

4）IEEE 1722

该协议比较简单，只需要注意目前支持的音视频格式就可以了。目前支持的音视频格式主要有 IEC 61883、AAF、H.264M 和 JPEG 等。此外，还需要强调 AVTP 中的时间戳为显示时间戳，AVTP 显示时间=媒体样本显示在 Talker 的时间戳+最大传输时间。

如果麦克风发出的音频流需要同时在两个不同位置的音箱播放出来，那就需要把 AVTP 的时间戳填充为：Talker 的时间戳+经过 7 跳网络到达第二个音箱的传输时间，如图 3-48 所示。

图 3-48 AVTP 的时间戳填充

原则上，IEEE 1722 传输的数据包括两部分：数据流和控制信息。帧头包含可选的 IEEE 802.1Q 部分，这部分与数据的优先级相关，用于保障 AVB 的服务质量。VLAN 原则上和 AVB 是相互独立的，但是 Listener 和 Talker 在同一个 VLAN 中才能接收所需数据。显示时间（Presentation Time）定义了将数据包交给 Listener 应用的时间。

由于以太网满足了自动驾驶的高带宽需求，后续的应用大概率会依赖以太网。这不仅要求区分 AV 数据和普通数据，还要求区分对时间敏感的控制流量和其他流量。

2. TSN 协议介绍

第一代 AVB 标准框架完善后，IEEE 802.1 中的 QoS 规范包含了更多类型的数据，也包含了更加严苛的要求。2012 年 11 月，第二代 AVB 更名为 TSN，即时间敏感网络。

TSN 对各个方面作出了规范，为功能安全相关控制数据在基于以太网的车载网络中的传输提供了选择和支持。TSN 系列标准之间相对独立，因此可以根据网络需求选择设计依据的标准。但是，流量调度和抢占规范（IEEE 802.1Qbv 和 IEEE 802.3br）关联较大；"时间感知整形"需要获取同步时间（IEEE 802.1Qbv 和 IEEE 802.1AS）；抢占机制有助于"时间感知整形"的实现（IEEE 802.1Qbu、IEEE 802.1Qbv 和 IEEE 802.3br）；冗余路径则需要使用配置（IEEE 802.1Qca 和 IEEE 802.1CB）。AVB 和 TSN 标准之间的联系如表 3-11 所示。

表 3-11 AVB 和 TSN 标准之间的联系

	传输	时间同步	流预留	服务质量	功能安全（无缝冗余）	网络安全
AVB（AVBgen1）	IEEE 1722—2011	IEEE 802.1AS—2011	IEEE 802.1Qat	IEEE 802.1Qav	—	—
TSN（AVBgen2）	IEEE 1722—2016	IEEE 802.1AS—2020	IEEE 802.1Qat IEEE 802.1Qcc IEEE 802.1Qca	IEEE 802.1Qav IEEE 802.1Qbu IEEE 802.3br （IEEE 802.1Qbv） （IEEE 802.1Qch） （IEEE 802.1Qcv）	IEEE 802.1CB IEEE 802.1Qca	IEEE 802.1Qci

TSN 可以支持更多的应用场景和更多的数据类型。IEEE 1722—2016 中包括更多的数据格式，还支持 CAN、LIN、FlexRay 和 MOST 总线的加密帧格式。同时，TSN 对时延的要求也更高，在第一代 AVB 中时延目标是 7 跳之内不超过 2ms，而 TSN 的目标是 5 跳之内最大时延不超过 100μs。

1）流量调度（IEEE 802.1Qbv）

为了减少时延，TSN 增加了流量调度，流量调度是 TSN 中的一个核心概念。基于 IEEE 802.1AS 提供的共享全局时间，IEEE 802.1Qbv 在参与的网络设备之间创建和分发一个时间计划表。IEEE 802.1Qbv 定义了控制 TSN 交换机出口处发送队列的阀门开关的机制。计划流量所在队列在预定的时间窗口到达后会被放行传输，而在同一时间窗口中非计划流量的队列会被阻止传输，因此排除了计划流量被非计划流量阻塞的可能。

这意味着通过每个交换机的延迟是确定的，通过 TSN 的消息延迟可以得到保证。交换机出口队列的阀门好比十字路口的红绿灯，当有计划好的关键流量需要传输时，关键流量所在队列被放行（绿灯），而非关键流量所在队列被暂停传输（红灯），如图 3-49 所示。

2）帧抢占（IEEE 802.1Qbu 和 IEEE 802.3br）

虽然流量调度机制能保证关键流量不受其他网络流量的干扰，但它并不一定能保证最佳带宽使用或最小的通信延迟。为了进一步完善时间敏感网络的传输机制，IEEE 802.1Qbu 和 IEEE 802.3br 两个标准共同约定了帧抢占功能。IEEE 802.1Qbu 主要面向传送设备提供抢占接口及模块级别的定义，IEEE 802.3br 中规划了 MAC Merge 子层，定义了帧抢占的切片操作、切片还原及验证等功能的具体流程。

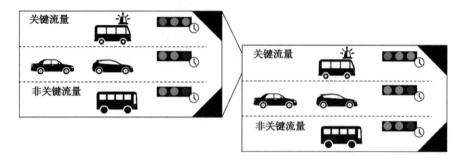

图 3-49　流量调度

帧抢占允许中断标准以太网或巨型帧的传输，以便允许高优先级帧的传输，然后在不丢弃之前传输的中断消息片段的情况下恢复传输，如图 3-50 所示。

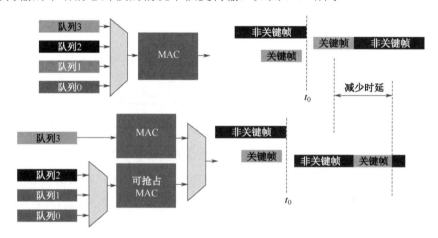

图 3-50　帧抢占

在图 3-50 中，深色帧为关键帧，浅色帧为非关键帧，浅色帧先到达并开始传输。在可抢占 MAC 中，当深色帧到达时，允许中断浅色帧的传输，先传输深色帧，完成后再继续传输浅色帧，从而使关键帧更早完成传输。

3）无缝冗余（IEEE 802.1CB 和 IEEE 802.1Qca）

为了减少链路和节点失效对网络造成的影响，可以通过冗余消息，以及在网络中设置冗余链路进行并行传输来提高可靠性。IEEE 802.1CB 支持无缝冗余，为了提高可用性，相同消息的冗余副本通过不相交的路径在网络中并行传输。

IEEE 802.1Qca 路径控制和预留标准定义了设置此类路径的方式，冗余管理机制将这些冗余消息组合在一起，去除重复消息后生成发送给接收方的单个信息流。同样的消息在上下两条链路中传输，即使其中一条链路中某个节点出现故障，消息仍能从另一条链路被传递到目标节点。IEEE 802.1CB 工作在数据链路层，帧复制和重复帧消除的操作对应用层透明，如图 3-51 所示。

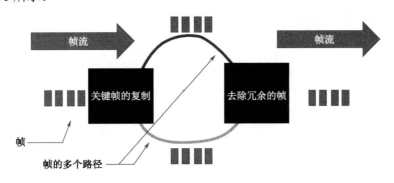

图 3-51　无缝冗余

4) 流预留协议功能增强和性能改进（IEEE 802.1Qcc）

对于 TSN 而言，在时钟同步、调度策略之后，必须考虑网络配置的问题。在 AVB 中，SRP 是一种分布式网络配置机制，而在更为严格的汽车应用中，需要更为高效、易用的配置方式。

IEEE 802.1Qat 所提供的 SRP 是一种分布式的网络需求与资源分配机制。新注册或退出注册、任何变化与请求都将导致网络延迟和超负荷，降低网络的传输效率。因此，TSN 工作组又提供了 IEEE 802.1Qcc 以支持集中式的注册与流预留服务，称为 SRP 增强模式。在这种模式下，系统会降低预留消息的大小与频率（放宽计时器），以便在链路状态和预留变更时触发更新。

5) 按流过滤和管制（IEEE 802.1Qci）

为了防止流量过载影响网络中的接收节点，IEEE 802.1Qci 可以在交换机入口处根据到达时间、速率和带宽等信息过滤掉部分数据帧，以避免错误或恶意的节点破坏整个网络，将故障隔离在网络中的特定区域。

IEEE 802.1Qci 专门对付 DDoS 这样的网络攻击，假如一个数据流的流量突然增大，有可能挤压另一个数据流的带宽，入口管理政策就会将数据流整形，强制其回到数据流爆发前的状态，如图 3-52 所示。

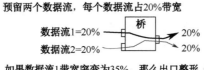

图 3-52　按流过滤和管制

此外，IEEE 802.1Qci 还可以对付 ARP（Address Resolution Protocol）欺骗攻击。ARP 是根据 IP 地址获取物理地址的一个 TCP/IP 协议。主机发送信息时将包含目标 IP 地址的 ARP 请求广播到网络上的所有主机，并接收返回消息，以此确定目标的物理地址；收到返回消息后，将该 IP 地址和物理地址存入本机 ARP 缓存中并保留一定时间，下次请求时直接查询 ARP 缓存以节约资源。

ARP 是建立在网络中各个主机相互信任的基础上的，网络中的主机可以自主发送 ARP 应答报文，其他主机收到应答报文时不会检测该报文的真实性，而是直接将其放记入本机 ARP 缓存。由此，攻击者就可以向某一主机发送伪 ARP 应答报文，使其发送的信息无法到达预期的主机或到达错误的主机，这就构成了 ARP 欺骗。IEEE 802.1Qci 可以识别这种欺骗，并阻止错误信息的发送。

TSN 标准中最核心的时间触发机制和无缝冗余理念都来自 FlexRay，但 FlexRay 的传输速率最高仅 20Mbit/s，远远不能满足完全无人驾驶的要求，但对于 L2 级自动驾驶则绰绰有余。因此，可以将 FlexRay 看作轻量级 TSN。

3.3.3 汽车以太网安全

1. 汽车网络安全

保障汽车网络安全的首要任务，是在系统层面上对安全威胁和攻击进行清晰的思考和分析。只有采取全面而详尽的应对策略才能尽可能减小安全攻击的风险，因此，需要通过分层的方法来完成安全策略部署。安全漏洞可能由许多因素导致，如软件漏洞、配置错误或不完善的网络设计等，但如果有一层又一层的安全策略，而黑客需要将其一一攻克才能达到目的，那么网络安全所受威胁将有所缓解。分层的汽车网络安全架构图如图 3-53 所示。

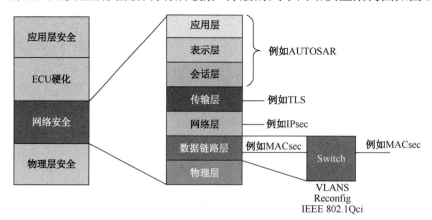

图 3-53　分层的汽车网络安全架构图

首先要保证车载电子设备的物理层访问是安全的，这包括基本的硬件措施，如难以从外部访问车内 ECU 或进行连线。此外，如果设计的汽车可以从外部接线，应保证这些线路的通信与车内网络无关。当然,还可以从框架设计上来保证物理层安全,如限制带有车外通信功能的 ECU 数量。

完成物理层的安全策略后,接下来要在网络层面进行部署,这可以在 ISO/OSI 模型的不同网络分层上一一实现。

AUTOSAR Secure 车载通信(AUTOSAR SecOC)的开发旨在提供一种资源高效且实用的安全机制,用以无缝集成到 AUTOSAR 通信框架中,且能够保证 AUTOSAR 支持的网络技术之间的相互通信,如 CAN、FlexRay、以太网和 LIN 等。此策略根据消息认证码和新鲜度(计数器或时间戳)提供端到端的消息认证和完整性。为了提高计算效率和带宽利用,它使用对称密钥进行加密(也不排除非对称密钥)。

TCP 通信过程中的典型攻击为 TCP 序列预测攻击。攻击方通过此方法预测并伪造数据包的序列,以此攻击数据接收方。传输层安全协议(TLS 协议,原为安全套接字层协议)专门用于应对黑客攻击。此协议支持多种加密、密钥交换和认证方式,通过提供加密和认证机制,保证两个应用(如 HTTP、IMAP 和 SMTP 等)通信数据的隐私和完整性。

在 IP 层级的网络中,也有相应的 IPsec 协议。由于 IP 数据经过的每一个路由器都可以读取甚至更改 IP 数据包中的内容,通信节点还可以伪装成其他节点发送数据(也称 IP 欺骗),IPsec 协议应运而生。总体来说,该协议通过各种机制(如在包头中添加密码)来保证点对点通信的隐私、真实和完整性,以上行为均在 ISO/OSI 模型的第 3 层完成,对于上层应用而言是透明的。IPsec 协议与 IPv6 是协同开发的,但也可以与 IPv4 一起使用。IETF 在许多 RFC 中均对其进行了标准化。IPsec 协议较 MACsec 覆盖了更多极限的情况。如果仅需要进行认证的话,则可以使用 IPsec AH,它非常容易实现。

MAC 层典型的攻击方式是 ARP 侦听。MACsec 可为用户提供安全的 MAC 层数据发送和接收服务,包括用户数据加密、数据帧完整性检查及数据源真实性校验。MACsec 通常与 IEEE 802.1X 认证框架配合使用,工作在 IEEE 802.1X 认证过程成功之后,通过识别已认证设备发送的报文,并使用 MACsec 密钥协商协议协商生成的密钥对已认证的用户数据进行加密和完整性检查,避免端口处理未认证设备的报文或者未认证设备篡改的报文。在车上用 MACsec,要求控制器和交换机的硬件都支持。当然,这样做成本会提高很多,目前 Marvell 已经有支持 MACsec 的产品。

纯软件算法无法保证高效的处理和资源利用,还要结合硬件支持,供应商会使用专用的硬件安全模块(HSM),其能够高效地执行加密算法并将密钥安全存储。加密算法实现的差异化也是各个供应商区别的体现。

2. 以太网相关网络安全

在以太网中,影响网络安全的因素主要有以下两方面。

(1)广播通信。

在广播消息、组播消息及目的地址不明确的消息传播时会使用广播的传递方式,此类消息十分常见。

(2)缺乏限制节点在网络中发送流量的控制措施。

ECU 在设计时应考虑限制自身发送过多流量,而除了设计错误和设备故障,安全策略主要用于抵抗网络攻击产生的较大流量。仅一个节点发送的大量广播消息和过量消息就可以引起 MAC 层服务的瘫痪和故障。此外,随处可侦听的广播消息也是安全隐患。因此,交换机的安全保障主要包括两点:禁止接收过多流量和禁止发送过多流量。

在构建数据信息时,可以对信息根据娱乐、控制和尽力而为流量的区别来进行分类。也可以通过 VLAN 技术来区分不同类型的信息,IEEE 802.1Q 对 VLAN 技术做出了详细描述,该技术的核心是在以太网中虚拟分割出许多子网,属于同一子网的节点拥有相同的 VLAN ID。使用 VLAN 技术后,即使是广播消息,或者物理连接于同一交换机的不同节点,也可以通过 VLAN ID 进行消息的隔离。VLAN 最初是为大型网络的网络分类和管理而设计的,但在汽车以太网中,它同样可以发挥作用。

从安全的层面考虑,VLAN 技术不仅可以隔离虚拟网络之间的消息,还可以缩小广播范围。VLAN 可以根据流量的重要程度、内外部消息或者不同应用区域等进行划分,如图 3-54 所示。

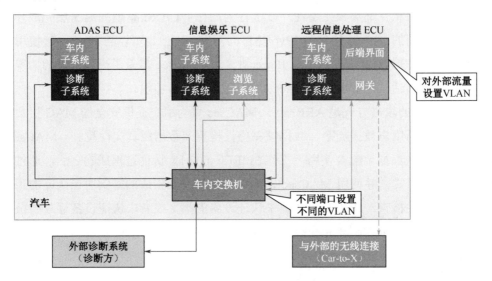

图 3-54　VLAN 划分示例

此外,VLAN 隐含了过滤/丢弃数据包的功能。携带有交换机不支持的 VLAN 标签的数据包将被丢弃。如果交换机接收的数据不含有 VLAN 信息,交换机可以直接将其丢弃,或者根据端口、协议、包头等赋予该数据 VLAN 标签。但是,黑客可以通过操控交换机核心控制器或 μC 更改端口配置。因此,应注重 μC 的安全保护,防止黑客的入侵和操作。

VLAN 技术不仅有助于网络安全的提升,还能简化不少问题。

(1) 数据记录和分析：由于 VLAN 的划分与设备的物理位置无关，它为 ECU 的网段分配提供了极大的灵活性，有助于日益增长的汽车以太网中的数据记录和分析。

(2) 性能：可以将特定的通信分配至特定的 VLAN，并在交换机中进行优先处理。例如，汽车交换机作为对流量进行隔离的 ECU，可以放置在汽车的任意位置，它的每个端口均配置了 VLAN 过滤策略。交换机接收到诊断流量时，会根据诊断流量的 VLAN 将此流量转发至相应的节点。对于汽车上的其他外部接口而言，VLAN 同样能够发挥作用。进出汽车的流量可以在同一接口处分别打上或去除 VLAN 标签。在 ECU 内部，只有特定区域才有权对标记的数据进行处理，此方法可以有效隔离数据。汽车制造商应重视 VLAN 的开发。

3.3.4 10Base-T1x 总线

1. 10Base-T1S 介绍

IEEE 开发了以太网标准的新变体 IEEE 802.3cg—2019，于 2020 年初发布。它主要包括两个协议标准：10Base-T1L 和 10Base-T1S。

10Base-T1L 是 10Mbit/s SPE 的远距离变体，允许电缆长度达到 1000 米。这种点对点的变体可用于卡车、火车和其他车辆技术，但不适用于汽车。

10Base-T1S 提供端到端的短距离全双工传输，适用于汽车。

10Base-T1S 与其他汽车以太网技术的不同之处：它支持多点拓扑结构，所有节点都通过同一对非屏蔽双绞线连接。这种总线配置提供一个优化的 BOM，只需要在每个节点上部署一个以太网 PHY 设备，无须采用与其他以太网技术关联的切换或星型拓扑。该标准规定必须支持至少 8 个节点（可以支持更多节点），总线长度必须达到 25 米，如图 3-55 所示。

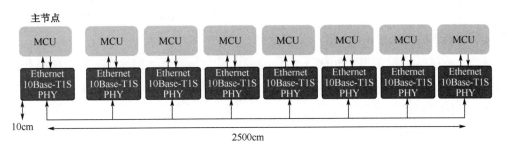

图 3-55　10Base-T1S 总线式以太网

在使用 10Base-T1S 总线拓扑的情况下，需要对服务质量予以关注，因此信道接入方法使用了一种被称为物理层冲突规避（Physical Layer Collision Avoidance，PLCA）的轮询机制，顾名思义，就是避免共享网络中发生冲突。它不像在 FlexRay 中使用的固定调度那样浪费未使用的传输时隙，与 CAN 系列规范相比有更高的带宽利用率。

PLCA 是对 CSMA/CD 的扩展，PLCA 的目标是在吞吐量、延迟和公平性方面改进以太网中现有的碰撞检测机制（CSMA/CD）在多分叉（总线）拓扑结构上的作用。这种仲裁纯粹是在 PHY 层面上进行的，MAC 在以下描述的过程中不承担任何作用。启动 PLCA 后，只有拥有传输机会的 PHY 设备才被允许发送数据。传输机会以循环方式分配。每个 PHY 设备可以在其拥有传输机会期间发送信息帧。当主节点发送信标（Beacon）时，新的周期开始，如图 3-56 所示。

图 3-56　PLCA 循环示例

在 PLCA 系统中，每个 PHY 设备都被分配一个从 0 到 255 的唯一 PHY ID。ID 为 0 的 PHY 设备是 PLCA 协调器。总线上的每个 PHY 设备都知道 PHY 设备的数量。PLCA 采用轮询方案，每轮由 PLCA 协调器发送一个信标来触发。PLCA 方案中的每个参与者（包括协调器）按照 PHY ID 的顺序，在信标之后都会获得一个传输机会。

如果一个节点没有什么可传输的，系统中的下一个 PHY 设备将在超时时间后获得传输机会。如果系统配置允许，节点也可以发送一帧以上的消息，即所谓的突发，每个消息的有效载荷长度可以不同。

该调度方案避免了总线冲突和重传，降低了使用的带宽，并保证了系统内传输机会的公平性。在实践中，已经观察到两个节点之间的往返时延小于半毫秒，当使用用于测量 IP 网络中最大可实现带宽的 iperf3 工具时，几乎可获得 10Mbit/s 的全速。在这种 PLCA 机制之上，可以在 MAC 层中启用 CBS 或 TAS 等。

目前，数据线传输功率（PoDL）的传输尚未完全标准化，但已有一些工作组在研究制定相关标准，IEEE 正在扩展 IEEE 802.3cg 规范，包括添加 PoDL。10Base-T1S 物理层是交流耦合的，因此可以为远程设备供电。

10Base-T1S 主要具有 5 种特性：多点物理层，没有冲突，高效的带宽利用，确定性和低时延，安全机制。

基于这些特性，10Base-T1S 适用于传统汽车网络中的应用。

2. 10Base-T1S 与 CAN-XL 的对比

降低系统的复杂性和成本永远是合理的诉求。从中长期来看，由于 FlexRay 和 MOST 的应用领域被以太网完全覆盖，因此 FlexRay 和 MOST 很可能被替换掉，只保留 CAN 和以太网。其中，以太网工作在 100～1000Mbit/s，用于娱乐、ADAS、车联网等系统中；而 CAN/CAN-FD 工作在 0.5～5Mbit/s，用于发动机管理和车身控制等系统中。考虑到车载网络系统中大约90%控制器节点的通信速率在10Mbit/s以下,因此10Mbit/s的通信速率可覆盖广泛的应用领域,从音频到雷达和超声波传感器,再到底盘控制均可采用。因此,CAN-XL和以太网10Base-T1S在该领域存在竞争。

开发这两种协议都是为了满足新EE架构的要求,并在10Mbit/s领域提供预期的性能。这两种协议提供了相同的数据传输速率,都允许应用传输更长的有效载荷。下面将这两种协议的数据报效率和总线循环效率进行对比。

1) 数据报效率

这两种协议在数据报中都有头部和尾部的开销(如寻址、协议字段和CRC)。在CAN-XL中,仲裁阶段和数据阶段的填充位和不同的总线速率会进一步影响效率。

通过将开销量与有效负载位上的时间开销相关联,绘制了有效负载上的数据报效率曲线。CAN-XL的仲裁阶段较慢,报头较大,开销较大。以1Mbit/s而不是500kbit/s的速率运行仲裁阶段可以显著提高数据报效率,这对于较短的帧来说意义重大,如图3-57所示。

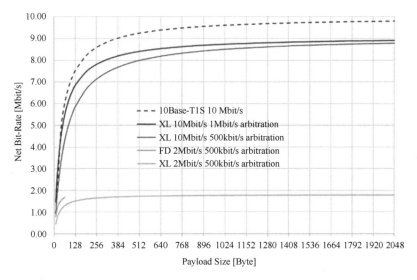

图3-57 数据报效率比较

2) 总线循环效率

如果观察PLCA循环而不是单个数据报,情况就会改变。假设系统配置如图3-58所示,并假设只有PHY9有待处理的传输。

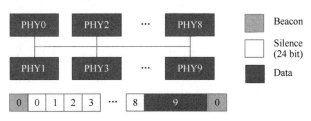

图3-58 PLCA循环示例

在这种情况下,假设总线保持未使用状态的时间为静默时间(24位)的9倍。总线循环效率比较如图3-59所示。

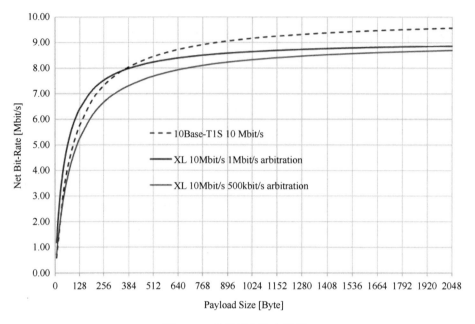

图3-59 总线循环效率比较

在 CAN-XL 中,等待传输机会不会降低总线效率,但仍需要考虑空闲时间和 EOF 序列。在具有 512 字节有效载荷的典型工作条件下,两种协议表现出相同的效率。通过对比可以看出,这两种协议的效率取决于用例、系统配置和扩展功能的使用。

此外,还要考虑更高级别协议的可用性和其他增强功能,如安全性或电力传输等方面。10Base-T1S 和 CAN-XL 的对比如表3-12所示。

表3-12 10Base-T1S 和 CAN-XL 的对比

对比项	CAN-XL	10Base-T1S
规范成熟度	CAN-XL 规范还没有最终确定,仍有一些悬而未决的问题	10Base-T1S 已经发布了标准文档
传输速率	整体速率略低于10Mbit/s,CAN-XL 的帧头速率较低,降低了传输速率,具体取决于用例、系统配置和扩展功能	可以达到10Mbit/s
兼容性	兼容大部分 CAN/CAN-FD,不支持扩展帧	对车载以太网兼容性好
拓扑结构	CAN-XL 能够耦合星型和线型拓扑以构建更复杂的拓扑结构,从 CAN/CAN-FD 升级到 CAN-XL 非常灵活	10Base-T1S 不允许支线超过 10cm,使得现有的 CAN 解决方案的可靠拓扑结构无法一对一地用 10Base-T1S 网络代替
错误检测	CAN-XL 跟 CAN 一样,可以检测故障并从故障中恢复,当帧头速率为1Mbit/s 时可以在 23μs 内恢复。	TCP/IP 需要花几十毫秒才能从故障中恢复过来

续表

对比项	CAN-XL	10Base-T1S
仲裁访问	CAN 提供无冲突和可预测的仲裁来管理竞争节点之间的网络访问	以太网总线仲裁过程（CSMA/CD 中，仲裁时间是不可预知的，在最坏的情况下，当消息冲突连续发生时，节点将转存消息帧，并且不会尝试重新传输
数据安全性	CAN-XL 继承了 CAN 的良好特性，可以保证收发数据无丢失，这个特性是固化在 CAN 控制器中的	10Base-T1S 跟其他以太网协议一样，需要通过高层协议（如 TCP）才能检测出数据丢失，而且依赖软件实现
软件可移植性	CAN-XL 在一般乘用车 ECU 上移植软件问题不大，但商用车可能要仔细考虑，毕竟不支持 29 位 ID	10Base-T1S 继承了以太网的良好特性，很多成熟的基于 TCP/IP 的工业软件容易移植到新的车载以太网协议中去
协议扩展性	CAN-XL 协议为实现更高级别的协议提供了一个 8 位指示器，不适合用经典的 OSI 参考模型去判断它的层级	10Base-T1S 可以无缝集成到以太网中，以太网系统既包含处理通信的软件堆栈，也包含相关设备间的物理连接，有助于简化不同类型以太网的连接。可以在所有速率等级使用相同的软件堆栈，不需要网关，只需要不同的 PHY 设备
低功耗	CAN-XL 继承了 CAN 的休眠唤醒特性且可兼容 CAN，可以使用标准 CAN 报文作为唤醒信号，而不需要为了适应高速率做额外定义	车载以太网对于休眠唤醒的深度支持大多需要通过 I/O 或者 CAN 端口来实现，这对于车载网络来说显然不够灵活，并且会产生额外的成本
成本	成本较低，CAN 控制器目前是集成到处理器芯片中的，减少了部分软件成本，也保证了一致性。除去交换机的成本因素，就单个处理器芯片来说，可能会有一些处理器集成 10Base-T1S 控制器	软件成本较高，由于以太网软件协议栈的缘故，可能会增加一些软件成本，带来协议一致性的问题；同时受限于 25m 的最长通信线路和最多 8 个节点，导致一些特殊域（如新能源电池域）使用起来会多分网段，增加成本

与 10Base-T1S 相比，CAN-XL 能够耦合星型和线型拓扑以构建更复杂的拓扑结构。由于 10Base-T1S 不允许支线超过 10cm，使得现有的 CAN 解决方案的可靠拓扑结构无法一对一地用 10Base-T1S 网络代替。然而，从 CAN/CAN-FD 升级到 CAN-XL 非常灵活，这是在布线和线束方面投入大量的专业知识和开发时间的结果。正是这种平滑过渡，使得关注紧凑型和中型汽车的 OEM 对采用 CAN-XL 颇具兴趣。

在大众市场中，短期内不会出现自动驾驶，更多的是驾驶辅助系统。没有雷达传感器和高分辨率摄像头等，就不会迫切需要基于以太网的网络通信技术，传统 CAN 仍将占主导地位。对于此类车辆，CAN-XL 在现有车辆架构的基础上提供了进一步开发的理想平台，无须重新设计线束、控制器和协议栈。与 IP 相比，CAN 的协议栈更简单，因此可以使用体积更小、成本更低的微控制器。CAN-XL 的目标之一就是继续保持这一传统优势。

而 10Base-T1S 可以取代 CAN、CAN-FD、LIN、FlexRay 或音频等连接，借助以太网架构，可以在任何地点使用相同的软件堆栈和通信机制，只需要针对各网段的特定速率等级更换 PHY 设备和线缆。例如，1000Base-T1 用于骨干网，100Base-T1 用于诊断和软件下载，10Base-T1S 用于车身和传动系统通信。整个以太网架构不需要任何网关，而 CAN-XL 则需要网关来连接实现协议转换，这可能导致成本、复杂性和时延增加。在 Zonal 架构中，

10Base-T1S 可以完美匹配，如图 3-60 所示。

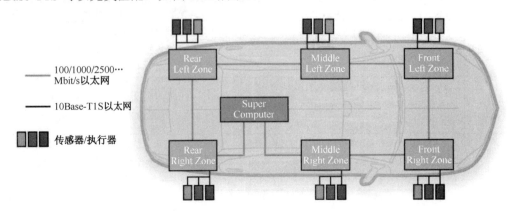

图 3-60　汽车 Zonal 架构

10Base-T1S 和 CAN-XL 各有千秋。这两种协议可以在不同应用中的同一个车载网络中使用。CAN-XL 和 10Base-T1S 可以共同在基于信号的通信和面向服务的通信之间提供连接。通过对协议层进行适当的扩展，将为应用提供更多的可能性。

3.4　PCIe 总线

PCIe 在处理器系统中得到了大规模应用，它满足了工业数据中心的高带宽、超低时延等性能需求。PCIe 是满足下一代集中式汽车架构关键性高带宽和超低时延计算需求的解决方案，是目前的主要研究方向之一。

3.4.1　汽车网络面临的挑战

根据 SAE 自动驾驶等级划分，目前大部分车辆的等级为 L2 或 L2++。如果要实现 L4/L5 级别的自动驾驶，汽车需要更多更高性能的传感器，如激光雷达、摄像头等。这些传感器输入的冗余信息可以帮助中央计算机做出更准确的判断。

目前，L2 级自动驾驶车上有 1 个摄像头和 1 个毫米波雷达及多个超声波雷达。L3 级自动驾驶车上有 8 个以上超声波雷达、4 个以上摄像头和 1 个激光雷达，同时引入 V2X 模块、导航 IMU 等，以及多传感器融合方案。L4/L5 级自动驾驶车上则有 12 个以上超声波雷达、6~8 个摄像头、1~3 个激光雷达、1~2 个 V2X 模块、组合导航及多传感器融合方案，Waymo 甚至使用了 29 个摄像头。

车载雷达的视距和探测精度都会提高，视距提高可以使系统更好地完成路径规划，精度提高更有利于车辆行车安全，而雷达视距和精度的提高都将带来相应的传感器芯片的数据量、性能和能耗的提升。

汽车网络面临的一个挑战就是需要管理更多的传感器和ECU数据。例如，整车电子电气架构有4个Zonal ECU，每个Zonal ECU都有高清摄像头和1~2个激光雷达/毫米波雷达。高清摄像头的带宽要求在10Gbit/s以上，雷达要求在1Gbit/s左右，加上其余的传感器，从Zonal ECU的角度看预计需要25Gbit/s的带宽。如果还要在系统中增加冗余信息，那就意味着从Zonal ECU到中央计算平台的带宽在50Gbit/s左右，所以需要两个20Gbit/s以上的以太网连接到中央计算平台，如图3-61所示。

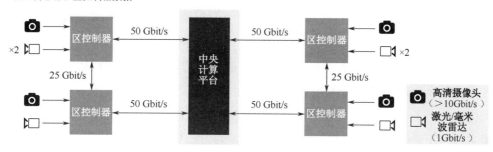

图3-61 整车电子电气架构案例

网络带宽需求的爆发性增长，需要更高带宽的以太网。IEEE正在规划高带宽以太网规范，如表3-13所示。

表3-13 高带宽以太网规范

规范	描述	预计完成时间
IEEE 802.3ch（NGAuto）	2.5/5/10Gbit/s Automotive Electrical Ethernet PHY（2.5GBase-T1、5GBase-T1、10GBase-T1）	已完成
IEEE 802.3cy	Greater than 10Gbit/s Automotive Electrical Ethernet PHY（25Gbit/s、50Gbit/s、100Gbit/s）	2023年
IEEE 802.3cz	Multi Gigabit Automotive Optical Ethernet PHY（2.5Gbit/s、5Gbit/s、10Gbit/s、25Gbit/s、50Gbit/s、100Gbit/s）	2022年

汽车网络面临的另一个挑战是中央计算平台本身的集中式计算互联，如图3-62所示。

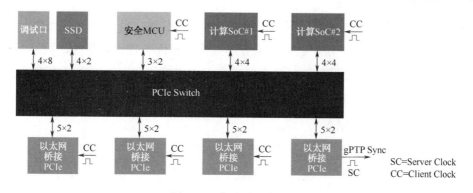

图3-62 集中式计算互联

4个以太网连接到PCIe桥，按照前面的估算，这4个ECU的带宽大约为50Gbit/s，所以需要使用桥接芯片或者交换机把以太网转换到PCIe。因为在目前的中央计算平台上至少需要2个Soc，而PCIe是高性能计算SoC的首选接口，虽然也有部分Soc支持以太网接口，但是数量和带宽都不足。此外，PCIe技术可以提供高带宽、低时延、低成本的互联，类似SoC和SoC之间、SoC和SSD之间等多方面的互联。

目前，PCIe仅用于ECU内部连接，而ECU之间的高速连接主要由汽车以太网实现。随着汽车向跨数据主干的共享处理和冗余方向发展，与通过网卡将PCIe转换为以太网进行连接，然后在目标ECU转换回PCIe的方式相比，利用原生PCIe进行端到端的传输越来越具有吸引力。将一种接口技术转换为另一种接口技术，PCIe的固有优势将会丧失。通过原生PCIe端到端的连接，处理器可以利用协议的超低时延、高可靠性和DMA的优势，这对提高计算效率和改善实时处理性能至关重要。对于高带宽ECU之间的连接，实时处理和算力最大化要优先于电缆数量，PCIe将成为高效且有价值的汽车网络的补充。

未来，汽车就是带有4个轮子的数据中心，为了在局域架构中实现分布式处理，汽车数据骨干网必须采用支持高带宽和低时延的高速接口。PCIe交换机连接中央计算机内的所有处理器，满足连接带宽需求，同时实现平台模块化、可扩展性、安全设计分区和到以太网域的桥接。特别是当共享数据用于安全关键的实时处理时，必须仔细考虑超低时延。PCIe生态系统已经解决了工业数据中心的这高带宽、超低时延性能需求，也能以同样的方式服务于汽车行业。

3.4.2 使用PCIe的优势

使用PCIe有以下5个关键优势。

1. 带宽扩展性好

PCIe带宽每一代都翻了一番。PCIe提供灵活的链路宽度，并行通道可以轻松地将带宽从×1扩展到×2、×4、×8或×16。

2. 超低时延和高可靠性

PCIe集成了最小的数据开销，保证了硬件级的可靠传输，将时延降低到几十纳秒。传统网络技术需要依赖TCP/IP层中的软件来管理数据完整性和传输可靠性，导致时延增加到几微秒。这种时延的量级差异在端到端汽车连接中成倍增加，为具有实时性需求的汽车应用（如ADAS和V2X）带来了重大挑战。

3. 直接内存访问（DMA）

PCIe提供了内置的DMA方法，不需要进行分包，以减少CPU处理资源开销，进一步降低了远程共享存储的时延。其他接口技术在CPU周期访问、复制和缓冲区内存数据方面会产生开销。

4. 满足汽车功能安全

PCIe 体系提供了丰富的错误检测、CRC 校验、内置在事务层和应用层的高级错误记录和报告、消息计数器和流量控制等功能，为实现汽车功能安全奠定了基础。

5. PCIe 生态广泛

PCIe 不是专有的，它被中央处理器（CPU）、图形处理单元（GPU）和硬件加速器等众多厂商采用。PCIe 在行业中的普及，使现有组件和现有 IP 具有灵活的互操作性，并且生态系统的各种元素支持本地 PCIe，包括 SSD 存储和基于 PCIe 的交换机结构，支持具有非透明桥接（NTB）拓扑的交换结构。

3.4.3 PCIe 总线基础知识

1. PCIe 总线的拓扑结构

CPU 被认为是 PCIe 总线拓扑结构的顶层。为了保持与 PCI 软件的向后兼容性，PCIe 只允许简单的树型拓扑结构，不允许循环或其他复杂的拓扑结构。因此，软件必须能够以与以前相同的方式生成配置周期，总线拓扑也必须与以前相同。软件期望找到的所有配置寄存器仍然保留，并且以其原有方式运行。

PCIe 总线的拓扑结构如图 3-63 所示。

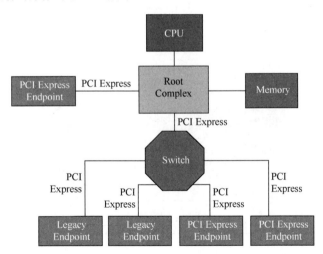

图 3-63　PCIe 总线的拓扑结构

1）Root Complex（RC）

RC 是 CPU 和 PCIe 总线之间的接口，可能包含几个组件（处理器接口、DRAM 接口等），甚至可能包含几个芯片。RC 代表 CPU 与系统的其余部分进行通信。但是，规范并没有仔细定义它，而是给出了必要和可选功能的列表。

从广义上讲，RC 是系统 CPU 和 PCIe 拓扑之间的接口，PCIe 端口在配置空间中被标记为根端口，主要负责将 CPU 的访问事务转换为 PCIe 总线上的访问事务。PCIe 总线是以报文的形式交换信息或者传输数据的，因此，RC 负责根据 CPU 的访问事务产生对应的报文，并转发给下游 PCIe 设备，同时解析下游 PCIe 设备上报的报文，并根据报文内容，将信息或者数据传给 CPU。

2）Endpoint（EP）

Endpoint 处于 PCIe 总线拓扑结构的最末端，一般作为总线操作的发起者或终结者。显然，Endpoint 只能接收来自上级拓扑的数据包或者向上级拓扑发送数据包。Endpoint 可分为 Legacy Endpoint 和 PCI Express Endpoint。Legacy Endpoint 是指那些原本准备设计为 PCI-X 总线接口，但被改为 PCIe 总线接口的设备。而 PCI Express Endpoint 则是标准的 PCIe 设备。其中，Legacy Endpoint 可以使用一些在 PCI Express Endpoint 禁止使用的操作，如 IO Space 和 Locked Request 等。PCI Express Endpoint 则全部通过 Memory Map 来进行操作，因此，PCI Express Endpoint 也被称为 Memory Mapped Devices（MMIO Devices）。

3）Switch

Switch 提供扩展或聚合能力，并允许更多的设备连接到一个 PCIe 端口。它充当包路由器，根据地址或其他路由信息识别给定包需要走哪条路径。

2. 端到端的数据传递

PCIe 链路使用端到端的数据传送方式，发送端和接收端都包含 TX（发送逻辑）和 RX（接收逻辑），其结构如图 3-64 所示。

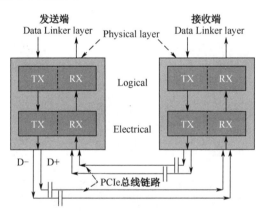

图 3-64　PCIe 总线的物理链路

在 PCIe 总线的物理链路的一个数据通路（Lane）中，有两组差分信号，共 4 根信号线。其中，发送端的 TX 部件与接收端的 RX 部件使用一组差分信号连接，该链路是发送端的发送链路，也是接收端的接收链路；而发送端的 RX 部件与接收端的 TX 部件使用另一组差分信号连接，该链路是发送端的接收链路，也是接收端的发送链路。一条 PCIe 链路可以由多个 Lane 组成。

高速差分信号电气规范要求其发送端串接一个电容，以进行 AC 耦合。该电容称为 AC 耦合电容。PCIe 链路使用差分信号进行数据传送，一个差分信号由 D+和 D-两个信号组成，信号接收端通过比较这两个信号的差值，判断发送端发送的是逻辑"1"还是逻辑"0"。与单端信号相比，差分信号抗干扰的能力更强，因为差分信号在布线时要求等长、等宽、贴近，而且在同层。外部干扰噪声将被同值、同时加载到 D+和 D-两个信号上，其差值在理想情况下为 0，对信号的逻辑值产生的影响较小。因此，差分信号可以使用更高的总线频率。

3. PCIe 总线的层次结构

PCIe 总线采用串行连接方式，并使用数据包进行数据传输，采用这种结构能有效去除一些边带信号，如 INTx 和 PME#等信号。在 PCIe 总线中，数据报文在接收和发送过程中需要通过多个层，包括事务层、数据链路层和物理层。PCIe 总线的层次结构如图 3-65 所示。

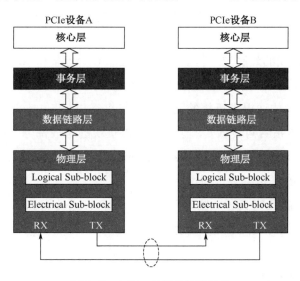

图 3-65　PCIe 总线的层次结构

PCIe 总线的层次结构与网络的层次结构有类似之处，但 PCIe 总线的各个层都是使用硬件逻辑实现的。在 PCIe 体系结构中，数据报文首先在设备的核心层（Device Core Layer）产生，然后经过该设备的事务层（Transaction Layer）、数据链路层（Data Link Layer）和物理层（Physical Layer），最终发送出去。而接收端的数据也需要通过物理层、数据链路层和事务层，并最终到达核心层。

1）事务层

事务层定义了 PCIe 总线使用的总线事务。这些总线事务可以通过 Switch 等设备传送到其他 PCIe 设备或者 RC。RC 也可以使用这些总线事务访问 PCIe 设备。

事务层接收来自 PCIe 设备核心层的数据，并将其封装为 TLP（Transaction Layer Packet）

后,发向数据链路层。此外,事务层还可以从数据链路层接收数据报文,然后转发至 PCIe 设备的核心层。

事务层的一个重要工作是处理 PCIe 总线的序。在 PCIe 总线中,事务层传递报文时可以乱序,这为 PCIe 设备的设计制造了不小的麻烦。事务层还使用流量控制机制保证 PCIe 链路的使用效率。

2)数据链路层

数据链路层保证来自发送端事务层的报文可以可靠、完整地发送到接收端的数据链路层。来自事务层的报文在通过数据链路层时,将被添加 Sequence Number 前缀和 CRC 后缀。数据链路层使用 ACK/NAK 协议保证报文的可靠传递。

PCIe 总线的数据链路层还定义了多种 DLLP(Data Link Layer Packet),DLLP 产生于数据链路层,终止于数据链路层。值得注意的是,TLP 与 DLLP 并不相同,DLLP 并不是由 TLP 加上 Sequence Number 前缀和 CRC 后缀组成的。

3)物理层

物理层是 PCIe 总线的最底层,将 PCIe 设备连接在一起。PCIe 总线的物理电气特性决定了 PCIe 链路只能使用端到端的连接方式。PCIe 总线的物理层为 PCIe 设备间的数据通信提供传送介质,为数据传送提供可靠的物理环境。

物理层是 PCIe 体系结构最重要,也是最难以实现的组成部分。PCIe 总线的物理层定义了 LTSSM(Link Training and Status State Machine),PCIe 链路使用它管理链路状态,并进行链路训练、链路恢复和电源管理。

PCIe 总线的物理层还定义了一些专门的序列 PLP(Physical Layer Packet),这些序列用于同步 PCIe 链路,并进行链路管理。值得注意的是 PCIe 设备发送 PLP 与发送 TLP 的过程有所不同。

4. PCIe 链路的扩展

PCIe 链路使用端到端的数据传送方式。在一条 PCIe 链路中,这两个端口是完全对等的,分别连接发送设备与接收设备,而且一条 PCIe 链路的一端只能连接一个发送设备或者接收设备。因此,PCIe 链路必须使用 Switch 扩展后,才能连接多个设备。使用 Switch 进行链路扩展的实例如图 3-66 所示。

在 PCIe 总线中,Switch 是一个特殊的设备,由 1 个上游端口和 2~n 个下游端口组成。PCIe 总线规定,在一个 Switch 中可以与 RC 直接或者间接相连的端口为上游端口。在 PCIe 总线中,RC 的位置一般在上方,这也是上游端口这个称呼的由来。在 Switch 中除上游端口外,其他所有端口都被称为下游端口。下游端口一般与 EP 相连,或者连接下一级 Switch 继续扩展 PCIe 链路。其中,与上游端口相连的 PCIe 链路被称为上游链路,与下游端口相连的 PCIe 链路被称为下游链路。

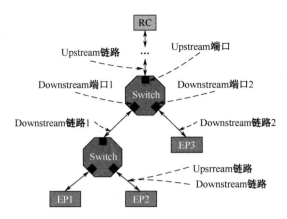

图 3-66 使用 Switch 扩展 PCIe 链路

上游链路和下游链路是相对的概念。图 3-66 中，Switch 与 EP2 连接的 PCIe 链路，对于 EP2 而言是上游链路，而对于 Switch 而言是下游链路。

图 3-66 中，Switch 包含 3 个端口，其中一个是上游端口，而其他两个为下游端口。上游端口与 RC 或者其他 Switch 的下游端口相连，而下游端口与 EP 或者其他 Switch 的上游端口相连。

在 Switch 中，还有两个与端口相关的概念，分别是 Egress 端口和 Ingress 端口。这两个端口与通过 Switch 的数据流向有关。其中，Egress 端口指发送端口，即数据离开 Switch 使用的端口；Ingress 端口指接收端口，即数据进入 Switch 使用的端口。Egress 端口和 Ingress 端口与上下游端口没有对应关系。在 Switch 中，上下游端口既可以作为 Egress 端口，也可以作为 Ingress 端口。

PCIe 总线还规定了一种特殊的 Switch 连接方式，即 Crosslink 连接方式。支持这种连接方式的 Switch，其上游端口可以与其他 Switch 的上游端口连接，其下游端口可以与其他 Switch 的下游端口连接。

PCIe 总线提供 Crosslink 连接方式主要是为了解决不同处理器系统之间的连接问题，如图 3-67 所示。

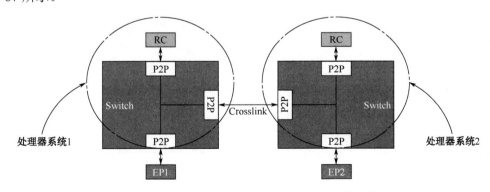

图 3-67 使用 Crosslink 方式连接两个处理器系统

使用 Crosslink 连接方式时，虽然从物理结构上看，一个 Switch 的上下游端口与另一个 Switch 的上下游端口直接相连，但是这个 PCIe 链路经过训练后，仍然是一个端口作为上游端口，而另一个端口作为下游端口。处理器系统 1 与处理器系统 2 间的数据交换可通过 Crosslink 进行。当处理器系统 1（2）访问的 PCI 总线域的地址空间或者 Requester ID 不在处理器系统 1（2）内时，这些数据将被 Crosslink 端口接收，并传递到对端处理器系统中。Crosslink 对端接口的 P2P 桥将接收来自另一个处理器域的数据请求，并将其转换为本处理器域的数据请求。

使用 Crosslink 方式连接两个拓扑结构完全相同的处理器系统时，仍然有不足之处。因为使用 Crosslink 方式并不能完全解决两个处理器系统之间的连接问题，所以在某些 Switch 中支持非透明桥结构。在 PCIe Switch 内部将对应的数据包进行地址映射翻译，便可以实现双方通信。非透明桥一边的主机不能看到桥另一边的完整地址或 I/O 空间。每个处理器把非透明桥的另一边看作一个端点，并把它映射到自己的地址空间。

在非透明桥环境中，PCIe 系统需要在从一个内存地址空间穿越到另一个地址空间时进行地址翻译。每一个非透明桥端口都有两套基址寄存器（BAR），一套是给主设备端用的，另一套是给从设备端用的。基址寄存器可用来定义在非透明桥另一端的内存地址空间的地址翻译窗口，并允许这个翻译被映射到本地的内存或 I/O 空间。每个 BAR 定义了一个设置寄存器（Setup Register），可用来定义窗口的大小、类型，以及一个地址翻译寄存器。地址翻译模式有直接地址翻译和查表地址翻译两种。

在直接地址翻译模式下，地址翻译的过程是在事务终结的 BAR 基址上加一个偏移量。BAR 中的基址翻译寄存器可以被用来设置这样的翻译，如图 3-68 所示。

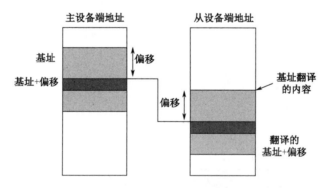

图 3-68 非透明桥地址翻译

BAR 用一种特别的查找表来为落在它窗口中的事务进行地址翻译，地址中的索引域可通过编程来调节窗口大小。因此，这种方法在本地地址到主机地址的映射中具有更高的灵活性，通常索引被用来提供新内存地址的高位。

使用非透明桥解决了两个处理器间的数据通路问题，但是不便于 NUMA 结构对外部设备的统一管理。PCIe 总线对此问题的解决方法是使用 MR-IOV 技术，该技术要求 Switch 具有多个上游端口并分别与不同的 RC 连接。

5. 链路训练

PCIe 总线进行链路训练的主要目的是初始化 PCIe 链路的物理层、端口配置信息、相应的链路状态，并了解链路对端的拓扑结构，以便 PCIe 链路两端的设备进行数据通信。PCIe 总线提供的链路带宽可以是×1、×2、×4、×8、×12 或者×16，但是其上挂接的 PCIe 设备并不会完全使用这些链路。例如，一个×4 的 PCIe 设备可能会连接到×16 的 PCIe 链路上。该 PCIe 设备在进行链路训练时，必须通知对端链路该设备实际使用的链路状态。

此外，PCIe 总线规定，PCIe 链路两端的设备所使用的 Lane 可以错序连接，PCIe 总线规范将该功能称为 Lane 错序（Lane Reversal）。在相同的 Lane 上，差分信号的极性也可以错序连接，PCIe 总线规范将该功能称为极性翻转（Polarity Inversion）。这两种错序连接方式如图 3-69 所示。

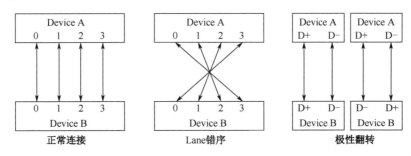

图 3-69　PCIe 设备的错序连接

PCIe 总线进行链路训练时，需要了解 PCIe 链路两端的连接拓扑结构。一条 PCIe 链路可能使用多个 Lane 进行数据交换，而数据报文经过不同 Lane 的时延并不完全相同。PCIe 总线进行链路训练时，需要处理这些不同 Lane 的时延差异，并进行补偿。PCIe 总线规范将这个过程称为 De-skew。

此外，PCIe 总线在链路训练过程中，还需要确定数据传送率。当分属不同规范的 PCIe 设备使用同一条 PCIe 链路进行连接时，需要统一数据传送率。如一个 V1.0 的 PCIe 设备与一个 V2.0 的 RC 或者 Switch 连接时，需要将数据传送率统一为 2.5GT/s。在 PCIe 总线中，当一条 PCIe 链路的两端分别连接不同类型的 PCIe 设备时，将选择较低的数据传送率。值得注意的是，PCIe 链路在进行初始化时，首先使用 2.5GT/s 的数据传送率，之后切换到更高的数据传送率，如 5GT/s、8GT/s 和 16GT/s 等。

6. PCIe 流量控制（Flow Control）

流量控制的概念起源于网络通信。一个复杂的网络系统由各类设备（如交换机、路由器和核心网），以及这些设备之间的连接通路组成。从数据传输的角度来看，整个网络中有两类资源，一类是数据通路，另一类是数据缓冲。

数据通路是网络中最珍贵的资源，直接决定了数据链路可能的最大带宽；而数据缓冲是另一个重要的资源。网络中的数据需要通过网络中的若干节点才能到达最终目的地。在这些网络节点中含有缓冲区，用于暂存没有处理完毕的报文。网络设备使用数据缓冲，可以搭建数据传输流水线，从而提高数据传输性能。最初在网络设备中只为一条链路提供一个缓冲区，如图 3-70 所示。

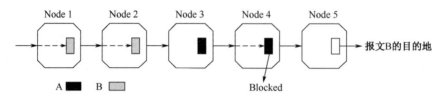

图 3-70 基于单数据通路的数据传递

当网络设备使用单数据通路进行数据传递时，假设在该通路中正在传递两个数据报文，分别是 A 和 B。其中，数据报文 B 需要经过 Node1～5 才能到达最终目的地，而数据报文 B 在经过 Node3 时发现 Node3 正在向 Node4 发送数据报文 A。因此，数据报文 B 到达 Node3 后，由于 Node4 的接收缓存被数据报文 A 占用而无法继续传递。此时虽然在整个数据通路中，Node4 和 Node5 之间的通路是空闲的，但数据报文 B 无法通过 Node3 和 Node4，因为在 Node4 中只有一个缓冲区，而这个缓冲区正在被数据报文 A 使用。

使用这种数据传递方式会因为一个节点的数据缓冲被占用而影响后继报文的数据传递。为了解决这个问题，在现代网络节点中设置了多个虚通路（VC），不同的数据报文可以使用不同的通路进行传递，从而有效解决了单数据通路带来的问题，基于多数据通路的数据传递如图 3-71 所示。

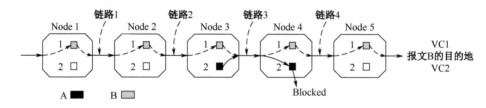

图 3-71 基于多数据通路的数据传递

多数据通路是指在每一个节点内设置多个缓冲区。图 3-71 中设置了两个缓冲区，报文 A 经过 Node1～5 时使用缓冲区 2 进行缓存，然后进行数据传递，而报文 B 使用缓冲区 1 进行缓存。因此，即使报文 A 因为某种原因不能继续传递，也只是将报文 A 阻塞在缓冲区 2 中，而不影响报文 B 的数据传递。

所谓 VC 是指缓冲区与缓冲区之间的传递通路。如图 3-71 所示的例子中含有两个 VC，分别是 VC1 和 VC2。其中，VC1 对应节点间缓冲区 1 到缓冲区 1 的数据传递，而 VC2 对应缓冲区 2 到缓冲区 2 的数据传递。VC 间的数据传递，如 Node1 的缓冲区 1/2 到 Node2 的缓冲区 1/2，都要使用实际的物理链路 1，这也是将 VC 称为虚通路的主要原因。

在一个实际的系统中，虚通路的使用需要遵循一定的规则。如在 PCIe 总线中，将不同的数据报文根据 TC 分为 8 类，TC 字段表示当前 TLP 的传输类型，PCIe 总线规定了 8 种传输类型，分别为 TC0～TC7，默认为 TC0，该字段与 PCIe 的 QoS 相关。PCIe 设备使用 TC 区分不同类型的数据传递，而多数 EP 中只含有一个 VC，因此这些 EP 在发送 TLP 时，也仅使用 TC0，但是有些对实时性要求较高的 EP 中，含有可以设置 TC 字段的寄存器。在 PCIe 总线中使用 TC/VC 的映射表决定 TC 与 VC 的对应关系。

PCIe 总线规定同一类型的 TC 报文只能与一个 VC 对应。当然，从理论上讲，不同的 TC 报文可以与不同的 VC 对应，也可以实现一种自适应的算法根据实际情况实现 TC 报文和 VC 的对应关系。只是使用这种方法需要付出额外的硬件代价，效果也不一定明显。

7. PCIe 总线与虚拟化技术

虚拟化技术的核心是通过 VMM（Virtual Machine Monitor）集中管理物理资源，而每个虚拟处理器系统通过 VMM 访问实际的物理资源。有时为了提高虚拟机访问外部设备的效率，虚拟处理器系统也可以直接访问物理资源。

处理器系统中设置了许多专用机制，如 IOMMU、ATS（Address Translation Services）、SR-IOV（Single Root I/O Virtualization）和 MR-IOV（Multi-Root I/O Virtualization），以便于 VMM 对外部设备进行管理。

1) IOMMU

在多进程环境下，处理器使用 MMU 机制，使每一个进程都有独立的虚拟地址空间。这样，各个进程就运行在独立的地址空间中，互不干扰。MMU 具有两大功能，一是进行地址转换，将分属不同进程的虚拟地址转换为物理地址；二是对物理地址的访问进行权限检查，判断虚实地址转换的合理性。

在多数操作系统中，每一个进程都具有独立的页表存放虚拟地址到物理地址的映射关系和属性，但是如果进程每次访问物理内存时都需要访问页表，将严重影响进程的执行效率。为此，处理器设置了 TLB（Translation Lookaside Buffer）作为页表的 Cache。如果进程的虚拟地址在 TLB 中被命中，则从 TLB 中直接获得物理地址，而不需要使用页表进行虚实地址转换，从而极大地提高了访问存储器的效率。

从地址转换的角度来看，IOMMU 与 MMU 较为类似。只是 IOMMU 完成的是外部设备地址到存储器地址的转换。把一个 PCIe 设备模拟成处理器系统的一个特殊进程，当这个进程访问存储器时使用特殊的 MMU，即 IOMMU 进行虚实地址转换，然后再访问存储器。在这个 IOMMU 中，同样用 IO 页表存放虚实地址转换关系和访问权限，而且处理器为了加速这种虚实地址的转换，还设置了 IOTLB 作为 IO 页表的 Cache。

2) ATS

PCIe 总线使用 ATS 机制实现 PCIe 设备的地址转换。支持 ATS 机制的 PCIe 设备内部含有 ATC（Address Translation Cache），ATC 在 PCIe 设备中的位置如图 3-72 所示。

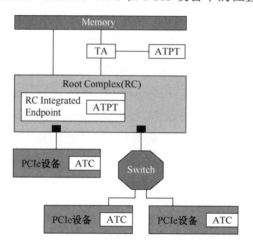

图 3-72　ATC 在 PCIe 设备中的位置

在 ATC 中存放 ATPT 的部分内容，当 PCIe 设备使用地址路由方式发送 TLP 时，其地址首先通过 ATC 转换为 HPA 地址。如果 PCIe 设备使用的地址没有在 ATC 中被命中，PCIe 设备将通过存储器读 TLP 从 ATPT 中获得相应的地址转换信息，更新 ATC 后，再发送 TLP。当 ATPT 被更改时，处理器系统将发送 Invalidate 报文，同步在不同 PCIe 设备中的 ATC。

PCIe 总线在 TLP 中设置了 AT 字段以支持 ATS 机制。在 PCIe 总线中，只有与存储器相关的 TLP 支持 AT 字段。值得注意的是，只有处理器系统支持 IOMMU 时，PCIe 设备才可以使用 ATS 机制。

3) SR-IOV

SR-IOV 技术的主要作用是将一个物理 PCIe 设备模拟成多个虚拟设备，其中每一个虚拟设备可以与一个虚拟机绑定，以便于不同的虚拟机访问同一个物理 PCIe 设备。在 PCIe 体系结构中，即便使用了 ATS 和 SR-IOV 技术，在处理器系统中仍然只有一个 PCIe 总线域，所有的虚拟机共享这个 PCIe 总线域，这为虚拟化技术的实现带来了不小的障碍。使用 SR-IOV 技术，可以解决单个 PCIe 设备被多个虚拟机共享的问题，但是并没有对管理 PCIe 设备的 Switch 进行约束。

在 SR-IOV 技术没有引入之前，一个 PCIe 设备在一个指定的时间段内，只能与一个虚拟机（Domain1）绑定，而其他虚拟机（Domain2）访问与 Domain1 绑定的 PCIe 设备时，需要首先向 Domain1 发送请求，由 Domain1 从 PCIe 设备获得数据后，再传送给 Domain2。使用这种方法将造成访问延迟，同时会干扰其他虚拟机的正常运行。而在处理器系统中并行设置多个同样的物理设备，不仅会增加系统成本，而且会增大处理器系统的规模，从而造成浪费。SR-IOV 技术在此背景下诞生。基于 SR-IOV 的 PCIe 设备由多组虚拟子设备组成，其拓扑结构如图 3-73 所示。

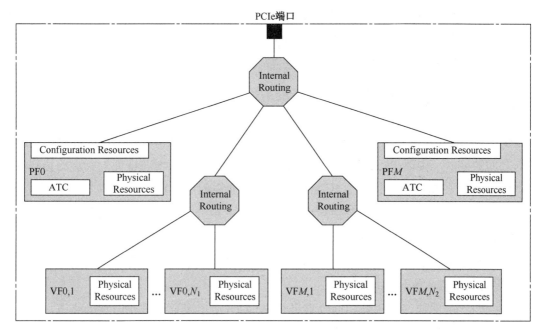

图 3-73　基于 SR-IOV 的 PCIe 设备

基于 SR-IOV 的 PCIe 设备由多个物理子设备（Physical Function，PF）和多组虚拟子设备（Virtual Function，VF）组成。其中，每一组 VF 与一个 PF 对应。在图 3-73 中存在 M 个 PF，分别为 PF0～M。其中"VF0,1～N_1"与 PF0 对应，而"VFM,1～N_2"与 PFM 对应。每个 PF 都有唯一的配置空间，而与 PF 对应的 VF 共享该配置空间，每一个 VF 都有独立的 BAR 空间，分别为 VFBAR0～5。

从逻辑关系上看，这种做法相当于在一个 PF 中，存在多个虚拟设备。在虚拟化环境中，每个虚拟机可以与一个 VF 绑定。假设在一个处理器系统中，网卡使用了 SR-IOV 技术，该网卡由一个 PF 和多个 VF 组成。其中每个虚拟机可以使用一个 VF，从而实现多个虚拟机使用一个物理网卡的目的。

从本质上说，SR-IOV 技术与多线程处理器技术类似，只是多线程处理器技术应用于处理器领域，而 SR-IOV 将同样的概念应用于 PCIe 设备。

4）MR-IOV

MR-IOV 对 SR-IOV 进行了扩展。MR-IOV 允许 PCIe 设备在多个独立系统之间共享，这些系统通过基于 PCIe 转换器的拓扑结构与 PCIe 设备相接。MR-IOV 与 SR-IOV 相比，每个 VH（Virtual Hierarchy，一个 VH 就是一个虚拟独立的 SR-IOV 设备）拥有独立的 PCI Memory、I/O、配置空间。

每个系统只有一个 Host 和两个 PCIe 设备，但是有了 MRA Switch 之后，系统中有 2 个 Host 和 4 个 PCIe 设备。MR-IOV 中有个重要的概念——VH，每个 VH 至少包含一个 PCIe Switch，这个 PCIe Switch 是 MRA Switch 中的一个虚拟组件。每个 VH 可以包含各种 PCIe 设备和 MRA PCIe 设备，在 MRA PCIe Switch 中，可以有多个根端口。有了 MR-IOV 之后，物理机之间也能相互通信，PCIe 设备被多台物理机共享。

3.4.4 PCIe 长距离连接

为了让处理器充分利用 PCIe 接口进行共享处理，将 PCIe 接口从 ECU 内部接口转变为 ECU 之间的接口。实现 PCIe 互联，需要仔细考虑整个系统的物理特性。完整的端到端通道或 TX 到 RX 的链路由电缆通道两端的两个 PCB 通道组成。

PCB 通道包括从 TX/RX PHY 到相应 PCB 针座的部分。汽车电缆通道可以由单个电缆组件组成，如带有两个组装连接器的散装电缆，也可以由多个电缆组件组成。对于多个电缆组件，电缆通道采用串联连接。根据所需带宽上的通道限制，电缆通道长度的限制取决于高速特性，如插入和回波损耗。

为了保持 PCIe 连接的优势，同时满足 OEM 对通用电缆通道解决方案的需求，并最大限度地降低电缆成本和重量，需要进行一些权衡。

1. 保持与其他高速接口相似的电缆通道类型

用于 PCIe 的电缆组件解决方案应尽可能与其他高速接口技术（如 2.5/5/10GBase-T1 以太网）相似。通过这种方式，OEM 只需要为整个车辆的各种高速接口验证单个连接器接口和电缆类型组合。

2. 仅连接基本 PCIe 信号

为了减少电缆数量和重量，只通过汽车电缆连接必要的高速 PCIe 信号。本地 PCB 上的低速边带信号可能未连接。为了降低 EMI 谐振的风险，可以从电缆连接中省略 100MHz PCIe 参考时钟。PCIe 规范支持 SRNS（Separate Reference Non-Spread）和 SRIS（Separate Reference Independent Spread），用于电缆两侧的独立时钟。

3. 以电缆数量换取原生 PCIe 性能

原生 PCIe 传输需要专用的 TX 和 RX 通道。因此，每个通道需要两根 STP 电缆（一根 TX 和一根 RX），与其他高速接口（如 Multigig 以太网）使用单根电缆相比，电缆数量有所增加。在利用 PCIe 生态系统的同时，电缆数量的增加可以保留原生 PCIe 性能和非专有 PHY 接口的价值。

4. 保持相似的物理层要求

原生 PCIe 通过专用的 TX 和 RX 方向实现 NRZ 信令，并且能够满足 EMC 要求。与 PAM4

或 PAM16 调制方案相比，NRZ 信令可最大化垂直眼图裕量。借助专用的 TX 和 RX 通道及复杂的 DSP 来消除噪声和回声，不需要单独的汽车 PCIe PHY 来支持全双工双向信令接口。

为了在数以百万计的车辆中实现可靠连接，确定 PHY 对它们之间链路的高速要求，并使其与电缆和连接器提供的性能保持一致，需要一个通道规范来测试高速通道参数的极限。高速通道规范描述了基于 S 参数的电缆和 PCB 通道要求。

关键参数是所需的频率带宽，主要是插入损耗和回波损耗。考虑到 EMC，需要指定屏蔽和耦合衰减。另外，还需要对测试方案进行详细说明，以比较不同的结果。

TI、GG Group 和 Rosenberger 等合作拟议了汽车 PCIe 通道规范及测试方案描述，这可以作为后续汽车用例官方 PCI-SIG 标准化的基础。针对汽车 PCIe 3.0 电缆通道建议的关键要求如表 3-14 所示。

表 3-14　建议的汽车 PCIe 3.0 电缆通道要求

参数/指标	建议的要求
带宽	4.4GHz
插入损耗预算	26.4dB@4GHz
回波损耗预算	6dB@4GHz
屏蔽/耦合衰减	45dB@4GHz/55.5dB@4GHz

电缆在正常室温情况下仅满足性能需求是不够的，汽车认证还需要进行不同的老化测试。GG Group 可以提供高质量汽车电缆满足千兆速率的同轴和差分应用。为了满足 PCIe 3.0 的需求，可以考虑使用 GG 2 Speed 251 STP 电缆。该电缆的屏蔽层由铝塑箔组成，铝塑箔缠绕在图 3-74 所示的两个绞合线芯上。使用铜编织物作为屏蔽材料，可满足高达 4.4GHz 的 EMC 性能需求（屏蔽和耦合衰减）。

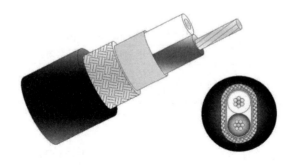

图 3-74　GG 2 Speed 251 STP 电缆的结构

支持更高频率的电缆也在开发中。例如，GG 2 Speed 256 电缆可满足 PCIe 4.0 的频率需求，其带宽可支持高达 10GHz 的线性插入损耗。

为满足信道要求，Rosenberger 提供了高速连接器组合 H-MTD（用于差分信号传输）和 HFM（首选同轴传输）。为获得最佳屏蔽衰减，两个系统都提供 360°屏蔽，确保散装电缆优异的屏蔽性能，如图 3-75 所示。

图 3-75　H-MTD 产品（带电缆）

由于回波损耗主要由连接器决定，H-MTD 和 HFM 的阻抗分别与 100Ω 和 50Ω 阻抗精确匹配。

Rosenberger 的 H-MTD 电缆组件标配为 GG 2 Speed 251 电缆。这样可以满足大量协议，如 100/1000Base-T1 以太网、2/5/10GBase-T1 以太网、FPD-Link 和 SerDes。GG 2 Speed 251 电缆和 H-MTD 连接器组合也可满足汽车 PCIe 系统的需求。

另外，使用 Redriver 和 Retimer 可以抵消 PCIe 传输时产生的额外插入损耗和信噪比下降。自 PCIe 2.0 以来，Redriver 一直是 PCI-SIG 集成商认可组件列表的一部分。从 PCIe 4.0 起，Retimer 正式成为 PCIe 基本规范的一部分。Redriver 与 Retimer 的对比如表 3-15 所示。

表 3-15　Redriver 与 Retimer 的对比

Redriver	Retimer
低功耗（不需要散热器）	高功耗（大多数情况下需要散热器）
超低时延（100ps）	中等时延（根据 PCIe 4.0 规范要求，小于或等于 64ns）
不参与链路训练，对 RC 和 EP 之间的协商透明（与协议无关）	参与 RC 和 EP 之间的链路训练（协议感知）
不需要 100MHz 的参考时钟	需要 100MHz 的参考时钟
有助于减少插入损耗	有助于减少插入损耗、抖动、串扰、反射和通道对齐
典型的均衡电路是 CTLE	典型的均衡电路是 CTLE、DFE 和发送器 FIR
解决方案总成本约为 x	解决方案总成本为 $1.3x \sim 1.5x$

对于 ECU 内部和短距离的场景，使用 Redriver 是合适的选择。对于原生 PCIe 3.0 的传输，在使用 GG 2 Speed 251 STP 电缆和 Rosenberger H-MTD 连接器组合的情况下，配合 Redriver 可满足长达 5 米的应用。

对于更长的电缆距离应用，Retimer 对于最大化信号余量至关重要。与 Redriver 相比，Retimer 可以提供更复杂的功能，包括自适应均衡器、DFE 和 CDR。Retimer 还可以提供多种链路监控诊断功能，以支持系统级功能安全，包括 RX 链路裕度、内部眼图监控器和电缆故障检测等。对于原生 PCIe 3.0 的传输，在使用 GG 2 Speed 251 STP 电缆和 Rosenberger

H-MTD 连接器组合的情况下，配合 Retimer 可满足长达 10 米的应用。

3.4.5 PCIe 在汽车上的应用

PCIe 生态非常完善，具备高带宽、超低时延等特性，PCIe 在汽车上的应用十分广泛。

1. 拓展算力的应用

这类应用包括自动驾驶系统、辅助驾驶系统、ADAS 和娱乐系统。根据场景，算力需求从 30TOPS 到 700TOPS 以上。在域架构中，可以看到拓展算力的需求。

PCIe 系统具备高带宽、可拓展的接口、支持 Hypervisor 虚拟化应用、更好的热管理和电源管理、支持功能安全和数据安全等特性，非常适合自动驾驶汽车拓展算力的应用。拓展算力的两个案例如图 3-76 所示。

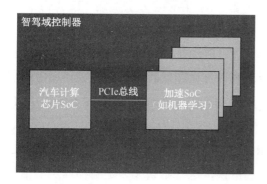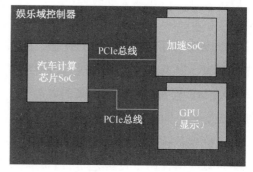

图 3-76　拓展算力的两个案例

在智驾域中，可以通过 PCIe 总线连接一个或者多个加速处理器，以满足不同平台的算力需求。

在娱乐域中，可以通过 PCIe 总线连接加速处理器或者 GPU，根据显示的数量、分辨率、内容来确定加速处理器和 GPU 的数量。

2. 数据骨干网的应用

未来的电子电气架构算力趋向集中，数据骨干网承载着处理过的数据和原始数据，以便进行集中计算。随着传感器和数据越来越多，骨干网带宽的需求也越来越大，可达 5～40Gbit/s。

PCIe 链路支持高带宽、低时延的传输，具备汽车功能安全和数据安全特性，而且电缆供应商已经开发出可靠的电缆来满足高速率的数据传输，具备可靠性高的 EMC/EMI 性能。PCIe 可以在 ECU 冗余处理、传感器融合、ECU 区域/环结构数据传输等多方面发挥作用。

3. 基于 PCIe 的存储

汽车的存储需求主要包括以下几方面。

（1）黑匣子。

目前所有新车都装有事件数据记录器，即黑匣子，通常它使用少量的内存，因为只需要记录 30 秒的视频和中心数据。但是自动驾驶汽车需要记录汽车行驶过程中所有的传感数据，所以黑匣子的存储容量正在显著增加。

（2）娱乐应用。

目前车内的显示屏越来越大，有的显示屏已经达到 42 英寸，对于娱乐应用来说，需要大容量的存储空间。

（3）地图。

自动驾驶汽车需要实时定位，其中涉及地图的实时更新，这需要大容量的存储空间。

对于汽车而言，存储设备需要满足特定的要求，一般来说，需要保证 15 年的工作寿命。在车内高温等极端环境下可以正常工作，根据不同应用，存储容量会高达 1TB 以上。汽车存储正在由 EMMC 和 UFS 向 PCIe 存储过渡。

基于硬盘的存储不是汽车的首选，但固态硬盘可以满足汽车的振动测试，并满足长期可靠性需求。PCIe 存储，特别是 NVME 类型，可以提供超低时延、高带宽和极短的启动时间。NVME 固态硬盘具有更高的可靠性、可用性和可服务性。PCIe 总线支持 NVME 固态硬盘热交换，而无须关闭系统。

为了确保数据的正确性，PCIe 还支持 LCRC、ECRC、ACK/NAK 等特性。LCRC（Link CRC）可以检测在两个设备之间的链路上发生的错误，这些错误大多是由物理层的信号质量问题引起的。ECRC（End-to-End CRC）可以检测 TLP 报文的内容是否在 Requester 和 Completer 之间的路径上被损坏。例如，Switch 在转发 TLP 报文时由于某些 Bug 发生了数据不一致。ACK/NAK 是由硬件实现的机制，目的是保证 TLP 有效、可靠地传输。ACK DLLP 用于确认 TLP 被成功接收，NAK DLLP 则用于表明 TLP 传输中遇到了错误。

因为算力集中需要非常高的功耗，而高功耗很难消除热量，所以中央计算平台对于低功耗有着巨大的需求。PCIe 可以根据链路数据传输流量控制链路宽度，只要满足系统的吞吐率即可，适当关闭原本活动的链路，降低能耗，从而以最低的系统能耗完成数据传输任务。

4. V2X/V2V 的应用

在一个典型的电子电气架构中，射频连接功能集中在 TCU 中实现。TCU 具备 LTE/5G、Wi-Fi、BT5.0、GNSS、V2X 等功能，而芯片之前使用的高速接口大多是 PCIe 接口。

TCU 可以使用 PCIe 总线连接到主机。PCIe 具备极大的灵活性，可以轻松支持更高的带宽，并支持向前、向后兼容，而无须对架构进行重大更改。PCIe 也支持远距离线缆连接，可以进行端到端的传输，而不用中间转换，能更方便地进行功能安全和数据安全的防护。相关应用如图 3-77 所示。

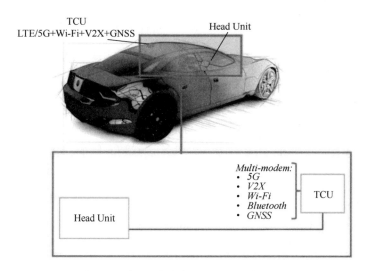

图 3-77 PCIe 总线在 V2X/V2V 中的应用

3.5 其他新型总线技术介绍

功能需求决定着汽车总线技术的多元化发展，智能汽车中还有一些新型总线技术的应用，如车载 SerDes、星闪技术等。

3.5.1 车载 SerDes

SerDes 是一种主流的时分多路复用（TDM）、点对点（P2P）高速串行通信技术。顾名思义，它可以将并行数据转换成串行数据发送，并将接收的串行数据转换成并行数据。串行器先将数据转换为易于高速传输的形式（将并行总线转换为串行总线），解串器再将传输的数据转换为原格式（将串行总线转换为并行总线），如图 3-78 所示。

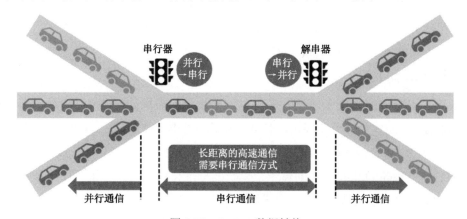

图 3-78 SerDes 数据转换

SerDes IC 可以减少布线冲突（串行且无单独的时钟线，将时钟嵌入数据流中，从而解决了限制数据传输速率的信号时钟偏移问题),同时具有抗噪声和抗干扰能力强(差分传输)、降低开关噪声、扩展能力强、更低的功耗和封装成本等优势。

目前,高速 SerDes 主要用于传输摄像头和显示器的视频信号。这种 LVDS(Low Voltage Differential Signal)接口具有高速率(Gbit/s 级)、低时延和低功耗的特点。传输数据的同时具备控制信号的反向信道(Back Channel),既可传输大数据,又可实现双向控制。

当前汽车应用中使用的 SerDes 解决方案本质上都是专用的,这意味着如果不采用统一芯片供应商的方案,那么组件之间是不能搭配使用的。例如,如果 ADAS 控制器用的是 TI 的方案,那么搭配的 Sensor 端就不能用 Maxim 的方案。目前可用的解决方案包括:TI 的 FPD-Link、Maxim 的 GMSL、Inova Semiconductors 的 APIX、Rohm 的 Clossless Link,以及国内 AIM 的 AHDL 等。随着摄像头和显示屏的增多,一辆汽车上使用的 SerDes 组件会越来越多,市场需求将越来越大。主机厂一直希望制定一个统一的标准。

1. ASA

2019 年,宝马(BMW)联合几家公司成立了 ASA(Automotive SerDes Alliance,汽车 SerDes 联盟),旨在解决上述问题。ASA 标志如图 3-79 所示。

图 3-79 ASA 标志

ASA Motion Link v1.0 的基本特征如下。

(1)数据传输速率在 1.7Gbit/s 和 13Gbit/s 之间,并且可以向下兼容。

(2)支持点到点链接、菊花链接和树型拓扑,最多支持 16 个节点。

(3)精确时基:在整个 SerDes 分支中同步逻辑时钟,用于事件时间戳和事件生成。

(4)为 Gbit/s 视频流和 Mbit/s 控制流提供高效且无冲突的带宽预留,支持多达 4 个接收器。

(5)包括视频、I2C、以太网的应用程序流封装协议。

(6)支持 15 米同轴和 10 米 STP 布线。

(7)支持大电流、高效率电缆 PoC 供电。

2. MIPI A-PHY

2015 年,MIPI 联盟确定了对统一的车载连接规范的需求,该规范可满足汽车行业对高速率、低时延、功能安全、重量轻、功耗低及所需规模经济的需求。2020 年,MIPI 联盟宣布已经完成 MIPI A-PHY v1.0 的开发,这是一个用于汽车应用的长距离 SerDes 物理层接口。

A-PHY 的目标是为远程汽车创建一个单一的标准化解决方案,该解决方案可直接有效地承载 MIPI CSI-2 和 DSI-2 协议。在短期内,桥接芯片提供商可以专注于单个长距离 PHY 标准 A-PHY,以降低生态系统的复杂性和成本。从长远来看,诸如摄像头、SoC 和显示器之类的端点可以在本地直接集成 A-PHY 并消除桥接芯片,如图 3-80 所示。

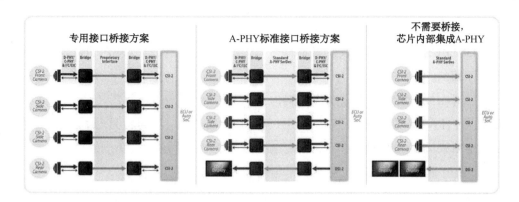

图 3-80　MIPI A-PHY 替代方案

A-PHY 不是直接跨越式替换现有的方案，而是兼容性替代现有的 SerDes 桥接芯片，最终实现完全不用桥接芯片的方案。这样做的好处是平稳过渡，有利于 A-PHY 的推广。

A-PHY v1.0 将在最远 15 米的距离上支持高达 16Gbit/s 的数据传输速率，其愿景是支持摄像头、显示器和其他用例（如聚合的多个摄像头或显示器）达到 48Gbit/s 及更高速率的连接。完成后，A-PHY 将满足广泛的长距离、高速率连接需求。

MIPI 汽车 SerDes 协议栈解决方案包括物理层、链路层、协议适应层和协议层，目前大多数规范已经完成。

A-PHY 的关键技术优势主要表现在如下几个方面。

（1）优化的非对称架构。

A-PHY 从头开始设计，用于从摄像头、传感器到 ECU 以及从 ECU 到显示器的高速非对称传输，同时为命令和控制提供并发的低速双向通信。与对称架构相比，优化的非对称架构可简化设计并降低成本。

（2）简化系统集成并降低成本。

对使用 MIPI CSI-2 和 DSI-2 的设备的原生支持，最终消除了对桥接芯片的需求。

（3）远距离。

支持 15 米连接距离。

（4）高性能。

支持 2Gbit/s、4 Gbit/s、8 Gbit/s 和 16 Gbit/s 数据传输速率，未来可达 48 Gbit/s 甚至更高。

（5）端到端的功能安全。

A-PHY+CSI-2/DSI-2 可以支持 ASIL-B～ASIL-D 的功能安全。

（6）高可靠性。

具有超低的误码率（10^{-19}），可在车辆使用寿命内提供优异的性能。

（7）移动协议复用。

在数十亿智能手机和物联网设备中成功部署后，MIPI 协议已被充分证明可直接用于汽车。

(8) 纯硬件协议层。

A-PHY 与 CSI-2/DSI-2 协议层紧密耦合,因此基本上在仅具有硬件的协议层上运行,无须软件干预。

(9) 针对布线、成本和重量的优化架构。

基于 A-PHY 优化的非对称架构和硬件协议层,A-PHY 的实现可以满足优化的布线、成本和重量要求。随着电子组件及其接口电缆的不断增加,这一点变得越来越重要。

(10) MIPI 联盟希望与其他将其本机协议应用于汽车的组织合作。

这包括 VESA,它正在调整其 DisplayPort 协议规范以供汽车使用。为了适应这些不断发展的规范,A-PHY 包括一个通用数据链路层,该层可容纳不同的协议适应层,并计划支持 VESA 的车载 DisplayPort 协议。

(11) EMC 抗扰性强。

MIPI 联盟已投入大量资金来分析和测量恶劣的汽车频道,并得出结论,基于窄带干扰消除器(NBIC)和重传方案(RTS)的体系结构可提供强大的性能,特别是对于距离更长的应用。

目前有两个 A-PHY 规格正在开发中:Profile 1 将专注于低速应用,以满足低成本、低设计复杂性解决方案的需求,从而简化设计过程并加速产品上市,它的预期上限速率在 15 米时约为 8Gbit/s;Profile 2 可用于所有速率,具有通用的互操作性,并为 A-PHY 提供清晰的路线图,以提高需要它的汽车应用的速率,该规格将基于具有 NBIC 的 PHY 级 RTS。A-PHY 的两种规格都将支持 16~24Gbit/s 的速率,并具有 48 Gbit/s 及更高速率的拓展计划(如 100Gbit/s)。A-PHY v1.0 已被采纳为 IEEE 标准。

3.5.2 星闪技术

传统车内有线通信技术存在诸多痛点,影响用户体验。

(1)控制器数量的增加致使线束加长,引起线束成本的大幅增加,单车线束长度为 3~5km,重量超过 30kg,导致汽车能耗和碳排放量的增长。

(2)线束安装一直是智能汽车产业自动化升级过程中的瓶颈。目前线束安装主要依赖人工,线束安装的成本占人工成本的约 50%,并且基于线束的车载设备部署难以实现零部件的灵活升级,增大了后期的维护和升级成本。

(3)线束连接导致车内连接点数量显著增加。由于人工安装接插件,也不可避免地引入了可靠性风险。同时,当前线束基本工作在低频段,易受车载设备电磁干扰等的影响,一定场景下有接插件失效风险。

因此,为了有效满足车辆在生产制造过程中的成本控制、灵活部署、降低重量等方面的诉求,以无线通信替代部分有线通信完成数据传输和控制功能成为产业发展重点。

星闪联盟（SparkLink Alliance）于 2020 年成立，旨在推动无线短距通信技术创新和产业生态发展，承载智能汽车、智能家居、智能终端和智能制造等场景应用，并最终推动标准和产业的国际化。目前，星闪联盟的成员单位已超过 140 家，包括中汽中心、长安汽车、长城、吉利、上汽集团、东风等车企，覆盖产业链上下游。

星闪技术标准框架由星闪接入层、基础服务层和基础应用层构成，如图 3-81 所示。

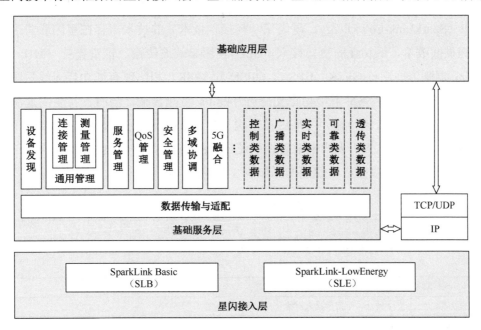

图 3-81　星闪技术标准框架

星闪接入层为上层数据提供无线通信传输。为了满足不同场景的需求，目前，星闪接入层可以提供两种无线短距通信接口（SLB 和 SLE）。SLB（SparkLink Basic，星闪基础接入技术）的技术内容由中国通信标准化协会（CCSA）制定的行业标准《无线短距通信车载空口技术要求和测试方法》规定。SLB 主要用于承载以车载主动降噪、全景环视和车载娱乐为代表的业务场景，其显著特征是低时延、高可靠、精同步和高并发等。SLB 的相关标准化工作已经完成，性能指标如表 3-16 所示。

表 3-16　SLB 性能指标

项目	性能指标
峰值速率	G 链路峰值速率大于 900Mbit/s（单载波 20MHz 带宽） T 链路峰值速率大于 450Mbit/s（单载波 20MHz 带宽）
时延	20μs
可靠性	正确率大于 99.999%
同步精度	<1μs（定时精度 30ns）
多用户能力	支持 4096 个用户接入 支持 1ms 内 80 个用户数据并发

续表

项目	性能指标
抗干扰能力	Polar 数据信道编码 最小工作信噪比为 5dB（相比传统短距实现覆盖增益+3dB） 邻频干扰抑制比大于 70dB
安全性	高（双向认证，算法协调保障）

SLE（SparkLink-LowEnergy，星闪低功耗接入技术）的技术内容在星闪联盟进行标准化，可提供低成本、低功耗的空口接入。SLE 使用单载波传输，带宽支持 1MHz、2MHz 和 4MHz，调制方式支持 GFSK、BPSK、QPSK 和 8PSK。相比现有低功耗无线短距通信技术，SLE 在相同深覆盖条件下可稳定支持 128kbit/s 音频传输，同时支持更高速率（峰值 12Mbit/s），以及无损音频传输、可靠组播传输、数百量级节点接入。SLE 主要用于承载包括胎压监测、无钥匙进入、无线电池管理系统在内的具备低功耗要求的业务场景。SLE 的标准化工作于 2021 年底完成，性能指标如表 3-17 所示。

表 3-17 SLE 性能指标

项目	性能指标
峰值速率	支持 4.6Mbit/s 高保真无损音频传输 支持 12Mbit/s 数据传输
时延	支持 250μs 完成一次交互
多用户能力	支持 256 个用户接入网络
网络覆盖及拓扑	最小 SINR 为 3dB 支持一对一单播及一对多组播
安全性	高（双向认证，算法协调保障）

SLB 和 SLE 两种技术面向不同的无线短距通信应用场景，互相补充，并且将根据业务需求进行持续演进。

2021 年，星闪联盟展示了基于星闪技术的原型样机系统，包括星闪超低时延测试系统、星闪主动降噪原型系统、星闪 5.1 无损环绕声场原型系统和星闪低时延高清投屏原型系统，凭借突出的通信性能获得了产业界的广泛关注。

第 4 章

智能汽车计算平台和计算芯片

智能汽车从交通运输工具日益转变为新型智能移动终端。汽车功能和属性的改变导致其电子电气架构随之改变，进而需要更强的计算、数据存储和通信能力作为基础，计算平台是满足上述要求的重要解决方案。

计算芯片是实现传感器、数据、人工智能高度融合的重要载体，也是实现车联网、自动驾驶的重要基石。

4.1 车载智能计算平台

4.1.1 计算基础平台

计算基础平台是基于异构分布的硬件平台，集成自动驾驶操作系统，可以提供高性能计算能力，实现集中控制策略，保障智能网联汽车感知、规划、决策、控制功能模块的高速可靠运行，满足 L3 级及以上自动驾驶车辆的需求。

车载智能计算基础平台参考架构如图 4-1 所示，主要包含自动驾驶操作系统和异构分布硬件架构两部分。其中，自动驾驶操作系统是包含系统软件和功能软件的基础框架软件。车载智能计算基础平台侧重于系统可靠、运行实时、分布弹性、高算力等特点，实现感知、规划、控制、网联、云控等功能，最终完成安全、实时、可扩展的多等级自动驾驶核心功能。

计算基础平台结合车辆平台和传感器等外围硬件，同时采用车内传统网络和新型高速网络，根据异构分布硬件架构指导硬件平台设计，装载运行自动驾驶操作系统的系统软件和功能软件，向上支撑应用软件开发，最终实现整体产品化交付。

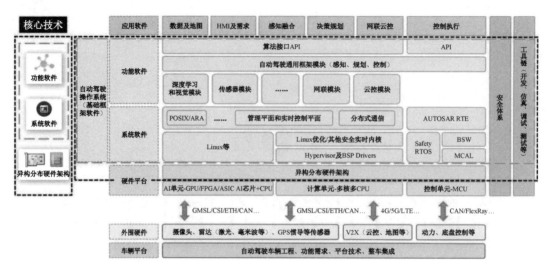

图 4-1 车载智能计算基础平台参考架构

计算基础平台的硬件架构采用异构芯片集成化设计，为自动驾驶应用提供运算支持和安全保障，硬件主要包括计算单元、控制单元、扩展单元、存储单元和供电单元，具有高性能、低功耗、高可靠性和易扩展等优点。计算基础平台硬件架构示例如图 4-2 所示。

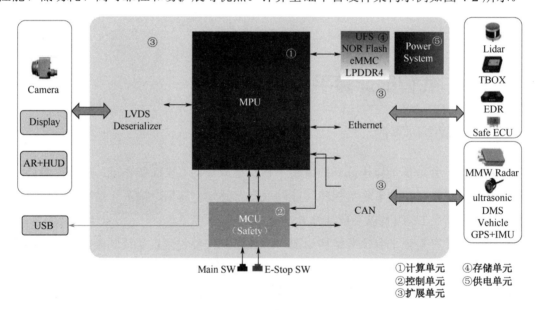

图 4-2 计算基础平台硬件架构示例

1. 计算单元

计算单元采用多核异构的架构，包括 CPU 等核心部分。此外，为了更好地支持上层 Hypervisor 和操作系统，基础硬件应考虑硬件虚拟化技术和硬件内存管理机制等。计算单元数据接口应支持多路千兆以太网、多路 CAN/CAN-FD、多路 LIN 等车载网络接口，并支持高速 PCIe 外扩 5G、V2X 信号及摄像头信号输入。

2. 控制单元

控制单元主要负责信号可靠传输及车辆线控。控制单元可以加载 Classic AUTOSAR 平台基础软件，通过通信接口与 ECU 相连，实现车辆动力学横纵向控制。

控制单元使用性能强大的 MCU 芯片，又称 Safety MCU，满足功能安全 ASIL-D 要求，具有强大的运算能力。它有多路 CAN 总线接口和高速以太网接口，能与车身传感器连接，并接收和发送车身 CAN 总线和以太网消息，从而实现控制平台与整车其他节点进行交互。

Safety MCU 是控制平台的大脑，通过监控温度、SoC 的工作状态、供电模块状态、通信状态及交互节点的状态，确定车辆横向、纵向和制动控制的最终指令，保证行驶安全。

3. 扩展单元

计算基础平台集成了 MIPI、Ethernet、CAN 等扩展单元，计算单元和控制单元可以通过扩展单元对系统接口进行扩展，实现多路传感器同时接入计算基础平台，包括摄像头、角雷达、超声波雷达、惯性测量组合等，计算单元采集这些传感器数据后，进行数据融合计算。

4. 存储单元

计算基础平台集成了大容量存储单元，可以满足应用软件的大数据存储需求，如高精度地图数据、行车录像缓存等功能。存储单元也需要满足 ECC 保护、CRC 校验等功能安全相关的需求。

5. 供电单元

计算基础平台的供电单元是整个平台的核心，要求提供稳定、可靠的供电网络，满足大功率用电需求和功能安全需求，为计算单元配备专用电源管理模块，支持 CAN 或 Ethernet 唤醒，实时监控关键的电源网络。

4.1.2 汽车智能终端

智能终端是智能网联汽车中的核心零部件，从广义上讲，智能座舱、智能网关、ADAS、TBOX 等产品都属于智能终端范畴，其包含网联通信和人机交互两大核心功能，能够支撑网络间的数据融合，以及人与车之间的智能交互。

在智能汽车技术体系中，智能终端基础平台被定位为车内外互联、人机交互的中枢，满足智能汽车动态地图、云控、计算平台等系统应用开发的需要，其主要功能如下。

（1）网联通信：具备多模式通信能力，致力于实现自车数据和环境及网联数据的传输。

（2）智能交互：提供人机交互应用与车辆底层驱动的接口，服务于计算基础平台及车载应用功能的开发与实现。

（3）多模式定位：提供多模式、紧耦合的高精度定位服务能力。

（4）数据标准化：提供智能网联汽车异源/异构数据的标准化研究、管理以及对外服务接口等。

在车辆智能化方面，智能终端具备智能化人机交互能力。车上人员可通过语音或手势，向车辆发送控制、问询及娱乐互动等信息。车辆可通过语音播报，回复问询信息和娱乐互动信息。车辆可采集驾驶员的面部图像、血压、心跳及指纹等生物特征，监测驾驶员的驾驶状态和身体状态，进行主动安全驾驶预警和防护，还可识别驾驶员身份及权限信息，实现座舱配置自适应调节。智能化人机交互能力可为驾驶员和乘客提供更为安全与人性化的服务。

在车辆网联化方面，智能终端是多元化、异构化通信网络的数据传输与管理的中枢节点，为车辆提供多种网络的数据接入能力，实现车辆本地数据和外界数据的深度融合。例如，通过 C-V2X 技术实现车辆与云端交通生态之间的信息传输，以及车辆与车辆、车辆与路端之间的局部组网，完成局域网内数据的感知和传输；利用车载 Wi-Fi、蓝牙、NB-IoT、手机投屏等技术实现车辆和车载智能设备之间数据的传输。智能终端的网联化技术促进了多网络融合通信，丰富了汽车的功能和服务，实现了生态的互联互通，是智能网联汽车发展的核心所在。

智能终端基础平台包括硬件平台、系统软件和功能软件三部分。硬件平台由异构芯片组成，并采用模块化设计，是整个平台的基础；系统软件由设备管理程序、操作系统、基础服务软件等组成，是保证系统运转的核心；功能软件运行在系统软件之上，主要用于实现平台各类基础服务，为应用程序的开发提供支撑。智能终端基础平台参考架构如图 4-3 所示。

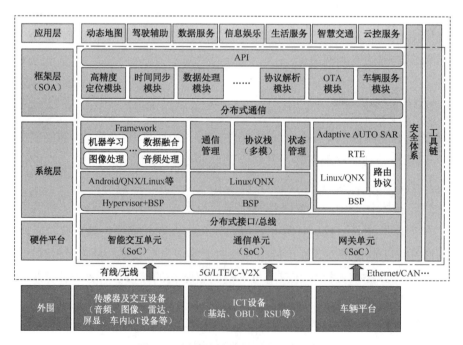

图 4-3　智能终端基础平台参考架构

智能终端基础平台须支撑多种类型终端设备，并具备高安全性和高性能，而单一芯片无法满足诸多类型接口和功能要求，因此，智能终端基础平台的共性硬件平台须采用异构多芯片的硬件方案，在单板卡上采用模块化设计，集成多种架构芯片，模块之间采用分布式总线和标准规范接口，实现跨模块、跨功能域的数据通信。针对具体类型终端设备，智能终端基础平台可自由组合模块单元，以满足终端产品开发需要。

4.2 汽车芯片的特点

车规级半导体极其严苛的可靠性、一致性、安全稳定性和产品长效性等要求，大大提高了进入这个行业的标准与门槛。

1. 车规标准多

大部分汽车半导体需要满足车规级要求。

一是环境要求。其中一个重要要求是温度要求，汽车对芯片和元器件的工作温度要求比较宽松，根据不同的安装位置等有不同的要求，但一般要高于民用产品的要求，如表4-1所示。其他环境要求，如湿度、发霉、粉尘、盐碱自然环境（海边、雪水、雨水等）、EMC、有害气体侵蚀等都高于消费类芯片的要求。

表 4-1 汽车芯片环境温度可靠性指标表

等级	范围要求	测试时间
0	-40~150°C	150°C—1000 小时，175°C—408 小时
1	-40~125°C	125°C—1000 小时，150°C—408 小时
2	-40~105°C	105°C—1000 小时，125°C—408 小时
3	-40~85°C	85°C—1000 小时，105°C—408 小时

二是运行稳定性要求。汽车在行进过程中会遭遇更多的振动和冲击，车规级半导体必须满足在高低温交变、振动风击、防水防晒、高速移动等各类变化环境中持续稳定工作。另外，汽车对元器件的抗干扰性能要求极高，包括 ESD 静电、EFT 群脉冲、RS 传导辐射、EMC、EMI 等，芯片在这些干扰下既不能影响工作，也不能干扰车内其他设备。汽车微环境如图 4-4 所示。

为满足车规级半导体对可靠性、一致性、安全性的高要求，企业要符合一系列车规标准和规范。最常见的包括可靠性标准 AEC-Q100、质量管理标准 ISO/TS 16949、功能安全标准 ISO 26262 等。ISO 26262 是用于汽车半导体开发过程中功能性安全的指导标准。ISO 26262—2018 中新增了半导体在汽车功能安全环境中的设计和使用指南。此外，还有针对车规级半导体制造的 VDA6.3 等标准。

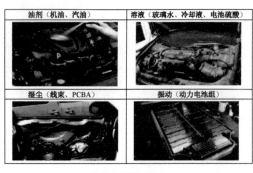

图 4-4 汽车微环境

2. 研发周期长

一家从未涉足过汽车行业的半导体厂商,如果想进入车规级市场,至少要花两年时间自行完成相关的测试并提交测试文件给车厂,并通过相关车规级标准和规范的认证和审核,只有通过严格考核的企业才能进入汽车前装供应链。此外,车规级半导体厂商需要在产品研发初始阶段就开展有效的 DFMEA 与 PFMEA 设计,这无形中延长了车规级半导体产品的研发周期。

3. 隐形成本高

可靠性是车规产品最关键的指标,为提高可靠性而增加的质量管理投入也是车规产品成本高的原因之一,一般汽车行业的百万产品失效率(DPPM)为个位数,需要非常有效的各级质量管理工具和方法才能实现,这些都是极其隐形但不可省略的投入和成本。

4. 配套要求高

由于可靠性要求,对车规级半导体生产和封装的规范测试比消费级半导体的同类产品要严格得多。例如,安全功能件的配套要求必须有一条经过 ISO 26262 ASIL 认证的专用车规级生产线。因此,对于汽车半导体厂商而言,只有设计部分符合车规标准还远远不够,还要有符合车规级认证,具备车规级半导体产品生产经验且能长期稳定供货的制造及封装产线。

汽车半导体产品的寿命通常在 15 年以上(即在整车生命周期内能正常工作),而供货周期可能长达 30 年。这对汽车半导体企业在供应链配置及管理方面提出了很高的要求,即供应链要可靠且稳定,能全生命周期支持整车厂处理任何突发危机。

5. 连带责任大

如果由于汽车半导体导致出现安全问题,模块供应商甚至半导体厂商将承担相关责任,支付包含产品更换、赔偿、罚款等各类支出,资金实力相对较弱的中小企业很可能因此而陷入困境,以至于再也不能进入汽车供应链。汽车半导体关于安全和可靠性的连带责任问题,也会使众多厂商对作出进入车规级市场的选择慎之又慎。

4.3 汽车芯片相关标准介绍

现行的汽车芯片相关标准主要有 AEC 测试标准、ISO 26262、IATF 16949 等。

4.3.1 AEC 测试标准

AEC 是汽车电子协会（Automotive Electronics Council）的简称。

现阶段 AEC 测试标准已经成为汽车芯片进入产业链的敲门砖，是最重要的汽车芯片标准之一。AEC 测试标准主要包括 AEC-Q100（芯片应力测试）、AEC-Q101（离散组件应力测试）、AEC-Q102（分立光电半导体元器件可靠性验证测试）、AEC-Q103（汽车传感器应力测试）、AEC-Q104（汽车多芯片组件测试的认证规范）、AEC-Q200（被动组件应力测试）、AEC-Q001（零件平均测试指导原则）、AEC-Q002（统计式良品率分析的指导原则）、AEC-Q003（芯片产品的电性表现特性化的指导原则）。

4.3.2 ISO 26262

半导体产品在硅电路板上形成电路，并被称为模塑的黑色树脂固封，因此内部是看不见的。然而，在这种小黑块中却包含着成千上万的晶体管和电阻等元器件，因此，其电路和模块结构等也很复杂。为了减少半导体产品的故障，需要从开始设计之前的规格制定阶段就纳入适当的功能安全概念。因此，半导体本身需要同时考虑对应系统性故障和随机性故障的功能安全支持。

ISO 26262—2018 介绍了半导体的安全分析方法，对如何计算半导体失效率、失效分析、安全机制等都做了详细解释，同时提出了更多要求。例如，开发人员除了需要考虑安全需求，还需要完成 FMEA、FMEDA、安全机制设计、故障注入与仿真、FTA、DFA 及相关的变更管理与影响分析等。芯片设计中除了要考虑永久故障，还必须考虑由于电路干扰、电磁干扰而导致的瞬态故障。芯片厂商不仅需要提供根据基础失效率和工作场景得出的整体失效率，还需要向集成商提供芯片内部各部分的失效率分布。

芯片及其 IP 通常被看作（通常在设计时未知）系统的元素。芯片和 IP 被归类为 ISO 26262 中特殊类型的元素，称为 SEooC（Safety Elements out of Context）。SEooC 要求 IP 提供商或集成商记录使用假设（AoU），其反映了 IP 集成商/用户将使用的预期安全概念、安全要求和安全机制。

产品内功能安全机制用于检测、缓解和纠正系统运行时由随机错误引起的故障。单事件效应（SEE）——由宇宙射线引起的电磁干扰和当它们与半导体相互作用时发射的电离能量——是产生随机错误的原因。这些随机错误可能具有瞬态或永久性影响。单事件效应错误层次图如图 4-5 所示。

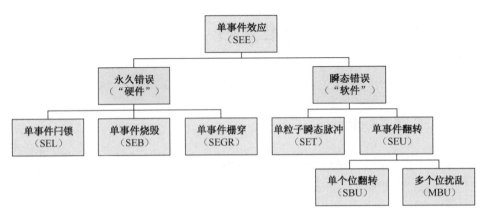

图 4-5 单事件效应错误层次图

由于导致这些错误的原因是自然物理现象,并且是随机发生的,因此检测并减轻其影响以实现和维持系统安全非常重要。为此,工程团队需要在其产品中开发特定安全技术特性。相关的功能安全机制包括:添加和检查添加到片上通信流量的奇偶校验或 ECC 位;复制逻辑并比较结果;三模冗余(TMR)或多数表决;通信超时;验证操作正确性的硬件检查程序;安全控制器从整个系统中收集错误消息,并在系统中进行更高级的通信;内置自检(BIST)。

4.3.3　IATF 16949

IATF 16949 是国际汽车行业的一个技术规范,其针对性和适用性非常明确:此规范只适用于汽车整车厂和其直接的零备件制造商。

IATF 16949 中有 5 大核心工具:APQP(先期产品质量策划)、FMEA(失效模式及后果分析)、MSA(测量系统分析)、SPC(统计过程控制)、PPAP(生产件批准程序)。

按照工具的使用时机排序,其先后顺序应为 APQP、FMEA、MSA、SPC、PPAP。APQP 统括了其他 4 个工具,可以认为 PPAP 是对其前面 4 个工具结果的总结和梳理,向客户提供书面证据以表明已经正确理解了客户的设计要求和规范。

AEC-Q100 认证更偏向结果控制,从结果来看该产品是否满足车规标准;而由 ISO 9001 延伸出来,专门针对汽车产业链的 IATF 16949 认证更偏向过程控制,生产场景、生产环境、人员、设备、材料等各方面都在其考量范围内。

4.3.4　汽车芯片标准现存的问题

AEC 测试标准是行业标准,不存在认证资质,由 ITL(Independent Testing Laboratory)自我证明,缺乏客观性。由于 AEC 测试标准立项之初考虑的汽车使用场景和当前新能源与智能网联发展水平已经存在巨大差异,有些技术指标已经落后。例如,最初设计的高温老化环境中零部件生命周期为 12000 小时，约为每天工作 2.2 小时，连续工作 15 年。而在当前可预计的自动驾驶场景中，汽车的生命周期为 121500 小时，约为每天工作 22 小时，连续工作 15 年。

智能汽车芯片对于安全性的要求远高于传统燃油车，目前的车规认证体系主要是一次性可靠性测试，没有考虑到从设计流程和验证直到车辆报废的安全，传统的以质量保障为中心的车辆安全体系，已不能完全满足自动驾驶车辆的安全保障需求。

我国对汽车安全性相关的零部件都有国家强制标准。汽车芯片对汽车安全性影响非常大，必须进行产品认证。由于行业内缺乏统一的汽车芯片安全标准，目前国内没有认证。

汽车芯片领域也一直缺乏明确的信息安全标准。安全芯片属于专用功能芯片，在集成调试安全芯片的过程中，由于各自的方案不同、需求不同，硬件封装、硬件接口和软件系统接口均采用自有化定义，厂商要投入大量研发成本去对接不同的安全芯片，维护工作也比较困难。

4.4 典型座舱芯片架构

典型座舱芯片主要由处理器、图形处理器、多媒体、图像处理、安全管理、功能安全、片上调试和总线等子系统构成，和其他常见芯片的区别主要在于虚拟化、功能安全、实时性、信息安全及车规级电气标准的不同。

4.4.1 虚拟化

典型座舱芯片架构如图 4-6 所示。

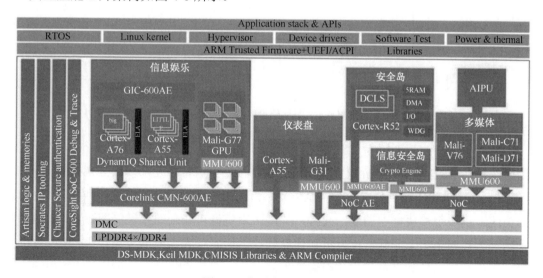

图 4-6 典型座舱芯片架构

目前座舱芯片一般都集成仪表功能，以降低成本。将中控和仪表功能集成到单颗芯片内，需要运行不同的操作系统，虚拟化可以简化软件设计，提高软件的可靠性。

虚拟化分为硬件隔离和软件虚拟化。

硬件隔离是指在统一的计算平台上采用虚拟化方案，同时运行多个操作系统，但是各个系统依然在硬件上进行隔离，每个系统都有自己的专属硬件资源。

目前支持多核处理器的体系架构有对称多处理（Symmetric Multi-Processing，SMP）构架和非对称多处理（Asymmetric Multi-Processing，AMP）构架两种。

AMP 架构：各个 CPU 上运行不同的操作系统实例，各个操作系统拥有自己专用的内存，相互之间通过访问受限的共享内存进行通信。

SMP 架构：系统中所有 CPU 的地位相同，共同运行一个操作系统实例，所有 CPU 共享系统内存和外设资源。

基于 AMP 架构，运行多个操作系统，本质上和采用多个单核的 CPU 没有太大差异，所以称为硬件隔离。在追求可靠性、确定性、低时延的应用场景中，硬件隔离是一种更好的选择，对纯软件的虚拟化方案需求并不是很高。

在典型座舱芯片架构内，仪表盘部分可以采用物理隔离单独列出来，处理器 A55 和图形处理器 G31 独立于信息娱乐的处理器 A76/A55 和图形处理器 G77，拥有自己的电源、时钟和电压。在不作为仪表盘应用的时候，作为 SMP 的一部分来使用。而需要隔离的时候，用多路选择连接到 NoC 或者内存控制器。图形处理器也有物理隔离的需求，如图4-7所示。

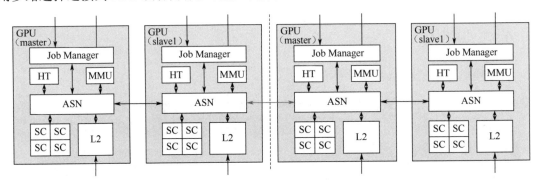

图 4-7　图形处理器物理隔离

图形处理器中的渲染核心 SC 不动。其余的硬件模块，每组核都复制一份，组和组之间用内部总线 ASN 连接。当拆成多个图形处理器的时候，每个冗余模块分别控制自己的资源。此时，每组 GPU 需要独立运行一个驱动。而把所有资源融合运行的时候，冗余的部分自动关闭，由一个模块集中调度。此时，某些公用资源可能会遇到性能瓶颈，汽车通常会要求物理隔离两个组，分别给仪表盘和信息娱乐，而且仪表盘所需资源较少，融合的时候可以启用信息娱乐的共享单元，从而避免性能瓶颈。对于系统中其余的主设备，也可以利用类似的设计思路来实现隔离。

软件虚拟化是指在统一的计算平台上采用虚拟化方案，同时运行多个操作系统，每个操作系统所使用的硬件资源由 Hypervisor 层动态调配，每个系统并没有专属的硬件资源。

硬件隔离和软件虚拟化唯一的不同点在于硬件资源是否专属，如果是专属的，就意味着资源无法动态调配，容易产生资源浪费。虚拟化方案最大的好处是硬件上的可拓展性，如果中央计算单元采用刀片式设计结构，可以很方便地拓展计算单元的算力，而不用替换整个计算单元。

Hypervisor 通常分成 Type-1 与 Type-2 两种，Type-1 类型的 Hypervisor 直接运行在硬件之上，Hypervisor 需要自己管理所有硬件资源；Type-2 类型的 Hypervisor 运行在某个 Host 系统之上，利用 Host 系统对硬件资源进行访问。

全虚拟化时，Hypervisor 完整模拟了所有硬件资源，Guest OS 不知道正在被虚拟化，它也不需要任何修改就能运行，Hypervisor 负责捕获并处理所有特权指令，如果 Guest OS 使用的指令集架构与物理设备的相同，那么用户级别的指令可以直接在物理设备上运行。

在某些场景下，要完全模拟一个真实的物理设备是非常慢的，因为所有对模拟寄存器的访问都会产生一个软中断，之后系统需要切换处理器特权模式，陷入 Hypervisor 当中进行模拟，这样会带来很多额外的性能开销。

为了解决这个问题，部分外围设备会采用半虚拟化方式。半虚拟化方式需要修改 Guest OS，使之意识到自身运行在虚拟机当中，通过 Guest OS 当中的前端驱动与 Hypervisor 中的后端驱动进行直接通信，以此换取更好的 I/O 性能，VirtIO 就是一种半虚拟化的方案。

在整个 Hypervisor 的技术架构当中，内存的虚拟化是基石，MMU（内存管理单元）是实现内存虚拟化的硬件基础，内存的虚拟化依赖于 MMU 的两级页表转换机制（Stage1 与 Stage2），它允许 Hypervisor 控制虚拟机的内存视图。

Guest OS 控制的页表转换称为 Stage1 转换，负责将 Guest OS 视角的虚拟地址（VA）转换为中间物理地址（IPA），而 Stage2 转换由 Hypervisor 控制，负责将中间物理地址转换为真实的物理地址（PA），如图 4-8 所示。

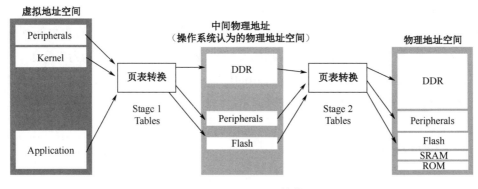

图 4-8　VA-IPA-PA 转换

在典型座舱芯片架构中，每个主设备和总线之间都加了 SMMU600。当处理器发起地址虚实转换请求时，SMMU 会在内部的 TLB 缓存和 Table Walk 缓存中查找最终页表项和中间表项。如果在内部缓存中没找到，那就需要去系统缓存或者内存中读取。

在 ARM 参考设计中，引入了网状结构总线。网状结构总线提升了频率和带宽，并且在提供多核一致性的同时，可以把系统缓存交给各个主设备使用。不需要缓存的主设备还可以和以前一样发出非缓存的数据，避免额外占用缓存，引起频繁的缓存替换；同时，SMMU 可以把页表项和中间表项放在缓存中，从而缩短时延。

ARM 的 SMMU600 把 TLB 缓存贴近各个主设备做布局，在命中的情况下，一个时钟周期就可以完成翻译；同时，把 Table Walk 缓存放到另一个地方，TLB 缓存和 Table Walk 缓存通过内部总线互联。几个主设备可以同时使用一个 Table Walk 缓存，在减少面积，便于布线的同时，又提高了效率。

ARM 的 SMMU3.x 协议支持双向页表维护信息广播，除缓存数据一致性外，所有的主设备只要遵循 SMMU3.x 协议，就可以和处理器同时使用一个页表。在辅助驾驶芯片设计中，可以把重要的加速器加入同一个页表，避免软件页表更新操作，提高异构计算的效率。不过 SMMU600 仅支持单向广播，接了 SMMU600 的主设备，其本身的缓存和页表操作并不能广播到处理器，反过来是可以的。

目前 8 个虚拟机能够满足大部分车载分屏和多系统需求。一旦分配完成后，运行阶段无须反复删除和生成。可以利用这点，把二阶段的 SMMU 页表变大，如 1GB，固定分配给某个虚拟机。设备在进行二阶段地址映射时，只需少数几个 TLB 表项，可以大幅降低时延。

如果主设备本身不支持虚拟化，则需要进行时分复用，让软件来写入 vmid/streamid。为防止安全漏洞，软件必须运行在 Hypervisor 或者 Secure Monitor 上。在虚拟机切换的时候，Hypervisor 修改寄存器化的 vmid/streamid，提供输入给 SMMU 即可。如果访问时的 ID 和预设的不符，SMMU 会报异常给 Hypervisor。

如果主设备需要硬件虚拟化，则根据多组寄存器设置，主动发出不同的 vmid/streamid。为了对软件兼容，可以把不同组按照 4KB 边界分开，在二阶地址映射时，让相同的真实地址访问不同组的寄存器，对驱动透明。同时，对内部的资源也做区分，防止数据互相影响。另外，缓存还必须对 vmid 敏感，相同地址、不同 vmid 的情况必须识别为未命中。

图形处理器 GPU Mali-G78AE 包括专用的硬件虚拟化，GPU 作为一个整体（即每个单独的分区）可以在多个虚拟机之间进行虚拟化。

4.4.2 功能安全

在芯片设计上主要采用失效探测机制、冗余设计、内存 ECC、安全岛设计等方法。

1. 失效探测机制

功能安全在芯片上的设计原则是尽可能多地找出芯片上的失效场景并纠正。失效分为系统和随机两种，前者依靠设计时的流程规范来保证，后者依赖于芯片设计上采取的种种失效探测机制来保证。

芯片的失效率是基于单个晶体管在某个工艺节点的失效概率推导出的片上逻辑或者内存的失效概率。面积越大，晶体管越多，相应的失效率越大。ASIL-B 要求芯片能够覆盖 90% 的单点失效场景，而 ASIL-D 则是 99%。单个晶体管的失效概率虽然很低，但一个复杂的芯片通常是由上亿个晶体管组成的，如果不采取任何措施，那么任何一点的错误都可能造成功能失效，导致失效率很高。芯片采用自底向上的分析方法，先从晶体管开始分析，再到 IP 模块级，然后到芯片系统级，最后讨论几个典型场景。

在芯片的随机错误中，有一类是永久性错误，如逻辑或者片上内存的某一位一直为 0 或 1，或者短路及断路。对于这一类错误，在芯片封测的时候，可以使用边界扫描和 MBIST 来发现坏掉的晶体管。业界对此已经有成熟的解决方法。

但是仅有出厂测试是不够的，晶体管会在使用过程中慢慢老化损坏。因此，还需要在每次开机的时候进行自检，提前发现问题，减少在系统运行状态下出错的可能。这需要使用 LBIST 和 MBIST。其原理也是利用扫描链，不同的是芯片中需要有 LBIST/MBIST 控制器，用来运行测试向量和模板。但是这会引入额外的成本。覆盖率越高，成本就越大。

有了 LBIST/MBIST，还需要在晶体管失效发生后几个时钟周期内就探测到错误，而不是在开机时发现，SBIST 就是针对处理器 IP 的在线软件测试，测试机制如图 4-9 所示。

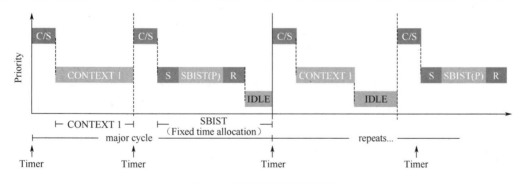

图 4-9 周期性软件测试机制

2. 冗余设计

对于逻辑来说，最直接的方法是采用冗余设计，把逻辑复制一份，然后用硬件比较器比较输出。这种方式被称为锁步（Lock-Step）设计，如图 4-10 所示。理论上，对于有限状态机，只要输入一致，时钟周期一致，输出一定一致。通常数字部分不存在真随机单元，哪怕是缓存替换算法，也是伪随机的，所以上述条件可以满足。冗余的结果是逻辑面积增加一倍，比较器也会引入一些额外的面积开销和时序影响。

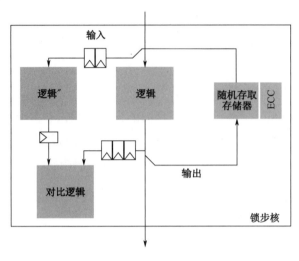

图 4-10　锁步设计

冗余设计需要考虑以下几点。

1）比较器的工作对象

以处理器为例，如果只在总线的接口上增加比较器，则芯片内部的很多模块，如写缓冲，不能在较短且确定的时间内把结果传递到对外接口，被比较器发现。处理器可能处于失效状态而并没有被探测出来。为此，需要把比较器连到内部子模块接口处，并分析是否能在短时间内看到影响。这需要在设计阶段考虑。

对于任何一个寄存器，可以找到影响它的组合逻辑和上一级寄存器。在这条通路上任何一位出了问题，在一个时钟周期后，就可以看到寄存器输出与其冗余的模块产生不一致。将这个节点记为 1，然后以节点 1 的输入寄存器为新起点，找到节点 2，依此类推，就可以往前找出一条没有循环的通路，这条通路上的任何一点发生问题，在确定的较短时间内，一定会在最终输出上反映出来。把这个通路记为模块 X。通过一定的 EDA 工具，可以在芯片内找出若干个模块 X，如图 4-11 所示。

将 IP 模块划分为存取单元、标志单元、计算单元和寄存器组。从输出端看与上一级寄存器间连线所覆盖的组合逻辑门数，一个寄存器算 10 个门。存取单元的地址寄存器输出受 24 个组合逻辑门和 2 个寄存器的影响，存在 44 种可能引起失效的单点错误。依此类推，寄存器组的 1 号输出受 28 个门影响，2 号输出受 49 个门影响，加起来总共 121 种可能。计算可知，存取单元失效率为 44/121=36.4%，寄存器组失效率为 77/121=63.6%。其中有些门被统计了多次，如图 4-11 中的 G1，这一点会反映在总的概率里面。

芯片可以划分为内存管理单元、写缓冲、取指单元、数据处理单元、程序追踪缓冲、数据/指令缓存、总线接口单元、时钟和重置控制单元、ECC/奇偶校验控制单元、中断接口和监听控制单元。每一个单元又可以细分成很多子模块。

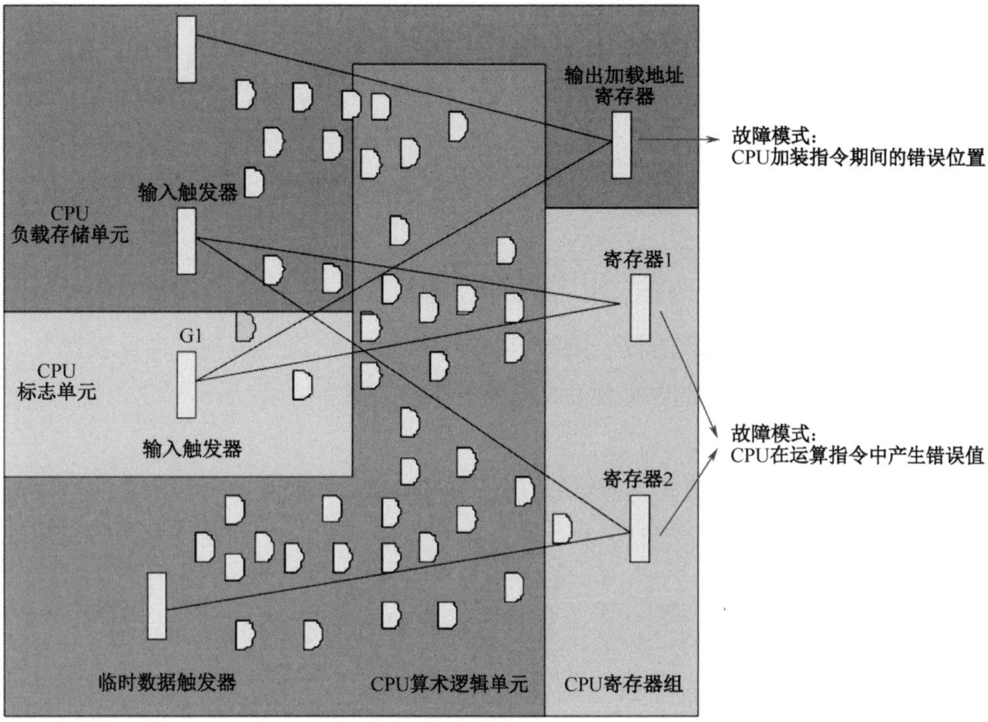

图 4-11 芯片内的模块

以数据处理单元为例，可分为通用寄存器组、存取单元、浮点单元、浮点寄存器组、解码单元、调试单元、控制信号单元、系统寄存器组、分支执行单元等。每一个子单元还可以进一步细分。这样做的目的是在晶体管失效时，判断受其影响的寄存器是否会失效，并能被外部比较器探测到。

这就需要把内部信号拉到外面。工具给的节点和模块信息只能作为参考，设计人员还需要通过检查来做决定。在做芯片认证的时候，如果 IP 本身没有经过认证，或者以前没有被广泛采用，认证机构可能会和芯片公司讨论，看连出来的引脚是否能够提供足够的失效检测覆盖率。

2）电磁冲击或者射线影响

如果遭受电磁冲击或者射线影响，即使采用了冗余设计，也可能出现两个模块在同一时间产生相同的错误。这时需要把两个同样的逻辑在输入时错开几拍，输出的时候也错开相同的拍数，再通过比较器比较。

3）纠正错误问题

复制一份逻辑可以发现错误，并不能纠正错误，除非复制两份逻辑，对三者同时进行比较。对于锁步设计，如果检测出错误，最简单的做法就是重置整个逻辑。重启必须在失效容忍时间内完成，否则还是会被视作失效。最短容忍时间和系统应用场景有关，一般为10～100ms。

对于复杂的处理器，一般开机流程需要几秒钟。如果发生失效的不是 Hypervisor 所运行的处理器核，可以只重启某个虚拟机来加速。对于重要高实时性任务，可以两个虚拟机跑同一个业务，互为备份；也可以一个虚拟机待机，如果重启，则立刻接手业务。如果 Hypervisor 所运行的处理器核重启，可以优化重启过程，保存当前上下文环境至内存，并且调整驱动启动步骤，做到最先使用的主设备优先初始化。以 Suspend To Ram 机制为例，休眠时芯片下电，数据保留在 DDR 中；唤醒时处理器调用显示模块，先显示之前保存的图层，再启动图形处理器渲染新的帧，做到无明显感觉。利用这种机制，当仪表盘失效时，可以先告警，然后在毫秒级的时间内完成相应子系统的重启。

4）逻辑比较器本身问题

这类错误被 ISO 26262 定义为潜藏错误（Latent Fault）。如果比较器本身的错误覆盖率不够，可以对比较器采用冗余设计，提高覆盖率。对于 ASIL-D 来说，潜藏错误覆盖率需要达到 90%，ASIL-B 是 60%。

3. 内存 ECC

内存错误较容易发现，通常 ECC 可以做到 99%覆盖率，1 位纠正、多位报错。有些内存，如一级指令缓存，只支持奇偶校验，不支持纠正。对于逻辑冗余和内存 ECC，为了验证错误探测机制本身是否能达到设计的要求，在芯片中需要加入错误注入机制。

逻辑冗余和内存 ECC 是芯片达到 ASIL-B/D 等级的必要手段。没有冗余设计的时候，把一个程序在一个核上运行两遍，比较结果，也是一种通向高等级安全的办法，但仅适用于简单的、实时性要求不高的运算。如果存在永久性错误，这个方法也会失效，需要不断执行在线检测。同样，用两个非冗余处理器同时做相同运算，也是一种办法。但如果计算很复杂，这样做不但会增加系统时延和带宽，成本也不低。

4. 安全岛设计

通常 ARM 实时处理器 Cortex-R52 被当作安全岛来使用，作为芯片安全设计的基石。在 Cortex-R52 上，各种安全机制均有所体现，包括锁步、实时虚拟化、地址分区、内存 ECC、总线 ECC、在线 MBIST、LBIST、在线软件测试库和 RAS。

Cortex-R52 同时支持锁步和 Split-Lock 模式。在锁步模式下，只有一个核，冗余部分仅仅复制逻辑，不复制内存。在 Split-Lock 模式下，配置完整的两套核，包括逻辑与内存，平时作为 Split 模式使用，相当于两个 AMP，在进入 Lock 模式时，其中一套的内存不起作用。此外，由于采用 MPU 虚拟化，地址并没有重映射，只多了一层访问检查。这意味着地址对软件不透明，不同的虚拟机可以看到别人的地址，但无法访问。

Cortex-R52 支持实时虚拟化。和 A 系列 MMU 的虚拟化不同，它在原来的 EL1 MPU

基础上，添加了 EL2 MPU。为了保证 R 系列的实时性，Cortex-R52 使用片上内存进行两层权限检查。

Cortex-R52 支持在线 MBIST 和 SBIST，作为开机自检的补充，也可以作为锁步/ECC 机制单点错误覆盖率不够时和发现潜藏错误的补充。

安全岛由 Cortex-R52 和紧耦合内存、中断控制器、总线、内存控制器、DMA 控制器、硬件锁、SRAM 等组成。在理想情况下，每一个模块都是 ASIL-B/D 级的。如果做不到，那么至少 Cortex-R52、紧耦合内存和硬件锁要满足上述要求。由它们构成安全基石，轮询其余模块是否发生故障。安全岛还可以作为系统控制器控制其余模块的电源、电压和时钟状态。

4.4.3 实时性

ARM 的 R 系列专门为严格的实时性设计了 4 种特性：确定的几十纳秒的中断响应时间；紧耦合内存保证流水线在一个时钟周期内就能访问指令和数据；内部总线具有 QoS 保证优先级；不存在页表，MPU 做在核心内部，无须外部访问。

真实的应用场景可能并不需要纳秒级的响应时间，系统响应时间在毫秒级就足够了，而毫秒与纳秒差了 100 万倍。

ARM 的 A 系列最大的不确定性来自访问外部内存时的延迟。为了使 A 系列有可能用于实时性任务，软件上需要进行优化，如虚拟机上下文切换等。硬件上，可以通过缩短特权级切换时间来提高页表查找命中率，或者固定分配某块缓存或片上内存给某个处理器。

复杂系统中有很多主设备，它们共享内存和设备，有可能产生阻塞和死锁。死锁可以在设计过程中通过验证来发现，阻塞需要通过 QoS 优先级设计来避免。

实时处理最简单的方案是传输分优先级。芯片中的总线和从设备根据优先级来决定处理次序。但是仅采用优先级会有问题，某些内部资源，如缓冲，其所有表项已经被低优先级的传输占用了，此时如果来一个高优先级的传输，由于之前的传输还没有完成，就会出现高优先级被低优先级阻塞的情况。因此，需要预先保留相应的资源给高优先级。

ARM CMN600AE 互联总线在每个与主设备的接口处都有一个 QoS 模块，如图 4-12 所示，可以通过软件编程定义优先级。优先级传输到总线的每个部分，每个部分都根据优先级来分配相应的资源。当优先级相同的请求过多，超出系统资源的承受范围时，CMN600AE 的内部模块会告诉请求传输的模块重传，并给它一个筹码。每请求一次，筹码加一。下次这个筹码就会随着新的请求一起传过来，只要有空闲的资源，拥有最高筹码的请求就会被允许。QoS 模块还负责统计所管理的传输，根据平均时延和传输间隔，动态调整其优先级。

CMN600AE 还支持片间硬件一致性。当芯片面积大到一定程度时，良率会迅速下降。这时候，进一步增大面积不是一个好的选择。应对的办法是实现片间互联。CMN600AE 和片间互联协议可以把 MMU600AE 和 GIC600AE 串联起来，实现片间虚拟化和中断系统，对软件完全透明。

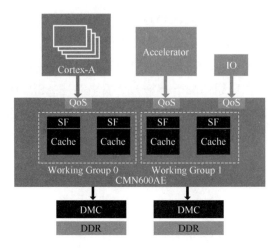

图 4-12　CMN600AE 的内部模块

4.4.4　信息安全

在复杂的硬件和软件体系上，不仅要和本地设备通信，还要通过 OTA 做功能升级，因此需要控制器芯片从底层打好网络安全基础。

微软"The Seven Properties of Highly Secure Devices（MSR-TR-2017-16）"列举了芯片网络安全设计的 7 条基本准则。

1. 芯片应含有硬件保护的信任根

设备机密信息由硬件保护，信任根在硬件设计中可以抵御已知的旁路攻击。信任根通常是在不可修改的存储器上的一组或者多组密钥，而且不允许用户直接读出。加密算法通常采用基于公钥系统的（如 RSA、ECC 类）算法，其中公钥会在系统启动过程中验证启动代码的各个环节是否被篡改。

2. 芯片应包含安全执行环境

专用加密芯片通常有内建的安全执行环境，如苹果手机采用 Secure Enclave，Android 系统使用 ARM Trust Zone，域控制器使用 HSM。它们设计原理类似，但功能、性能和安全等级不同。安全执行环境意味着内部的操作通常受限，并且和主要的应用程序执行环境间的信息交流也受限。一般说来，系统开放的功能越多，接口越丰富，潜在安全风险点越多，所以在满足需求的前提下，信息安全岛应尽可能小且简单。

3. 芯片安全需要纵深防御

单层系统被攻破以后，并不会导致系统安全的全面崩溃。例如，即使使用 ARM Trust Zone 来保护生物信息验证，系统还是可以使用软件层面的 SELinux 来设置程序权限以阻止不希望打开的权限。系统的配置也可能要考虑到防止 root 用户远程登录，并且保护 root 用户的密码。因此，纵深防御是一种必要的安全策略，如图 4-13 所示。

4. 芯片安全需要分区隔离

安全的系统可以由硬件建立一个屏障，使单个模块带来的安全风险难以转移到别的模块。分区隔离的常见做法是把软件模块的内存地址空间进行分离。Linux 系统设立了用户空间和内核空间，已经对大部分应用程序做了一层隔离。ARM Trust Zone 的 Secure World 和 Normal World 之间也被隔离。使用虚拟机等技术对整个操作系统进行隔离，也属于分区隔离。

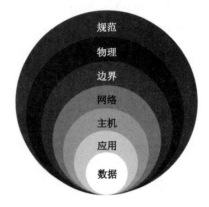

图 4-13　芯片安全纵深防御

简单 RTOS 则没有进行内存隔离，不仅一个软件模块的地址越界错误可能影响整个系统并导致崩溃，而且一个软件模块中的安全漏洞会传播到别的模块。

5. 基于证书链的安全认证

公钥体系（Public Key Infrastructure，PKI）极大地提升了系统认证的安全性。旧有的方式，如 Windows 系统默认的登录方式（用户名/密码），如果用于远程登录，则一旦用户名和密码泄露，就无法判断用户身份是否真实，一般可以采用两步验证的方法加以改善，但仍然比较麻烦。公钥机制需要安全芯片自带 RSA、ECC 等非对称加密算法引擎，或者支持在 ARM 的 Secure World 内运行，并且对相关的密钥进行可靠的保护。

6. 可以更新的安全密钥

为了对抗不断出现的新安全威胁，安全策略也需要不断更新。对于已经发现的安全漏洞，需要及时弥补，包括废止和更新密钥的机制。

7. 汇报网络安全失效的机制

系统的任何和安全相关的失效或者潜在的异常，都需要汇报到后台管理。黑客往往不是通过单次攻击成功进入系统的，而是经过反复尝试。所以系统的错误日志中往往包含有价值的信息，可用于增进防范策略，改善安全措施。

安全启动（Secure Boot）如果遇到错误，如密钥校验错误，通常会停下来，或者进入功能受限的安全状态以待维修。这项技术的发展方向是 Measured Boot，也叫 Trusted Boot。Measured Boot 要求启动并不中断，而是把参与启动的模块信息和状态记录下来，包括错误，以待后面进行校验，通常将这些记录写入带有安全存储的硬件，如 TPM 或者 HSM。

一个可靠的网络安全系统，其芯片的硬件安全设计应具备以下几个特点：不可修改的 Secure ROM 用于安全启动；一次性写的存储器 OTP 用于存储安全启动公钥和其他密钥；采用真随机数生成器（TRNG）；提供可信执行环境（TEE），如 ARM Trust Zone 或专用

HSM 独立引擎；采用安全的总线设计，提供硬件接口的安全配置；DRAM Scrambling（在 LPDDR4 总线上的数据全是加密的）；DRAM 硬件地址隔离，不同的主要内部控制器可配置 DRAM 访问范围；可禁止 JTAG、USB 等调试接口访问系统，可进入永久安全启动状态。

汽车控制器芯片更多使用 HSM 实现网络安全，主要原因是 HSM 是系统层面的，不仅可以对 CPU 中的数据进行保护，也可以保护 MCU、AI 引擎、图像和视频引擎等多个单元，其内部带有安全存储和加密计算单元，可以用于存储用户的保密数据（如密钥和证书），如图 4-14 所示。

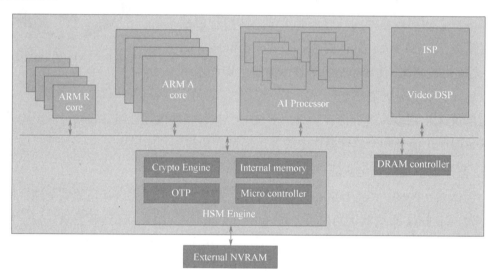

图 4-14 基于 HSM 的汽车控制器芯片的网络安全设计

4.4.5 车规需求

同芯片设计相关的车规需求是温度和电压。目前座舱芯片支持 -40～150℃ 的结温，相当于环境温度 -40～125℃，代价是牺牲一定的频率和面积。

对接口的要求是 ESD 测试，包括 2000V+ 的 HBM 和 6A+ 的 CDM。这和封装与芯片 I/O 设计相关。同数字部分 IP 一样，PHY 和 GPIO 也需要 IP 支持 AEC-Q100。GPIO 指的是 200MHz 以下的低速 I/O，包括但不限于 SPI、PWM、I2C 等接口协议。

以 GPIO 为例，车载设备通常需要支持 3.3V 和 1.8V。为了符合 AEC-Q100，GPIO 在设计时就能承受额外的电流，并分析各种情况，评估是否每一条电路分支都被覆盖到。对于车用 GPIO，仅用仿真无法保证设计的可靠性，必须真正流片，进行 HTOL/LTOL 测试，不断变化温度，做满 2600 小时。一旦测试失效，就必须做失效分析，检查、修改后重新流片测试。

GPIO 在内部芯片集成时，除了要插入一些特殊的单元来完成不同电压的 I/O 模块隔离，还需要注意 I/O 的上电次序。

GPIO 本身同样需要支持功能安全，要加入探测电路，对可能产生的失效报警。模拟电路失效种类较少，比较容易达到 ASIL-D 一级。

4.5 典型智能驾驶芯片架构

智能驾驶芯片架构和座舱芯片不同。辅助驾驶需要感知和决策，是一个复杂的实时运算过程，没有办法通过安全岛监测来达到高安全等级，只能通过处理器本身来保证。所以处理器全部换成了带冗余设计的 Cortex-A76AE 和 Cortex-A65AE，AE 代表汽车级增强，如图 4-15 所示。

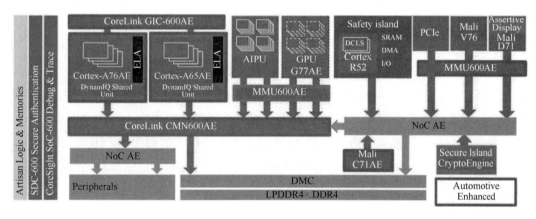

图 4-15　典型智能驾驶芯片架构

虚拟化并不是智能驾驶的必要程序，MMU600AE 仅是为了完成虚实地址转换。由于没有采用虚拟机，各个处理单元之间的数据分区可以靠 CMN600AE 的 MPU 来完成。没有经过 CMN600AE 的设备，需要在其和总线之间添加 MPU 来实行地址保护，并且所有的 MPU 配置要保持一致。使用 MPU 也限制了分区不能太多，否则就需要映射到内存。到底使用虚拟机还是 MPU 进行分区需要看应用来决定。另外，如果需要片间互联，那么主设备可以通过 NoC AE 形成子网连到 CMN600AE。

如果涉及神经网络运算，则需要 Cortex-A76AE 把任务调度到 AI 加速器（AIPU），同时在算子不支持的情况下负责部分计算；算子不支持时，也可以把所有神经网络运算调度到图形处理器，但是相较于专用加速器，图形处理器能效比较低。

Cortex-A76AE 作为大核，具有很高的单线程性能，可以用来做辅助驾驶的决策。CMN600AE 连接了所有设备，并提供高带宽、实时性、硬件一致性及系统缓存。总线支持单向硬件一致性，图形处理器和 AI 加速器从处理器取数据的时候，处理器无须刷新缓存，从而减少延迟。由于受布线和接口协议限制，有些对延迟不敏感的主设备还是需要通过 NoC 连到 CMN600AE。

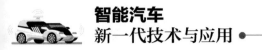

4.6 车载智能计算芯片关键指标

车载智能计算芯片通常以 SoC 的形态呈现，其组成包括 CPU、AI 处理器等，具有涉及技术面广、应用场景复杂多变等特点。车载智能计算芯片设计过程中存在多项指标要求，掌握这些指标对芯片的设计及应用具有良好的指导意义。

1. 算力

算力是特定场景下对芯片计算能力评价的一个维度。算力大小代表芯片数字化信息处理能力的强弱。自动驾驶场景需要标量、矢量、矩阵三者结合的异构算力，通常可以将算力的综合评价分为两方面，即 AI 算力和 CPU 算力。

峰值算力并不能完整体现 AI 处理器的真实处理能力，该能力同时受到多种因素的影响。汽车自动驾驶技术的发展对芯片算力的要求不断提升，业界通常将峰值算力作为衡量车载智能计算芯片的主要指标，但峰值算力只反映其理论上的最大 AI 计算能力，实际应用场景中 AI 处理器的处理能力受到软件 SDK、模型、环境、模型输入等多重因素的影响，仅使用峰值算力单个指标来判断芯片的 AI 计算能力具有很大的局限性。此外，由于芯片算法演进速度远超硬件改进速度，使得 AI 性能的评估方法与不断演进的算法之间存在脱节的问题。

2. AI 算力

AI 算力指 AI 处理器在特定场景下提供的矢量和矩阵计算能力。AI 算力常用的单位是 TOPS（Tera Operations per Second）和 TFLOPS（Tera Floating-point Operations per Second），即每秒完成操作的数量。1TOPS 代表 AI 处理器每秒可进行一万亿次定点操作，1TFLOPS 代表 AI 处理器每秒可进行一万亿次浮点操作。

3. CPU 算力

CPU 算力指 CPU 主要提供的标量算力。CPU 算力常用的单位是 DMIPS（Dhrystone Million Instruction Executed per Second），其含义为每秒钟执行基准测试程序 Dhrystone 的次数除以 1757（这一数值来自 VAX11/780 机器，此机器在名义上为 1MIPS 机器，它每秒运行 Dhrystone 的次数为 1757 次）。

MIPS 表示每秒执行百万条指令。由于不同 CPU 的指令集、硬件加速器、架构不同，导致不能简单地用核心数和 CPU 主频来评估性能，Dhrystone 作为统一的跑分算法，使得 DMIPS 比 MIPS 的数值更具有意义。

4. AI 算力利用率

AI 算力利用率也称 MAC（Multiplier and Accumulation，乘累加器）利用率，指特定负

载（神经网络）下 AI 处理器中用于矩阵计算的 MAC 阵列利用率。AI 算力利用率的计算通常采用特定网络的单次计算量与 AI 理论算力（OPS）和推理时延（s）乘积的比值。

5. 功耗

功耗指芯片或处理器在单位时间内所消耗的能量，常用单位为瓦（W）。实际中功耗的度量一般采用典型功耗，典型功耗指芯片或处理器在典型负载工况下（如基于特定测试数据集运行特定神经网络，采用特定数据精度、批量及图像分辨率的工况）的实际功耗。典型功耗的测试场景与实际生产环境更为接近，具备一定的代表性。

6. 能耗比

能耗比用于度量在单位功耗下芯片或处理器的 AI 计算能力，常用单位为 TOPS/W 和 TFLOPS/W。对于车载智能计算芯片来说，能耗比至关重要，能耗比高的芯片或处理器可以用更少的能量完成 AI 计算。能耗比的计算通常采用芯片或处理器单位时间内的推理次数除以对应功耗。根据功耗对象选择的差异，能耗比通常可分为 AI 处理器能耗比（功耗采用特定负载工况下的 AI 处理器功耗）与 SoC 能耗比（功耗采用特定负载工况下的 SoC 功耗）两类。

7. 时延

时延指芯片完成一次完整的输入、处理、输出过程的时间，常用单位为毫秒（ms）。对于自动驾驶场景，不仅需要关注运行感知神经网络的时延，还需要关注端到端时延。端到端时延主要包括三部分：一是传感器通过芯片接口将传感器数据输入 SoC，通过 ISP、图像处理器等做信号处理并将处理后的数据写入 DDR 的时延；二是 AI 处理器从 DDR 读取数据并进行感知、融合及定位处理的时延；三是基于感知及定位的结果进行路径规划及控制，并完成输出信号发送的时延。

8. 计算精度

计算精度指芯片的计算结果相比预期结果的精确程度。芯片的计算精度越高，说明计算结果越接近真值。提升计算精度通常需要增加芯片的计算资源，相应会带来成本和功耗的增加。实际中，计算精度还受到模型、数据集等多重因素的影响，不同的数据集对计算精度的要求不同。

9. 数据精度

数据精度指芯片支持的数据计算精度类型，如 INT8、INT16、FP16、FP32。

10. 带宽

带宽指芯片支持访问内存数据的速率。该指标代表内存总线所能提供的数据传输能力。目前，带宽要求主要包括两方面，一是片内缓存的访问速率，二是片外内存的访问速率。带宽会对 AI 处理器的利用率、端到端时延、功耗等产生影响。

11. 泛化能力

泛化能力指芯片采用特定数据集训练的特定模型对不同测试场景的适应能力。通常会选用多个模型，测试每个模型的算力时延比及精度，综合评价芯片的泛化能力。

12. 最大感知能力

最大感知能力指芯片最大支持的感知类传感器输入数据的处理能力。通常需要按照芯片最大支持的感知类传感器数目及其性能要求，应用给定的测试数据和测试模型（与传感器数目对应），完成数据处理过程，获取芯片输出的时延、速率、精度等参数，实现对芯片最大感知能力的评定。

13. 安全性

安全性主要包括功能安全、信息安全等安全要求。

14. 可靠性

可靠性指芯片可以正常、准确、稳定地发挥其功能和性能的能力和程度。

15. 开放性

提升芯片的开放性，即从开发层面为用户如应用开发工程师、中间件开发工程师、算法工程师等提供一个具有高度可扩展性、兼容性、灵活性的开发平台，降低不同框架适配迁移可能产生的不可预知成本，实现提高开发效率、缩短开发周期等目标。开放性主要体现在 3 个方面：一是提供统一开放的编程接口，便于自动驾驶开发人员调用，有效实现 SoC 资源的调用及异构算力的编排；二是提供统一开放的神经网络及算子开发接口；三是提供不同框架下网络模型的转换、量化、压缩工具，以及算子、整网的调优工具，便于快速开发、调试及调优工作的实施。

4.7 车载计算芯片的发展趋势

车载计算芯片是软硬件结合的产品，包含两个领域的内容：支撑智能网联汽车应用领域典型场景的高效智能算法，以及算法在芯片上的设计与实现。因此，它也相应包含两个领域的创新和演进。

车载计算芯片正逐步从以 CPU、MCU 为核心的 ECU 走向以 FPGA、ASIC、GPU 为核心的自动驾驶芯片，甚至未来模仿人脑神经元结构设计的类脑芯片。各种促进深度学习算法有效处理的芯片架构设计新方法和新技术不断涌现，算力不断提升，在场景相关大数据助力下，车载计算芯片设计技术创新活跃，在计算架构、数据复用、网络映射、存储优化及软硬件协同设计等方面不断创新。

高效的车载计算平台已经成为支撑智能汽车的核心部件，车载计算芯片将成为提供动力的数字发动机。随着 L2 级自动驾驶渗透率的不断提高，自动驾驶日益普及，未来自动驾驶计算芯片的竞争，实际上就是高算力和开放性的竞争，自动驾驶对算力的需求暴增。

软件算法的演进非常快，每 10~14 个月，相同的计算精度，计算量可以下降一半。但这种提升是以算法设计得越发巧妙作为前提的，而算法的巧妙设计会对计算架构提出巨大的挑战，尤其是对传统通用的并行架构而言。这也意味着，如果继续沿用通用计算架构，会使得更先进的自动驾驶算法无法高效运行。车载计算芯片处理高度变化的数据流，与面向控制流的冯·诺依曼架构相比，处理方法高度不同，导致芯片设计方法论发生变化——针对场景的算法匹配针对算法设计的计算构架。硬件适配软件才能使晶体管效能增加，需要为自动驾驶领域设计专门的处理器架构。

计算芯片行业需求发生变化，具体来说，包括如下几方面。

1. 智能化带来的算力突破需求

当前智能汽车发展的核心瓶颈是算力不足，计算芯片未来要着力发展高性能计算，满足人工智能算法的需求，其架构发展的原动力在于两方面：结合场景的算法应用，以及底层器件的革新。

此外，如何在多核架构、存储及内外部通信总线带宽之间进行平衡设计也是一大挑战。计算芯片主要基于深度学习算法，但深度学习算法本身也在不断迭代发展中。计算存储一体化突破 AI 算力瓶颈、模块化降低芯片设计门槛将成为新的趋势。

计算存储一体化突破 AI 算力瓶颈是指冯·诺依曼架构的存储和计算分离，已经不适应数据驱动的人工智能应用需求。并行计算量增加、频繁的数据搬运导致的算力瓶颈及功耗瓶颈已经成为对更先进算法探索的限制因素。类似于脑神经结构的内存计算架构将数据存储单元和计算单元融为一体，能显著减少数据搬运，但需要突破成本、功耗和性能的临界点。

2. EE 架构持续演进，需要高性能芯片

面向 L3 及以上等级的自动驾驶车辆，车载智能计算基础平台需要兼容多类型传感器，并具备高安全性和高性能。现有单一芯片无法满足诸多接口和算力要求，采用异构芯片的硬件方案可以改善性能。

为满足高性能的需求，车载芯片复杂度剧增，如图 4-16 所示。

3. 芯片功能的融合

由于自动驾驶算法仍具有高度不确定性，芯片方案须兼顾目前 AI 算法的算力要求和灵活性。当自动驾驶技术路线相对成熟且进入大规模商用阶段后，需要定制的专用集成电路（ASIC）。例如，特斯拉自动驾驶芯片 FSD 中采用的自研 NPU、Waymo 可能采用的谷歌自研 TPU 均属于为支持人工智能运算而定制的 ASIC 范畴。ASIC 芯片可在相对低水平的能耗下，提升车载信息的数据处理速度，虽然研发和首次开模成本高，但量产成本低，是算法成熟后理想的规模化解决方案。

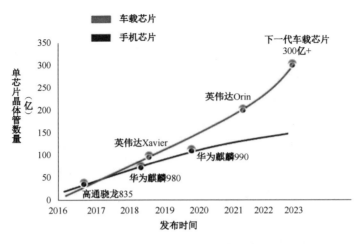

图 4-16 车载芯片复杂度剧增

座舱功能对芯片算力的需求将超越消费电子,且安全要求也随着域融合而提升,多核 SoC 将成为未来智能座舱主控芯片的主流。丰富生态的中控大屏系统及一芯多屏系统则需要多核 SoC 进行支持。

负责不同域的芯片架构将呈现兼容与融合趋势。随着自动驾驶技术路线的逐渐成熟,高性能芯片进入标准化、规模化生产阶段,其与座舱主控芯片进一步向中央计算芯片融合,从而通过集成进一步提升运算效率并降低成本,但由于自动驾驶和座舱安全要求不同,满足安全要求将成为融合的前提,如图 4-17 所示。

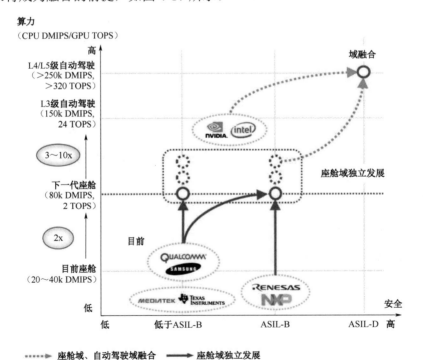

图 4-17 芯片功能的融合

4. 计算平台的弹性扩展特性需求

可扩展性是人工智能+高性能计算的关键。将高性能的硬件预埋作为投资，通过软件更新服务盈利，已经成为特斯拉代表的新造车势力的标准操作。

车载智能计算基础平台须具有弹性扩展能力以满足不同等级自动驾驶要求。针对 L3 及以上等级自动驾驶汽车，随着自动驾驶等级提升，车载智能计算基础平台算力、接口等需求都会增加。除提高单芯片算力外，硬件单元也可复制堆叠，自动驾驶操作系统弹性适配硬件单元并可进行平滑拓展，达到整体系统提升算力、增加接口、完善功能的目的。

5. 全栈工具链和端边云协同计算需求

智能汽车本身是一个移动的边缘侧的计算平台。开放的工具链可提供编程模型及支撑大规模并行计算体系结构的系统软件，AI 训练、编译、开发等必须易于部署，可在各种环境中运行。车载智能计算基础平台的研发需要对产品进行整体迭代，而不只是针对单一的模块，或者其中几个功能。车载智能计算基础平台开发的软硬件环境及全栈工具链成为提升开发效率的重要途径之一。

当前，由于整套软件的开发周期较长，不少有实力的车企正自研自动驾驶的感知和决策算法，通过开放、完整的工具链，覆盖从算法模型训练、优化与转换、部署到芯片运行模型预测的完整 AI 开发过程。

6. 网联化带来的信息隐私安全需求

功能安全、预期功能安全和信息安全构成了自动驾驶体系的安全要素。功能安全和预期功能安全是指部件和系统失效、设计不完备等情况下的可靠性保证和冗余设计。

对于自动驾驶汽车，整体系统需要达到 ASIL-D 安全等级，芯片层面至少要达到 ASIL-B 安全等级，要确保在任何工作状态下都有可靠的安全检测机制和冗余备份机制。

7. 新 EE 架构带来的域控制器与车载以太网需求

以域控制器结构为代表的集中化的计算需求，决定了新一代计算芯片应该具有高速传输接口，能通过域控制器或者车载交换设备将车内各个系统连接起来。现有以太网系统相对成熟稳定，TSN 实现了实时时间网络构建。用以太网交换系统连接各个计算节点和机电系统是大势所趋。

4.8 后摩尔时代的芯片发展

摩尔定律是芯片行业最重要的定律，其内容很简单：每 18 个月微处理器内的晶体管数量将增加一倍，即芯片的处理能力增加一倍。摩尔定律在很大程度上反映了芯片制造商对芯片行业的人为控制，即芯片制造商有意按照摩尔定律的轨迹发展。这使得软件开发商能挑战现有的芯片处理能力，也让芯片制造商有时间开发下一代芯片。

目前芯片行业按摩尔定律发展遇到了极大的困难，主要有以下 3 个原因。

（1）在同样大小的空间内集成越来越多的晶体管，产生的热量也越来越大。当芯片越来越小时，电子运动的速度就越来越快，芯片也越来越热。发热不但对芯片的性能影响很大，而且会缩短芯片的寿命。

（2）终端设备对能耗的要求越来越高。在移动设备中，电池的续航能力是其最重要的指标。目前的移动设备都设有电源管理的内置电路，用来管理电源和优化能耗。传统的超级计算机和数据中心已经向云服务器转移，云服务器对微处理器的要求更高更严格，这对传统的芯片制造商提出了更高的要求。这些特殊要求对摩尔定律产生了挑战。

（3）量子效应的出现。量子效应中的不确定原理一旦开始起作用，很多过去积累的芯片设计、工艺和生产技术将不再有效。缩小器件尺寸的关键是缩小栅极长度，栅极长度是电子流动的距离。也就是说，电子流动的时间越少，耗电越少。但当栅极长度缩小到一定程度时，会出现短沟道效应。短沟道效应会带来两个问题：一是漏电增加，二是场效应管的接触处寄生电阻和电容增大。硅基芯片的特征尺寸过小，不确定原理等量子效应将显现出来，传统的硅器件将不再能用。

目前按照传统的方式，计算芯片性能很难有大幅度的提升，针对如何超越摩尔定律，出现了很多半导体技术创新，如表 4-2 所示。

表 4-2 后摩尔时代的主要半导体技术创新

新架构	异构计算
	特定领域加速器
	量子计算
	存算一体
	Chiplets 3D 混合封装
新材料	全栅场效应晶体管
	极端紫外线（EUV）光刻
	氮化硼晶体散热材料
	超导体量子材料
新生态	绿色计算
	统一指令集

第 5 章

车联网技术

车联网是利用先进传感技术、网络技术、计算技术、控制技术、智能技术,对道路交通进行全面感知,对每辆汽车进行交通全程控制,对每条道路进行交通全时空控制,实现道路交通"零堵塞""零伤亡"和"极限通行能力"的专门控制网络。

5.1 车联网的定义

车联网运用了先进的信息通信技术,既要对车进行控制,又要对道路进行控制,其目标是实现交通安全"零伤亡"、交通效率"零堵塞"和"极限通行能力"。车内网、车际网和车云网如图 5-1 所示。

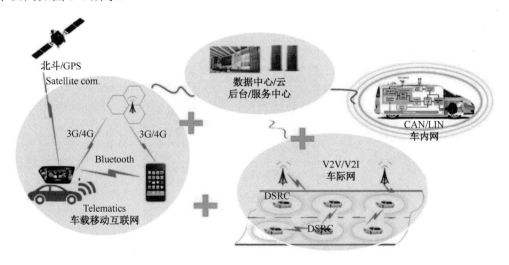

图 5-1 车内网、车际网和车云网

车内网是指通过应用成熟的总线技术建立的标准化的整车网络。

车际网是指基于专用短距离通信（Dedicated Short Range Communications，DSRC）技术和 LTE-V2X 技术构建的实现车与车和车与路边的基础设施之间中短距离通信的动态网络。

车云网是指车载终端通过 4G 等通信技术与 Internet 和云端进行远程无线连接的网络。

车联网是能够实现智能化交通管理、智能动态信息服务和车辆智能化控制的一体化网络，是物联网技术在交通系统领域的典型应用。

5.2 车联网标准 DSRC 与 C-V2X

目前车联网主要遵循两个标准：DSRC 与 C-V2X。本节将对这二者的来历与概念进行详细介绍，并比较它们之间的异同。

5.2.1 DSRC 介绍

DSRC 技术由美国国会颁布的《21 世纪交通平等法》最先提出，是以 IEEE 802.11p 为基础，提供短距离无线传输的技术。车路通信为其主要应用方式。它将 5.850～5.925GHz 中的 75MHz 频段用于智能交通系统中专用短距离通信的无线电服务，服务目标是改善交通安全程度、减少拥堵等。

欧盟、日本、新加坡、韩国等相继推出自己的通信标准，但都由美国的 DSRC 标准派生而来。DSRC 通信从根本上依赖来自不同制造商的设备之间的互操作性。

美国 DSRC 通信协议栈如图 5-2 所示。

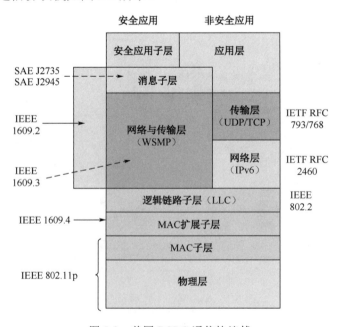

图 5-2　美国 DSRC 通信协议栈

在物理层和 MAC 子层，DSRC 使用 IEEE 802.11p 提供车载环境下的无线接入。在协议栈中间位置，DSRC 采用 IEEE 1609 工作组定义的标准：IEEE 1609.4 用于信道切换，IEEE 1609.3 用于网络服务（WSMP），IEEE 1609.2 用于安全服务。DSRC 还支持在网络与传输层使用 IPv6 协议、用户数据报协议和传输控制协议，以支持接入 Internet 的需求。

在具体通信过程中，选择使用 WSMP 还是 IPv6+UDP/TCP 取决于应用程序给定的要求。单跳消息如以碰撞预防为基础的应用，通常使用通信效率高的 WSMP，多跳数据包可使用 IPv6 的路由功能。在协议栈顶部，SAE J2735 标准指定了固定的消息格式来支持各种基于车辆的应用程序，其中最重要的消息格式是基本安全消息，它传达了重要的车辆状态信息来支持 V2V 安全应用程序。

频繁发送 BSM 的车辆可以追踪周边其他车辆的运动状态，通过具体算法分析行为轨迹来防止潜在的碰撞。SAE J2945.1 标准中对通信最低性能要求有详细说明，需要解决的主要问题在于 BSM 传输速率和功率、BSM 数据的准确性及信道拥塞控制。

美国联邦通信委员会（FCC）将 5.850～5.925GHz 中的 5.9GHz 频带分配给了 DSRC 通信，这段频谱包含 7 个 10MHz 信道和在最底部预留的一个 5MHz 保护间隔，并指定了每个信道是服务信道（SCH）还是控制信道（CCH），如图 5-3 所示。

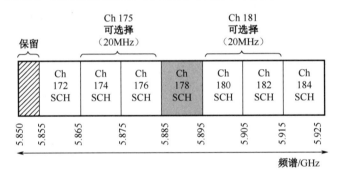

图 5-3　美国 DSRC 信道划分

其中，两个 10MHz 信道也能组合成 20MHz 信道，如信道 175 和信道 181。美国在有关 DSRC 的测试中大多使用 10MHz 信道，测试显示，这种带宽很适合在汽车环境中所遇到的延迟和多普勒扩散。信道拥塞问题能通过提升到 20MHz 的信道容量来解决，这里需要考虑的是，虽然 20MHz 能降低碰撞概率，但传输一个给定调制方式和编码方式帧在 10MHz 信道上的花费只有 20MHz 信道上的一半。此外，一个 20MHz 信道在一个给定背景频谱下会产生更多的噪声。

美标 DSRC 为不同的信道分配了不同的任务，其中信道 172 和信道 184 被指定用于公共安全相关的业务。信道 172 侧重于 V2V 之间的 BSM 交互和生命财产相关业务，其最大输出功率为 33dBm；信道 184 侧重于长距离的交叉口安全业务，其最大输出功率可达 40dBm。

美标 DSRC 频谱如图 5-4 所示。

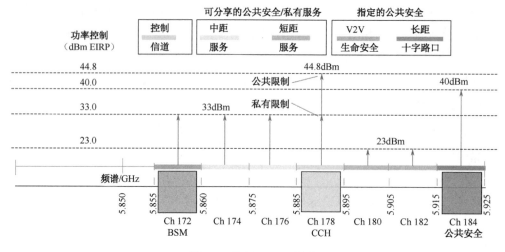

图 5-4 美标 DSRC 频谱

信道 174 和信道 176 用于中距离的共享公共安全/私有服务，最大输出功率为 33dBm。信道 178 为控制信道，如果面向私有服务，则最大输出功率为 33dBm；如果面向公共服务，则最大输出功率为 44.8dBm。信道 180 和信道 182 提供短距离的共享公共安全/私有服务，最大输出功率为 23dBm。

5.2.2 C–V2X 介绍

C-V2X 是一种由蜂窝网络承载的 V2X 车际通信新型业务。它通过 Uu 接口承载 V2V、V2I、V2N 及 V2P 之间的通信，以及涉及道路安全、交通效率和智能交通系统等增值应用的实时通信。

LTE-V 针对车辆应用定义了两种通信方式：集中式（LTE-V-Cell）和分布式（LTE-V-Direct），如图 5-5 所示。

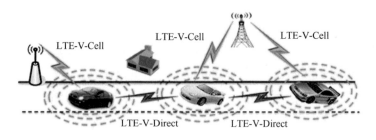

图 5-5 LTE-V 通信方式

集中式也称蜂窝式，需要基站作为控制中心，集中式定义车辆单元、路侧单元与基站之间的通信方式，需要基站进行资源的调度；分布式也称直通式，车辆之间可以直接通信，无须基站支撑，也可表示为 LTE-Direct（LTE-D）或 LTE D2D（Device-to-Device）。

LTE-V 与 DSRC 主要的不同在于接入层，它们基于不同的接入技术演变而来，前者基于蜂窝移动通信进行演进，后者基于无线宽带接入进行演进。而在网络传输层，LTE-V 借助现有的 DSRC 标准 IEEE 1609 系列，特别是在应用层，通过保持与 DSRC 应用协议的一致性，即完全兼容 SAE J2735 所定义的消息集，提供 LTE-V 与 DSRC 之间的互操作性。LTE-V2X 沿用了 DSRC 网络层，如图 5-6 所示。

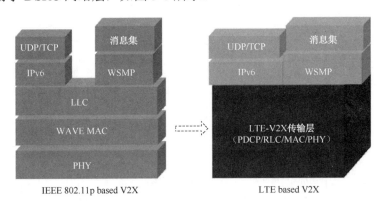

图 5-6　LTE-V2X 沿用 DSRC 网络层的示意图

LTE-V 在 LTE 蜂窝网络的基础上，围绕车辆主动安全应用的通信需求进行了重点优化，在帧结构、降低最大发射功率、拥塞控制、信息安全机制等方面优化了系统性能。LTE-V 结合蜂窝和直通技术，形成了车辆终端自组织和基站集中控制两种调度模式下的技术方案，满足智能交通多样化的应用需求，更加全面地支持行车安全、交通效率、信息娱乐等多种业务。

3GPP 从 Release 14 开启了基于 LTE 技术的 V2X 系统设计。随着标准进入 5G 时代，业界将 LTE-V2X 和 NR-V2X 统称为 Cellular V2X，简称 C-V2X，即以蜂窝通信技术为基础的 V2X。

5.2.3　DSRC 和 C-V2X 技术比较

C-V2X 是 3GPP Release 14、15、16、LTE/NR 的 V2X 技术的总称。C-V2X 技术与 DSRC 技术（IEEE 802.11p）在工作模式、无线技术和用户 3 个方面存在很大的差异，如表 5-1 所示。

表 5-1　DSRC 和 C-V2X 技术比较

	项目	IEEE 802.11p	C-V2X Release 14/15	C-V2X Release 16
工作模式比较	协议是否完成	已经完成	已经完成	已经完成
	是否支持低时延传输	是	是（Release 14 可低至 4ms）	是（Release 16 可低至 1ms）

续表

项目		IEEE 802.11p	C-V2X Release 14/15	C-V2X Release 16
工作模式比较	是否支持网络通信	有限支持,通过AP可与网络连接	支持	支持
	是否可以不依赖网络通信	是	是	是
	是否可以在ITS 5.9GHz频段工作	是	是	是
	是否可以不使用SIM卡	是	是	是
	在V2V/V2I/V2P链路是否具备信息安全和隐私保护	使用IEEE和欧洲ITS-5G或相关协议	使用IEEE和欧洲ITS-6G或相关协议	使用IEEE和欧洲ITS-7G或相关协议
	在V2N链路是否具备信息安全和隐私保护	不具备	是	是
	是否能在5.9GHz ITS频段共存	是,可与C-V2X技术在相邻信道共存	是,可与IEEE 802.11p技术在相邻频段共存	是,可与IEEE 802.11p、LTE-V2X和未来的Wi-Fi技术在相邻信道共存
	是否有演进计划	不清晰	是	是,与Release 14/15的LTE-V2X技术兼容
无线技术比较	是否同步	异步	同步	同步
	信道带宽	10/20MHz	Release 14-10/20MHz	10/20MHz和宽带(Wideband)
	资源复用方式	TDM only	TDM and FDM	TDM and FDM
	数据信道编码	Convolutional	Turbo	LDPC
	HARQ	不支持	支持	支持
	波形	OFDM	SC-FDM	OFDM
	资源选择方式	CSMA/CA	半静态传输结合LBT(Listen Before Talk)	半静态传输结合LBT(Listen Before Talk)
	MIMO	标准不支持	接收:强制要求2天线分集 发送:支持2天线发送分集	支持更多的天线发送和接收分集
	调制	最高64QAM	最高64QAM	最高256QAM
用户示例比较	目标用例	仅Day I安全类用例,合作式智能运输系统车用通信系统应用层及应用数据交互标准(第一阶段)T/CSAE 53-2020	Day I安全和增强的安全类用例	面向辅助自动驾驶的用例,包括高吞吐量传感器数据共享、本地高清地图更新等
	是否支持车辆高密度行驶	支持,高密度时性能有损失	支持,高密度时可保证性能无损失	支持,高密度时可保证性能无损失
	是否支持车辆高移动性	支持	支持	支持
	有效通信距离(90%正确率、280km/h相对速度)	最高225m	PC5直通模式超过450m,网络转发方式无限制	PC5直通模式超过451m,网络转发方式无限制
	典型业务传输速率	10~20Hz	最高可达到50Hz	超过100Hz

（1）从工作模式上看，IEEE 802.11p 和 C-V2X 相当，区别主要在于以下 3 方面。

① 从传输时延来看，IEEE 802.11p 可以满足 100ms 内完成传输的要求，但并没有准确的数据；Release 14 的传输时延（PC5）是 4ms，而 Release 16 是小于 1ms。

② 在网络通信能力方面，由于 C-V2X 是与成熟的 3GPP 接入网通信的，能力要远远强于 IEEE 802.11p 协议中的 RSU。

③ 在演进路线方面，IEEE 802.11p 暂时没有下一步的技术演进路线，即没有增强性能的计划，而 3GPP 中的 Release 16 是面向自动驾驶的 V2X 技术。

（2）从无线技术上对比，IEEE 802.11p 和 C-V2X 设计区别较大，这主要因为 IEEE 802.11p 基于 IEEE 802.11 进行了时延优化，而 C-V2X 基于 LTE 和 NR 空口技术进行了优化。

① IEEE 802.11p 是非同步系统，而 C-V2X 是同步系统。这主要是因为同步设计可以让 C-V2X 系统减少干扰，便于不同用户甚至 C-V2X 用户与蜂窝用户共存。

② C-V2X 支持 FDM 和 TDM，而 IEEE 802.11p 只支持 TDM。

③ 信道编码不同，Release 16 的 V2X 技术采用 NR 的 LDPC 设计，相比于 Turbo 码，解码时延和复杂度更低，性能也更优，与 IEEE 802.11p 的卷积码相比，性能优势更加明显。

④ 在波形方面，Release 14/15 采用 SC-FDM 技术，Release 16 采用适用于 MIMO 的 OFDM 技术，以支持更高的数据传输速率，而 IEEE 802.11p 也采用 OFDM 技术。

⑤ 在资源分配方面，IEEE 802.11p 采用了 CSMA/CA 技术，而 Release 14/15 增加了基于 SPS 的信道预测，性能优于纯竞争式资源分配。

⑥ 在多天线支持方面，IEEE 802.11p 没有规范相关内容，由终端自由实现；Release 14/15 规范了接收分集（强制）和发送分集（可选）；Release 16 引入了更多天线的收发技术。

（3）从用户示例比较来看，IEEE 802.11p 支持 Day Ⅰ 安全类应用[参考合作式智能运输系统车用通信系统应用层及应用数据交互标准（第一阶段）T/CSAE 53－2020]，Release 14/15 还支持增强的安全类应用，而 Release 16 支持面向自动驾驶的应用（大带宽、高精度定位）。

（4）从性能来看，C-V2X 有以下两方面优势。

① 用户间干扰小，支持的并发用户数更多。

② 有效通信距离大，可以给驾驶员提供更长的刹车反应时间。

通过对比可以看出，C-V2X 在很多方面的性能都要优于 DSRC。2020 年，FCC 将分配给 DSRC 的 5.9GHz 通信频段完全取消，分别划分给 Wi-Fi 和 C-V2X。理由是经过多年的发展，DSRC 的装车数辆非常少，频段被长期闲置，而 Wi-Fi 和后来居上的 C-V2X 的应用量巨大。因为全美国至今 DSRC 装车数量不到总量的十万分之五，所以其率先放弃了将 DSRC 作为车路协同通信方式，确立了 C-V2X 的车联网通信协议地位。C-V2X 技术标准将成为事实上的全球车联网标准。

5.3　5G C-V2X 技术

车用无线通信（Vehicle to Everything，V2X）技术是将车辆与一切事物相连接的新一代信息通信技术，其中 V 代表车辆，X 代表任何与车辆交互信息的对象。而 5G C-V2X 技术则是将 5G 与 V2X 相结合，打造反应更敏捷、通信更顺畅的全新技术。

5.3.1　5G 技术介绍

第五代移动通信技术（5th Generation Mobile Communication Technology，5G）是具有高速率、低时延和大连接特点的新一代宽带移动通信技术。5G 标准是在不断演进的，如图 5-7 所示。

图 5-7　5G 标准演进

Rel-15 在 2018 年 6 月冻结，是 5G 第一阶段的标准，主要聚焦于增强移动宽带（eMBB）。增强移动宽带主要表现为超高的数据传输速率、广覆盖下的移动性保证等，能改善移动网速，满足未来更多的应用对移动网速的需求。增强移动宽带是 5G 发展初期面向个人消费市场的核心应用场景。

Rel-16 在 2020 年 7 月冻结，主要关注 eMBB 的改进，以及 uRLLC 场景和垂直行业的应用。"高可靠、低时延连接"要求时延达到 1ms 级别，而且支持高速移动（500km/h）情况下的高可靠性（99.999%）连接。这一场景更多面向车联网、工业控制、远程医疗等特殊应用，这类应用的潜在价值极高，对安全性、可靠性的要求也极高。

Rel-17 在 2022 年 6 月冻结，主要聚焦于 mMTC 场景，把海量机器类通信作为 5G 场景一个新的增强方向，5G 强大的连接能力可以快速促进各垂直行业的深度融合。万物互联下，人们的生活方式也将发生颠覆性的变化。

相对于当前的 4G 通信，5G 给用户带来的最直观的好处是提升通话质量及传输速率。国际电信联盟（ITU）的相关技术规范为 5G 确定了 8 大关键能力指标，如图 5-8 所示。

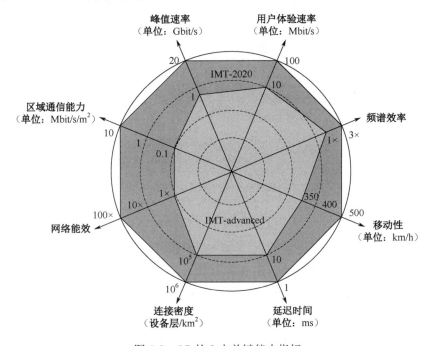

图 5-8　5G 的 8 大关键能力指标

（1）峰值速率达到 10～20Gbit/s，以满足高清视频、虚拟现实等大数据量传输。

（2）空中接口时延低至 1ms，以满足自动驾驶、远程医疗等实时应用。

（3）具备百万连接/平方千米的设备连接能力，以满足物联网通信。

（4）频谱效率比 LTE 提升 3 倍以上。

（5）在连续广域覆盖和高移动性下，用户体验速率达到 100Mbit/s。

（6）流量密度达到 10Mbit/s/m² 以上。

（7）支持 500km/h 的高速移动。

5G 作为新一代移动通信技术，它的网络结构、网络能力和要求都与过去有很大不同，有大量技术被整合在其中，5G 的关键技术主要包括：大规模天线及波束赋形技术、毫米波技术、多载波聚合技术、上行增强技术、软件定义网络（SDN）、网络功能虚拟化（NFV）、网络切片技术、多接入边缘计算等。

5G 核心网架构正在逐步引入 IT 技术，从传统的集中式部署转化成分布式部署，如图 5-9 所示。

5G 核心网原生支持控制面和用户面彻底分离，提升反应速度，通过边缘部署，保证数据安全，实现低时延的应用。5G 核心网基于云原生架构设计，采用了基于服务的架构，借鉴了 IT 领域的微服务概念，从而可以充分利用云平台设施弹性、敏捷地部署网络和业务，从容应对各行各业的多样化、差异化业务需求。

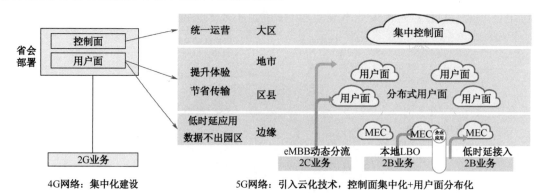

图 5-9　5G 核心网架构

5G 核心网架构的变化，使软件定义网络和网络功能虚拟化成为可能。软件定义网络可以实现控制面和转发面解耦，减少转发网元成本，提升路由决策能力，增强网络可控性，有效缩短网络时延，解决网络拥堵。在 4G 时代，各个厂家的核心层都有各家的转发与控制协议，各家之间是不通的，需要专门的路由器和交换机来实现数据转发和网络控制。

到了 5G 时代，通过一个单独的基于软件的 SDN 控制器来实现网络控制功能的集中化，而路由器和交换机只负责转发，SDN 控制器监控大部分网络，轻松识别最优报文路由，这在网络拥堵或者部分瘫痪的情况下尤其有用。SDN 控制器的路由决策能力比传统网络中的路由器和交换机也高出不少，因为后者的路由决策仅基于很有限的一部分网络情况，而前者可以实现跨厂家的全局最优控制。

网络功能虚拟化使网络硬件和软件解耦，基于通用标准化硬件，按需虚拟不同功能模块，构成开放灵活、可动态操作的网络功能虚拟化架构。在 4G 时代，核心网中不同网元的硬件是不通用的，而且软件是基于硬件升级的。5G 核心网采用通用的硬件平台，将网络功能整合到行业标准的服务器、交换机和存储硬件上，并且提供优化的虚拟化数据平面，可通过服务器上运行的软件以管理员取代传统物理网络设备。

通过使用 NFV 可以减少甚至移除现有网络中部署的中间件，它能够让单一的物理平台运行不同的应用程序，用户和租户可以通过多版本和多租户机制使用网络功能，根据需求提供软件来实现不同的功能，而且软件是通用的，不同的硬件平台都能够适配这样的软件，从而降低成本。

SDN 技术是针对控制面与用户面耦合问题提出的解决方案，将用户面和控制面解耦可以使部署用户面功能变得更灵活，可以将用户面功能部署在离用户无线接入网更近的地方，从而提高用户服务质量，如降低时延。NFV 技术是针对软件与硬件严重耦合问题提出的解决方案，它使运营商可以在通用的的服务器、交换机和存储设备上部署网络功能，极大地降低时间和成本,如图 5-10 所示。

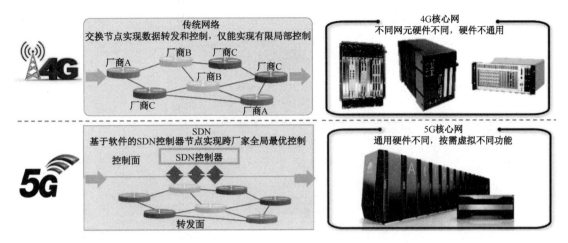

图 5-10　SDN 和 NFV 技术

5G 还有一个特色,即多接入边缘计算(Multi-Access Edge Computing,MEC)。如果和 4G 一样,将所有的数据全部回传到中心云,在中心云上做计算,那么网络负载将是非常大的。在 5G 时代,需要把部分算力集中到边缘,即更靠近用户的地方,这样可以极大地减轻网络负载,还能够降低时延,减少数据交互,如图 5-11 所示。

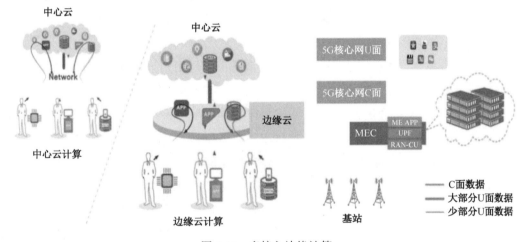

图 5-11　多接入边缘计算

在 MEC 的支持下,云端算力下沉,终端算力上移,从而在边缘计算节点形成兼顾时延、成本和算力的汇聚点,这就是 MEC 存在的核心价值。

5.3.2　5G C-V2X 技术介绍

当前 5G C-V2X 技术中的 X 主要包括车、人、交通路侧基础设施和网络。V2X 的信息交互模式包括：车与车之间（V2V）、车与路之间（V2I）、车与人之间（V2P）、车与网络之间（V2N）的交互，如图 5-12 所示。

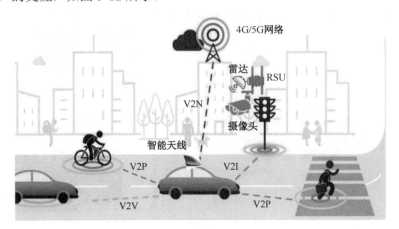

图 5-12　车用无线通信技术

V2V 是指通过车载终端进行车辆间的通信。车载终端可以实时获取周围车辆的车速、位置、行车情况等信息，车辆间也可以构成一个互动的平台，实时交换文字、图片和视频等信息。V2V 通信主要用于避免或减少交通事故、实施车辆监督管理等。

V2I 是指车载设备与路侧基础设施（如红绿灯、交通摄像头、路侧单元等）进行通信，路侧基础设施可以获取附近区域车辆的信息并发布各种实时信息。V2I 通信主要应用于实时信息服务、车辆监控管理、不停车收费等。

V2P 是指弱势交通群体（包括行人、骑行者等）使用用户设备（如手机、笔记本电脑等）与车载设备进行通信。V2P 通信主要用于避免或减少交通事故、提供信息服务等。

V2N 是指车载设备通过接入网/核心网与云平台连接，云平台与车辆之间进行数据交互，并对获取的数据进行存储和处理，提供车辆所需要的各类应用服务。V2N 通信主要应用于车辆导航、车辆远程监控、紧急救援、信息娱乐服务等。

因此，V2X 将"人、车、路、云"等交通参与要素有机地联系在一起，不仅可以支撑车辆获得比单车感知更多的信息，促进自动驾驶技术创新和应用，还有利于构建一个智慧的交通体系，促进汽车和交通服务的新模式、新业态发展。V2X 对提高交通效率、节省资源、减少污染、降低事故发生率、改善交通管理具有重要意义。

C-V2X 是基于 3GPP 全球统一标准的通信技术，包含 LTE-V2X 和 5G-V2X。LTE-V2X 支持向 5G-V2X 平滑演进，LTE-V2X 主要用于支持辅助驾驶及部分低要求的自动驾驶应用，而 5G-V2X 则用于面向自动驾驶的高级应用。

C-V2X 目前正从信息服务类应用向交通安全和效率类应用发展，并将逐步向支持实现自动驾驶的协同服务类应用演进。综合考虑应用场景各指标的需求程度，可将演进的车联网场景按需求分为安全驾驶、驾驶效率、远程驾驶、信息服务四大类，每一类场景都存在共性需求特征。

1. 安全驾驶类场景需求

安全驾驶类场景包括车辆汇入汇出、弱势交通参与者识别、基于车路协同的交叉口通行、交通参与者感知数据共享、协作式匝道汇入、交通事件提醒，如图 5-13 所示。

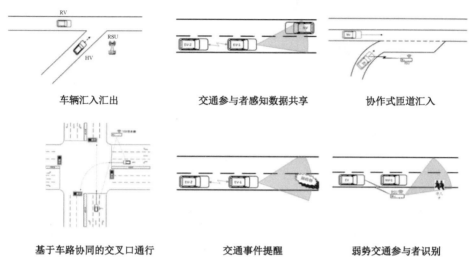

图 5-13　安全驾驶类场景

安全驾驶类场景通常通信范围小，可靠性要求高，业务连续性要求低，除部分涉及感知需求的场景外，其他场景计算和存储能力需求都不高。

2. 驾驶效率类场景需求

驾驶效率类场景又可细分为以下 3 类。

1）编队类场景

编队类场景包括车辆编队行驶和协作式车队管理等。编队类场景要求时延低，可靠性高，数据包发送频率高，业务连续性和平台计算能力需求总体较低，如图 5-14 所示。协作式管理类场景对业务连续性要求高，交互类要求较低；涉及车队管理的场景平台计算能力需求高，其他场景平台计算能力需求低。

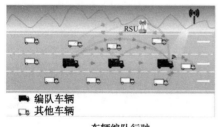
车辆编队行驶

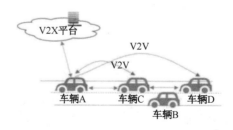
协作式车队管理

图 5-14　编队类场景

2）精细化路径引导类场景

精细化路径引导类场景包括智能停车引导、局部路段引导、车辆场站路径引导等，此类场景对速率、定位精度和计算能力要求高，如图 5-15 所示。

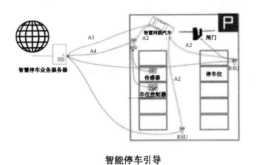
智能停车引导

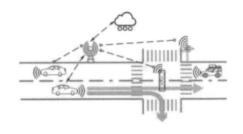
局部路段引导

图 5-15 精细化路径引导类场景

3）交通管理类场景

交通管理类场景包括浮动车数据采集、基于实时网联数据的交通信号配时动态优化等，如图 5-16 所示。这类场景对平台计算能力要求低，部分场景对存储能力要求较高。

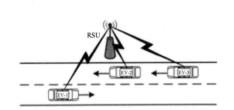
浮动车数据采集

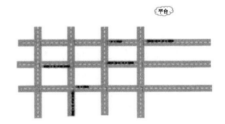
基于实时网联数据的交通信号配时动态优化

图 5-16 交通管理类场景

3. 远程驾驶类场景需求

远程驾驶类场景包括远程控制端为驾驶员，向车辆发送控制指令或行驶建议的远程驾驶，如远程接管等场景，以及远程控制端为平台程序，对车辆进行控制以实现自动泊车，如自动代客泊车等场景，如图 5-17 所示。

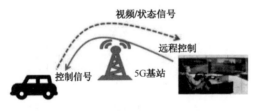
远程遥控驾驶

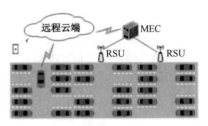
自动代客泊车

图 5-17 远程驾驶类应用场景

远程驾驶类场景通常有连续性大带宽上行及低时延下行需求，须满足高速移动性需求，平台须满足大数据存储能力需求，部分场景对时延和计算能力要求较高。

4. 信息服务类场景需求

信息服务类场景包括基于车路协同的远程软件升级、车载娱乐信息、差分数据服务等，如图 5-18 所示。

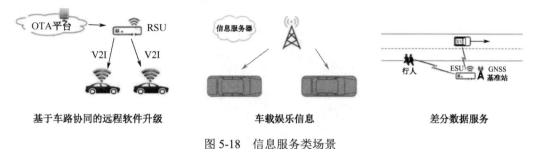

图 5-18　信息服务类场景

信息服务类场景通常有连续性大带宽需求，须满足高速移动性需求，平台须满足大数据存储能力需求，部分场景对时延和计算能力要求较高。

5.3.3　5G C-V2X 通信接口

C-V2X 可支持的工作场景既包括有蜂窝网络覆盖的场景，也包括没有蜂窝网络部署的场景。就具体的通信技术而言，C-V2X 可提供两种通信接口，如图 5-19 所示。

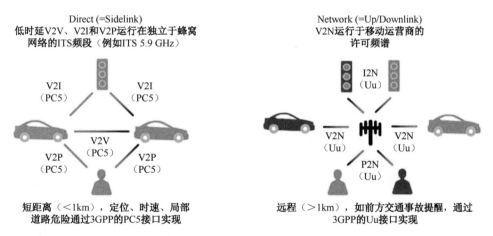

图 5-19　C-V2X 通信接口

一种是车、人、路之间的短距离直接通信接口（PC5）；另一种是终端和基站之间的通信接口（Uu），可实现长距离和更大范围的可靠通信。当支持 C-V2X 的终端设备（如车载终端、智能手机、路侧单元等）处于蜂窝网络覆盖范围内时，可在蜂窝网络的控制下使用 Uu 接口；无论是否有网络覆盖，均可以采用 PC5 接口进行 V2X 通信。C-V2X 将 Uu 接口和 PC5 接口相结合,两者相互支撑,共同用于 V2X 业务传输,形成有效的冗余来保障通信可靠性。

下面介绍车与车之间(V2V)和车与路侧基础设施之间(V2I)的通信机制。

1. 双向通信机制

双向通信即单播通信,这种机制使两车之间或车与路侧单元之间能够双向交互信息,如图 5-20 所示。这意味着对于每一个发送的信息都能得到相应的反馈。

图 5-20 双向通信的例子

双向通信实施包含 4 个阶段。在发现阶段,一辆车搜索周围的节点(另一辆车或路侧单元)。在连接阶段,一辆车发起与另一辆车或路侧单元的初始连接。另一辆车或路侧单元按照一套规则,允许或拒绝连接。在数据发送阶段,通信双方保持开放的连接进行信息交互。在结束阶段,其中一方决定结束连接,并且通信双方停止信息交互。

在上述过程中有些操作(如开放不同通信信道)必须对应用层是透明的,并且能被底层通信层处理。

发起者需要执行发现过程;确定和选择适合特定业务的车辆或路侧单元;发送连接请求给响应者;在合适的时间,执行双方之间的单播通信以交换信息。

响应者需要回复所有的连接请求(接受或拒绝);鉴权和检查车辆信息的可信性;在合适的时间,执行双方之间的单播通信以交换信息。

发起者和响应者都可以在任何时候结束连接。这种通信机制为双方提供了互动的益处,但是由于双向信息交换以及在信息发送后要等待反馈,导致了时延的产生。如果要将信息发送给更多的车辆,则会导致更长的时延和更高的网络负荷。

2. 基于位置的通信机制

基于位置的通信机制是一种特殊的机制,在该机制中信息被同时传播给一个特定地理区域的一组车辆,如图 5-21 所示。

信息只被网络中的车辆或路侧单元单向分发,其中路侧单元可看成一个固定位置的车辆。

基于位置的通信实现包含两个阶段。一是发现阶段,即在一个特定的地理区域,其中的一辆车或路侧单元决定发送信息给该区域内的其他车辆。二是泛洪(泛洪是交换机不知道数据帧发给谁时采用的转发方式,可以对任意目的地的数据帧进行泛洪操作)阶段,即参与者传递带标签的信息(在理想的位置区域),接收到信息的车辆检查标签并根据标签确定是保留该信息还是丢弃。

发送者需要获得信息,将信息数据打包成一条消息,使用地理位置广播机制将消息发送给周围的车辆,如图 5-22 所示。

图 5-21　基于位置的通信

图 5-22　地理位置广播

接收者需要获取发送者的消息,将消息解码成本地车辆数据,通过比较本地的传感器数据,检查其他车辆传输的消息的可信性。

这种机制最大的好处是能将消息发送给特定区域的车辆,而这是一些应用所必需的特性。这种机制能够将消息快速地传递给很多车辆,并且能够减少网络负荷及信息分发的时间。不足之处在于只能单向发送,这意味着双方没有交互,不能确认对方是否成功接收。

3. 基于位置的多跳通信机制

如果消息需要经过多跳到达最终目标,就需要一种发现下一个相邻节点的路由算法,如图 5-23 所示。

图 5-23　多跳通信

在该机制中，路由需要完成两件事，一是确定目标的位置（实际匹配一辆车与它的地理位置），二是在下一跳中选择一个相邻的节点将消息传递出去。

5.3.4　5G C-V2X 关键技术

随着 5G 技术的发展，逐渐形成了基于"云—管—端"的车联网系统架构以支持车联网应用的实现，如图 5-24 所示。"云"指 V2X 基础平台、高精度定位平台等基础能力平台，以及公安交管平台、高速服务平台、港口应用平台、矿区应用平台等行业应用平台。"管"指为车联网业务提供数据传输的通信网络，包括 4G 网络、5G 网络及行业专网等。"端"在广义上包括路侧单元（RSU）、车载终端、便携式终端等多形态的设备。

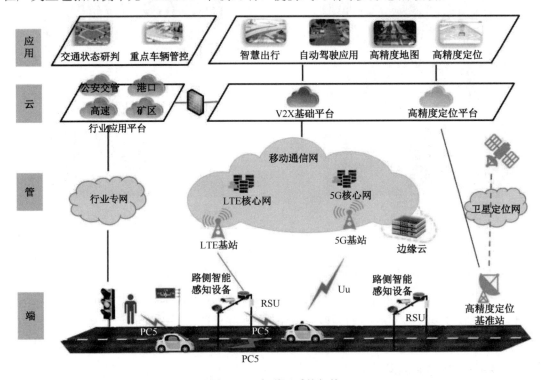

图 5-24　车联网系统架构

为满足自动驾驶等车联网业务低时延、大带宽的需求，V2X 通信技术在车联网系统中发挥着至关重要的作用，一方面需要 5G Uu 提供大带宽、大连接、低时延、高可靠的广域覆盖通信能力，另一方面需要 5G PC5 提供车车和车路等近距离直连通信能力。因此，5G-V2X 中 Uu 蜂窝网络与 5G PC5 相互协作、融合，实现网络的无缝覆盖，将有效满足"车—路—云"之间的高速信息交互与传输的要求。

下面介绍 5G 车联网中 Uu 通信和 PC5 通信的关键技术。

1. 5G 车联网 Uu 通信关键技术

1）eMBB

车联网业务中的部分信息服务类场景及安全驾驶类场景对速率的要求较高,例如,远程软件升级要求下行速率大于 500Mbit/s,上行速率大于 200Mbit/s。因此,网络需要在保证一定可靠性和时延的同时,具有提供大带宽的能力。5G 增强移动宽带场景对信道编码重新设计,引入大规模天线、超密集组网等关键技术,以提高频谱效率并提升系统容量,可满足车联网信息服务类场景的高速率需求。

2）uRLLC

车联网业务中的部分安全驾驶类、驾驶效率类场景对速率、时延、可靠性要求较高,例如,交叉路口辅助通行场景要求信息传输时延小于 20ms,可靠性大于 99.999%。因此,网络需要具有提供大带宽、低时延、高可靠性的能力。uRLLC 提供的大上行使能技术、低时延使能技术、超高可靠使能技术可满足车联网场景对"大上行、低时延、超高可靠"的需求。

3）切片技术

5G 端到端网络切片可将网络资源灵活分配,基于 5G 网络虚拟出多个具有不同特点且互相隔离的逻辑子网。每个端到端网络切片均由无线网、传输网、核心网子切片组合而成,并通过端到端切片管理系统进行统一管理,切片可满足不同业务 SLA(服务等级协议)服务质量要求。

车联网业务对于传输数据量大且时延要求不高的应用可使用 eMBB 模板,应用可集中部署;对于超低时延、高可靠、小数据包消息的应用,切片类型可使用 V2X 模板,将应用下沉至本地部署,满足高可靠性要求。无线网、传输网及核心网切片共同构成车联网端到端切片方案,不同的切片可满足不同车联网业务的性能要求及隔离要求。

4）边缘计算

边缘计算使运营商和第三方服务可以部署在 UE 的接入点附近,从而减少端到端时延并降低传输网上的负载。5G 核心网选择一个靠近 UE 的 UPF,基于 UE 的订阅数据、UE 位置、来自应用功能(AF)的信息、策略或其他相关流量规则执行从 UPF 到本地数据网络的流量控制。由于用户或 AF 具有移动性,应用对会话或服务的连续性提出要求。5G 核心网会向边缘计算应用功能进行网络信息和功能开放。对于车联网业务,MEC 的部署组网策略需要根据业务的时延要求和业务属性,以及运营商的实际网络部署来决定。

5）业务连续性

5G 系统架构支持会话和服务连续性,可处理 UE 不同应用程序/服务的各种连续性要求。5G 系统支持不同的会话和服务连续性(SSC)模式,提供 3 种 SSC 模式,与 PDU 会话关联的 SSC 模式在 PDU 会话的生存期内保持不变。

SSC 模式 1 中的网络保留提供给 UE 的连接服务。SSC 模式 2 中的网络可以释放分配给 UE 的连接服务,并释放相应的 PDU 会话。在 SSC 模式 3 下,UE 可以看到用户面的更改,同时网络可以确保 UE 不断开连接。在终止连接之前,会通过新的 PDU 会话锚点建立新的连接,以实现服务连续性。

6) QoS 管理

QoS 管理通常作用在 V2X 资源分配、拥塞控制、设备间共存及功率控制等流程中。与 QoS 管理相关的物理层参数包括数据的优先级、时延、可靠性和最小所需通信范围(由高层确定)等。Rel-16 5G-V2X 支持 QoS 管理,支持信道参数[如信道忙闲率(CBR)、信道占用率(CR)]的测量和上报,在优化资源分配、拥塞控制、设备间共存及功率控制等方面起到重要的作用。

7) 网络能力开放

网络能力开放功能(NEF)模块支持网络功能向外部开放。网络能力开放包含监控能力、信息提供能力、策略控制/计费能力和分析报告能力。监控能力用于监控 5G 系统中 UE 的特定事件,此类监控事件信息通过 NEF 向外部开放。信息提供能力允许外部向 5G 系统提供 UE 的信息。策略控制/计费能力用于处理外部对 UE QoS 和计费策略的请求。分析报告能力允许外部获取或订阅/取消订阅 5G 系统生成的分析信息。

网络能力开放一方面可使车联网应用获得高性能,如时延保证和高可靠性保证;另一方面的部署的车联网应用可更便捷地利用网络运行信息,如网络提供的车联网用户移动轨迹、小区负载等信息,从而提升车联网服务体验。

8) 网络数据分析服务

网络数据分析服务主要基于核心网中的 NWDAF(Network Data Analytics Function)模块实现。分析的信息既可以是过去事件的统计信息,也可以是预测信息。数据的使用者决定如何使用 NWDAF 提供的数据分析。NWDAF 可以对网络信息提供分析服务。NWDAF 还可以对观测到的服务体验相关数据、网元负载、网络性能、用户数据拥塞情况、QoS 持续性进行分析,可为每一种信息进行信息统计和信息预测。NWDAF 还可以提供 UE 信息分析服务,包括 UE 的移动性分析、UE 通信分析、预期的 UE 行为参数相关的网络数据分析、与异常行为相关的网络数据分析。

2. 5G 车联网 PC5 通信关键技术

1) 直连通信单播和组播

不同于 LTE-V2X 接入层仅支持广播传输,5G-V2X 接入层支持直连通信链路(SL)广播、单播和组播传输,可用于基站覆盖范围内、基站覆盖范围外以及基站部分覆盖场景中的 V2X 通信。一个特定的数据包采用单播、组播还是广播传输,是由高层决定的。

5G-V2X 引入直连通信链路单播、组播以及相应的反馈机制,主要是为了提高物理层传输的可靠性。相比于广播，在一定程度上也可以提升资源利用率。

2）直连通信物理层结构

5G 直连通信链路的物理层结构参照了 5G Uu 物理层结构的设计。5G-V2X 引入了专门的物理直通链路反馈信道（PSFCH），可以承载单播和组播传输的 HARQ（Hybrid Automatic Repeat Request，混合自动重传请求）反馈信息，从而更好地支持直连通信链路单播和组播传输。

此外，相比于 LTE-V2X，5G-V2X 在参考信号方面也做了增强，引入了相位追踪参考信号（PT-RS），可以更好地支持高频段通信。同时，引入了信道状态信息参考信号（CSI-RS），可以支持直连通信链路 CSI（Channel State Information，信道状态信息）测量和反馈，从而支持调制编码方案（MCS）和秩（Rank）的自适应调整，进一步提升传输可靠性和频谱效率。

与 5G Uu 相比，5G SL 支持时域密度更高的 DM-RS 传输（PSSCH DM-RS 1 个时隙最高可达 4 个符号），能够有效支持高速场景下的通信。

5G 直连通信链路支持 15kHz、30kHz、60kHz 及 120kHz 子载波间隔（SCS），可以满足不同业务类型、频段、移动速度等对 SCS 的不同需求，较大的 SCS 可以更好地支持低时延、高频段及高速场景下的传输。

3）直连通信 CSI 测量

在单播传输时，发送 UE 可以配置接收 UE 进行非周期性的 CSI 报告。发送 UE 发送 CSI-RS 并在直连控制信息（SCI）中指示接收 UE 进行 CSI 测量，接收 UE 基于收到的直连通信链路 CSI-RS 计算信道质量指示（CQI）和秩指示（RI），然后通过 MAC 层信令向发送 UE 报告 CQI 和 RI，从而实现直连通信链路 MCS 和 Rank 的自适应调整，进一步提升传输可靠性和频谱效率。

4）直连通信 HARQ

为了实现 5G 直连通信链路单播和组播的可靠传输，5G-V2X 引入了 HARQ 机制，接收 UE 可以根据是否成功接收数据包向发送 UE 反馈 ACK/NACK 信息，并且引入了 PSFCH，可以用于承载 HARQ 反馈信息。针对组播，5G-V2X 还支持 NACK-only 的 HARQ 机制，即组播用户中没有正确接收到数据包的需要反馈 NACK 信息，而正确接收到数据包的用户则不需要发送 ACK 信息。5G-V2X 引入直连通信 HARQ 机制，可以提升直连通信单播和组播传输的可靠性，并且支持将直连通信 HARQ 信息反馈给基站，从而辅助基站优化直连通信资源分配和可靠调度。

5）直连通信同步

5G 直连通信链路同步信号（SLSS）包括主同步信号（S-PSS）和辅同步信号（S-SSS），与 PSBCH 一起组成同步信号块（SSB），其结构和序列沿用了 5G Uu 同步信号块的设计，子载波间隔支持 15kHz、30kHz、60kHz 及 120kHz。与 LTE-V2X 类似，5G-V2X 支持 4 种

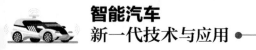

同步源：全球导航卫星系统（GNSS）、基站（gNB/eNB）、同步 UE 及 UE 内部时钟。

相比于 LTE-V2X 直连通信同步，5G-V2X 主要在同步信号块的结构和序列方面做了改进，采用了 5G Uu 的参数集（Numerology），较大的 SCS 可以更好地支持低时延、高频段及高速场景下的同步。

6）直连通信资源分配

5G-V2X 支持两种资源分配模式，即基站调度模式（资源分配模式 1），基站为 UE 分配传输资源；UE 自选模式（资源分配模式 2），UE 自主选择传输资源。在资源分配模式 1 中，基站可通过动态授权或者配置授权的方式分配直连通信传输资源，并支持发端 UE 将收到的直连通信 HARQ 反馈信息转发给基站，从而实现可靠传输。在资源分配模式 2 中，将 LTE-V2X 采用的基于感知+预约的资源选择方式作为基线，在此基础上针对 5G-V2X 支持动态业务包传输等新特性进行了改进和增强。

7）LTE-V2X 和 5G-V2X 共存

在 5G 车联网中，预计将有设备同时支持 LTE-V2X 和 5G-V2X，并可以在两个系统中同时运行。Rel-16 5G-V2X 支持与 LTE-V2X 共存，并且给出了发生冲突时的解决方案。当 5G-V2X 和 LTE-V2X 部署的频谱间隔邻近时，直通链路需要遵循半双工原则，可以通过为 5G-V2X 和 LTE-V2X 直通链路（预）配置资源池来避免时域上的传输交叠；当 5G-V2X 和 LTE-V2X 同时执行发送或者接收时，通过优先级比较执行其中高优先级业务对应 RAT 的发送或者接收。

5.4 C-V2X 与车路协同

车路协同是指采用先进的无线通信和新一代互联网等技术，全方位实施车车、车路动态实时信息交互，并在全时空动态交通信息采集与融合的基础上开展车辆主动安全控制和道路协同管理，充分实现人、车、路的有效协同，保证交通安全，提高通行效率，从而形成安全、高效和环保的道路交通系统。C-V2X 是车路协同的重要支撑技术，可以支撑车路间的实时信息交互。

5.4.1 车路协同介绍

车路协同通过先进的车辆、道路感知和定位设备对道路交通环境进行实时高精度感知和定位，按照约定的协议进行数据交互，实现车与车、车与路、车与人之间不同程度的信息交互与共享。其涵盖不同程度的车辆自动驾驶，要考虑车辆与道路之间的协同优化问题。

车路协同能够提供中远程感知，可以有效弥补单车智能存在的能力盲区和感知不足，并加速自动驾驶的商业应用。

车路协同主要包括以下 3 个发展阶段。

1. 车路协同 1.0：信息交互协同

在车路协同 1.0 阶段，道路数字化程度很低，车和路之间的信息交互很少。少数重点管控的车辆会通过 2G/3G/4G 技术向管控平台上报自身的位置和状态以便接受监管。由于缺少信息通知手段，道路信息只能通过可变情报板或运营商短信的方式向车辆告知，只能提供准静态信息。车路协同系统只能进行低精度感知和初级预测，数据之间缺乏融合，信息采集、处理和传输的时延明显，如图 5-25 所示。

图 5-25　车路协同 1.0 架构图

2. 车路协同 2.0：协同感知

随着摄像头、雷达、线圈等传感器的大范围部署和图像识别、交通流量统计技术的发展，越来越多的交通事件可以在路侧实时感知。而 C-V2X 技术为车辆和路侧基础设施提供了一种信息交互的快速通道，其通信时延可以控制在几十毫秒以内，道路状态通知的实时性大大增强，因此可以用来指导车辆的短时决策。随着 C-V2X 技术的引入，道路信息对于车辆的价值逐渐增加。在这一阶段，车路协同系统具备复杂传感和深度预测功能，通过与车辆系统之间的双向数据实时共享，可以支持较高时间和空间解析度的驾驶辅助和交通管理功能，如图 5-26 所示。

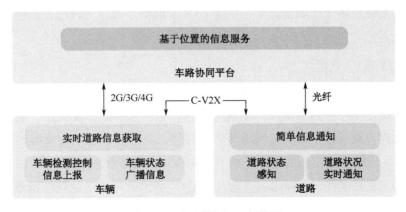

图 5-26　车路协同 2.0 架构图

3. 车路协同 3.0：协同决策控制

未来，随着路侧融合感知、边缘计算、C-V2X 技术的进一步发展，车路协同将进入 3.0 阶段。随着 C-V2X 引入更大的传输带宽，车辆和路侧设施之间可以进行感知协同。车辆可以把自身传感器的原始数据发送给路侧设施，利用边缘计算能力进行更为精准的计算。随着 C-V2X 引入单播传输机制，路侧设施可以向车辆提供有针对性的道路全息感知结果，甚至可以利用强大的边缘计算能力为车辆直接规划行驶路径。在这一阶段，车路协同系统可以为自动驾驶车辆提供全场景下的感知、预测、决策、控制、通信服务，并优化整个交通基础设施网络及车辆的部署和运行，如图 5-27 所示。

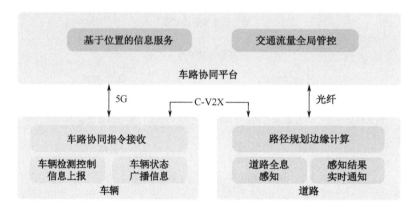

图 5-27 车路协同 3.0 架构图

通过加入车路协同路侧单元，可以有效分担车载自动驾驶系统的感知、决策和控制压力，降低系统的复杂度。随着自动驾驶研发投入逐渐增加，投入产出比呈边际效益递减的趋势，车路协同可以使单车智能自动驾驶向车路协同智能或群体智能过渡，快速提高自动驾驶的能力，并加快规模商业化落地临界点的到来。

5.4.2 车路协同关键技术

车路协同系统包括 4 个关键技术：V2X 技术、路侧全域感知技术、高精度定位技术、分级云控技术。

1. V2X 技术

协同的前提是交通要素间快速、准确的信息交换，因此一个超高可靠、低时延的车路间泛在通信系统是车路协同的基础。车辆的实时状态信息（如工作状态、运行参数、告警信息、行驶意图）要通过车路通信网络传输到路侧，并经过脱敏、抽象等处理后传送给云控中心。同样，道路基础设施的信息（如电子标牌、信号灯状态、地图）、路侧感知到的交通参与者信息、交通事件（如拥堵、遗撒、施工）、交通管理部门的管控指令（如限速、禁行、交通管制）也要通过车路通信网络传输到车侧，供车辆的驾驶行为决策使用。

2. 路侧全域感知技术

随着传感技术的发展，传统的交通系统检测方法和手段也得到了很大提升。除了可以继续利用图像处理技术进行交通事件识别，利用气象传感技术进行气象事件识别，利用线圈、雷达技术进行交通流量统计，还可以利用激光雷达等先进的感知手段进行交通参与者的目标识别与跟踪。

在 V2X 技术的支持下，浮动车技术将成为路侧传感的有效补充。可在公共车辆（如公交车、出租车、交警车辆、道路养护车辆）上加装感知设备，对交通状态信息进行采集，并通过 V2X 技术实时汇聚到路侧，与路侧直接感知到的信息进行融合。此外，随着 V2X 车载设备渗透率的不断提高，已安装车载设备车辆的状态信息也可以通过 V2X 技术准确获得，与传感器采集的信息相互印证。

3. 高精度定位技术

高精度定位技术是实现车路协同的基础，在获取车辆准确位置的基础上，才能提供各种安全预警应用和个性化的交通信息服务。为了实现全时空连续的高精度定位，往往需要对多种定位技术进行组合，如开阔地带使用基于差分信息增强的全球导航卫星系统（GNSS）定位，GNSS 短暂丢失时使用惯性导航定位，道路标志标线条件较好时使用即时定位与地图构建（SLAM）定位，隧道和地下空间内使用基于无线通信的定位等。

4. 分级云控技术

车路协同的目标是实现局部交通的快速协同和全局交通的综合管控，这就要求部分信息在本地快速处理，并快速通知到周边车辆，也就是边缘云控；部分信息要汇聚到云控中心进行全局数据分析和全局交通流管控，也就是中心云控。

云控系统架构及组成如图 5-28 所示。

边缘云控利用移动边缘计算（MEC）技术将计算、决策能力向网络边缘进行迁移，实现局部交通协同的分布式、本地化部署，进而可以通过 V2X 技术为区域内行驶的车辆提供低时延车路协同服务。采用 MEC 技术，可以将敏感数据或隐私信息控制在区域内部，同时降低回传网络的负载压力。通过边缘计算和 V2X 技术的联合部署，可以实现安全预警、车速引导、信号协同、动态高精度地图制作与播发、车辆感知能力补充、危险驾驶行为提醒、多车行驶路径协同等边缘云控应用。

中心云控则对 V2X 网络收集汇总得到的交通数据进行大数据分析，通过云控平台强大的计算和存储能力，洞察交通数据间的潜在因果关系，为交通管控决策和流程优化提供数据支撑。同时，利用大数据技术的加工能力，挖掘车辆在具体交通场景下的个性化信息需求，结合 V2X 的快速通信能力为车辆实现场景化的增值服务。通过中心计算和 V2X 技术的联合部署，可以实现交通事故的分析与预测、交通流量的动态预测、出行需求的预测与运力匹配、道路管理策略的远程配置、个性化信息服务等中心云控应用。

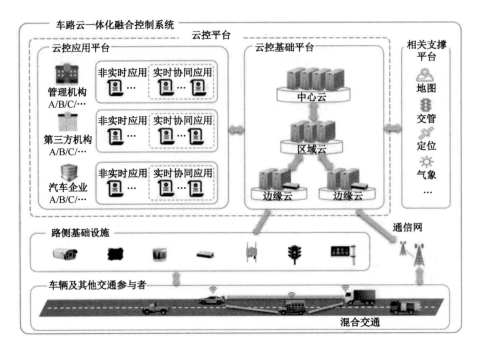

图 5-28 云控系统架构及组成

5.4.3 车路协同的技术优势

业界结合已落地项目开展了大量 V2X 车路协同应用测试验证和先导示范，典型车路协同应用场景举例如表 5-2 所示。

表 5-2 典型车路协同应用场景举例

场景类别	场景名称	适用标准
全量交通要素感知定位	动静态盲区/遮挡协同感知	（1）满足高等级（T/CSAE 158—2020）标准要求 （2）向下兼容 DayI（T/CSAE 53—2020）与 DayⅡ（T/CSAE 157—2020）标准
	车辆超视距协同感知	
	路边低速车辆检测	
道路交通事件感知	违章停车、"死车"事件识别	
	排队交通事件识别	
	道路遗撒事件识别	
路侧信号灯融合感知		

1. 动静态盲区/遮挡协同感知

受限于单车智能的传感器感知角度，在出现静态障碍物或动态障碍物（如大型车辆）遮挡时，自动驾驶汽车难以准确获取盲区内的车辆或行人的运动情况。通过路侧多传感器部署，实现多方位、长距离连续检测识别，并与自动驾驶汽车感知进行融合，实现自动驾驶车辆对盲区内车辆或行人的准确感知识别。车辆可提前做出预判和决策控制，进而降低事故风险。

2. 车辆超视距协同感知

受限于车载传感器的类型、感知范围、分辨率等因素，自动驾驶汽车对超出车载传感器覆盖范围的交通运行状况、交通参与者或障碍物检测结果不稳定，容易出现类型跳变等问题。通过路侧多传感器部署，实现多方位、长距离连续检测识别，并与自动驾驶汽车感知进行融合，实现自动驾驶车辆对超视距范围内车辆或行人的准确感知识别。

3. 路边低速车辆检测

受车载传感器感知视角及车辆实时运动等因素的影响，自动驾驶汽车对路边低速车辆的速度估计不准，如路边缓慢倒车、路边车辆驶出等，造成潜在碰撞或急刹风险。

通过路侧多传感器部署，实现对道路多方位、长距离连续检测识别，并与自动驾驶汽车感知进行融合，实现自动驾驶车辆对低速车辆或行人的准确感知识别，降低事故风险。

4. 违章停车、"死车"事件识别

车端由于观察的角度、视距受限，面对违章占道停车、"死车"等场景，难以对交通态势进行及时的语义判断，使得车辆刹车或变道距离短，容易造成急刹。

通过协同感知服务，让车辆提前进行预判和决策控制，如变道绕行、停车，避免急刹或事故等风险，保障自动驾驶车辆安全。

5. 排队交通事件识别

在跟车状态下，前方路口红灯，直行车辆出现排队现象。而自动驾驶汽车此时无法判断前车停止原因（排队中），因此会选择往左侧（左转车道）并线超车；然而临近路口时，却因为车道中的排队车辆而无法再并线回原车道，如图 5-29 所示。

图 5-29 排队交通事件识别

通过交通事件协同感知，可以及时发现前方排队事件，并将排队信息及时发送给自动驾驶汽车，自动驾驶汽车根据排队信息做出不变道超车并在车道内排队等候的决策。

6. 道路遗撒事件识别

自动驾驶汽车的感知视角有限，对低矮障碍物的准确检测需要较近距离才能实现，容易造成车辆急刹。通过交通事件协同感知，可对道路遗撒低矮障碍物进行有效检测，并通过 V2X 远距离提前发送给车辆，提前进行预判和车辆决策控制，如变道绕行，如图 5-30

所示。

图 5-30 基于协同感知的道路遗撒事件识别

7. 路侧信号灯融合感知

信号灯数据获取是自动驾驶必须解决的问题，单车智能主要通过视觉 AI 获取，但仍存在很多不足。

（1）识别信号灯能力有限，异形信号灯无法识别。

（2）车端视角受限，容易被前车遮挡。

（3）容易受外界环境影响，尤其是逆光、雾天、扬尘、夜晚等环境。

（4）识别的数据维度有限，倒计时信息识别不准。

车路协同感知主要通过 IoT 信号灯数据接入、路侧多视觉融合感知等技术获取信号灯灯色和倒计时信息，经数据融合处理后，通过 V2X 发给自动驾驶车辆。信号灯协同感知的优势如下。

（1）获取方式不受灯的外观、环境影响。

（2）获取到的数据内容丰富（包括灯色、倒计时信息）。

（3）车辆可在很远的距离提前获取信息，提前进行决策控制。

5.5 车联网与大数据

未来汽车将成为最为智能的移动终端，平均每个人每天都有 2 个小时甚至更长的时间在车里度过，现有的功能已经不能满足车主的需求。汽车已经不再是单纯的交通工具，而是可以提供出行、生活、娱乐及办公等服务的智能载体。

车辆共享和分时租赁等汽车共享经济成为新常态，车联网保险等后服务市场的新业务不断涌现。伴随着中国互联网的发展，越来越成熟的通信网络、上网设备带来了新的移动互联网时代，如同手机的普及一般，汽车的普及也将汽车变为新的移动终端，车联网时代就此诞生，而车联网的精髓恰恰是大数据。

车联网大数据架构如图 5-31 所示。

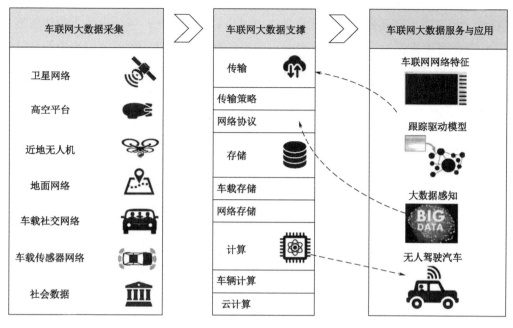

图 5-31 车联网大数据架构

车联网需要支持大数据的获取、传输、存储与计算；同时，通过对大数据内在价值的有效利用，车联网的架构与设计可以进一步得到优化。

车联网数据可以来自车辆、乘客、路边设施和互联网。车辆生成的车辆联网数据可分为两部分：车辆数据和道路数据。车辆数据，如速度、加速度、引擎及刹车状态等，可以直接从车载传感器获得。道路数据是指有关道路上发生的事件的信息，可以来自车载传感器，如前置摄像头等，也可以来自车辆网络。车联网感知和应用带宽如表 5-3 所示。

表 5-3 车联网感知和应用带宽

车辆感知	数据带宽	路侧感知	数据带宽	车联网应用	服务质量
车辆位置（GPS）	50kbit/s	毫米波雷达	10～100kbit/s	车辆管理	无处不在的连接
驾驶状态（速度、胎压等）	100kbit/s	超声波	10～100kbit/s	车载高清视频流	大带宽
ECU（冷却液温度、转速等）	100kbit/s	激光雷达	10～70kbit/s	自动驾驶	高可靠、低时延连接
意外事件（刹车、事故、碰撞等）	很小	摄像头	20～40kbit/s	高精度地图	大数据量

车载传感器产生的数据种类繁多，数量巨大。与发动机控制单元或 GPS 等传统传感器相比，激光雷达和摄像头为自动驾驶、导航等应用生成的数据量要大得多。其他车辆也可以通过联网获取一些传感器数据，以支持各种应用。

此外，V2X 技术可用于车辆和 ITS 基础设施之间的通信，以预测交通状况并计算最佳导航路线。乘客或车辆驾驶员的智能设备也可以生成海量数据。智能设备上的传感器，如GPS、陀螺仪可以提供大量的传感数据，可用于各种车辆应用，也可使用车内的智能手机作为探头来监控道路交通。车辆社交网络还可以生成属于移动车辆和乘客的社交数据。经销商和政府管理部门也可以通过数据管理系统提供车辆销售数据、维修数据、二手车交易数据、天气数据、交通违法数据、违章建筑数据、POI 数据、人口数据等社会数据，一般通过专业 MIS（Management Information System）实现。除了从车载传感器、路人及其智能设备、其他车辆和 RSU 获取数据，地面、空间和空中平台也可以是车联网中的数据源。

由于数据类型多样，数据量大，服务质量严格，车联网中大数据的传输面临较大的挑战，如图 5-32 所示。

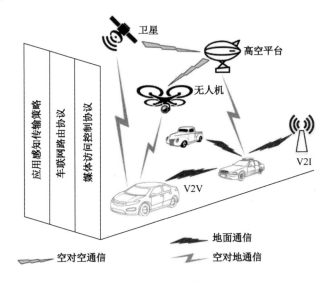

图 5-32　车联网大数据传输

（1）恶劣的无线信道条件：在驾驶场景中，高层建筑、隧道、高架桥、高架道路等环境以及时变的交通状况会对 V2V 链路性能产生重大的动态影响。障碍物和多路径衰落会导致无线信道不稳定。

（2）高机动性：由于车辆在道路上的行驶速度很快，移动车辆与有限覆盖的路边基础设施之间的无线连接会频繁中断。车辆可能随时靠近或离开路边基础设施，这可能会对彼此造成随机信号干扰。

（3）动态车辆密度：在城市和高速公路发生交通拥堵的情况下，车辆密度可能非常高；在郊区或高速公路上，车辆密度可能非常低。传输协议需要有效地适应可变的车辆密度，以确保在低车辆密度下不会浪费通道资源，在高车辆密度下可以缓解通道拥塞。

为了在车联网大数据中准确传输信息，需要仔细设计信息传输策略。目前信息传输有两种模型，即推送模型和拉取模型。在推送模型中，无论用户的请求如何，数据都会定期广播；而在拉取模型中，数据会根据用户的请求进行传输。安全性高的安全服务使用推送模型来同步最新信息，对时延要求不高的信息服务通常采用拉取模型来节省通信资源。在实际实现中，通常将这两种模型组合在一起，即混合模型，同时支持多个应用。

车联网中的大数据存储主要分为 3 种，即车载存储、路侧存储和网络存储。

（1）车载存储：目前安装在车辆上的 OBU 通常具有丰富、可扩展的接口，如通用串行总线，通过它可以大大扩展车载存储空间。

（2）路侧存储：路侧单元通常安装有板载存储和扩展接口，用于外部存储。

（3）网络存储：车辆可以通过互联网远程访问存储设备。车辆可以访问大多数云存储服务提供商，其他车辆和路边设施的存储空间也可以在授权下进行互联网访问。

不断增长的数据量给车联网带来很大的挑战，但是通过分析与挖掘大数据，高效、智能的新一代车联网架构与设计也会得到优化与发展。

1. 大数据支撑的无人驾驶

尽管自动驾驶汽车配有雷达和视觉传感器，使它们能够感知周围的环境，但如果不能获得可靠的数据流，以及了解周围的情况和进行预判，自动驾驶汽车就会存在安全风险。未来的自动驾驶汽车可以依靠传感器和已有的大数据，将不同数据有效融合起来，建立一个基于大数据的感知系统，保障自动驾驶汽车的安全行驶。

如何将海量数据高效地传输到运营点和云集群中，如何将海量数据成体系地组织在一起，为数据流水线和各业务应用，如训练平台、仿真平台、汽车标定平台提供数据支撑，均涉及大数据技术。

2. 汽车产业应用

基于大数据分析可以解决车厂传统业务中靠人力和经验无法真正解决的痛点问题，以实际数据来验证、评价、预测相关业务的正确性，更全面地为车厂创造更多的价值。可以从经济性、环境适用性、可靠性、安全性等方面挖掘数据价值，为车厂研发部、质量部提供业务决策依据。

3. 信息服务应用

信息服务应用目前的使用率较高，主要是一些提高驾乘体验的车载信息类应用，如导航服务、堵点提醒、充电引导、停车引导等。这类应用涉及与人的互动，对数据的实时性要求较高，又因为引导式服务的需求，其对数据的准确性要求也很高。此类应用的执行力度较高，未来可致力于应用服务质量的提升，以确保应用服务的有效性，如图 5-33 所示。

4. 后市场服务应用

随着车联大数据分析平台人、车实际数据规模不断扩大，可根据不同行业客户的特点（如保险公司、运营车队、新能源汽车租赁公司、二手车评估平台等），提供定制化的大数据发布服务（如脱敏数据、分析结果数据、分析报告等），充分体现自有数据运营的价值，如图 5-34 所示。

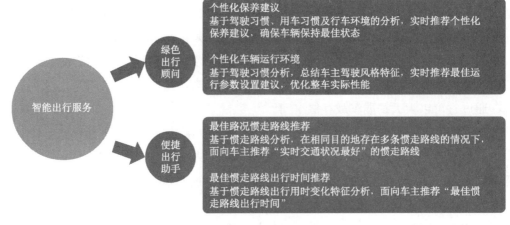

图 5-33 信息服务应用

图 5-34 后市场服务应用

汽车大数据的后市场服务应用包括汽车保险、车辆服务和出行服务等。汽车后市场保险业需要汽车行驶数据、违章数据、维修数据等的支撑，以实现保费合理评估，并以此增进投保数量及保险质量。目前，典型的出行服务方式包括车辆共享与分时租赁，基于数据智能化的分时租赁方式在很大程度上节约了人工成本，租车、解锁、驾驶、支付和归还等操作都能直接通过手机应用完成，用户体验良好。

5.6 车联网与区块链

区块链技术通过建立一个共同维护且不可被篡改的数据库来记录过去的所有交易记录和历史数据，所有的数据都是分布式存储且公开透明的。区块链可以为大多数车联网应用场景提供创新的解决方案。区块链与车联网的融合不仅提高了安全性、隐私性和信任度，还提升了系统性能和自动化程度。

5.6.1 车联网面临的挑战

随着车辆应用和服务的快速发展，越来越多的智能车辆将产生和交换大量的数据，需要管理的网络流量将非常大。智能汽车作为未来智能世界的一个重要组成部分，涉及很多方面的互动，如各类服务商、监管机构等。由于多方参与，身份认证服务需要满足安全和便利的要求。同时，智能汽车时刻都在产生数据，这些数据的存证、确权、流通需要满足安全和道德的要求。例如，在智能汽车自动泊车、自动充电过程中，与停车场、充电桩、维护服务设备之间自动连接认证、信息记录和收费结算存在便利性、安全性问题；在智能汽车行驶过程中，与其他车辆、路侧智能设施、地图服务等进行身份认证、数据交换和交易等存在安全性问题。

当前智能汽车和车联网面临的挑战如图 5-35 所示。

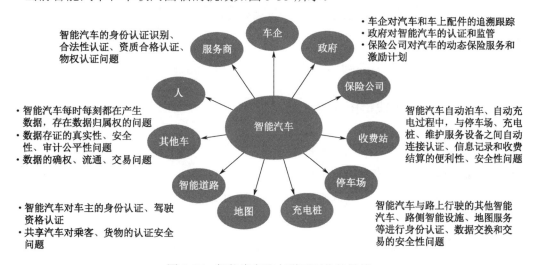

图 5-35 智能汽车和车联网面临的挑战

同时，车联网具有高移动性、低延迟性、上下文复杂性和异质性等特点，直接利用传统的基于云的存储和管理也将面临很大的困难。此外，很难保证属于不同服务提供商的车联网实体之间的强互操作性和兼容性。车联网和智能汽车的安全问题如图 5-36 所示。

因此，车联网的数据交换和存储平台需要向去中心化、分布式、可互操作、灵活和可扩展的方向发展，以迎合车联网的未来发展，并充分实现 ITS 的潜力。此外，由于分布式和去中心化，该平台本质上更容易受到网络攻击，必须确保车联网数据的安全性、隐私性和信任度。

图 5-36　车联网和智能汽车的安全问题

5.6.2　车联网+区块链的优势

区块链技术与现代加密技术为车联网的应用带来了巨大的机遇。

1. 区块链解决车辆数据诚信问题

利用区块链分布式存储不可篡改数据的特点，在新型共识机制的支持下，区块链能够与不同实体之间建立强大的信任。智能合约也可以在没有任何受信任实体的情况下作出决定，解决信任问题。由于区块链的不可篡改性，违章信息、车辆故障、交通事故的现场信息将被永久记录在区块链中，这样可以实现证据的固化，解决车辆数据诚信问题。

图 5-37 展示了基于区块链的智能汽车车路协同的一个场景，其利用基于区块链的分布式数字身份来解决智能汽车与周边交通设施的可信识别认证问题，并对车路协同数据进行确权存证。同时，把车企、智能道路、地图服务、交通部门及保险服务等不同的机构组成一条链，将行驶数据、驾驶数据、检测数据、事故数据、违章数据、保险数据等放到链上进行存证。各个机构可以基于链上的数据存证进行相关数据的获取，对相关业务进行处理。

2. 区块链记录车辆完整生命线

区块链可接入汽修汽配、车辆管理、汽车制造、汽车租赁、保险等领域。在区块链中，每个区块记录的哈希值相互之间保持着联系。区块链的不变性特征可以防止数据被篡改和修改，有助于准确审计。而智能合约能够实现交易的自动执行。

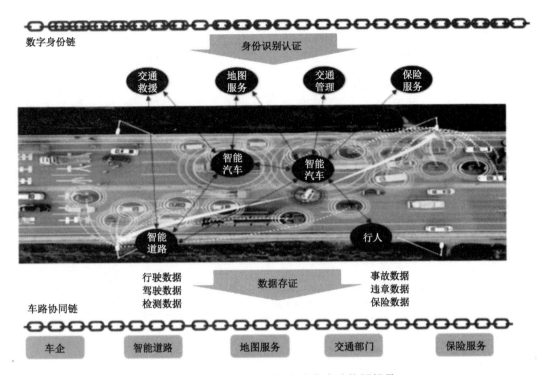

图 5-37 基于区块链的智能汽车车路协同场景

图 5-38 中展示了一种场景,通过区块链实现卡车编队,利用路径信息仅允许选中的成员进行匹配,可以根据信誉值来选择头车。区块链和智能合约在头车和随车之间提供安全支付,解决虚假和恶意支付的问题。队中成员按照合约向头车支付服务费用。

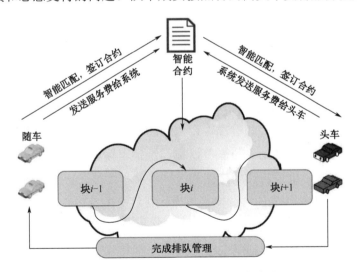

图 5-38 基于区块链技术的卡车编队

3. 区块链保障数据信息安全

车辆与车辆之间、车辆与人之间、车辆与服务商之间可以通过分享由区块链保护的数据信息，提高驾驶的安全性和服务商管理效率。同时，区块链可以解决安全威胁，如中断、单点故障和攻击。区块链在所有连接到网络的对等节点之间进行同步和复制，即使一个或多个节点受到威胁，服务也能够平稳运行。

如图 5-39 所示，利用智能汽车的 M2M 交易来实现共享出行。数字身份链是主链，把充电服务企业、停车场、收费站、金融机构、审计机构放到交易链上。智能汽车通过数字身份链认证驾驶员的身份，相关的身份验证合格之后，才允许其使用充电桩、停车场、收费站、维护服务等设施。智能汽车会将相关的服务数据记录到交易链上。金融机构确认身份信息和服务信息的有效性后进行结算。审计机构对整个流程中出现的服务进行追溯和判定，完成整个共享出行服务。

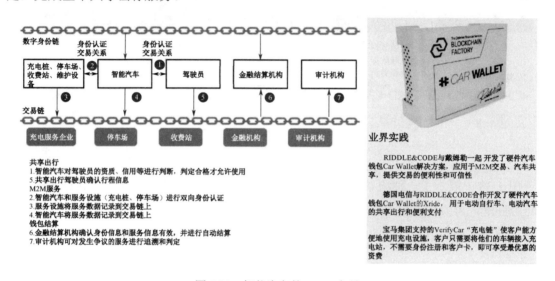

图 5-39 智能汽车的 M2M 交易

4. 区块链促进数据产生价值

通过车联网设备行车期间的车内外数据采集，用户可拥有自己的数据，并可分享给第三方。区块链消除了对数据存储和管理等云系统的依赖。在区块链和智能合约的支持下，可以取消第三方实体。区块链的参与者可以自己维护车辆服务和交易，使运营成本大幅降低。这能使诚信数据产生价值，让用户获利。

图 5-40 展示了基于区块链的资源交易方案。在这个方案中，为保护车辆的隐私，减少发布新区块的通信延迟，参与资源共享的车辆和区块验证者是分开的。在区块链的帮助下，即使是不移动的车辆也能在停车期间安全有效地分享其闲置的计算和网络资源。

5. 区块链提升用户体验

区块链允许创建去中心化的网络，可以实现两个实体之间的点对点（P2P）交易、共享和通信。通过 P2P 网络，服务请求者和提供者之间可以建立直接通信，在车辆和 RSU 之间安全地分享数据和资源。由于不需要与 P2P 网络中的任何中介进行通信，应用和服务时延大幅降低，提升了用户体验。

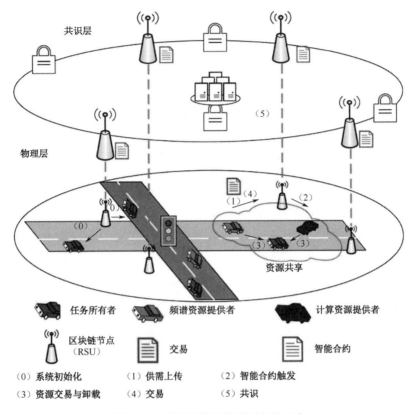

图 5-40 基于区块链的资源交易方案

区块链上的道路设备、车辆、司机都具有自己的数字身份，如图 5-41 所示。

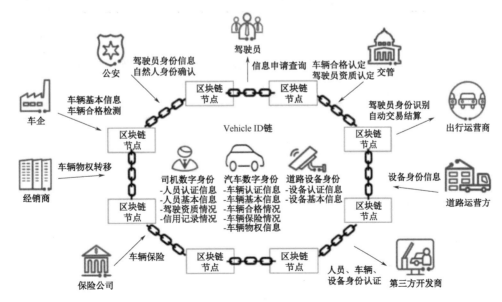

图 5-41 分布式数字身份保证多方身份认证安全可信

司机数字身份包含个人的认证信息、基本信息、资质信息和信用记录等。汽车数字身份包含车辆的认证信息、保险情况、物权情况等。道路设备身份包含设备的认证信息和基本信息。基于车联网，可以把相应的信息同步给公安、车企、经销商、保险、交管等一系列机构和个人，针对不同的场景，对不同的信息进行验证。

例如，交管部门可以对车辆合格情况进行验证，对驾驶员进行资质认证；公安部门可以确定驾驶员的身份信息；经销商可以实现车辆物权转移。通过数字身份就可以围绕车辆形成一个区块链，保证数据在链上流转的安全可信。

5.6.3　MOBI 联盟介绍

2018 年，宝马、福特、通用汽车、雷诺、博世、采埃孚等全球 30 多家创始成员联合成立了一个大规模区块链联盟——移动开放区块链倡议（Mobility Open Blockchain Initiative，MOBI），旨在探索区块链在汽车和移动出行领域的潜力，如图 5-42 所示。

图 5-42　MOBI 联盟

MOBI 联盟的初衷是通过区块链技术创建一套针对汽车领域的数字移动新生态系统的通行标准和开放接口，涵盖从汽车制造到汽车支付、从共享汽车到自动驾驶等各领域的生态建设。其中，针对自动驾驶所产生的海量数据的生产和归属，MOBI 联盟认为区块链能提供一种强大的去中心化工具，帮助自动驾驶的厂商们去控制和管理这些数据。

汽车和出行领域的企业已经利用区块链技术开发相关的应用，或者提升现有业务的运营效率。汽车行业生态系统的网络建设与信息流通已经势在必行，未来区块链技术和车联网技术将为交通系统带来新的功能。

5.7 车联网与卫星互联网

车联网与卫星互联网星座的结合在未来将为智能汽车的发展带来巨大的变化。卫星互联网星座在交通安全、沟通效率等方面都可以满足车联网的高要求。同时，成千上万颗卫星的规划也极大地增加了卫星通信系统的容量，可以有效降低通信成本。

5.7.1 卫星互联网星座介绍

卫星互联网的发展始于 20 世纪 80 年代末期，其演化过程如图 5-43 所示。

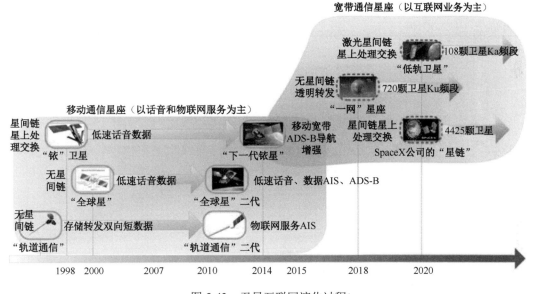

图 5-43 卫星互联网演化过程

从服务内容上看，卫星互联网由传统以中低速话音、数据、窄带物联网服务为主的星座系统，迭代成为可提供高速率、低时延、容纳海量互联网数据服务的宽带星座系统；从市场定位上看，与地面通信系统由最初的竞争替代，逐步转变为相互补充、竞合协同关系；从技术上看，在高通量趋势下，新一代卫星互联网采用 Ku、Ka、V 等较高频段，且平台技术逐步成熟，通过定制化、规模化、集成化的生产方式显著降低卫星制造成本；从建设主体上看，前两代卫星互联网主要参与者为摩托罗拉等电信企业，在新一代卫星互联网的建设中，SpaceX、OneWeb 等高科技企业纷纷入局，电信运营商也由竞争对手转变成产业链中的重要合作伙伴。

第一代卫星系统（C、L、S 频段）以话音及物联网服务为主，定位为全面替代地面通信系统。

第二代卫星系统（C、L、S、Ka 频段）升级带宽、拓展综合服务，扭转市场定位，与地面通信系统平行共存。

新一代卫星系统（Ku、Ka、V 频段）采用宽带/高通量卫星，提供高速率、低时延的互联网服务，与地面通信系统互补。

按照轨道高度，卫星主要分为低轨、中轨、高轨三类，如表 5-4 和图 5-44 所示。

表 5-4 卫星轨道分类

卫星轨道类型	轨道高度	卫星用途
低地球轨道（LEO）	300～2000km	对地观测、测地、通信等
中地球轨道（MEO）	2000～35786km	导航
太阳同步轨道（SSO）	小于 6000km	观测等
地球静止轨道（GEO）	35786km	通信、导航、气象观测等
倾斜地球同步轨道（IGSO）	35786km	导航

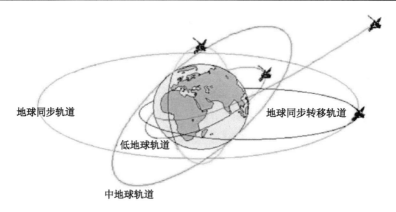

图 5-44 典型卫星轨道示意图

低轨卫星由于传输时延小、链路损耗低、发射灵活、应用场景丰富、整体制造成本低，非常适合卫星互联网业务的发展。相比于高轨卫星，其具有低时延、易于实现全球覆盖的特点。国际上，围绕低轨星座互联网掀起了新一代太空经济热潮。在需求和市场的牵引下，卫星互联网星座逐渐走向泛在，规模越来越大，应用越来越广，各类运营公司层出不穷，天地网络融合发展。

新一代卫星互联网技术向小型化、大容量的方向演进，低轨的宽带/高通量卫星迎来发展热潮。新一代卫星互联网星座发射及生产成本更低，组网规模宏大，可为全球提供高速率、低时延的卫星互联网接入服务，在应急、灾备、海洋作业、机/船载 Wi-Fi、偏远地带带宽覆盖等应用上持续突破，并在内容投递、宽带接入、基站中继、移动平台通信等方面和 5G 融合取得实质性进展。

发展至今，新一代卫星互联网星座已具有明确定义，即由数百甚至上千/万颗运行在低地球轨道的小型卫星构成，能够提供宽带互联网接入服务的通信卫星星座。

卫星互联网是卫星通信与互联网相结合的产物，是信息网络构建从平面到立体的重要拓展。通过发射一定数量的卫星形成规模组网，辐射全球，构建具备实时信息处理能力的大卫星系统，实现一种能够向地面和空中终端提供宽带互联网接入等通信服务的新型网络。它的覆盖范围广，可实现全球无缝覆盖，解决偏远地区、海上、空中用户的互联网服务需求；其组网成本更低，且随着研制集成化、标准化、平台化技术的持续推进，未来卫星制造及发射成本将持续下降，还能够降低单位带宽成本，打开下游应用蓝海。

卫星互联网的特点如图 5-45 所示。

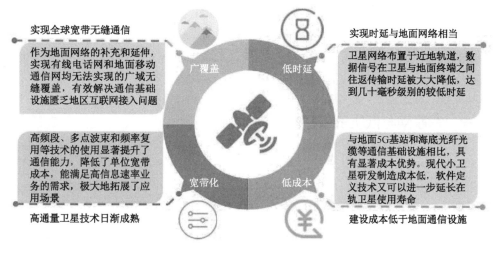

图 5-45　卫星互联网的特点

低轨宽带星座可采用与 5G 兼容的"接入网+核心网+软件定义网络/网络功能虚拟化"设计，与地面 5G 共用核心网，支持与未来地面 5G 移动通信网络的融合，如图 5-46 所示。

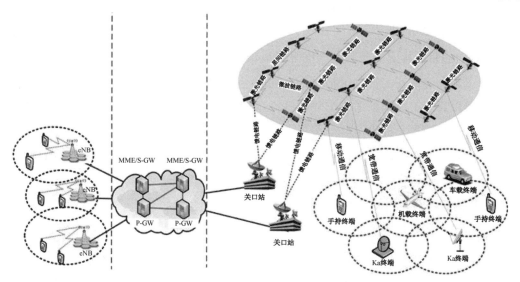

图 5-46　与 5G 融合的低轨宽带星座网络架构

可以认为低轨宽带星座是 5G 接入网的一种，在星上主要部署物理层信号处理、链路层及网络层路由交换等功能模块，实现空口协议处理和路由转发。在空口波形设计上，借鉴 5G 成熟的波形设计，如正交频分复用（OFDM）、Polar 码等，针对低轨宽带星座多普勒频移大、传输时延长等特点进行适应性改进，其中包括随机接入、闭环功控和混合自动重传等，降低研发成本。

中国的"虹云工程"计划发射 156 颗卫星实现全球组网。中国航天科工集团有限公司称，"虹云工程"具备通信、导航和遥感一体化、全球覆盖、系统自主可控的特点，以其极低的通信时延、极高的频率复用率、真正的全球覆盖，可满足中国及国际互联网欠发达地区、规模化用户单元同时共享宽带接入互联网的需求。同时，"虹云工程"也可满足应急通信、传感器数据采集、工业物联网、无人化设备远程遥控等对信息交互实时性要求较高的应用需求。

5.7.2　车联网与低轨宽带星座结合

未来，低轨宽带星座可以满足车联网主动安全（20～100ms）、交通效率（500ms）及信息娱乐（1～10s）这 3 类应用在时延方面的要求。由此，低轨宽带星座消除了高轨卫星通信的劣势，敲开了车联网应用的大门。

1. 低轨宽带星座是天然的全球网

这种全球网体现在其覆盖全球任何位置时在成本上没有显著差别，而且灵活性较好。对车联网中的许多服务来说，这会带来很大的优势。例如，对于其中的自动驾驶服务，从驾驶的安全性和可靠性角度看尤其需要保证这种服务的连续性（即不能突然断网），但由于车辆一般可在很大范围内移动，其所到之处又具有随意性，因此由低轨宽带星座来保障这种连续性和安全性则具有优势。

2. 低轨宽带星座提供车联网通信服务具有较好的容量弹性

相对于地面基站在局部地区信号带宽的固定性，卫星通信可以提供具有一定容量弹性的服务。可以设想某段局部道路车辆非常拥堵，导致附近能够提供车联网服务的地面基站总带宽不够为每辆汽车提供车联网服务。此时如果汽车可以切换到卫星网，由于卫星点波束可以在一定时间范围内改变其覆盖区域，因此可以将一些卫星的闲置容量临时调到该区域进行信号增强，从而保证该拥堵地区的车联网能够提供稳定的接入服务。

3. 低轨宽带星座的设计不同于高轨星座、大型星座

低轨宽带星座可以根据用户数量，在一个很大范围内增加卫星的数量，而且具有更广的覆盖范围和波束移动的灵活性。因此，其总体服务的用户数量也可以不断增加。这不同于任何一颗高轨通信卫星或大型星座所提供的服务模式，其整体服务能力的可塑性非常强。

在车联网领域,未来通信导航一体化、天地网融合发展是必然趋势。车载终端预计将是可连接地面网络、卫星网络的多模终端,在一个网络拥堵的时候能快速自动接入另一个网络,并且可以通过北斗三号提供全球服务和增值服务,以提高自动驾驶等服务的安全性。

在交通安全方面的应用中,大部分 V2I 场景和 V2V 场景都可以由低轨宽带星座和地面网络结合提供联网服务。如紧急车辆提示、前方拥堵/排队提醒及超载/超员警告这 3 个细分场景下的应用,需要车联网平台在距离目标位置(紧急车辆、拥堵位置)1~2km 以外就给予车辆提示。因此,在地面蜂窝网络出现带宽不足或者覆盖不够的情况下,低轨宽带星座可以作为补充提前给予车辆提示。车联网在交通安全方面的应用如表 5-5 所示。

表 5-5 车联网在交通安全方面的应用

应用场景	优先级		实现方式
	基本	扩展	
前向碰撞预警	√		V2V
跟车过近提醒(区别于 FCW,发生在 FCW 之前)		√	V2V
碰撞不可避免告警		√	V2V/V2I
左转辅助/告警	√		V2V
汇入主路辅助/碰撞告警	√		V2V
交叉路口碰撞告警(有信号灯/无信号灯/非视距等,存在路边单元)	√		V2I
交叉路口碰撞告警(有信号灯/无信号灯/非视距等,不存在路边单元)	√		V2V
超车辅助/逆向超车提醒/借道超车	√		V2V
盲区告警/换道辅助	√		V2V
紧急制动预警(紧急电子刹车灯)	√		V2V
车辆安全功能失控告警	√		V2V
异常车辆告警(包含前方静止/慢速车辆)	√		V2V
静止车辆提醒(交通意外、车辆故障等造成)	√		V2V
摩托车靠近告警		√	V2V/V2P
慢速车辆预警(拖拉机、大货车等)		√	V2V
非机动车(电动车、自行车等)靠近预警		√	V2P
非机动车(电动车、自行车等)横穿预警/行人横穿预警	√		V2P
紧急车辆提示	√		V2V/V2I/V2N
大车靠近预警		√	V2I
逆向行驶提醒(提醒本车及其他车)		√	V2V
前方拥堵/排队提醒		√	V2I/V2V/V2N
道路施工提醒		√	V2X
前方事故提醒		√	V2I
道路湿滑/危险路段提醒(大风、大雾、结冰等)	√		V2I
协作信息分享(危险路段、道路湿滑、大风、大雾、前方事故等)		√	V2I
闯红灯(黄灯)告警	√		V2I
自适应近/远灯(如会车灯光自动切换)		√	V2V

续表

应用场景	优先级 基本	优先级 扩展	实现方式
火车靠近/道口提醒		√	V2I/V2P
限高/限重/限宽提醒		√	V2I
疲劳驾驶提醒		√	V2V
注意力分散提醒		√	V2V
超载告警/超员告警		√	V2N/V2P

在交通效率方面，所有场景都可以通过低轨宽带星座提供服务而得到应用上的有效扩展。车联网在交通效率方面的应用如表5-6所示。

表5-6 车联网在交通效率方面的应用

应用场景	优先级 基本	优先级 扩展	实现方式
减速区/限速提醒（隧道限速、普通限速、弯道限速等）	√		V2I/V2N/V2V
减速/停车标志提醒（倒三角/"停"）		√	V2I
减速/停车标志违反警告		√	V2X
车速引导	√		V2I/V2V/V2N
交通信息及建议路径（路边单元提醒）		√	V2I/V2N
增强导航（接入Internet）		√	V2N/V2I
商用车导航		√	V2N
十字路口通行辅助		√	V2V/V2I/V2N
专用车道动态使用（普通车动态借用专用车道）/专用车道分时使用（分时专用车道）/潮汐车道/紧急车道		√	V2I
禁入及绕道提示（道路封闭、临时交通管制等）		√	V2I
车内标牌	√		V2I
电子不停车收费	√		V2I
货车/大车车道错误提醒（高速长期占用最左侧车道）		√	V2I
自适应巡航（后车有驾驶员）		√	V2V
自适应车队（后车无驾驶员）		√	V2V

绝大多数以V2N作为实现方式的信息服务类车联网应用，都可以采用低轨宽带星座作为代替的解决方案。只有少数场景低轨宽带星座难以提供服务，如地下停车场停车，由于停车场处在地下，卫星信号难以触达，自动停车引导及控制这一应用不适合采用低轨宽带星座方案。车联网在信息服务方面的应用如表5-7所示。

表 5-7 车联网在信息服务方面的应用

应用场景	优先级 基本	优先级 扩展	实现方式
兴趣点提醒		√	V2I/V2V
近场支付	√		V2I/V2N
自动停车引导及控制	√		V2I/V2N
充电站目的地引导（有线/无线电站）		√	V2I/V2N
电动汽车自动泊车及无线充电		√	V2I/V2N
本地电子商务		√	V2I/V2N
汽车租赁/分享		√	V2I/V2N
电动车分时租用		√	V2I/V2N
媒体下载		√	V2I/V2N
地图管理，下载/更新		√	V2I/V2N
经济/节能驾驶		√	V2X
即时消息		√	V2V
个人数据同步		√	V2I/V2N
SOS/eCall 业务	√		V2I/V2N
车辆被盗/损坏（包括整车和部件）警报	√		V2I/V2N
车辆远程诊断，维修保养提示	√		V2I/V2N
车辆关系管理(接入 Intenet)		√	V2I/V2N
车辆生命周期管理数据收集		√	V2I/V2N
按需保险业务（即开即交保等）		√	V2I/V2N
车辆软件数据推送和更新		√	V2I/V2N
卸货区管理		√	V2I/V2N
车辆和 RSU 数据校准		√	V2I
电子号牌		√	V2I

2020 年，卫星互联网被纳入新基建范围，社会资本助推中国航天进入商业时代，全面开启空天轨道资源的战略布局。卫星互联网建设已经上升为国家战略性工程，融入遥感工程、导航工程，成为我国天地一体化信息系统的重要组成部分。

地球近地轨道可容纳约 6 万颗卫星，而低轨卫星主要采用的 Ku 及 Ka 通信频段资源也逐渐趋于饱和状态。目前，全球正处于人造卫星密集发射前夕。到 2029 年，地球近地轨道可用空间将所剩无几。空间轨道和频段作为能够满足通信卫星正常运行的先决条件，已经成为各国卫星企业争相抢占的重点资源。

未来 10 年，我国低轨宽带星座+车联网的设备和运营市场规模大概能达到两三千亿元人民币。正是基于如此庞大的市场规模以及大批量制造的优势，车企才会考虑进入低轨宽带星座的建设和运营之中。

5.8 车联网与算力网络

算力网络是一张可以让相关成员享受到算力供给的网络。对于车联网来说,算力网络的业务级互联能够使车联网中的基础设施具备强大的共享运算能力。

5.8.1 算力网络的概念

集成电路时代,影响硅基芯片算力发展的主要因素有性能、成本、功耗。受这三大因素影响,硅基芯片算力的发展大致经历了单核、多核、网络化这3个阶段,如图5-47所示。

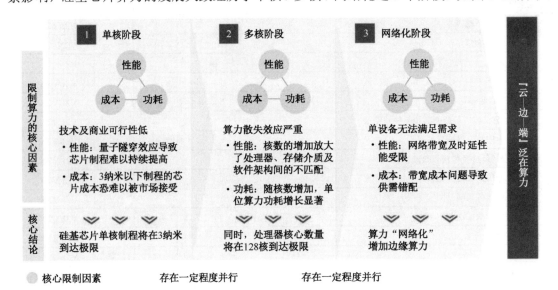

图 5-47 算力架构的演变

由于技术和商业可行性低,单核芯片计算能力将在芯片制程为3纳米到达极限,推动芯片由单核逐步向多核发展。由于核数增加放大处理器、存储介质、操作系统与软件间的不匹配而导致的算力散失效应(算力无法随着核心数量增加而成比例上升)和难以继续提升的单位算力功耗,导致多核芯片核心数量在128核时接近上限。随后,由于芯片的单核算力和多核数量走向极限,在算力需求持续增长的背景下,需要网络化算力对需求缺口进行补充。由于网络技术限制导致的算力潮汐效应,更为灵活、低成本的边缘设备可解决需求错配问题。

在网络化算力有效补充了单设备无法满足的大部分算力需求后,仍有部分算力需求受不同类型网络带宽及时延限制,无法满足低时延、大带宽、低传输成本的算力需求场景。近年来,许多场景中出现了边缘计算的形式,以实现更快、更低时延、更低成本的算力输出。同时，将算力部署在边缘也能显著节省网络带宽成本，是更加经济的算力部署模式，引入边缘计算后，计算、存储、网络成本可以节省30%以上，如图5-48所示。

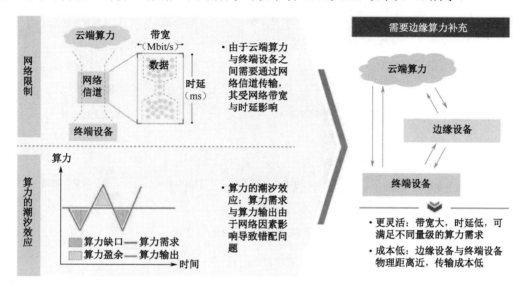

图5-48　网络传输带宽和时延导致算力错配，需要边缘算力支撑

边缘计算要求网络连接从对业务无感知的私有网络向感知用户业务需求、为数据和算力服务之间建立按需连接的开放型网络发展，这也是未来云网技术的重要演进趋势。边缘处理能力在未来几年将高速增长，尤其是随着5G网络的全面建成，其大带宽和低时延的特征，将加速算力需求从端、云向边缘扩散，如图5-49所示。

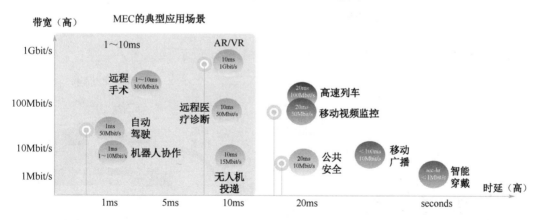

图5-49　边缘计算典型应用场景说明

因此，未来形成"云、边、端"三级异构计算部署方案是必然趋势，即云端负责大体量复杂计算、边缘负责简单计算和执行、终端负责感知交互的泛在计算模式，也必将形成一个统一的协同泛在计算能力框架，满足社会智能化发展带来的算力需求，如图5-50所示。

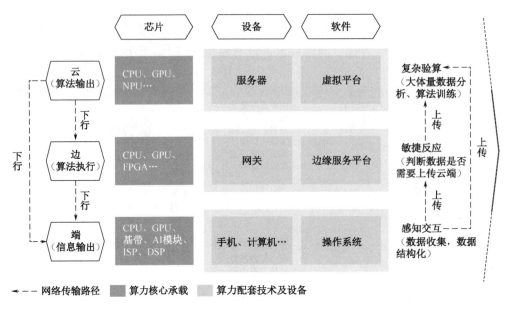

图 5-50 算力架构由芯片、设备、软件组成

计算与网络的融合将会更加紧密，由于单个节点计算能力有限，大型的计算业务往往需要通过计算联网来实现，业界也因此提出了算力网络。算力网络需要网络和计算高度协同，将计算单元和计算能力嵌入网络，实现云、网、边、端、业的高效协同，提高计算资源利用率。在算力网络中，用户无须关心网络中的计算资源的位置和部署状态，只需要关注自身获得的服务即可。网络和计算协同调度可保证用户的一致体验。

5.8.2 算力网络与云网融合

电信网络的发展大致可以分为3个阶段，如图5-51所示。

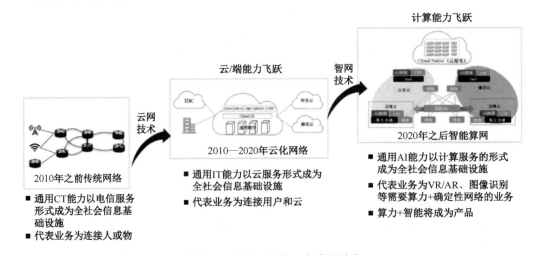

图 5-51 电信网络的3个发展阶段

第 1 阶段网络的主要功能在于服务连接本身，其基础是各种模拟的、基于电路时分复用或者分组 IP 化的技术，表现形式为通用的通信能力，代表业务为连接人或物。

在第 2 阶段，网络的大带宽能力不断增强，信息通信网络技术不断进步，重点体现在 SDN/NFV 能力的增强。通过软件定义网络和网络功能虚拟化等关键技术，赋予网络全面可编程能力，实现网络全域微服务化，提高网络架构可塑性，使网络架构可以智能地适应业务需求，这也是云网融合的技术特点之一。在这个过程中，SDN 技术偏重于解决网络对接上云（Network for Cloud）的问题，而 NFV 技术偏重于解决云承载虚拟网络（Cloud for Network）的问题。

在第 3 阶段，网络的主要特征表现为网络的智能化，实现网络连接和网络云化的智能融合。在连接层面，网络还将继续向统一编排、灵活管控方向演进，并且在这个基础上引入确定性的要求，云网融合的目标是实现网络的极简和网络的敏捷化。

伴随着电信行业对云技术理解的加深，网络云化进入云网一体阶段，其中包括对核心网网元进行云化改造（NFV），对承载网架构进行转控分离的改造，并实现转发面的极简（如 SRv6、Segment Routing IPv6、IPv6 分段路由）和小型化（如控制/用户分离的核心网）的成功实践，经过多年的探索，已经基本上确定了"控制云化+转发极简"的云化网络标准架构。云化网络和算力网络技术内容对比如图 5-52 所示。

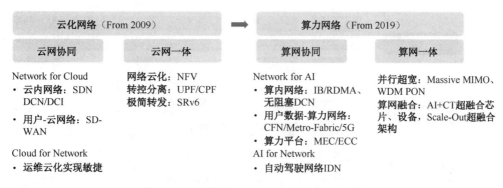

图 5-52　云化网络和算力网络技术内容对比

目前 SDN 已经实现了云和网的拉通，特别是专线等级的连接，NFV 实现了核心网功能的全面云化。但是目前 SDN 与 NFV 的部署一般相互独立，各成体系。云网融合发展趋势如图 5-53 所示。

以算力网络为代表的云网融合 2.0 时代正在快速到来。云网融合 2.0 在继承云网融合 1.0 工作的基础上，强调结合未来业务形态的变化，在云、网、芯 3 个层面持续推进研发，结合"应用部署匹配计算、网络转发感知计算、芯片能力增强计算"的要求，在 SDN 和 NFV 自身持续发展之外，实现 SDN 和 NFV 的深度协同，服务算力网络时代各种新业态。

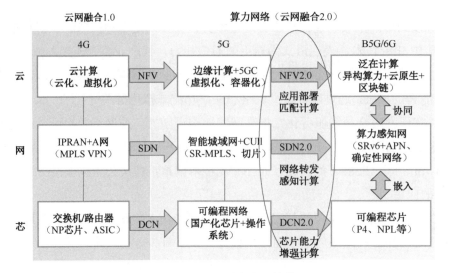

图 5-53 云网融合发展趋势

5.8.3 算力网络关键技术

算力网络的关键技术元素如图 5-54 所示。

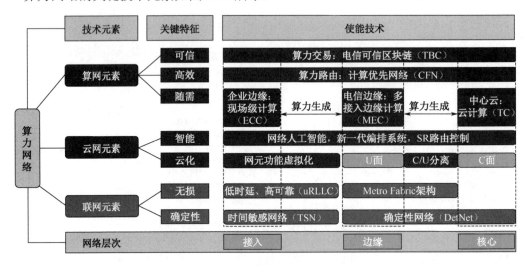

图 5-54 算力网络的关键技术元素

联网是基础,在 5G 时代,引入了超低时延技术与端到端网络确定性技术,以适应 VR/AR、工业计算等面向垂直行业的需求。同时,为了达到网络无损的目的,需要将数据中心内部的 Leaf-Spine 架构向城域扩展,搭建城域的 Metro Fabric 架构。

云网方面,网络人工智能技术将在算力网络的运维、管理、故障预测等方面发挥极大作用,并且网络需要进一步云化以便提升业务交付效率。

算网元素主要包括算力生成、算力调度(路由)和算力交易 3 个方面,使网络成为为全社会提供 AI 算力的基础设施。

算力网络早期与云化网络类似,聚焦算网协同的需求,包括网络为 AI 提供连接服务 (Network for AI),如用于数据中心内部的算内网络 IB、RDMA 和更大规模的无阻塞 DCN;用于用户数据到算力连接的 CFN(Compute First Network),以及支撑用户数据到算力更低时延和更大带宽连接的 Metro Fabric 和 5G uRLLC 网络;用于为 AI 提供算力服务的新型网络设备 MEC/ECC 等;还包括将 AI 技术用于运维(AI for Network)以实现主动运维的自动驾驶网络。

算力网络已经成为国内 IMT-2030 推进组 6G 网络研究的重要课题之一,不论是从 IPv6 网络技术、云原生技术和可编程芯片技术的发展来看,还是从国家新基建政策的导向来看,都给予了构建在算力网络之上的新商业模式尝试的空间。未来几年是算力网络在业界由概念普及转向试点验证的重要节点。

5.8.4 车联网与算力网络结合

智能车联定位于通过 5G、MEC、V2X 等先进通信与网络技术,实现智能汽车与人、车、路、后台等的信息交互共享,构建车路云一体的协同服务系统,具有复杂的环境感知、智能决策、协同控制和执行等功能,从而面向智能交通管理控制、车辆智能化控制和智能动态信息服务提供电信级的运营服务保障。

在算力网络中部署基于 5G MEC 的自动驾驶管理平台,利用 5G MEC 网络超低时延、高稳定、大带宽的特点,使驾驶员和车之间的信息交流无卡点,保证驾驶员对车辆的实时控制,及时传输高清图像与视频。依靠算力网络的云边协同能力,并基于 5G MEC 的车路协同系统,借助 MEC 的即时性特点,接收 RSU 上报的路侧信息,并推送至邻近的车辆,实现本地分流和无缝切换。

基于 5G MEC 部署远程故障管理平台,借助其低时延特点将连接、分析指令及时下达,同时实现应用下移与数据缓存到 MEC,将车载部分计算分析系统上移至 MEC 边缘云,有效降低智能车辆改造成本,加快无人驾驶商业化步伐,并预留开放接口,可为所有车联网终端提供远程故障管理服务。

英伟达预测,在无人驾驶的高级阶段,L4 级别的无人驾驶汽车将面临更为复杂的驾驶条件、更冗杂的安全纠错机制、更多层级的软件框架,在无法完全依靠优化算法的情况下,对车载算力约有 50 倍的提升需求。在无人驾驶的终极阶段,即完全自动驾驶阶段(L5 级别),车载芯片将会面临来自非标准公路、山路、复杂路况的苛刻识别需求,在与 L4 级别汽车的数据传输量相当的情况下,对车载芯片的复杂数据处理能力与快速分析和决策能力提出了更高要求,预计约有 10 倍的计算能力提升需求。

无人驾驶场景落地需要在不同位置实现对多层次、多来源的环境信息进行实时响应,需要部署边缘服务器以应对高级别无人驾驶阶段毫秒级时延响应要求。在未来的无人驾驶场景中，行车安全的核心信息，如路况、行人密度等需要传输到数百千米以外的云端服务器进行处理，但是基于目前的网络技术和发展目标，很难解决传输距离带来的延迟问题，且可靠性难以保证。

基于单车智能、依赖车网通信的自动驾驶路线图在 5G 网络发展背景下仍然无法保障传输时延与稳定性，所以未来以车路通信（在边缘侧部署 RSS、边缘计算平台等计算单元，RSS 提供路侧融合感知，边缘计算平台协同数据收集、路由和分发）为代表的算力边缘化部署解决方案将为无人驾驶场景提供计算能力和传输时延的双重保障。

而算力网络几乎可以覆盖所有的计算需求场景，包括大算力应用场景、低时延应用场景及物联网现场业务场景等。未来，算力网络有望在超大型算力需求场景和车联网中发挥更大的作用。

第 6 章

智能汽车定位技术

汽车定位技术是让汽车知道自身确切位置的技术，准确可靠的汽车位置和姿态等定位信息是实现自动驾驶汽车导航功能的前提和基础。智能汽车要求定位系统能准确、实时感知自身在全局环境中的相对位置且定位精度达到厘米级，同时对定位技术的可靠性和安全性提出了非常高的要求，而采用普通导航地图、卫星定位及基站定位等现有的定位方案显然不能满足智能汽车对于高精度定位的需求。多种感知技术与定位技术的融合成为自动驾驶定位技术的发展趋势。

6.1 智能汽车定位技术的构成

根据定位的应用需求，可以将智能汽车定位技术分为汽车自定位、环境定位和辅助定位三方面，如图 6-1 所示。

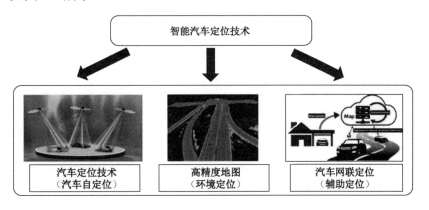

图 6-1 智能汽车定位技术

1. 汽车定位技术

当前可用于汽车定位的技术及方案越来越多，由不同类型传感器组成的定位系统也变得多样化。按技术原理的不同，可将现有的汽车定位技术分为三类。

第 1 类是基于信号的定位，其采用飞行时间测距法获取汽车与卫星间的距离，使用三球定位原理得到汽车的空间绝对位置。其典型代表是全球导航卫星系统（Global Navigation Satellite System，GNSS）。

第 2 类是航迹推算（DR）。依靠加速度计（Accelerometer）、陀螺仪（Gyroscopes）、里程计（Odometry）等，根据上一时刻汽车的位置和航向推算出当前时刻汽车的位置和航向。航迹推算的另一种常见方式是使用视觉里程计或激光雷达里程计，对不同数据帧之间的旋转和平移进行估计。

第 3 类是地图匹配（Map Matching，MM），用激光雷达或摄像头采集到的数据特征和高精度地图数据库中存储的特征进行匹配，得到实时的汽车位置和姿态。在自动驾驶定位系统的实践中，通常使用多种技术融合定位的方案。

2. 高精度地图

高精度地图是自动驾驶的专用地图，在整个自动驾驶领域扮演着核心角色。高精度地图由含有语义信息的车道模型、道路部件、道路属性等矢量信息，以及用于多传感器定位的特征图层构成。

智能汽车在高精度地图的辅助下更容易判断自身位置、可行驶区域、目标类型、行驶方向、前车相对位置、红绿灯状态及行驶车道等信息。与此同时，还能通过超视距的感知能力，辅助汽车预先感知坡度、曲率、航向等路面复杂信息，再结合路径规划算法，让汽车做出正确决策。因此，高精度地图是保障自动驾驶安全性与稳定性的关键，在自动驾驶的感知、定位、规划、决策、控制等过程中都发挥重要作用。

在高精度地图生产制作过程中，需要对采集到的交通环境图像、激光点云、GPS 定位等多种传感器原始数据进行处理，涉及车道线识别技术、交通标志和标牌的图像处理技术、激光点云配准技术、同步定位与建图技术，以及 OTA 数据更新与回传等云端服务技术。

3. 汽车网联定位

定位技术作为自动驾驶系统的关键部分，对汽车获取精确的位置信息至关重要。传统的定位以定位卫星、激光雷达、毫米波雷达、摄像头等作为定位信息获取手段。但卫星信号易受遮挡，导致车载定位系统失效；激光雷达和毫米波雷达在恶劣环境下的可用性不高，定位误差大；摄像头受光照强度影响，全天候工作困难。随着智能网联汽车技术的发展，车联网在高精度地图更新、辅助定位等方面发挥了巨大的作用。车联网技术相当于智能汽车的耳朵，其感知的距离更远，且不易受遮挡物的影响，已成为自动驾驶不可或缺的一环。

车联网技术可以使车车和车路更好地进行协同，并可以通过相应的技术优化，提高自动驾驶定位精度，改善通行效率，保障交通安全。另外，在卫星定位无法正常使用的特定区域，如地下停车场等，可采用 Wi-Fi、RFID、超宽带、可见光等专用短程通信技术实现汽车室内定位。

6.2 汽车定位技术

汽车定位技术是让自动驾驶汽车知道自身确切位置的技术，汽车自身定位信息的获取方式多样，涉及多种传感器和相关技术，下面从卫星定位、惯性导航定位、地图匹配定位及多传感器融合定位等方面介绍汽车定位技术。

6.2.1 卫星导航定位系统简介

在任何驾驶条件下，智能汽车均需要精准的位置、速度和姿态等信息。收集这些信息需要整合多种复杂技术，其中 GNSS 功不可没。GNSS 能为自动驾驶汽车提供精准的位置信息。

1. 全球四大卫星导航系统

GNSS 是能为地球表面或近地空间任何地点提供全天候定位、导航、授时（PNT）服务的空基无线电导航定位系统。2007 年，联合国将美国的全球定位系统（Global Positioning System，GPS）、俄罗斯的格洛纳斯卫星导航系统（Global Navigation Satellite System，GLONASS）、欧盟的伽利略卫星导航系统（Galileo Navigation Satellite System，Galileo）及我国的北斗卫星导航系统（BeiDou Navigation Satellite System，BDS）确定为全球四大卫星导航系统。

2. 区域卫星导航系统

除上述四个全球卫星导航系统外，在日本、印度和韩国还建有区域卫星导航系统。

例如，印度区域卫星导航系统是一个独立的关键国家应用定位系统。它的主要目标是在印度及其周围约 1500km 的范围内提供可靠的定位、导航和计时服务。该系统被命名为印度星座导航（NavIC），它目前由 3 颗 GEO 卫星和 5 颗 IGSO 卫星组成。

3. 星基增强系统（SBAS）

星基增强系统通过地球静止轨道卫星搭载卫星导航增强信号转发器，可以向用户播发星历误差、卫星钟差、电离层延迟等多种修正信息，实现对于原有卫星导航系统定位精度的改进，从而成为各航天大国竞相发展的手段。目前，全球已经建立了多个星基增强系统，如美国的广域增强系统（WAAS）、俄罗斯的差分校正和监测系统（SDCM）、欧洲的欧洲地球静止导航重叠服务（EGNOS）、日本的多功能卫星星基增强系统（MSAS），以及印度的 GPS 辅助静地轨道增强导航系统（GAGAN）。

4. 地基增强系统（Ground-Based Augmentation Systems，GBAS）

地基增强系统是卫星导航系统建设中的一项重要内容，可以大大提升系统服务性能。地基增强系统通过提供差分修正信号，达到提高卫星导航精度的目的，优化后的定位精度从毫米级至亚米级不等。该系统是卫星定位技术、计算机网络技术、数字通信技术等高新科技多方位、深度结合的产物。地基增强系统由连续运行基准站网、系统控制与数据中心、数据通信网络及用户应用子系统等组成。

目前全球卫星导航系统进入多星座多频模式，GNSS 兼容互操作是发展的趋势。一颗卫星导航定位芯片可以同时接收多个不同系统和频点的信号。全球在轨卫星超过 130 颗，用户在任意时刻都可以接收 30 颗以上的导航卫星信号，大大提高了卫星导航系统的定位精度、可用性和连续性。

6.2.2　GNSS 定位原理

要实现 GNSS 定位，需要解决两个问题：一是确定观测瞬间卫星的空间位置，二是确定观测站点和卫星之间的距离。为此，首先要建立合适的坐标系来表示卫星的参考位置，而坐标又往往与时间联系在一起，因此，GNSS 定位是基于坐标系和时间系统进行的。

1. 坐标系与时间系统

在卫星导航系统中，坐标系用于描述与研究卫星在其轨道上的运动、表示地面观测站的位置，以及处理定位观测数据。根据应用场合的不同，选用的坐标系也不相同。坐标系大致分为以下几类：地理坐标系、惯性坐标系、地球坐标系、地心坐标系和参心坐标系。国内常用的坐标系有：北京 54 坐标系（P54）、国家大地坐标系、世界大地坐标系（WGS-84）。

时间在卫星导航中是最重要、最基本的物理量之一。首先，高精度的原子钟控制卫星发送的所有信号。其次，在大多数卫星导航系统中，距离的测量都是通过精确测定信号传播的时间来实现的。时间系统主要包括世界时、历书时、力学时、原子时、协调世界时、儒略日、卫星导航时间系统。GNSS 采用了一个独立的时间系统作为导航定位计算的依据，称为 GNSS 时间系统，简称 GNSST。GNSST 属于原子时系统，其秒长与原子时秒长相同。

2. 定位原理

GNSS 的设计思想是将空间的人造卫星作为参照点，确定一个物体的空间位置。根据几何学理论可以证明，通过精确测量地球上某个点与三颗人造卫星之间的距离，能对此点的位置进行测定，这就是 GNSS 最基本的定位原理。

假设从地面测得某点 P 到卫星 S_1 的距离为 r_1，那么由几何学原理可知，P 点所在的空间可能位置集缩到这样一个球面上，此球面的球心为卫星 S_1，半径为 r_1。再假设测得 P 点

到第二颗卫星 S_2 的距离为 r_2，这意味着 P 点处于以第二颗卫星 S_2 为球心、半径为 r_2 的球面上。如果同时测得 P 点到第三颗卫星的距离为 r_3，则意味着 P 点也处于以第三颗卫星 S_3 为球心、半径为 r_3 的球面上，这样就可以确定 P 点的位置，即三个球面的交会处，如图 6-2 所示。

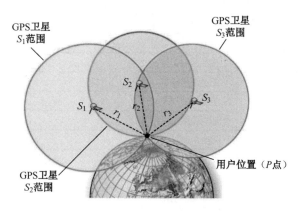

图 6-2　三球定位原理图

由于 GNSS 采用单程测距，且难以保证卫星钟与用户接收机钟严格同步，因此观测站和卫星之间的距离受两种时钟不同步的影响。卫星钟差可用导航电文中所给的有关钟差参数进行修正，而接收机的钟差大多难以精准确定，通常采用的优化方法是将其作为一个未知参数，与观测站的坐标一并求解。一般在一个观测站上需要求解 4 个未知参数（3 个点位坐标分量和 1 个钟差参数），因此至少需要 4 个同步伪距观测值，即需要同时观测 4 颗卫星。

根据用户站的运动状态可将 GNSS 分为静态定位和动态定位。静态定位是指将待定点固定不变，将接收机安置在待定点上进行大量的重复观测。动态定位是指待定点处于运动状态，测定待定点在各观测时刻运动中的点位坐标，以及运动载体的状态参数，如速度、时间和方位等。

此外，还可以根据定位模式分为绝对定位和相对定位。绝对定位只用一台接收机来进行定位，又称单点定位，它所确定的是接收机天线在坐标系中的绝对位置。相对定位是指将两台接收机安置于两个固定不变的待定点上，或者将一个点固定于已知点上，另一个点作为流动待定点，经过一段时间的同步观测，可以确定两个点之间的相对位置，从而获得高精度的位置坐标。

3. GNSS 数据误差

卫星导航系统误差从来源上可以分为 4 类：与信号传播有关的误差、与卫星有关的误差、与接收机有关的误差及与地球转动有关的误差，如表 6-1 所示。

与信号传播有关的误差包括电离层延迟误差、对流层延迟误差及多径效应误差。与卫星有关的误差包括卫星星历误差、卫星时钟误差、相对论效应等。与接收机有关的误差包括接收机时钟误差、(接收机天线相位中心相对于测站标识中心的)位置误差和天线相位中心位置的偏差。与地球转动有关的误差包括来自地球潮汐、地球自转的影响。

表 6-1 卫星导航系统误差

误差来源		对测距的影响 / m
与信号传播有关的误差	电离层延迟误差	1.5～15.0
	对流层延迟误差	
	多径效应误差	
与卫星有关的误差	卫星星历误差	1.5～15.0
	卫星时钟误差	
	相对论效应	
与接收机有关的误差	接收机时钟误差	1.5～5.0
	位置误差	
	天线相位中心位置的偏差	
与地球转动有关的误差	地球潮汐的影响	1
	地球自转的影响	

6.2.3 差分 GNSS 定位技术

减少甚至消除上面所提到的误差是提高定位精度的措施之一，而差分 GNSS 可有效利用已知位置的基准站将公共误差估算出来，通过相关的补偿算法减少或消除部分误差，从而提高定位精度。

差分 GNSS 的基本原理是在一定地域范围内设置一台或多台接收机，将一台已知精确坐标的接收机作为差分基准站，基准站连续接收 GNSS 信号，与基准站已知的位置和距离数据进行比较，从而计算出差分校正量。然后，基准站会将此差分校正量发送到其范围内的流动站进行数据修正，从而减少甚至消除卫星时钟、卫星星历、电离层延迟与对流层延迟所引起的误差，提高定位精度。

流动站与差分基准站之间的距离直接影响差分 GNSS 的效果，流动站与差分基准站之间的距离越小，两站点之间测试误差的相关性就越强，差分 GNSS 系统性能就越好。根据差分校正的目标参量的不同，差分 GNSS 主要分为位置差分、伪距差分和载波相位差分。

1. 位置差分

位置差分系统通过在已知坐标的基准站上安装 GNSS 接收机来对 4 颗或 4 颗以上的卫星进行实时观测，得出当前基准站的坐标测量值。实际上由于误差的存在，通过 GNSS 接收机接收的信息解算出来的坐标与基准站的已知坐标是不同的。

将坐标测量值与基准站实际坐标值的差值作为差分校正量。基准站利用数据链路将所得的差分校正量发送给流动站，流动站利用接收到的差分校正量与自身 GNSS 接收机接收到的测量值进行坐标修改。位置差分是一种最简单的差分方法，其传输的差分改正数少，计算简单,并且任何一种 GNSS 接收机均可改装和组成这种差分系统。但由于流动站与基准站必须观测同一组卫星,因此位置差分法的应用范围受到距离的限制,通常流动站与基准站之间的距离不超过 100km,如图 6-3 所示。

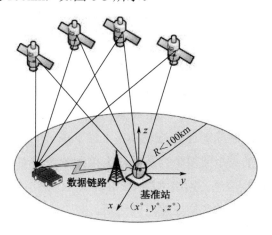

图 6-3 位置差分系统

2. 伪距差分(Real Time Differential,RTD)

伪距差分技术原理如下:基准站接收机通过卫星信号解码得到伪距测量值,然后利用基准站的已知坐标及卫星星历信息,计算出基准站到卫星的真实几何距离,求出该距离与伪距测量值的差值即伪距测量误差,基准站利用数据链路将此差值发送给移动站接收机,移动站接收机利用此差值修正其伪距,再进行定位解算,获得其准确位置。此技术可实现亚米级定位精度。伪距差分技术是差分定位方案中应用最成熟的技术,如图 6-4 所示。

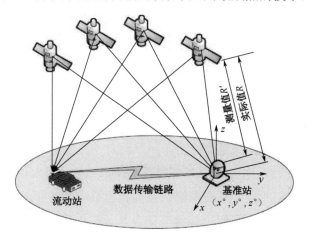

图 6-4 伪距差分系统

3. 载波相位差分(Real Time Kinematic,RTK)

载波相位实现差分的方法有修正法和差分法。修正法与伪距差分类似,由基准站将载波相位修正量发送给流动站,以改正其载波相位观测值,然后得到自身的坐标。差分法是将基准站观测的载波相位测量值发送给流动站,由其自身求出差分修正量,从而实现差分定位。

载波相位差分技术的根本是实时处理两个测站的载波相位。与其他差分技术相比,载波相位差分技术中基准站不直接传输关于 GNSS 测量的差分校正量,而是发送 GNSS 的测量原始值。流动站收到基准站的数据后,与自身观测卫星的数据组成相位差分观测值,利用组合后的测量值求出基线向量,完成相对定位,进而推算出测量点的坐标。

RTK 分为常规 RTK 和网络 RTK。网络 RTK 也称多基准站 RTK。网络 RTK 是指在某一区域内由若干个固定的、连续运行的 GNSS 基准站形成一个基准站网,对区域内全方位覆盖,并以这些基准站中的一个或多个为基准,为该区域内的 GNSS 用户实现实时、高精度定位提供 GNSS 误差改正信息。网络 RTK 与常规 RTK 相比,覆盖范围更广,作业成本更低,定位精度更高,用户定位的初始化时间更短。

网络 RTK 主要包括固定的基准站网、数据处理中心、数据播发中心、数据链路和用户站。其中,基准站网由若干个基准站组成,每个基准站都配备有双频全波长 GNSS 接收机、数据通信设备和气象仪器等。通过长时间 GNSS 静态相对定位等方法,可以得到基准站的精确坐标,基准站 GNSS 接收机按一定采样率进行连续观测,通过数据链路将观测数据实时传送给数据处理中心,数据处理中心首先对各个站的数据进行预处理和质量分析,然后对整个基准站网的数据进行统一解算,实时估计出网内各种系统误差的改正项(电离层、对流层和轨道误差),并建立误差模型。

6.2.4 精密单点定位技术

1. 精密单点定位(PPP)技术简介

精密单点定位技术由美国喷气动力实验室提出,利用全球若干地面跟踪站的观测数据计算出的精密卫星轨道和卫星钟差,对单台接收机/移动站所采集的相位和伪距观测值进行定位解算,能为世界上任何位置的用户提供可靠的、分米级甚至厘米级定位精度。修正过程以地球同步通信卫星作为差分通信链路,所以用户不用搭建本地参考站或进行数据后处理,在地球表面从北纬 75°到南纬 75°都可获得厘米到分米级定位精度。

PPP 技术的主要局限性在于它较难解决载波相位整周模糊度,使用对它们的估计值,这导致需要较长的初始化时间来解决任何局部误差,初始化时间一般在 5~30 min。由于 PPP 技术存在收敛速度慢及在运动或复杂环境下信号易受遮挡和干扰的问题,导致其实时性、连续性和可靠性较差,这严重阻碍了其在动态场景中的应用。PPP 技术原理示意图如图 6-5 所示。

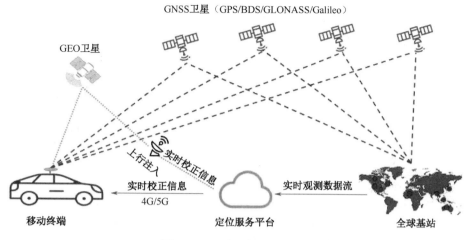

图 6-5 PPP 技术原理示意图

当前较为成熟的有 Trimble 公司的 RTX、OmniSTAR、英国 Subsea7 公司的 VERPOS、美国 NavCom 公司的 StarFire 系统、NovAtel TerraSTAR 等。

2. PPP-RTK 技术

PPP-RTK 技术综合了 PPP 和 RTK 技术的优势,是未来高精度卫星定位技术的发展方向。PPP-RTK 技术基于状态空间表示,利用广域基准站生成高精度轨道、钟差、偏差等信息,利用区域增强站生成区域大气延迟(电离层、对流层等),通过链路(卫星、互联网等)提供给用户,以实现快速收敛和高精度定位。

PPP-RTK 技术提供的高精度大气延迟改正信息及偏差参数,在用户端可实现瞬时模糊度收敛及固定,能获得与网络 RTK 相媲美的定位效果。PPP-RTK 技术比标准 PPP 技术缩短了收敛时间,收敛时间一般在 1~10 min,在某些应用中甚至可以在几秒钟内完成。PPP-RTK 技术所需的地面基准站的数量比 RTK 技术要少很多,一般网络 RTK 基准站之间的距离为 30~60km,PPP-RTK 技术所需基准站距离为 100~200km。

从收敛速度、定位精度、覆盖范围 3 个维度进一步对比 RTK、PPP 及 PPP-RTK 技术,可以认为 RTK 技术与 PPP 技术是 PPP-RTK 技术的特例或延伸,因此 PPP-RTK 技术具有较强的伸缩性,如图 6-6 所示。

近年来,由于对地面基准站数量要求较低,以及具有基于状态空间表示的单向通信优势,PPP-RTK 技术得到越来越多的关注。与此技术路线相近的服务有天宝 RTX Fast、NovAtel TerraSTAR X、日本 QZSS 的 CLAS、Sapcorda SAPA 服务。国内公司正

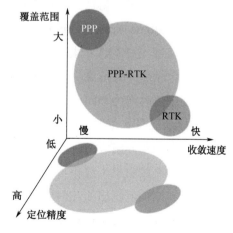

图 6-6 RTK、PPP 与 PPP-RTK 技术对比

按此技术路线开展服务研发与建设。卫星导航定位技术演进路线如图 6-7 所示。

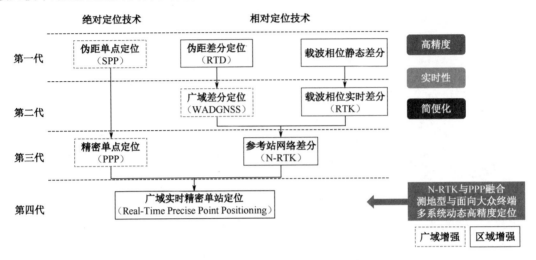

图 6-7　卫星导航定位技术演进路线

卫星导航定位技术经历了三代发展，目前逐步进入第四代。第一代以标准伪距单点定位技术、伪距差分定位技术为代表，单点定位精度一般为 1～10m。第二代以单站 RTK 技术、广域差分定位技术为代表，可实现亚米到厘米级定位精度。第三代以网络 RTK 技术、精密单点定位技术为代表，可提供局部范围、广域范围分米到厘米级精确定位。第四代为广域实时精密单站定位技术，可实现广域范围无源、实时高精度定位。

6.2.5　实时阵列校准技术

目前卫星定位已经非常普及，但是在汽车领域面临一个痛点问题：如何在实现高精度定位的情况下降低成本。

针对该问题，博盛尚科技有限公司推出了一种新型高精度卫星定位技术——实时阵列校准（Realtime Array Calibration，RAC）技术。其特点是不使用差分技术，仅采用普通民用单频信号（GPS L1 或北斗 B1），就能实现绝对定位优于亚米/分米级、相对动态定位厘米级的定位精度。目前 RAC 技术的亚米级定位接收机 95%的概率可以定位 20～60cm，首次高精度定位时间为 20s。

RAC 卫星定位的工作原理如图 6-8 所示，整个系统是由安装在车端的三组普通定位接收机和处理单元组成的。

由 3 个接收机天线相位中心所围成的物理几何图形为三角形 ABC，根据位于顶点的接收机的观测值所画出的几何图形为三角形 $A'B'C'$，将 $A'B'C'$ 与 ABC 进行对比，即各个接收机天线相位中心的坐标观测值之间的相对位置的矢量，与已知的各个接收机天线相位中心之间的相对位置的矢量对比。简单来说就是该产品中有 3 个普通的定位模组和 3 个天线，3

个天线摆成一个三角形,理论上这 3 个模组的定位结果和预知的三角形相对位置是一致的,但是实际中由于存在误差并不会完全一致,可以通过软件算法不断修正定位结果,从而提高定位精度。

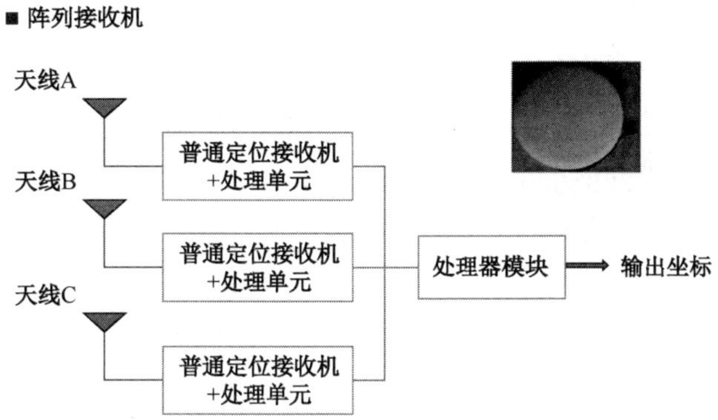

图 6-8　RAC 卫星定位的工作原理

按照 RAC 的逻辑,一个天线实现普通定位,3 个天线就实现车道级定位,RAC 采用阵列天线分离方式,便于车辆前装的集成与小型化。原车沙鱼鳍天线中集成了 GNSS 天线,可以直接使用以减少成本。RAC 天线尺寸小,方便集成在 A/B 柱中。对汽车来说,还是采用普通定位的天线、芯片、模组和信号源,只是多了两个天线,无须地基增强网和通信网络支持,全球可用。

RAC 产品有着良好的独立性,它不依赖地面基站和差分数据,不需要增强用户端与系统间的数据传输,也就不需要缴纳通信流量费。这使得应用 RAC 产品的整体成本较低。同时,因为 RAC 产品的独立性,位置数据也得到了很好的保护,发生事故后定责明晰,出事了由 RAC 产品方承担。更重要的是,因为不依赖地面基站,所以 RAC 产品在有卫星信号的地方可以广泛使用。

此外,RAC 技术在有遮挡场景中有着比 RTK 技术更好的数据完整性。在城市环境中出现金属物遮挡,RAC 技术是能够穿过的,但是 RTK 技术就不可以。例如,在港口这类上方金属遮挡物较多,周围又有集装箱反射的场景中,RAC 技术表现更好。

RAC 技术有如下优势。

(1) 终端硬件价格低廉,BOM 硬件成本低。

(2) 无须差分修正数据支持。

(3) 用户无须缴纳通信流量费用于用户端与增强系统间的数据传输。

(4) 数据只为用户自己(车厂)所有。

(5) 全球可用。

(6) 产品质量责任清晰。

(7) 采用成熟量产的车规级器件和工艺,符合汽车使用习惯,能够通过汽车前装车规级检测。

（8）RAC 技术所能实现的厘米级相对动态定位精度（自己和自己比）超过 RTK 技术，20~60cm 绝对动态定位精度与 RTK 技术接近。在城市环境、树木遮挡、高架桥下，RAC 技术动态定位稳定性和鲁棒性比 RTK 技术好。

RAC 与 RTK 是两种不同的定位路线，不存在相互取代，只是在不同应用场景下的不同选择。RTK 来源于测绘的技术路线，是把测绘技术拿过来用在车上；RAC 来源于车载定位导航的技术路线，是增强型车载定位导航。

目前，成本低、精度高的 RAC 技术在汽车行业已经得到了一定范围的应用。对于低速无人车、公交车等应用，分米级定位已经足够了。RAC 技术的应用，使高精度卫星定位摆脱了对地基增强网的依赖，大幅降低了成本，推动了高精度卫星定位的大规模普及与应用。

6.2.6 航迹推算

一台 GNSS 接收机被安装在车上，接收多颗卫星的信号。这些信号用来精确确定车辆的位置，但它们可能会遭受偶然的干扰，如坏天气影响、隧道和建筑物遮挡、超宽带无线电通信干扰等。为此，通常采用航迹推算或辅助定位技术作为 GNSS 信号丢失时的补偿方案，以使导航系统功能连续。

航迹推算有以下两种常用方法。

1. 惯性导航

惯性导航系统通常包括测量角速度的陀螺仪、输出电子速度脉冲的轮速计及测量加速度的加速度计。这些数据被用来进行航迹推算，以便确定车辆相对于道路的运动。惯性导航系统原理框图如图 6-9 所示。

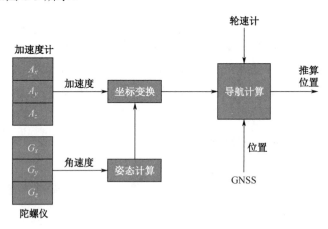

图 6-9 惯性导航系统原理框图

惯性导航系统以陀螺仪和加速度计为敏感元件，应用航迹推算法提供位置、速度和姿态等信息。汽车行驶数据的采集由陀螺仪和加速度计组成的惯性测量单元来完成。

惯性导航系统利用载体先前的位置、惯性传感器测量的加速度和角速度来确定其当前位置。给定初始条件，加速度经过一次积分得到速度，经过二次积分得到位移。也可以通过对位移的微分而估算得到速度和加速度。角速度经过处理后可以得到车辆的俯仰、偏航、滚转等姿态信息，利用姿态信息可以把导航参数从载体坐标系变换到当地水平坐标系中。

综上所述，惯性导航系统可以说是一个由惯性传感器和积分器组成的积分系统。该系统通过加速度计测量车辆在惯性参考系中的加速度，通过陀螺仪测量载体旋转运动，可以进行惯性坐标系到导航坐标系的转换，将角速度相对时间进行积分，结合车辆的初始运动状态（速度、位置），就能推算出车辆当前的位置和姿态信息。

2. 视觉/激光雷达里程计

航迹推算的另一种常用方法是使用视觉里程计或激光雷达里程计，对不同数据帧之间的旋转和平移进行估计。视觉里程计通过车载摄像头或移动机器人的运动所引起的图像的变化，逐步估计车辆姿态。其基本假设前提是环境照明充足，静态场景比动态场景多，有足够的纹理来提取明显的运动，连续帧之间有足够的场景是重叠的。满足这些假设条件之后才能根据相邻帧图像来估计相机的运动。

采用视觉里程计时主要分为特征点法和直接法。其中，特征点法以提取图像中的特征点为基础，能够在噪声较大、相机运动较快的情况下工作，但地图是稀疏特征点；直接法根据像素的亮度信息，估计相机的运动，可以不用计算关键点和描述子，省去了特征的计算时间，也避免了特征的缺失情况。相比于特征点法只能重构稀疏特征点（稀疏地图），直接法还具有恢复稠密或半稠密结构的能力，但直接法存在计算量大、鲁棒性不好的缺陷。

视觉里程计通过提取和匹配两帧图像中的特征点获得相邻帧图像之间的位姿变化。激光里程计通常采用迭代最近点（Iterative Closest Point，ICP）算法及其衍生算法和正态分布变换（Normal Distribution Transform，NDT）算法等配准算法来确定两帧点云之间的相对位姿关系。由于激光雷达环境建模精度高，基于激光雷达里程计的航迹推算可以获得较高的相对定位精度。然而，激光里程计航迹推算所使用的传感器成本较高，现阶段无法为商业化方案所接受。此外，在长时间卫星导航信号不稳定的情况下，即使融合高精度的惯性导航、激光里程计或视觉里程计，由于误差累积效应，车辆定位仍会出现很大偏差。

地图匹配结果大部分只能确定具体道路，而不能实现车道级别的定位，可以使用视觉信息辅助，通过图像检测和分割等技术得到车辆相对于车道的偏移；也可以通过图像匹配技术，将图像中检测出的车道线等道路信息与电子地图中的高精度道路信息进行匹配，得到相较于 GIS 地图匹配结果更加高精度的定位结果。

6.2.7 GNSS 远见系统介绍

目前 GNSS 是最普遍、最成熟的全球导航定位技术之一，几乎所有的车辆都在使用 GNSS。随着全球导航卫星系统星座数量的增加，接收器的复杂程度也在不断提高。目前，有 100 多颗全球导航卫星系统轨道卫星提供全球导航卫星系统服务。

尽管 GNSS 信号几乎在任何地方、任何时间都可以免费获得，但它们可能会被建筑物和景观特征间歇性地遮蔽，从而影响导航。汽车 GNSS 天线必须保证与至少四颗卫星清晰的视距无线传输。但是在建筑物林立的地区，GNSS 信号常常被建筑物和其他坚固的物体所遮挡。这意味着 GNSS 接收器无法保证与四颗卫星清晰的视距无线传输，GNSS 信号接收能力可能会下降，GNSS 接收器可能会暂时失去计算或报告真实位置的能力。

在建筑密集区，当信号被建筑物反射时，接收器会收到反射的信号（这种效应被称为多径效应）。但这些信号对卫星来说是非视距的，它们会导致接收器计算并报告一个不准确的位置，如图 6-10 所示。

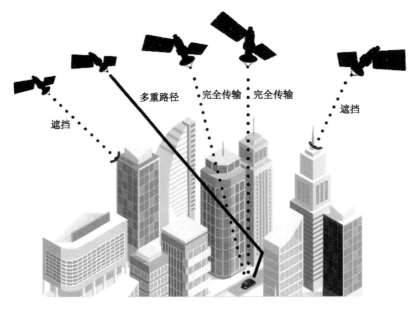

图 6-10 卫星信号被建筑物屏蔽或多径干扰

更重要的是，卫星都处在不间断的运动之中，这意味着 GNSS 信号也会不断改变，这使得准确预测信号遮蔽可能发生的确切时间和地点变得困难。例如，下午 3 点在某个街角可以接收到良好的信号，可能在几分钟后就无法做到这一点。这种可变性使信号遮蔽成为使用 GNSS 进行城市自主导航的未解决问题之一。

虽然已经开发了几个解决方案来提高 GNSS 的性能，但没有一个可以真正解决可靠性的问题。现有的解决方案主要有以下几个。

（1）多卫星系统接收器：接收器能够处理的卫星星座越多，在同一时间接收到 4 个或更多信号的可能性就越大。印第安纳波利斯市中心区域的热图如图 6-11 所示。热图显示，在这个城市的大部分地区可以使用多卫星系统接收器导航。但是，如果没有这样的热图，接收器就无法准确地知道何时何地信号可用。

图 6-11　印第安纳波利斯市中心区域的热图

（2）额外的传感器：一辆自动驾驶汽车需要知道它在地球表面的位置（绝对位置），以及它与环境中的物体的相对位置。定位引擎通常使用 GNSS、惯性测量单元、车轮速度传感器、激光雷达和摄像头的组合来计算位置。但激光雷达和摄像头在实用性和可靠性方面都存在限制，无法解决 GNSS 信号遮蔽的问题。

（3）改进的天线设计：先进的天线可以最大限度地接收可用信号，但它们可能很昂贵，在信号完全被遮挡的情况下也无济于事。

（4）GNSS 增强服务：RTK 和 PPP 使用地面站来测量和纠正降低 GNSS 信号精度的大气误差，但不能缓解由于 GNSS 信号遮蔽而带来的可靠性担忧。

（5）避免在建筑物密集的地区使用自动驾驶：目前一些自动送货公司使用的一种解决方案是，在 GNSS 信号模糊可能影响安全导航的地区不使用自动驾驶功能。

上述解决方案缺少的是知道 GNSS 何时何地可靠的方法。如果这一点被实时和提前知道，它将开启一系列的可能性。而思博伦推出的 GNSS 远见系统是一系列使用 3D 地图和精确轨道信息的基于云的预报解决方案，可以帮助用户了解 GNSS 在何时何地具备安全可靠的性能，使他们可以有效规划线路、优化导航性能并实现安全行驶。远见系统可以提供 GNSS 覆盖范围预测，将建筑物和地面其他因素的影响皆考虑在内，为任意 GPS、GNSS、RTK、WAAS、多传感器车辆提供更高的完整性和可靠性。

远见系统既能以风险分析的方式提供，也能以预报服务的方式提供。远见系统的工作原理是，使用高清 3D 地图和精确轨道模型，对每颗 GNSS 卫星每平方米、每秒的视线和非视线波束进行投射/追踪。远见引擎能够以极高的精度计算每颗卫星被建筑物或其他障碍物遮挡的时间和地点，精确地预测卫星的可用性和相关联的定位性能。

6.3 高精度地图

高精度地图的主要应用对象是无人驾驶汽车。与人类驾驶员不同，机器驾驶员缺乏人类与生俱来的视觉识别和逻辑分析的能力。借助高精度地图能够扩展车辆的静态环境感知能力，为车辆提供其他传感器提供不了的全局视野。

6.3.1 高精度地图简介

高精度地图面向无人驾驶环境采集生成地图数据，根据无人驾驶需求建立道路环境模型，在精确定位、基于车道模型的碰撞避让、障碍物检测与避让、转向与引导方面都可以发挥重要作用，是当前智能汽车技术中必不可少的一个组成部分。高精度地图示意图如图 6-12 所示。

图 6-12 高精度地图示意图

高精度地图包含了大量与行车相关的辅助信息。这些辅助信息可以分成两大类，一类是道路信息，如道路车道线的位置、类型、宽度、坡度和曲率等信息；另一类是行车道路周围相关的固定对象信息，如交通标志、交通信号灯等信息，车道限高、下水道口、固定障碍物等道路细节，以及高架物体、防护栏、树木、道路边缘类型等信息。上述所有信息都有地理编码，因此导航系统可以准确定位地形、物体和道路轮廓，从而引导车辆行驶。

其中最重要的是对路网精确的三维表征（厘米级精度），如路面的几何结构、车道标线的位置、周围道路环境的点云模型等。有了这些高精度三维数据，无人驾驶汽车就可以通过比对车载 GNSS、IMU、LiDAR 或摄像头的数据精确确定当前自身的位置。

此外，高精度地图还包含丰富的语义信息，如交通信号灯的位置及类型、道路标示线的类型、可以通行的路面范围等。通过对高精度地图模型的提取，可将车辆周边的道路、交通基础设施等对象之间的关系提取出来。这些能极大地提高无人驾驶汽车识别周围环境的能力。可以将高精度地图数据与传感器数据进行比对，假如传感器检测出了某个高精度地图中没有的物体，那么这个物体很可能是障碍物、行人或车辆，这能更好地帮助智能汽车提高发现并识别障碍物的速度和精度。高精度地图架构如图 6-13 所示。

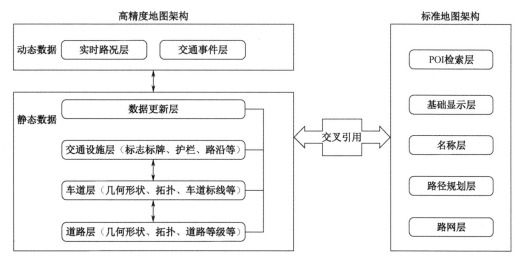

图 6-13 高精度地图架构

相比服务于 GNSS 导航系统的传统地图，高精度地图最显著的特点是其表征路面特征的精准性。一般情况下，传统地图只需要做到米级精度即可实现功能，但高精度地图的应用场景特性决定了其至少要达到厘米级精度才能保证自动驾驶汽车行驶的安全性。目前商用 GNSS 精度仅有 5m 左右，而高精度地图与传感器协同工作，可将车辆的定位精确到厘米级。

此外，高精度地图相比于传统地图还需要具备更高的实时性，以确保自动驾驶汽车行驶安全。因为道路情况无时无刻不在发生变化，小到车道线的磨损，大到路面整体施工整修，都需要及时反映在高精度地图上。要实现高实时性的高精度地图存在很大难度，但随着越来越多的自动驾驶汽车行驶在路网中，一旦其中的一辆或几辆检测到了路网的改变，就可以上传数据以同步给其他自动驾驶汽车，使其他自动驾驶汽车变得更加聪明和安全。

6.3.2 高精度地图的应用

如果车辆仅靠自身的传感器与高精度地图来构建工作记忆，那么它们这仍然是一个个信息孤岛，无法协同。因此，需要引入智能汽车的超级大脑——地图云中心，地图云中心接收车辆报告的工作记忆与长周期记忆的变化，根据变化融合成新的地图信息，并将信息分发共享给其他车辆。

1. 地图精确计算匹配

由于存在各种定位误差，电子地图上的移动车辆与周围物体并不能完全保持正确的位置关系。利用高精度地图精确计算匹配则可以将车辆精准地定位在车道上，从而提高车辆定位的精度。传统地图的匹配依赖于 GNSS 定位，定位准确性取决于 GNSS 的精度、信号强弱以及定位传感器的误差。高精度地图在地图匹配上更多地依靠其先验信息。高精度地图相对于传统地图有着更多维度的数据，如道路形状、坡度、曲率、航向、横坡角等。通过更多维度的数据结合高效率的匹配算法，高精度地图能够实现精度更高的定位与匹配。

2. 实时路径规划导航

对于提前规划好的最优路径，因为交通信息的实时更新，最优路径也可能随时发生变化。此时高精度地图在云计算的辅助下，能有效地为自动驾驶汽车提供最新的路况，帮助自动驾驶汽车重新制定最优路径。高精度地图的规划能力下沉到了道路和车道级别。传统的导航地图的路径规划功能往往基于最短路径算法，结合路况为驾驶员给出最快捷、最短的路径。

高精度地图的路径规划是为机器服务的。由于现实中道路环境存在各种干扰情况，包括其他车辆、行人等，因此车辆需要更复杂的传感器进行感知决策。机器无法完成联想、解读等步骤，所以给出的路径规划必须是机器能够理解的。在这种意义上，传统的特征地图难以胜任，而高精度矢量地图能够完成这一任务。矢量地图是在特征地图的基础上进一步抽象、处理和标注，抽出路网信息、道路属性信息、道路几何信息及标识物信息等抽象信息的地图。它的数据量要小于特征地图，并能够通过路网信息完成点到点的精确路径规划。

3. 辅助环境感知

高精度地图可对传感器无法探测的部分进行补充，进行实时状况的监测及外部信息的反馈。传感器作为自动驾驶汽车的眼睛，有其局限所在，如易受恶劣天气的影响，此时可以使用高精度地图来获取当前位置的精准交通状况。

(1) 通过对高精度地图模型的提取，可以将车辆周边的道路、交通基础设施等对象之间的关系提取出来，这可以提高车辆对周围环境的鉴别能力。

(2) 一般的地图会过滤掉车辆、行人等活动障碍物，如果无人驾驶车在行驶过程中发现了当前高精度地图中没有的物体，那么这些物体大概率是车辆、行人和障碍物。

高精度地图可以看作自动驾驶汽车的传感器，相比于传统硬件传感器（雷达或摄像头），在检测静态物体方面，高精度地图具有的优势包括：所有方向都可以覆盖无限广的范围；不受环境、障碍物或者其他干扰的影响；可以检测所有的静态及半静态物体；不占用过多的处理能力；已存有检测到的物体的逻辑，包括复杂的关系。

4. 驾驶决策辅助

高精度地图除了具备传统电子地图的路网地图数据，还将大量的道路行车信息存储为结构化数据。在自动驾驶汽车的行驶过程中，这些信息将被有效计算，对车道并线、障碍物避让、车辆调速、行车转向的决策起到重要辅助作用。

5. 智能控制辅助

高精度地图作为所有行车信息的载体，提供了对所处环境进行精准预判、提前选择合适的行驶策略等功能。通过这种减少传感器计算压力和性能计算瓶颈的方式，使传感控制系统更多关注突发情况，达到自动驾驶过程中智能控制辅助的作用，在提升车辆安全性的同时，有效降低了车载传感器和控制系统的成本。

高精度地图在自动驾驶中的部分功能如图 6-14 所示。

图 6-14　高精度地图在自动驾驶中的部分功能

6. 高精度地图的先验感知特征

高精度地图能够辅助汽车超视距感知，当车辆道路被其他物体遮挡，或者车辆转弯，或者相关因素超出汽车电子设备感知范围时，高精度地图能够帮助车辆对行进方向环境进行感知。

高精度地图能够辅助车辆快速识别道路环境周边固定物体及车道标线。高精度地图能够提高自动驾驶车辆数据处理效率，自动驾驶车辆感知重构周围三维场景时，可以利用高精度地图作为先验知识来缩小数据处理时的搜索范围。

7. 高精度地图基础上的高精度定位

高精度地图能够辅助车辆进行高精度定位。高精度地图中包含了丰富的对象数据，汽车通过传感器对道路周边环境进行感知，提取出道路周边的要素并与地图中的对象进行匹配，地图中的对象拥有精确的位置和形状信息，通过车辆与要素间的距离修正车辆GPS定位结果，其辅助高精度定位原理与GPS定位相似。

8. 高精度地图在V2X中的作用

在V2X环境中，V2X系统与高精度地图分工合作，通过路侧基础设施与车辆进行通信，车辆能够直接获取道路基础环境信息，并能够利用基础设施进行高精度定位。高精度地图主要用于车道规划和辅助对不能发射信号的基础设施的感知，如路肩、隔离带等。

高精度地图云中心可以通过与基础设施中的道路边缘计算网格进行通信，实现信息的收集与分发。道路边缘计算网格与车辆进行实时通信，车辆从道路边缘计算网格获取道路环境信息，并上报车辆传感器识别的信息，道路边缘计算网格经过初步处理后将数据发送到高精度地图云中心，云中心综合多方证据信息进行处理，提前预测道路环境变化，并将可能引起道路交通恶化的预测信息发送给边缘计算网格通知车辆，车辆可以提前做出决策。

6.4 多传感器融合定位

将多种传感器融合可以解决单一传感器无法解决的问题。下面将从多传感器融合系统简介、系统分层、误差分析及定位原理等方面对多传感器融合系统进行介绍。

6.4.1 多传感器融合系统简介

自动驾驶汽车定位的主要模式有DR、GNSS、GNSS/DR组合定位模式。在系统精度要求不高的前提条件下可以单独使用这3种定位模式。为了进一步提高定位系统的精度，保障自动驾驶的安全，在上述3种定位模式中引入了地图匹配，可组合产生3种新的定位模式：DR/MM、GNSS/MM、GNSS/DR/MM。多传感器融合系统可在6种模式中自动切换以提高整个系统的定位精度和可靠性。接下来对多传感器融合系统的体系结构进行介绍。

多传感器融合系统的体系结构主要分为松耦合（Loose Coupling）、紧耦合（Tight Coupling）及深耦合（Deep Coupling）。

1. 松耦合

在松耦合系统中，GNSS 和 INS 独立工作，GNSS 输出 RTK 定位结果，INS 输出惯性数据，两者将数据送入滤波器内。滤波器通过比较二者的差值，建立误差模型以估计 INS 的误差，并将误差补偿反馈给 INS。优点是易于实现，性能比较稳定。缺点是当卫星数量少于最低数量时，GNSS 的输出就会失效；在存在信号遮挡的场景中，定位稳定性、可靠性不如另外两种结构。GNSS/INS 松耦合系统原理图如图 6-15 所示。

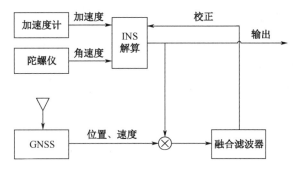

图 6-15　GNSS/INS 松耦合系统原理图

松耦合往往被理解为发生在位置域中的组合方式，因为组合导航滤波器的观测量是位置、速度或姿态信息。GNSS 与其他传感器（IMU、车速计等）松耦合的优势在于软件编制和硬件调试都较容易实现，这使得松耦合在车载高精度定位中一直被广泛应用。但是当载体运行在高动态环境时，由于未受辅助的组合导航滤波器无法估计传感器的全部误差参数，所以会产生相对较大的导航误差，抗电磁干扰能力也较弱。

2. 紧耦合

在紧耦合系统中，GNSS 输出观测量（伪距、伪距率）来与 INS 输出的惯性数据作差，并将差值传给滤波器，用来进行 INS 误差的估计，然后将误差补偿通过反馈的方式补偿给 INS，将经过校正的 INS 惯性数据输入组合导航滤波器，结合 RTK 定位结果，最终得到组合导航解。GNSS/INS 紧耦合系统原理图如图 6-16 所示。

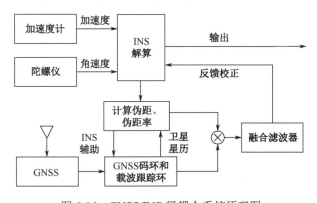

图 6-16　GNSS/INS 紧耦合系统原理图

紧耦合是发生在测距域中的组合方式，定位精度优于松耦合。对于短暂的信号中断，紧耦合下的连续导航能力可得到保障，在高动态环境下的抗干扰能力较强，在城市峡谷、上下高架、隧道和地下停车场等复杂环境下普遍适用。紧耦合对传感器性能的依赖较强，这限制了其在车载高精度定位中的大规模应用。

3. 深耦合

在紧耦合的基础上，将 INS 的部分数据直接送到基带芯片里，将 INS 的惯性数据作为 GNSS 解算的一部分。通过 INS 准确的相对多普勒变化信息，辅助信号跟踪，提高恶劣环境下多普勒的估计准确度，从而提高恶劣环境下载波相位、伪距等观测量的精度和连续性，减少观测量中断和跳变，有效提高组合导航精度和可靠性。

对于 RTK+IMU 定位，其主要的环境影响为卫星信号的遮挡和干扰。其中，遮挡会导致可见卫星数的降低及多径效应，从而导致定位性能下降，典型场景包括隧道、城市峡谷、高架、树荫等。干扰主要包括电磁干扰及欺骗等因素，也会导致卫星信号的丢失，典型场景为恶意 GPS 干扰器。

6.4.2 多传感器融合系统分层

按照信息处理的流程，可将多传感器融合系统划分为数据层融合、特征层融合和决策层融合，如图 6-17 所示。

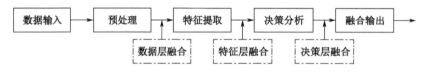

图 6-17 多传感器融合系统的 3 个层次

1. 数据层融合

数据层融合也称像素级融合，首先将传感器的观测数据融合，然后从融合的数据中提取特征向量，并进行判断识别。数据层融合要求传感器是同质的（传感器观测的是同一物理量）。如果多个传感器是异质的（传感器观测的不是同一个物理量），那么数据只能在特征层或决策层进行融合。数据层融合不存在数据丢失的问题，得到的结果也是最准确的，但计算量大，且对系统通信带宽的要求很高。

2. 特征层融合

特征层融合属于中间层次，首先从每种传感器提供的观测数据中提取有代表性的特征，将这些特征融合成单一的特征向量，然后运用模式识别的方法进行处理。这种方法的计算量及对通信带宽的要求相对较低，但部分数据的舍弃使其准确性有所下降。

3. 决策层融合

决策层融合是指在每个传感器对目标做出识别后，对多个传感器的识别结果进行融合，属于高层次的融合。决策层融合由于对可能包含误差的传感器数据进行再处理，产生的结果相对而言最不准确，但其计算量及对通信带宽的要求最低。

6.4.3 多传感器融合系统定位原理

多传感器融合系统的输入主要来自 GNSS-RTK、惯性导航系统和特征匹配自定位系统。多传感器融合系统在进行数据预处理、数据配准和数据融合等处理后，可输出汽车自身的速度、位置和姿态信息。多传感器数据融合定位流程如图 6-18 所示。

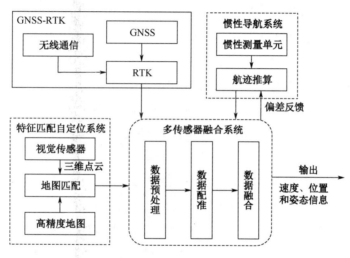

图 6-18 多传感器数据融合定位流程

数据预处理可以考虑为传感器初始化及校准，传感器初始化相对于系统坐标独立地校准每一个传感器。一旦完成了传感器初始化，就可以利用各传感器对共同目标采集得到的数据进行数据配准。所谓数据配准，就是把来自一个或多个传感器的观测或点迹数据与已知或已经确认的事件归并到一起，保证每个事件集合所包含的观测与点迹数据来自同一个实体的概率较大。具体地说，就是要把每批目标的观测或点迹数据与事件集合中各自的数据配对。在传感器配准过程中，收集足够的数据点来计算系统偏差，计算得到的系统偏差用来调整随后得到的传感器数据。传感器配准主要包括时间配准和空间配准两个方面。

1. 时间配准

时间配准是将关于同一目标的各传感器不同步的测量信息同步到同一时刻。由于各传感器对目标的测量是相互独立的，且采样周期（如惯性测量单元和激光雷达的采样周期）往往不同，所以它们向数据处理中心报告的时刻往往也是不同的。另外，由于通信网络延迟不同，各传感器和数据处理中心之间传送信息所需的时间也各不相同。因此，各传感器上数据的发送时间可能存在差异,所以融合处理前需要将不同步的信息配准到相同的时刻。

2. 空间配准

空间配准借助多传感器对空间共同目标的测量结果对传感器的偏差进行估计和补偿。对于同一系统内采用不同坐标系的各传感器的测量结果,定位时必须将它们转换成同一坐标系中的数据。对于多个不同子系统,各子系统采用的坐标系是不同的,所以在融合处理各子系统的信息前,也需要将它们转换到同一测量坐标系中,而处理后还需要将结果转换成各子系统坐标系中的数据,再传送给各个子系统。

6.4.4 多传感器融合误差分析

在多传感器融合系统中,来自多个传感器的数据通常要变换到相同的时空参照系中。但由于存在测量误差,直接进行变换很难保证精度来发挥多传感器的优势,因此在对多传感器数据进行处理时需要寻求一些传感器的配准算法,但配准误差也随之而来。

多传感器配准误差的主要来源有以下几个方面。

(1) 传感器的误差,也就是传感器本身因制造误差带来的偏差。

(2) 各传感器参考坐标系中测量的方位角、高低角和斜距偏差。通常是测量系统解算传感器数据时造成的误差。

(3) 相对于公共坐标系的传感器的位置误差和计时误差。位置误差通常由传感器导航系统的偏差引起,而计时误差由传感器的时钟偏差所致。

(4) 各传感器采用的定位算法不同,从而引起单系统内局部定位误差。

(5) 各传感器本身的位置不确定,为融合处理而进行坐标转换时产生偏差。

(6) 坐标转换的精度不够,为了减少系统的计算负担而在投影变换时采用了一些近似方法(如将地球视为标准的球体等)所导致的误差。

由于以上原因,同一个目标由不同传感器定位产生的航迹就有一定的偏差。这种偏差不同于单传感器定位时对目标的随机测量误差,它是一种固定的偏差(至少在较长时间段内不会改变)。对于单传感器来说,目标航迹的固定偏差对各个目标来说都是一样的,只是产生一个固定的偏移,并不会影响整个系统的定位性能。而对于多传感器系统来说,本来是同一个目标的航迹,却由于相互偏差较大而被认为是不同的目标,从而给航迹关联和融合带来了模糊和困难,使融合处理得到的系统航迹的定位精度下降,丧失了多传感器处理本身应有的优势。

6.5 汽车网联定位

汽车网联定位是实现自动驾驶高精度定位、辅助环境感知、规划与决策等功能的必要条件，可通过车联网进行动态数据的采集、发布与共享。

6.5.1 车路协同动态地图服务

车联网 V2X 辅助交通环境动态数据采集与发布如图 6-19 所示。

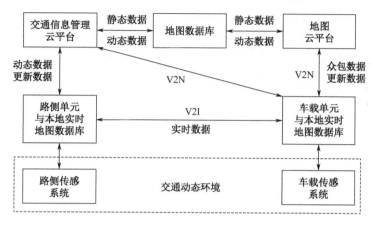

图 6-19　车联网 V2X 辅助交通环境动态数据采集与发布

车路协同动态地图服务平台（V2X-DMP）是一种基于路侧基础设施，将路侧传感器、交通控制中心、静态地图等数据经过复杂的检测算法与预处理流程，再经过提炼和融合后生成动态数据集合，为车端和云控平台提供服务的基础平台。把 V2X-DMP 所管理的数据结合在一起，就能够描述现实世界真实的情况。因此，可以将 V2X-DMP 数据按照功能分为 4 层，如图 6-20 所示。

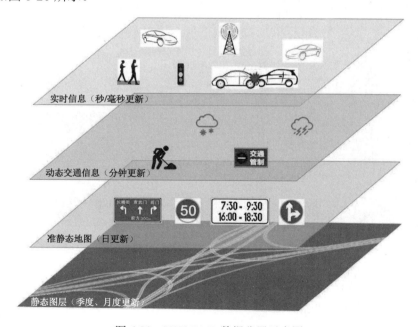

图 6-20　V2X-DMP 数据分层示意图

第 1 层为静态图层（如图 6-21 所示）。它主要包含所有的地图信息，完整又庞大的地图信息经过 V2X-DMP 切片后，按照局部地图或 Map 消息集的形式实时提供给车端，减少车端数据存储和计算的压力。

图 6-21　高精度地图

第 2 层为准静态地图（如图 6-22 所示）。它包含路侧的基础设施信息，如交通标志、路标等更新相对频繁的地图要素信息。

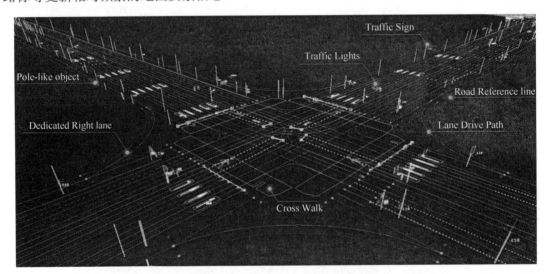

图 6-22　增加城市道路要素后的高精度地图

第 3 层为动态交通信息，包含红绿灯相位、交通拥堵情况等非路侧设备感知的交通信息，一般是分钟级的道路动态信息。

第 4 层为实时信息，主要包含车辆、行人等交通参与者实时状态数据，这部分数据一般由路侧设备感知计算后得到。它一般是秒级的道路动态信息，能更为精准和及时地反映动态事件。

想要实现智能网联道路管理，首先要在路侧预先布设具有感知、计算、通信功能的设施，主要包括 RSU（路侧感知单元）、MEC（移动边缘计算单元）、路侧传感器等，如图 6-23 所示。

图 6-23　道路感知

路侧传感器负责捕获道路上的各类信息，包括高清摄像头、毫米波雷达、激光雷达、气象监测器等。

高清摄像头负责实时检测视角范围内的车辆与行人的位置和速度，统计路面实时交通流量。

毫米波雷达采用多目标技术跟踪获取车辆的种类、位置与速度，行人的位置和速度等信息。

激光雷达可用于车辆拥堵排队状态、车辆位置与种类、错误行驶方向、人和动物等的检测。

气象监测器可以监测能见度、雨雪风等道路工况。

MEC 作为计算单元，利用部署在其上的 AI 算法，将前端智能感知的信息进行融合处理，剔除无效信息，形成可信有效的路侧感知事件结果。

RSU 是整个系统的纽带，主要负责路侧设施与车辆之间的通信与数据交互，满足车路协同信息服务的需求。

当摄像头、雷达等感知单元捕捉到动态交通信息时，会第一时间反馈给 MEC（如图 6-24 所示），MEC 再结合由 V2X-DMP 分发的局部动态地图进行融合感知，然后输出带有实时动态信息的局部动态地图给 RSU，RSU 再将这些信息有效地传输给具有 V2X 功能的车辆进行预警。这个过程看似复杂，其实整个响应时间不会超过 100ms，也就是 0.1s。

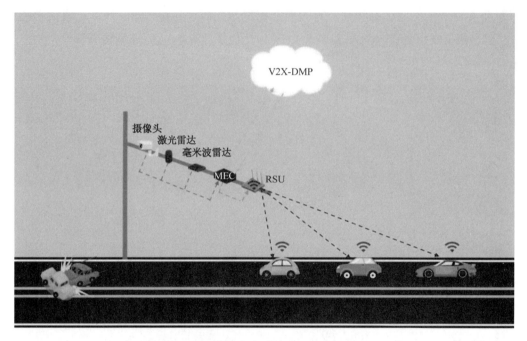

图 6-24　将动态交通信息反馈给 MEC

车辆智能化和道路智能化都是一个不断迭代的过程，最终会实现"智慧的路+聪明的车"。V2X-DMP 对于最终实现车路协同的发展目标，以及发展过程中的智能网联具有重大意义。

（1）通过道路基础设施的设置和 V2X-DMP 的搭建，可以实现动态地图的快速分发，同时通过地图切片和局部地图分发的处理，在掌握实时地图的同时，节省了车辆的存储空间。

（2）通过路侧和云端的计算便可将实时感知的动态事件与地图中的位置信息进行融合，从而发出预警，大大降低了车端计算压力和对单车智能的要求。

（3）V2X-DMP 还可以服务于非自动驾驶车辆，在各类车辆混行的情况下仍可提供服务。传统的自动驾驶强烈依赖单车智能，例如一辆车开在路上，需要车辆自身感知到前方有障碍物或者交通事故，才会执行变道指令，如果事故发生得很突然，则很有可能会来不及。而一辆拥有 V2X 功能的汽车，首先其自身并不一定非得具备自动驾驶传感器，从而使成本可以得到有效控制。V2X-DMP 会将实时地图及前方的动态信息通过云端提前告知车辆，从而尽早辅助驾驶员做出驾驶决策。此外，V2X-DMP 上的动态信息是多源的，可以来自路侧设备实时感知、车辆感知回传及交管部门，因此对前方路况的掌握会更加精准、可靠。

目前车路协同的场景还只能在部分先导区及车路协同示范领域得以实现，随着 5G 通信网络的普及,相信其应用会越来越广泛。

6.5.2 5G 定位技术

大带宽、多天线及高精度同步技术等使 5G 的定位精度大大提高,目前在仿真/测试场景下,室内定位精度可达 2～3m,可在室内及隧道环境中弥补卫星定位的不足。

5G 最擅长的是室内定位,因为 5G 的穿透力比较差,所以大范围定位不是 5G 的强项。自主代客泊车的地下停车场定位是 5G 最具备优势的应用场景之一,和完全依靠概率算法的摄像头方案相比,其物理定位准确度、稳定性和鲁棒性要强百倍。地下停车场照度低,光线变化剧烈,非常不适合采用摄像头方案。

5G 定位技术如图 6-25 所示。

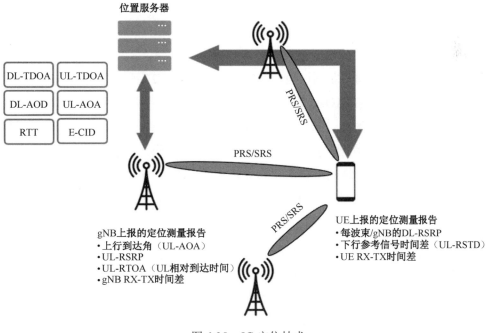

图 6-25　5G 定位技术

3GPP R16 中引入了多种定位使能技术,如 UTDOA、OTDOA、AOA、RTT 等。从技术复杂度、产业成熟度等方面综合考虑,这里重点介绍 UTDOA、AOA、RTT 技术。

1. UTDOA

UTDOA（Uplink Time Difference of Arrival）即上行到达时间差,其定位原理如图 6-26 所示。该定位方法以监测站为焦点、距离差为长轴作双曲线,双曲线的交点就是信号的位置,通过计算终端上行参考信号（SRS）到达不同基站的时间差来计算终端相对于基站的位置。UTDOA 对终端要求低,流程简单,产业成熟度高,是众多定位技术中应用最广泛的技术之一。该技术需要多站协同定位,对站间同步要求苛刻,适用于室内皮基站场景。

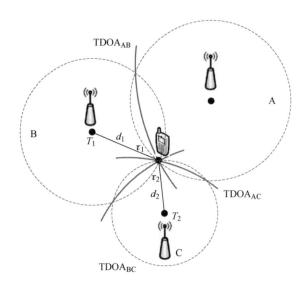

图 6-26　UTDOA 定位原理

2. AOA

AOA（Angle of Arrival）即到达角，其定位原理如图 6-27 所示。该定位方法基于信号的入射角进行定位。在仅有 AOA 定位方法的情况下，两个基站即可完成终端定位。但为了准确测量出电磁波的入射角，接收机须配备方向性强的天线阵列。实际部署对工程条件要求极高，需要非常准确地记录基站部署位置，严格对准基站天线阵列的方向等，以确保入射角测量的准确性。基于这些严格的工程要求，AOA 定位方法一直处于探索阶段，尚未得到规模商用。该技术对基站天线数目要求较高，适用于室外宏基站场景。

3. RTT

RTT（Round Trip Time）即环回时间，其定位原理如图 6-28 所示。该定位方法通过分别测量下行 PRS 和上行 SRS 得到被定位终端与多个基站的 RTT，从而确定终端的位置。该定位方法支持单站和多站定位。当只有一个基站参与定位时，需要与 AOA 结合。RTT 技术术不要求站间严格同步，室内外均可使用。

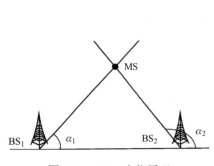

图 6-27　AOA 定位原理

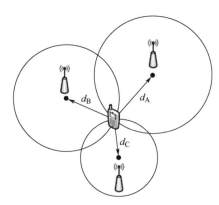

图 6-28　RTT 定位原理

5G 在定位方面有五大优势：高载波频率、大带宽、天线数量极多、D2D 直接通信、网络密度很高。

2021 年 3 月，3GPP 正式通过了新的 WID（Work Item Description）——低功耗、高精度定位（Low Power High Accuracy Positioning，LPHAP）。LPHAP 的目标是把定位精度大幅提高至 0.5m@90%甚至更高，使定位终端电池续航能力达到"月"级甚至"年"级。

根据 3GPP R17 的定义，5G 定位能力必须满足以下最低要求。

（1）对于 90%的终端，水平定位精度优于 1m，垂直定位精度优于 3m。

（2）端到端时延小于 100ms。

对于要求严苛的商业用例，5G 定位能力至少应满足以下要求。

（1）对于 90%的终端，水平定位精度优于 0.2m（室内）和 1m（室外）。

（2）端到端时延小于 100ms。

面向行业可穿戴设备的定位需求，低功耗、低成本定位（如 RedCap 终端的定位）成为 3GPP R18 定位的重要研究方向。

6.5.3 室内定位技术

目前根据不同协议规范，可衍生出多种室内定位技术，本节将对现有的主流室内定位技术进行简要说明。

1. Wi-Fi 定位

基于 IEEE 802.11 标准的 Wi-Fi 热点已被大量部署在人们的生活中，Wi-Fi 定位的优势在于不需要额外部署设备，信号覆盖范围大，定位成本低，适用性强，且利于普及推广。目前基于 Wi-Fi 的室内定位技术主要有基于 RSSI 的指纹数据库定位，以及通过 RSSI 距离交会方法进行定位。

基于 RSSI 的指纹数据库定位是目前主流的 Wi-Fi 定位手段，但 Wi-Fi 信号易受干扰，目前对 Wi-Fi 定位精度的优化主要集中在指纹匹配算法及 RSSI 测距上，其定位精度基本满足室内定位需求。

2. RFID 定位

RFID 利用电感和电磁耦合的传输特性，实现对目标物体的自动检测与识别。RFID 系统通常由电子标签、射频阅读器及后台计算机数据库组成，常用的定位方法是邻近检测法，即利用 RSSI 实现多边定位算法，可以在一定程度上实现范围估计，进而实现物体定位。根据电子标签是否有源可以分为无源 RFID 系统和有源 RFID 系统。

无源 RFID 系统利用电感耦合实现对被识别物体的检测，相比于有源 RFID 系统，其体积更小，耐用性更高，成本更低，多使用邻近检测法实现定位。有源 RFID 系统的电子标签含电池，因此电子标签的射频信号传输距离比无源 RFID 系统更大，达到 30m 以上，可用于实现基于 RSSI 测量的指纹定位。

3. 超宽带定位

超宽带（Ultra Wide Band，UWB）定位系统通常包括 UWB 接收器、参考标签及其他标签。UWB 技术通过发送纳秒级超窄脉冲来传送数据，可获得吉赫兹级的带宽，发射功率低且无载波。由于具有大带宽，理论上基于 TOA 或 TDOA 方法的 UWB 定位可以实现厘米级的定位精度，但在室内定位应用场景下，UWB 信号在传播中易受到多径和非视距的影响，导致定位精度受到很大影响。因此，UWB 定位技术的精度优化主要集中在改进 UWB 信号测距算法上，如伪距差分法、相干 TOA 测距算法等被用于减少多径和非视距对 UWB 定位的影响。

4. 可见光定位

可见光定位是将 LED 光源安装在室内的天花板或其他顶部位置，通过将编码调制信号加载到光电模块上，LED 光源就可以向外发送明暗闪烁的光信号。在流动站配备光检测器，用于接收光信号，通过对光信号进行光电转换、信号调理等方式，就可以提取出光信号中包含的数据信息，在现有数据信息的基础上，采用相应的定位算法就可推算出流动站的坐标信息。

5. 地磁定位

地球上 98% 的地域都可以采用地磁来进行匹配导航，地磁匹配导航是将预先选定区域的地磁异常值制成参考地磁图并存储在流动站中。当载体通过预先选定区域时，地磁传感器实时测量地磁场强度，进而转化成地磁异常值，并构成实时地磁图。在惯性导航系统标注位置的基础上，把实时地磁图与预存的参考地磁图进行匹配，确定实时地磁图在参考地磁图中的最佳相关点，从而确定载体的精确位置。地磁定位技术是一种采用地磁地图进行定位的方案，且通常采用指纹定位的方法。因此，需要预先探测室内环境中的地磁并建立指纹数据库，实时定位时将测得的地磁信息与数据库进行匹配，完成定位。因为室内地磁场具有较强的稳定性，所以室内地磁场是一种可用于室内定位导航的有效信息源。

6.6 智能汽车高精度定位关键问题

高精度卫星定位在自动驾驶中发挥着不可或缺的作用，是智能汽车的核心传感器之一，在应用中需要注意一些关键问题。

6.6.1 卫星定位的指标需求

卫星定位是实现高精度定位的基本前提，因此，卫星定位的性能要求也非常高。在开阔无遮挡的场景下，智能汽车卫星定位的指标需求如表6-2所示。

表6-2 智能汽车卫星定位的指标需求

项目	指标	指标值	说明
位置精度	误差均值	≤1m，定位服务修正后：≤20cm	依据车辆尺寸（长度和宽度）与道路几何标准（车道宽度和曲率等），以及道路设计时速等参数，经函数推导计算得出指标值
测速精度	误差均值	≤0.035m/s	
姿态精度	误差均值	≤0.08°	
定位时延	冷启动时延	≤26s	
	热启动时延	≤2s	
	重捕获时延	≤2s	
灵敏度	跟踪	−163dBm	依据目前卫星导航定位行业所能达到的水平定义
	捕获	−148dBm	
	热启动	−156dBm	
	重捕获	−157dBm	
更新频率	更新频率	10～20Hz	
授时精度	误差均值	≤10ns	参考中国北斗三号的授时精度

6.6.2 智能汽车对高精度定位的指标需求

随着智能汽车的发展，高精度定位的典型应用已经逐步渗透到人们的生活中，如智慧停车、自动泊车、辅助驾驶、封闭或半封闭园区的无人摆渡、无人运输等。不同的应用场景对定位精度的要求也不相同。

高精度定位的应用场景可以分为3类：位置报告、位置监控和自动驾驶服务。不同应用场景对高精度定位的指标需求如表6-3所示。

表6-3 智能汽车高精度定位指标需求

应用场景	典型场景	定位精度指标	VRS服务可用度	置信度准确率
位置报告	事故报警	水平定位精度＜0.5m	99%	≥95%
	交通态势感知	水平定位精度＜0.5m	99%	≥95%
	智慧停车	水平定位精度＜0.5m	99%	≥95%
位置监控	自动泊车	无遮挡水平定位精度＜0.5m 部分遮挡水平定位精度＜1m	99%	≥95%
	封闭路段的位置服务	无遮挡水平定位精度＜0.5m	99%	≥99%
	ETC智能缴费	部分遮挡水平定位精度＜1m	99%	≥99%
自动驾驶服务（L3及以上级别）	高速道路	水平定位精度＜0.3m 速度精度＜0.2m/s	99.90%	≥99.9999%
	城市道路	水平定位精度＜0.5m 速度精度＜0.5m/s	99.90%	≥99.9999%
	地下停车场	定位精度＜0.5m	—	—

6.6.3 高精度卫星定位对用户位置信息和隐私保护的需求

1. 传统与改正数服务商交换方式

传统 VRS 服务的提供一般依赖 NTRIP（Networked Transport of RTCM via Internet Protocol），需要用户通过用户设备进行登录并上传用户自身位置，这样的方式容易使用户的位置信息被泄露。PPP-RTK 技术利用地面 RTK 网络为用户提供电离层和对流层延迟校正，实现快速收敛及模糊度固定。而对于许多车企、车主来说，个人隐私及位置信息是非常私密的，希望能受到合理的保护，因此用户位置信息和隐私保护非常必要。为保护用户位置信息和隐私，可以采用如下方式。

（1）规则化网格 N-RTK/PPP-RTK，并将规则及参数公开给车载定位终端。

（2）车载定位终端不上传位置信息，而是在本地选择所需 VRS 为其提供 RTCM 数据运算，达到与 NTRIP 方式一致的服务效果。终端将自身具体位置换算为 VRS 标签，直接上传 VRS 标签请求 RTCM 数据，服务端仅仅获取 VRS 标签，用户的高精度位置信息不会被泄露。

2. 与 RSU 协同模式

地基增强站主要生成 RTK 改正数，然后将改正数传给 RSU，由 RSU 进行广播式播放，这种模式可以避免传统的 RTK 定位中终端初始位置的上报。智能汽车的 OBU 模块可以按需接收必要的信息，规避了个人位置信息必须上报的问题。

6.6.4 高精度卫星定位对 GNSS 防欺骗的需求

GNSS 欺骗并非一种新型的攻击手段，这项技术随着 GNSS 的普及而诞生，常被用来攻击依赖 GNSS 信号的设备。GNSS 欺骗的主要原理是通过特殊的信号发射器对 GNSS 的终端发送虚假信号，使得正常系统在错误 GNSS 信号的指引下运行，最终导致搭载系统的设备出现事故。

GNSS 信号对于干扰和欺骗是非常脆弱的，作为一种缺陷兼容技术，其信号的结构是公开的，因此欺骗器能够利用已知的接口控制文件和协议产生类似的卫星信号帧，这样 GNSS 信号就很容易被各种干扰影响。

GNSS 对欺骗信号的脆弱性表现在 GNSS 接收机操作的 3 个层面：信号处理级、数据处理级和定位导航级。根据欺骗的有效性和产生过程可分为简单式欺骗、中级欺骗和高级欺骗。简单式欺骗仅能产生一般的欺骗信号，不接收和处理当前广播的实际信号，更不考虑信号同步的问题；中级欺骗包括接收和处理当前广播的实际信号，并将其产生的信号与真实信号同步，这样虚假信号就很容易伪装成真实信号，使接收机很难检测到欺骗信号的存在，这类欺骗完成过程最复杂，也最难检测；高级欺骗不仅同步当前广播的真实信号，而且和邻近的欺骗器产生的虚假信号组成一个欺骗网络,每个欺骗源不仅要将产生的虚假信号与可视卫星的真实信号同步,更要考虑卫星的分布情况来部署其他欺骗器的空间位置,这样做甚至能骗过多天线阵列的反欺骗防御。

1. 车端解决方案

1)一致性检测

(1)星历一致性检测:GNSS 系统中每颗卫星的广播信号中包含足够的信息,其中对用户定位解算最重要的是星历信息。授权信号广播的星历是和别的卫星信号一致的,一旦发生欺骗,任何星历间的不一致都能说明存在非同步的欺骗信号。

(2)时钟检测:每个 PRN 信号的导航电文都包含 GNSS 的时钟信息,该信息可以为全世界的用户提供同步授时服务。从同一卫星系统的不同卫星所获得的时钟应该始终是同步的,而从非同步的欺骗信号所得到的时钟信息无法和其他的 GNSS 时钟达到同步,因此,可以将其作为接收机是否被欺骗的警示信号。

(3)与其他传感器导航定位解的一致性检测:在有高精度需求的领域,惯性导航系统仍然是最受关注的导航定位形式,通过比较 GNSS 所获得的导航定位解与惯性设备所获得的导航定位解,就能够辅助目标接收机检测欺骗威胁的存在,一旦两者之间的偏差超出了可容误差范围,就说明极有可能存在欺骗干扰。还有一些其他设备同样可以得到导航定位的信息,同样可以辅助 GNSS 接收机检测欺骗信号的存在。

采用该方法检测欺骗信号的存在,会增加系统软硬件方面的复杂性,同时高精度 IMU 通常价格非常昂贵,而且 IMU 的传感器在使用前必须经过校正补偿才能够正常工作。另外,其他定位技术,如里程计和多普勒测量仪很难提供和 GNSS 或者 IMU 精度一致的导航定位解。因此,如果欺骗信号和授权信号给出的导航定位解的误差较小,这种方法可能会失效,很多实际因素也限制了该方法的应用。

(4)码率一致性检测:对于授权信号,多普勒率和码率应该是一致的,两者都受到 GNSS 卫星与接收机相对运动的影响。对于简单式欺骗,并不能保证频率和码率之间的一致关系。因此,可以通过 PLL 和 DLL 分别估计相位和码率延迟,然后利用它们的不一致来检测欺骗信号。

2)信号处理

信号分析和处理能够有效防御信号同步、选择性延时及延时欺骗攻击。最佳的信号和数据位观测技术是到达角和到达时间检测。运用天线阵列技术,接收机就可以判断接收信号的到达角。如果所有的信号转发自同一信号源,那么接收机必须拒绝接收这些信号。因此,如果攻击者想要绕过该项技术的甄别,就需要多个空间分布的欺骗器同时作用,且接收机仍会时刻监测所有信号的到达角。

在数字信号处理层面,到达角检测是一项性能较好的反欺骗措施。为得到对接收机来说看似可信度较高的导航定位解,每个欺骗器都需要转发若干同步的 GNSS 信号。尽管可以针对每一个信号设计不同的欺骗策略以及欺骗的信号结构和内容,但这在实际中是非常困难的,因为不同的欺骗器转发的信号完全同步几乎不可能,况且需要配置价格高昂的欺骗设备,这些代价也是要考虑的因素。

对于单个转发器产生的不同 GNSS 信号,其具有和授权信号相同的功率谱密度以及任意时空的通道增益,当接收机开始运动时,相关的授权通道增益快速出现与时间的不相关性。实际上,成对的授权信号会出现随天线运动的不相关性,即意味着相似的传播路径,而这可以由已知时间和位置的 GNSS 信号簇加以验证。但欺骗器产生的同步的 GNSS 信号并不会随着天线的运动出现时间上的相关或者不相关的情况。

3)加密授权

军用 GPS 信号由加密授权防御欺骗已在几年前就开始实施,其利用二进制序列仅能给授权用户解调 GPS 载波信号。近年来,在民用 GPS 以及其他 GNSS 信号的欺骗防御中采用了类似的技术。相比于其他的反欺骗措施,其不需要额外的硬件方面的改动,如多天线方式以及依赖于高精度 IMU 的方法都需要硬件的辅助。

为更加有效地检测 GNSS 信号中的欺骗信号,接收机必须采用先进的算法,如导航信息授权方法,其将加密信息作为公钥签名插入低速率的民用导航电文中,并将欺骗信号的相关功率视为超出加密授权区间的信号部分。

4)载噪功率比监测

目前市面上大多数 GNSS 接收机都利用载噪功率比来监测接收到的信号质量,其将噪声视为白噪声,并且可以由归一化的噪声密度描述。GNSS 接收机监测所有的参数,包括载噪功率比,一旦出现突然的非容错范围内的变化或者中断,就意味着接收机受到了欺骗攻击。因此,接收机必须时刻监测接收信号的功率和载噪功率比。

2. 平台端解决方案

通过自动驾驶车辆上传车辆位置与对应的定位精度信息给云平台,构建高精度位置态势系统及可视化的高精度位置态势图,用于判断自动驾驶车辆定位精度与位置的准确性,作为 GNSS 防欺骗的平台端解决方案。高精度位置态势系统数据流程图如图 6-29 所示。

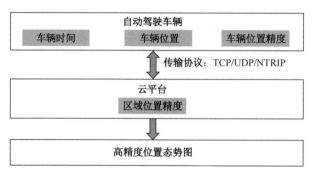

图 6-29 高精度位置态势系统数据流程图

1）高精度位置态势系统

自动驾驶车辆数据源如表 6-4 所示。将表 6-4 中的数据上传至云平台进行空间聚合计算，判断车道级的定位精度。

表 6-4 自动驾驶车辆数据源

位置态势计算用数据		说　明
车辆位置	纬度	0000.00000~8959.9999
	经度	00000.0000~17959.9999
车辆定位状态	GNSS 状态	0 无效解 1 单点定位解 2 伪距差分解 4 固定解 5 浮动解 6 航迹推算模式 7 固定坐标解 8 模拟器模式 9 WAAS
车辆位置精度	纬度标准差	纬度定位精度
	经度标准差	经度定位精度
	高度标准差	高度定位精度
车辆时间	UTC 时间	—

当自动驾驶车辆的定位状态为"4 固定解"时，为卫星（RTK）定位的可用状态。其中，车辆位置精度为车辆终端计算的定位精度，按照目前 L3 及以上级别自动驾驶车辆的定位精度要求，当车辆平面精度小于 10cm 且高程精度小于 20cm 时，卫星定位可靠性高，可信任卫星定位方式。因此，按照多车的车辆位置精度进行加权平均，确认每条车道某个分段范围内的定位精度。高精度位置态势计算业务流程图流程图如图 6-30 所示。

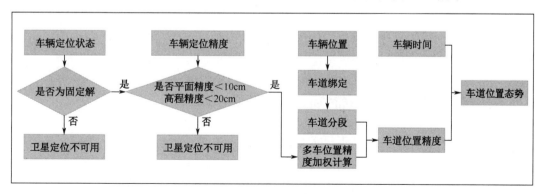

图 6-30 高精度位置态势计算业务流程图

依据车辆位置及车道位置态势，判断车辆定位精度是否在阈值范围内。当车辆定位精度匹配时,可以使用卫星定位方式。为了防止卫星定位方式的欺骗行为,在平台端会对车辆位置和地图进行匹配计算。当车辆位置和地图的偏移值大于其精度值时,初步判断车辆 GNSS 信号被干扰或欺骗,平台会依据车辆轨迹历史数据进行大数据实时分析,对经过当前位置的所有车辆轨迹进行分析判断,确认此位置的卫星信号是否存在干扰或欺骗,并将预警结果发送给当前位置周边的所有车辆。在 GNSS 信号被干扰或欺骗的路段卫星定位不可用。

2)高精度位置态势图

高精度位置态势图如图 6-31 所示。

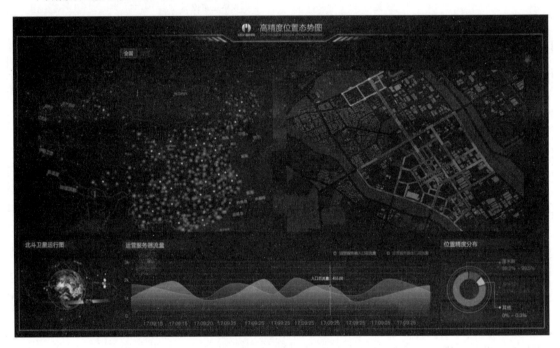

图 6-31　高精度位置态势图

通过高精度位置态势计算结果,构建可视化的高精度位置态势图,即在高精度地图上完成区域定位精度显示与分析结果确认。

6.6.5　高精度卫星定位对时间同步的需求

高精度的卫星授时和时间同步技术是智能汽车的关键基础技术之一。智能汽车的多传感器之间需要精确同步协作,以完成对车辆动作的决策和执行。从感知端的多传感器同步融合到整车的高精度定位的实现,都需要高精度的卫星授时和时间同步技术,采用单片机 +PPS 模式,可以获取 1ms 精度的时间同步。

通过高精度卫星授时设置唯一的授时服务器给各类传感器提供相同的基准时间,由于各传感器设备时钟晶振及数据传输路径不同，需要根据提供的基准时间校准各自的时钟时间，实现时间同步。最后根据校准后的时间为采集的数据加上时间戳信息，这样就可以保证在同一时刻采集相同的环境信息。智能汽车卫星授时和时间同步解决方案架构示意图如图 6-32 所示。

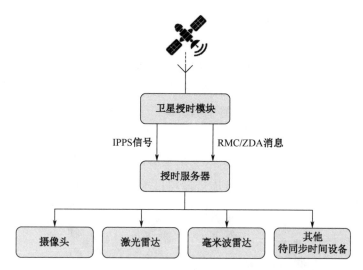

图 6-32　智能汽车卫星授时和时间同步解决方案架构示意图

卫星授时实现方法：通过接收卫星信号，卫星授时模块发送 1PPS 信号和 RMC（Recommended Minimum Specific，GPS/TRANSIT 推荐最小定位信息）或 ZDA（时间和日期信息）消息给授时服务器，授时服务器获取标准时间信息，对本地时钟进行同步，并利用内部时基进行时间保持，对外输出 NTP、PTP/gPTP 等时间信号。

NTP 网络授时精度可以达到毫秒级，NTP 协议采用客户-服务器工作方式，各传感器设备按照设置好的时间间隔定期访问服务器获得准确的时间信息并调整自己的系统时钟来同步自己的时间。

PTP 授时精度可以达到亚微秒级，需要硬件的支持，一般是主从搭配起来使用，从节点不断地和主节点交换同步时间的报文，从而校准从节点的时间。

6.6.6　高精度卫星定位对冷启动/卫星失锁快速定位的需求

定位终端要实现高精度定位，从开机开始，首先需要接收卫星实时播发的导航电文（也称星历数据），用以根据 UTC 时间来推算卫星在天空中的实时三维坐标。而星历数据具有时效性，不同系统的卫星会每隔半小时至两小时不等更新一次。

一般而言，获取星历数据的方式有以下几种：通过接收机实时接收卫星播发的电文进行解析；通过备份在接收机内部的上一次接收的星历数据进行更新；通过 AGNSS 服务从服务器端实时获取。

根据上述不同的获取星历数据的方式，接收机有冷启动、热启动、AGNSS 快速启动 3 种启动方式。

传统接收机开机后从接收到卫星信号开始，至少需要等待 30s 的时间才能获取所有卫星的完整星历数据，也就是开机定位时间至少为 30s，这称为冷启动。

改进型接收机使用的前提条件是上一次开机后已经收到了星历数据，并通过接收机的存储介质保存在本地，下一次开机时自动加载恢复上一次开机时保存的信息，即可及时定位，这称为热启动。它的局限性如下：必须在上一次开机时获取完整星历数据并在本地保存；必须在有效期内使用（2h 以内有效）；在不同时间和地点，接收机收到数据的卫星数量是不一样的，每颗卫星有一份独立的星历数据，上一次保存的星历数据未必涵盖当前时刻的所有卫星。

AGNSS 服务器可搜集各地 CORS 的卫星星历数据，全星座、全卫星、全天候输出，接收机在开机后通过网络连接 AGNSS 服务器即可及时获取，如图 6-33 所示。

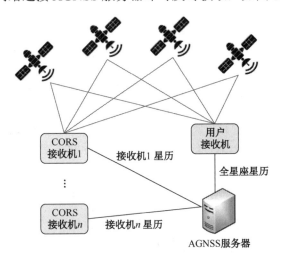

图 6-33　获取星历数据

因此，为满足在接收机开机后即可快速定位的需求，采取 AGNSS 服务的方式是理想的解决方案。

6.6.7　高精度卫星定位海量用户高并发的需求

传统的互联网/工业控制领域，一般采用客户请求异步等待，由服务器实时计算/处理后异步返回结果，服务器端采用横向扩展方式来增加最大并发数。而高精度定位技术有特定的业务场景，例如，高精度定位服务数据在同一个网格点内共用，在特定的时间片内数据可复用。服务数据是可预见/可规划的，利用好这些特性可以很容易支持亿级用户高并发。

6.6.8 高精度卫星定位与 EEA 的结合

在域控制器的 EE 架构方案中，高精度卫星定位模块在汽车中的搭载方案主要包括以下两种。

（1）将高精度卫星定位模块挂接到中央智能网关。高精度卫星定位模块包括卫星定位信号接入、RTK 信息接入、IMU、高精度地图单元、融合定位算法等。该方案需要将高精度定位信息及高精度地图信息通过车内网络传输到自动驾驶域控制器，增加了时延，降低了定位精度。具体架构如图 6-34 所示。

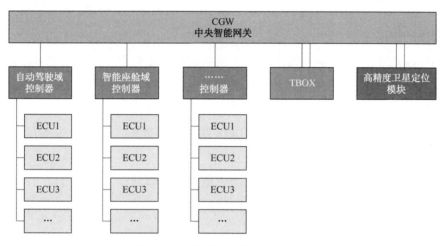

图 6-34　高精度定位的分离式架构

（2）高精度卫星定位模块集成到自动驾驶域控制器中，自动驾驶域控制器直接接入卫星定位信号、GNSS 卫星增强信息，并配置 IMU、高精度地图单元和融合定位算法等。该方案可以减少数据传输，有效降低时延，提升定位精度。具体架构如图 6-35 所示。

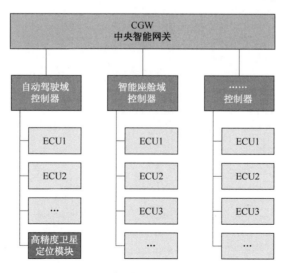

图 6-35　自动驾驶域控制器集成化架构

随着域控制器技术的成熟和新型电子电气架构的使用，自动驾驶域控制器集成高精度卫星定位模块将成为主流方案。

考虑到电子电气架构的不同，具体可从以下两个维度选择技术方案。

1. 定位修正的维度

（1）4G/5G/GNSS 卫星增强+卫星定位系统。卫星定位系统通过接受 4G/5G/GNSS 卫星增强的定位纠正，进行定位解算，提高定位精度。

（2）5G 定位+卫星定位系统。通过 5G 定位进行卫星定位系统的定位纠正，提高定位精度。

2. 部件的维度

（1）GNSS 卫星增强设备+定位惯导。当前供应商大多将卫星定位系统与惯导结合组成一套部件，将支持 GNSS 卫星增强的模块作为另一套部件。两套部件通过信息交互，提供高精度定位。

（2）5G-TBOX+定位惯导。通过 5G-TBOX 集成定位数据，用于定位惯导解算，提供高精度定位。

（3）集成式部件。在自动驾驶域控制器中集成定位惯导模组，运用自动驾驶高运算能力，集成定位惯导航迹推算算法，实现控制器集成化。

第 7 章

智能汽车环境感知技术

智能汽车必须实现对环境信息和车内信息的采集、处理与分析，即环境感知，它是智能汽车自主行驶的基础和前提。作为自动驾驶的第一个环节，环境感知是自动驾驶汽车与外界环境进行信息交互的关键，其核心在于使自动驾驶汽车更好地模拟并最终超越人类驾驶员的感知能力，准确地感知并理解车辆自身和周边环境的态势。自动驾驶汽车通过硬件传感器获取周围的环境信息。环境感知的对象主要包括路面、静态物体和动态物体，涉及道路边界检测、障碍物检测、车辆检测、行人检测等技术。特别地，对于动态物体，不仅要检测物体的当前位置，而且要对其轨迹进行跟踪，并根据跟踪结果预测物体下一步的位置。

7.1 智能汽车感知系统简介

自动驾驶汽车获取和处理环境信息主要用于状态感知和 V2X 网联通信。状态感知主要通过车载传感器对周边及本车环境状态信息进行采集和处理，主要包括交通状态感知和车身状态感知。本章将重点讨论基于传感器的状态感知。

由于不同传感器的材料特性不同，原理功能各异，它们能够在不同的应用场景中发挥各自的优势。各个传感器能够分别获取不同的局部信息，这些信息能够相互补充。多传感器融合取长补短，能够显著提高系统的冗余度和容错性，从而保证决策的及时性和正确性。

自动驾驶汽车通过传感器来感知环境，所用到的传感器主要包括摄像头、超声波雷达、毫米波雷达和激光雷达。不同传感器的比较如表 7-1 所示。

在实际的行驶场景中，由于不同传感器各有优劣，很难在使用单一传感器的情况下实现对无人驾驶功能性与安全性的全面覆盖，仅依赖某一类型传感器获得数据往往是不可靠的，且探测范围有限，不可避免地存在时空盲区。为保证环境感知系统能实时获得可靠的数据，自动驾驶汽车一般采用多种传感器同时采集数据。

表 7-1 环境感知传感器的比较

参数性能	摄像头	超声波雷达	激光雷达	毫米波雷达
探测角度	大于 30°	120°	15°～360°	10°～70°
有效探测距离	50～200m	15m	50～300m	20～250m，特殊的可达 1km
主动/被动	被动	主动	主动	主动
时间精度	良	一般	优	优
夜间环境	弱	强	强	强
全天候	弱	弱	弱	强
不良天气环境	弱	一般	弱	强
温度稳定性	强	弱	强	强
车速测量能力	弱	一般	弱	强
数据量（Mbit/s）	500～3000，与像素及帧数有关	<0.01	20～100	0.1～15
算法要求	实现测距算法要求高	很低	较高	一般
路标识别	√	×	×	×
成本	适中，与图像采集和视觉芯片能力相关，一般在数百元到千元	很低，数十元到数百元	目前很高，发展较成熟的机械式在数万元到数十万元，新型 MEMS 等在数千元以上	适中，成熟产品在几百元到上千元，新型高分辨率 4D 雷达可达数千元
主要应用	车道偏离预警、车道保持辅助、盲区检测、前向碰撞预警、交通标志识别、交通信号灯识别、全景泊车等	泊车辅助	实时三维环境建模、测速测距、物体分类、激光雷达 SLAM	测速测距相关功能，如自适应巡航控制、自动紧急制动、前向碰撞预警、盲区检测

多种传感器获得的信息既具有互补性，也存在矛盾。对于互补的信息，可利用多源信息融合技术对原始数据进行分析、加权和综合，增大容错率，缩小视野盲区。对于矛盾的信息，由于处理器在同一时间点对于某个动作只能给出一个决策，因此必须对原始数据进行筛选和删减。传感器融合的目的在于获得不同类型传感器采集的信息，将它们组合在一起以更加准确地感知周围的环境。

7.2 典型传感器技术介绍

典型的传感器主要有摄像头、超声波雷达、激光雷达、毫米波雷达等，本节将重点介绍这些传感器的工作原理、性能、优缺点及未来的发展趋势等。

7.2.1 摄像头

1. 车载摄像头的工作原理

车载摄像头属于视觉传感器，起源于生理视觉，是基于机器视觉的理论知识并结合光学、微电子、计算机等技术及车辆运动特点而形成的。

视觉传感器是智能汽车感知系统不可或缺的重要组成部分，相当于驾驶员的眼睛，是未来自动驾驶技术的发展重点。通过视觉传感器感知环境，并结合其他传感器（激光雷达、毫米波雷达、超声波雷达等）的感知信息，完成车辆对所处环境的识别。

广义的视觉传感器主要由光源、镜头、图像传感器、模数转换器、图像处理器等组成。图像检测过程如图 7-1 所示。

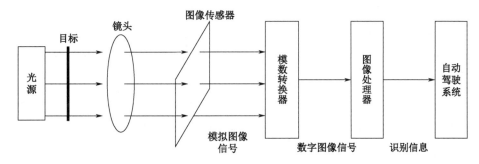

图 7-1 图像检测过程

目标通过镜头投射到图像传感器（如 CMOS 和 CDD）表面，图像传感器将目标的光信号转化为模拟电信号，再根据像素分布、亮度和颜色等信息，通过模数转换器转化为数字信号（CMOS 图像传感器不需要模数转换）。图像处理器通过对这些数字信号进行图像滤波与增强、灰度处理、自适应二值化、深度学习等算法处理，完成对目标和常规交通标志（包括车道线、斑马线、停止线、标志牌、交通信号灯）的检测、分类和识别，进而获得相应的识别信息并输出给自动驾驶系统。目前车载摄像头主要分为单目摄像头、双目摄像头和鱼眼摄像头。

2. 车载摄像头的优缺点

车载摄像头的优点十分明显，技术成熟，成本低，采集的信息十分丰富，包含最接近人类视觉的语义信息。此外，它还具有以下优点。

（1）横向距离分辨率比其他传感器（毫米波雷达）要高。

（2）对目标的分类能力是目前车载传感器中最好的。

（3）在可以识别车道线的传感器中，摄像头成本低于激光雷达。

（4）摄像头是目前唯一可以识别交通标志的传感器。

（5）可以对环境进行识别，如雨雪等环境。

（6）双目摄像头识别目标距离的精度较高。

其缺点主要是受光照、环境影响十分大，很难全天候工作；在黑夜、雨雪、大雾等能见度较低的环境下，其识别率大幅度降低；缺乏深度信息，三维立体空间感不强。其他缺点包括：

（1）天气对摄像头识别效果影响比较严重。

（2）大广角摄像头成像有镜头畸变，镜头畸变造成的图像失真对图像检测有较大影响。

（3）低动态的摄像头在光照变化强烈的场景下会造成代表某些区域的细节信息丢失。

（4）单目摄像头由于识别算法的限制，其识别距离的精度较低。

（5）单目摄像头的算法需要大量数据训练，并且要不断更新和维护。

（6）双目摄像头对硬件的计算能力要求较高。

（7）相较于单目摄像头，双目摄像头的生产工艺难且成本较大。

3. 车载摄像头的应用

摄像头在自动驾驶汽车领域应用十分广泛，技术较为成熟，成本也较为低廉。车载摄像头是高级驾驶辅助系统的主要视觉传感器，是实现众多预警、识别类 ADAS 功能的基础。摄像头借由镜头采集图像后，由摄像头内的感光组件电路及控制组件对图像进行处理并转化为计算机能处理的数字信号，从而实现前向碰撞预警、车道偏离预警和行人检测等 ADAS 功能，如表 7-2 所示。

表 7-2　摄像头可实现的 ADAS 功能

ADAS 功能	使用摄像头	功能简介
车道偏离预警（LDW）	前视	当前视摄像头检测到车辆即将偏离车道线时，就会报警
前向碰撞预警（FCW）	前视	当前视摄像头检测到前车距离过近，可能发生追尾时，就会发出警报
交通标志识别（TSR）	前视、侧视	识别前方道路两侧的交通标志
车道保持辅助（LKA）	前视	当前视摄像头检测到车辆即将偏离车道线时，就会向控制中心发出信息，然后由控制中心发出指令，及时纠正行驶方向
行人碰撞预警（PCW）	前视	前视摄像头会标记前方道路行人，并在可能发生碰撞时及时发出警报
盲点监测（BSD）	侧视	利用侧视摄像头，将后视盲区内的影像显示在驾驶舱内
全景泊车（SVP）	前视、侧视、后视	对车辆前后左右的摄像头获取的影像和图像进行拼接，输出车辆周边的全景图
泊车辅助（PA）	后视	泊车时将车尾影像显示在驾驶舱内，预测并标记倒车轨迹，辅助驾驶员泊车
驾驶员注意力监测（DMS）	内置	安装在车内，用于监测驾驶员是否疲劳、闭眼等

4. 车载摄像头的性能指标

目前车载摄像头的主要性能指标如表 7-3 所示。

表 7-3 车载摄像头主要性能指标

主要性能指标	范围	说明
分辨率	130~170MP	市场上主流产品范围
FOV	H：>45° V：>34.5°	鱼眼摄像头 FOV 接近或大于 180°
动态范围	>120dB	大于 120dB 才能满足自动驾驶系统需求
输出帧率	30~60fps	市场上主流产品范围
信噪比	>41dB	—
工作电压	9~12V	—
温度范围	-20~85℃	—
功耗	<3W	—
功能安全水平	B 以上	—

车载摄像头数据处理模型如表 7-4 所示。

表 7-4 车载摄像头数据处理模型

数据类型	数据格式和包含内容	分析
原始数据	RGB/RCCB/RCCC/RAWRGB（数字矩阵）	常见帧率 30fps/36fps/60fps 带宽需求：较大
特征数据	轮廓线、特征点	带宽需求：中等
目标数据	目标位置、尺寸、速度、类型、置信度等信息	常见频率 20Hz/36Hz 带宽需求：较小

车载摄像头检测目标如表 7-5 所示。

表 7-5 车载摄像头检测目标

分类	主要性能指标名称	范围
车辆与行人	车辆探测距离	白天跟踪距离：0~200m
	车辆纵向距离精度	<15%
	目标分类	汽车、行人、自行车、三轮车等
	车辆速度精度	<20%
	车辆角度精度	<0.5°
	行人纵向探测距离	<70m
	行人纵向探测距离精度	<15%
	行人相对速度精度	<4.0m/s
	行人角度精度	小于行人宽度的 45%
车道线	车道线探测距离	5~140m（虚线/实线）
	直车道线	<1.5°
	弯曲车道线	车道线的偏移量<30cm
交通标志	交通标志最大探测距离	<50m
	交通灯距离	<150m
	交通灯分类	颜色：红、黄、绿，箭头：左、右、前

5. 车载摄像头的发展趋势

车载摄像头的发展趋势包括以下两方面。

1）摄像头硬件发展趋势

（1）转向动态图像传感器（DVS），使用更少的计算资源来实现实时处理能力。

（2）低照度下感知能力持续提升。

（3）像素密度持续增加。

（4）面向自动驾驶的定制化设计，如 LED 频闪消除、ISO 26262 标准的功能安全设计。

（5）动态范围持续扩大（更大的明暗差别）。

2）处理算法发展趋势

（1）提高模型的泛化能力，即提高模型对未出现过场景的处理能力。

（2）利用小规模训练数据，完成深度学习。

（3）全面的场景理解，即把识别到的目标同周围环境联系起来，找出目标与目标、目标与环境之间的联系。

7.2.2 超声波雷达

汽车雷达可分为超声波雷达、毫米波雷达、激光雷达等，不同雷达波的特征如图 7-2 所示。

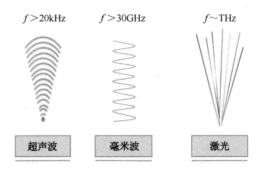

图 7-2　不同雷达波的特征

不同类型雷达的原理不同，也各自具备典型的优缺点。在智能网联汽车领域，需要根据各种雷达的特点进行选型和配置，以满足不同阶段和场景的市场化需求，实现智能汽车的功能。

1. 超声波雷达的工作原理

据相关调查统计，在普通驾驶汽车中，15%的汽车碰撞事故是因倒车时汽车的后视能力不良造成的。因此，增强汽车的后视能力，研制汽车后部探测障碍物的倒车雷达便成为近年来的研究热点。安全避开障碍物的前提是快速、准确地测量障碍物与汽车之间的距离。

因此，利用超声波实现无接触测距的倒车雷达系统对自动驾驶汽车是必要的。

超声波雷达是通过发射并接收40kHz的超声波，根据时间差算出障碍物距离的，其测距精度是1~3cm。其构造一般分为等方性传感器和异方性传感器。等方性传感器的水平角度与垂直角度相同，而异方性传感器的水平角度与垂直角度不同。等方性传感器的缺点在于垂直照射角度过大，容易探测到地，无法侦测较远的距离。异方性传感器的缺点在于探头产生的超声波强弱较不稳定，容易产生误报警的情况。

超声波雷达的技术方案一般有模拟式、四线式数位、二线式数位、三线式主动数位，其中前3种在信号干扰的处理效果上依次提升。这4种方案在技术难度、装配及价格上各有优劣，总体呈递进趋势。三线式主动数位倒车雷达的传感器（探头）内部带有CPU，能独自完成信号的发射、接收及数据处理，基本上不存在信号传输干扰及损失，具有非常好的EMC及EMI性能。探头通过CPU可以及时地对各种信号进行处理和运算，并对检知器（超声波传感器本体）进行控制，从而取得非常精准的信号和判断。

常见的超声波传感器有两种：第1种是安装在汽车前后保险杠上的，也就是用于探测汽车前后障碍物的传感器，探测距离一般在15~250cm，称为PDC（停车距离控制）传感器，也称超声波驻车辅助（Ultrasonic Parking Assistant，UPA）传感器；第2种是安装在汽车侧面的，是用于测量停车位长度的超声波传感器，探测距离一般在30~500cm，称为自动泊车辅助（Automatic Parking Assistant，APA）传感器。例如，某汽车前后向共8个UPA传感器，左右侧共4个APA传感器，如图7-3所示。

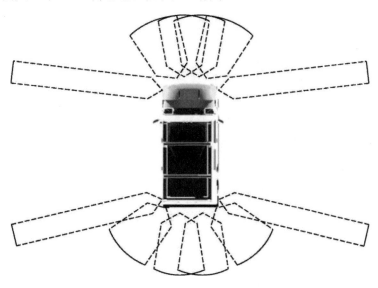

图7-3 超声波传感器的类型

超声波传感器的测距原理如图7-4所示。

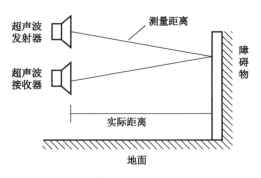

图 7-4 超声波传感器的测距原理

超声波发射器发出的超声波脉冲经媒质（空气）传到障碍物表面，反射后通过媒质（空气）传到接收器，测出超声波脉冲从发射到接收所需的时间，即可求得从探头到障碍物表面的距离。

2. 超声波雷达的优缺点

超声波雷达具有诸多优点。超声波能量消耗较为缓慢，防水、防尘性能好，传播距离较远，穿透性强，测距方法简单，成本低，且不受光线条件的影响。尤其是在近距离测量中，超声波雷达有着非常大的优势：超声波近距离盲区小，超声波发射包络可调。

但是，超声波是一种机械波，这使得超声波雷达有着根源性的局限性。首先，超声波对温度敏感。超声波雷达的波速受温度影响，近似关系为 $C=C_0+0.607\,T$。其中，C_0 为 0℃ 时的波速，为 332m/s；T 为温度（单位：℃）。波速受温度影响，因此测量的精度也与温度直接相关。传播速度较慢时，若汽车行驶速度较快，使用超声波测距就无法跟上汽车车距的实时变化，误差较大。其次，超声波散射角大，方向性较差，无法精确描述障碍物位置。在测量较远距离的目标时，其回波信号较弱。

3. 超声波雷达的应用

超声波雷达在自动驾驶汽车上主要用于泊车系统、辅助刹车等。通常一套倒车雷达需要安装 4 个 UPA 传感器，而自动泊车系统在倒车雷达的基础上再加 4 个 UPA 传感器和 4 个 APA 传感器。APA 传感器与倒车雷达工作频率不同，不形成干扰。

超声波雷达的基础应用是倒车辅助。在这个过程中，超声波传感器通常需要同控制器和显示器结合使用，从而以声音或者更直观的显示方式告知驾驶员周围障碍物的情况，解除驾驶员泊车、倒车和启动车辆时前后左右探视引起的困扰，并帮助驾驶员扫除视野死角和视线模糊的缺陷，提高驾驶安全性。

除障碍物检测外，超声波雷达还有许多其他应用场景，如泊车位检测、高速横向辅助等。泊车位检测是自动泊车系统工作的第一步，主要依赖安装在车辆侧方的 APA 传感器。自动泊车示意图如图 7-5 所示。

图 7-5　自动泊车示意图

在汽车缓缓驶过停车位时，汽车侧方的 APA 传感器会得到一个探测距离与时间的关系，然后可以计算得到停车位的近似长度。当检测的停车位长度大于汽车泊入所需的最小长度时，则认为当前空间有车位。超声波雷达还可应用于高速横向辅助，以特斯拉 Model S 为例，在行驶过程中，如果左后方有车辆渐渐驶近，在与本车距离较近时，Model S 在确保右侧有足够空间的情况下会自主向右微调，降低与左侧车辆碰撞的风险。

4．超声波雷达的性能指标

超声波传感器主要有以下特性参数和性能指标。

（1）测量距离。超声波传感器的测量距离取决于其使用的波长和频率。波长越大，频率越低，测量距离越大，如具有毫米级波长的紧凑型传感器的测量距离为 300～500mm，波长大于 5mm 的传感器测量距离可达 10m。

（2）测量精度。测量精度是指传感器测量值与真实值的偏差。超声波传感器测量精度主要受被测物体体积、表面形状、表面材料等影响。被测物体体积过小、表面凹凸不平、物体材料吸收超声波等情况都会降低超声波传感器测量精度。测量精度越高，感知信息越可靠。

（3）波束角。超声波传感器产生的超声波以一定角度向外发射，超声波沿传感器中轴线方向上的超声射线能量最大，能量向其他方向逐渐减弱。以传感器中轴线的延长线为轴线，到一侧能量减小一半处的角度称为波束角。波束角越小，指向性越好。一些超声波传感器具有较小的波束角（6°），更适合精确测量较小的物体。一些波束角在 12°～15° 的超声波传感器能够检测具有较大倾角的物体。

（4）工作频率。工作频率直接影响超声波的扩散和吸收损失、障碍物反射损失、背景噪声，并直接决定传感器的尺寸。一般选择在 40kHz 左右，这样传感器方向性尖锐，且能避开噪声，提高信噪比；虽然传播损失相对于低频有所增加，但不会给发射和接收带来困难。

（5）抗干扰性能。超声波为机械波，使用环境中的噪声会干扰超声波传感器接收物体反射回来的超声波,因此要求超声波传感器具有一定的抗干扰能力。

另外,在倒车雷达系统中,传感器发射 40kHz 的超声波,接收的也主要是 40kHz 的信号,在实际使用环境中会存在同频或倍频发射信号,如果处理不当,就会发生误判,影响系统的正常工作,降低系统的可靠性。除采用硬件滤波外,通常还需要进行软件滤波处理,以去除干扰信号,减少误判。

超声波雷达数据处理模型如表 7-6 所示。

表 7-6 超声波雷达数据处理模型

数据类型	数据格式和包含内容	分析
原始数据	脉冲信号	收发周期:≤35ms
特征数据	距离	带宽:1kHz
目标数据	障碍物距离	

5. 超声波雷达的发展趋势

超声波倒车雷达技术成熟,成本相对低廉,发展迅猛。目前大部分车型搭载的超声波倒车雷达采用 UPA 传感器,而随着自动驾驶技术的不断发展,基于超声波传感器的自动泊车功能逐渐进入大众视野,APA 传感器的市场也会逐渐打开。

7.2.3 激光雷达

1. 激光雷达的工作原理

激光雷达又称光学雷达(Light Detection and Ranging,LiDAR),是一种先进的光学遥感设备。其工作原理如图 7-6 所示。它首先向目标物体发射一束激光,然后根据接收反射激光的时间间隔确定目标物体的实际距离。

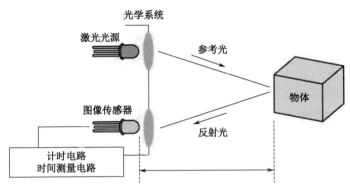

图 7-6 激光雷达的工作原理

激光雷达测量距离最常用的就是飞行时间法,即通过测量激光脉冲在雷达和目标之间来回飞行的时间获取目标距离的信息。

此外,还有相位测距法与三角测距法。相位测距法通过测量经强度调制的连续波激光信号在雷达与目标之间来回飞行产生的相位差来获得距离信息，由于测量速度低，无法满足激光雷达实时性要求，因此激光雷达很少采用，经常应用于手持测距仪中。三角测距法通过测量激光照射点在相机中的成像位置来获得距离信息，由于远距离测量精度低，车载激光雷达很少采用。

激光雷达通过激光脉冲不断地扫描目标物体，就可以得到目标物体上全部目标点的数据，使用这些数据进行图像处理后，就可以得到精确的三维立体模型。

由于激光具有能量密度高、方向性好的特点，大多数激光雷达的探测距离可达到100m以上。与传统雷达使用不可见的无线电波不同，激光雷达的探测介质是激光射线，使用的波长集中在600～1000nm，远低于传统雷达的波长。因为雷达具有波长越小、探测精度越高的特点，所以激光雷达可以用于测量物体距离和表面形状，其测量精度可达厘米级。

2. 激光雷达的优缺点

与普通微波雷达相比，激光雷达的工作频率高了许多，因此有很多优点，主要包括以下几点。

（1）距离、方位探测精度高，可同时跟踪多个目标，通过算法处理，能够对障碍物进行分类。

（2）方向性好，探测距离远，最大可达几百米。

（3）抗有源干扰能力强，稳定性相当高，鲁棒性好。与微波雷达易受自然界广泛存在的电磁波影响的情况不同，自然界中能对激光雷达起干扰作用的信号源不多。另外，激光属于直线传播，方向性好，光束非常窄，只有在其传播路径上才能接收到，所以干扰信号也很难进入激光雷达的接收器。

（4）获取的信息量丰富。可直接获得目标的距离、角度、反射强度、速度等信息，输出3D点云数据。

（5）可全天时工作，不依赖外界光照条件或目标本身的辐射特性。

但是，激光雷达也有明显的缺点。

（1）容易受恶劣天气及烟尘影响，导致衰减急剧加大，传播距离大受影响，直接影响激光雷达的测量精度。在恶劣天气及环境下，激光雷达的清洗存在困难。

（2）激光雷达难以分辨交通标志的含义和红绿灯的颜色。在自动驾驶系统中，必须使用其他传感器（如摄像头等）辅助进行车辆与环境的交互。

（3）激光雷达接收的是光信号，容易受太阳光、其他车辆激光雷达等的影响。大气环流还会使激光光束发生畸变、抖动，直接影响激光雷达的测量精度。

（4）激光雷达目前成本高，体积大，设计使用寿命普遍较短，离满足车规级要求还存在一定的距离。

（5）激光雷达的安全性目前存在风险，激光雷达发射出去的激光本身是没有编码的，接收器无法识别接收信号的来源。激光雷达之间存在干扰，且可能会收到恶意模拟车辆、行人的信号，造成障碍物假象，干扰决策规划控制。

（6）传统激光雷达对线束数量要求较高，数据保真度随探测距离增大而下降。

3．激光雷达的应用

与其他雷达系统相比，激光雷达有着探测范围更广、探测精度更高的优势。激光雷达也因此成为目前自动驾驶汽车上应用最广泛的传感器之一。激光雷达在自动驾驶中有两个核心功能：三维环境感知和 SLAM 加强定位。

在三维环境感知方面，激光雷达通过激光扫描可以得到汽车周围环境的三维模型，运用相关算法比对上一帧和下一帧环境的变化，可以较为容易地探测出周围的车辆和行人，并进行障碍物的检测、分类和跟踪。

光学摄像头在光线不好的条件下（黑夜或昏暗的隧道内）性能很差，抓取的图像难以使用。而激光雷达生成的点云图可以在很大程度上避免摄像头的上述问题。借助激光雷达本身的特性可以很好地探测障碍物的远近、大小甚至表面形状，有利于障碍物检测准确性的提高，而且在算法方面与机器视觉相比更为简单，更适合无人车的需求。激光雷达生成的点云图如图 7-7 所示。

图 7-7　激光雷达生成的点云图

在 SLAM 加强定位方面，激光雷达可以通过扫描得到的点云数据实现同步创建地图，因此，激光雷达在生成高精度地图方面是一种非常重要的传感器。另外，激光雷达有着较为稳定的优势，受环境光的影响较小，因此定位和地图创建的精度高。在加强定位过程中，一方面，通过 GNSS、IMU 和车辆的编码器得到车辆的初始位置信息；另一方面，对激光雷达的三维点云数据进行特征提取，并结合车辆初始位置进行空间转换，获取全局坐标系下的矢量特征。最后，将车辆初始位置信息、激光雷达提取的特征与高精度地图的特征信息进行匹配，从而获取准确定位。激光雷达定位示意图如图 7-8 所示。

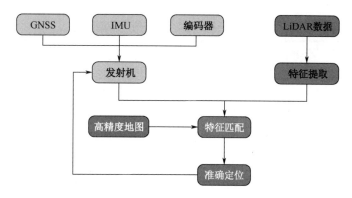

图 7-8 激光雷达定位示意图

4. 激光雷达的性能指标

激光雷达主要性能指标如表 7-7 所示。

表 7-7 激光雷达主要性能指标

主要性能指标名称	范围	说明
最大辐射功率	分为 5 个等级（class1～class5）	一般将辐射功率分为若干等级，如果辐射功率过大，会对人造成伤害，影响安全
水平视场角	20°～360°	此参数表示激光雷达在水平方向的检测范围。角度越大，水平方向检测范围越广
垂直视场角	20°～90°	此参数表示激光雷达在垂直方向的检测范围。角度越大，垂直方向检测范围越广
测距精度	0.2～5cm	此参数代表在距离测量方面的精度
垂直分辨率和水平分辨率	0.08°～0.4°	此参数代表在两个方向测量角度的精度
最大测量距离	20～300m	此参数代表在距离测量方面的能力
测量频率	5～25Hz	此参数代表激光雷达采集数据的频率
光源波长	905nm/1550nm	光学参数，发射器发射激光的波长，波长越大，探测距离越远，穿透力越强，但是可能对人眼有一定伤害，还有成本问题。一般而言，大波长激光发射器较贵，大多数厂商采用 905nm，少部分采用 1550nm

激光雷达的数据处理过程基本分为以下 4 个步骤。

（1）预处理：激光雷达拥有的多次回波技术可以对每一个反射回来的点进行分类标记（大地、透明、混乱和有效点）。

（2）分割和聚类扫描点：根据汽车的运动，对扫描点进行分割和聚类，其中涉及相关的点云处理算法。

（3）目标追踪：利用卡尔曼滤波等算法来获取目标的运动信息。

（4）目标分类：根据属性和历史信息将障碍物分为人、大卡车、小汽车、自行车、未知的大目标、未知的小目标、未分类的目标。

激光雷达数据处理模型如表 7-8 所示。

表 7-8 激光雷达数据处理模型

数据类型	数据格式和包含内容
原始数据	同步时间、点云坐标、目标反射强度、方位角度、激光雷达点云
特征数据	轮廓线、距离、速度、点云分割后的激光点（包括路面点、静态障碍物点、动态障碍物点）
目标数据	移动目标、静态目标、车道标志（车道线、红绿灯）等

5. 激光雷达的发展趋势

车载激光雷达按有无机械旋转部件主要分为机械激光雷达和固态激光雷达两类。机械激光雷达带有控制激光发射角度的机械旋转部件，而固态激光雷达则依靠电子部件来控制激光发射角度，不需要机械旋转部件。

机械激光雷达目前存在诸多不足：首先，光路调试、装配复杂，生产周期漫长，成本居高不下；其次，机械旋转部件在行车环境下的可靠性不高，难以满足车规级严苛要求。常见的机械扫描方式对比如表 7-9 所示。

表 7-9 机械扫描方式对比

	机械旋转式	转镜式	MEMS/二维振镜	透射棱镜
生成点云示例				
扫描方式	一维转动扫描：只对光束做水平方向偏转	一维转动扫描：只对光束做水平方向偏转	二维振动扫描：对光束做水平和垂直两个方向偏转	二维转动扫描：对光束做水平和垂直两个方向偏转
收发系统集成度	高	高	低	低
扫描系统复杂度	低	低	高	高
机械可靠性	低速旋转电机（<2000r/min）可靠性较高	低速旋转电机（<2000r/min）可靠性较高	MEMS 使用微振镜结构，连接轴细小脆弱，且振动频率极高，可靠性较低	电机转速较高（>5000r/min），可靠性较低

相比之下，固态激光雷达价格低廉，性能稳定，量产装配可以实现自动化，因此固态激光雷达被认为是未来的主要方向。固态激光雷达目前大致形成了 3 种技术路线：MEMS、OPA 与 Flash，如表 7-10 所示。

表 7-10 固态激光雷达的 3 种技术路线

技术路线	MEMS	OPA	Flash
定义	微机电系统，将原本体积较大的机械旋转部件集成到硅基芯片上，由可以旋转的微振镜来反射激光器的光线，从而实现扫描	光学相控阵，运用相干原理，采用多个光源组成阵列，通过控制各光源发射时间差，合成特定方向的光束，光束便可对不同方向进行扫射	类似于手电筒在短时间内直接发出一大片覆盖探测区域的激光，再由高灵敏度的接收器完成对环境图像的绘制

续表

技术路线	MEMS	OPA	Flash
优点	1. 无外部机械旋转部件，可靠性高 2. 体积小，容易集成 3. 成本低，利于量产	1. 没有任何机械部件，结构简单，体积小 2. 扫描速度快，扫描精度高	光源发射端产业链成熟，有现成方案可用，而且接收端可以使用高速 CMOS 而不是复杂度更高的雪崩光电二极管，因此量产相对容易
缺点	1. 寿命短 2. 面积太小，难以解决光线接收的问题 3. 上游元器件及半导体工艺不够成熟	1. 阵列单元的尺寸必须小于500nm，对加工精度的要求高 2. 扫描角度有限 3. 接收面大，信噪比差	1. 广泛的分散光一下子就覆盖一个面，导致在同样的功率下所能探测的距离非常短，且障碍物很难探测到 2. 要增大探测距离需要加大功率，但这样辐射特别严重，会损伤眼睛

7.2.4 毫米波雷达

1. 毫米波雷达的工作原理

毫米波雷达是工作在毫米波波段的雷达。毫米波位于 30～300GHz 频域（波长为 1～10mm）。毫米波雷达因频段介于厘米波与光波之间，所以同时具备光波导与电磁波导特性。

相较于车载摄像头与激光雷达，毫米波雷达受天气、光线及尘埃等影响程度较低，故其探测稳定性较佳，是自动驾驶技术的重要组成部分。

毫米波雷达的工作原理是先通过振荡器产生线性调频连续波或三角波，经由发射机发射，再由天线定向辐射出去，在空间以电磁波形式传播，遇到目标时反射回来。接收机接收目标反射信号，再经过信号处理、数据处理即可得到目标的相关信息，最后可通过显示器将目标信息显示出来。毫米波雷达工作原理如图 7-9 所示。

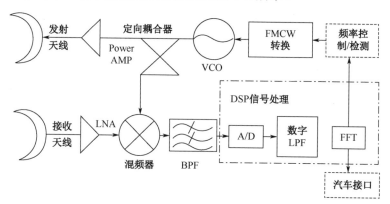

图 7-9 毫米波雷达工作原理

根据辐射电磁波方式不同，毫米波雷达主要分为脉冲模式及连续波模式两种工作模式，目前通用的毫米波雷达主要是调频连续波（FMCW）雷达，其成本低廉，结构相对简单。调频连续波模式利用多普勒效应测量得出不同距离的目标的速度。它通过发射源向给定目标发射微波信号，并分析发射信号频率和反射信号频率之间的差值，以精确测量出目标相对于雷达的运动速度等信息。

1）位置

毫米波雷达发射天线发出相应波段的有指向性的毫米波，毫米波遇到目标后反射回来，通过接收天线接收反射回来的毫米波。根据毫米波的波段，通过公式计算毫米波在途中飞行的时间，再结合电磁波传播速度，就可以知道毫米波雷达（本车）和目标之间的距离，由此也就知道了目标的位置。

2）速度

根据多普勒效应，毫米波雷达的频率变化、本车及跟踪目标的相对速度是紧密相关的，利用反射回来的毫米波频率的变化，便可获得前方实时跟踪的目标和本车之间的相对运动速度。

3）方位角

毫米波雷达发射天线定向发射相应波段的毫米波，毫米波遇到目标后反射回来，通过并列的接收天线接收同一监测目标反射回来的毫米波，根据它们的相位差计算出监测目标的方位角。

2. 毫米波雷达的优缺点

毫米波雷达主要有以下优点。

（1）精度高、抗干扰：毫米波雷达有更窄的波束（一般为毫弧度量级），可提高雷达的角分辨能力和测角精度，并且有利于抗电子干扰、杂波干扰和多径反射干扰等。

（2）全天时、全天候：毫米波有很强的穿透能力，其测距精度受雨、雪、雾、阳光等天气因素和杂声、污染等环境的影响较小，具有全天候、全天时的特点。

（3）高分辨、多目标：由于工作频率高，可能得到大的信号带宽（如吉赫兹量级）和多普勒频移，有利于提高距离和速度的测量精度及分辨能力，并能分析目标细节特征。同时，毫米波雷达能分辨很小的目标，并能同时识别多个目标，因此具有很强的空间分辨和成像能力。

（4）敏感度高，误报率低：毫米波雷达不易受外界电磁噪声的干扰，因此具有较高的系统敏感度，并且误报率低。

（5）高频率、低功率：毫米波雷达具有更高的发射频率和更低的发射功率。

（6）可测速、可测距：利用调频连续波，能同时测出多个目标的距离和速度，并可对目标连续跟踪，甚至能对静止目标保持跟踪不丢失。

（7）探测距离远，实时性强：毫米波雷达能够进行 200m 的远距离测量，同时，70ms 以下的检测周期使得它具有极强的实时性。

毫米波雷达的缺点主要有以下几个。

（1）受空气谐振影响：毫米波波段存在若干衰减峰频段，对空气敏感度较高。

（2）毫米波雷达视场角较小，径向距离及速度测试精度高，但切向测距和测速误差较大。

（3）对金属、运动物体敏感，对非金属、静止物体不敏感。

（4）毫米波雷达对周边所有障碍物无法进行精准的建模，目标识别难度较大。

（5）大功率器件和插损的影响会缩短毫米波雷达的探测距离，加工精度要求较高，单片收发集成电路的开发相对迟缓。

3. 毫米波雷达的应用

毫米波雷达的诸多优点使其能够准确地测量自动驾驶汽车与周边车辆之间的距离，从而提供变道辅助、自主控制车速、碰撞预警等帮助，实现自适应巡航功能，提高驾驶舒适度，降低事故发生率。与激光雷达相比，毫米波雷达成本低，是一种适合大范围应用的传感器。

按目前应用市场的主流分类，自动驾驶汽车上的毫米波雷达频率主要有 24GHz 和 77GHz 两种。其中，24GHz 毫米波雷达通常用于感知车辆周围的障碍物，为换道决策提供感知信息，其能够实现的 ADAS 功能有盲点监测、变道辅助等。77GHz 毫米波雷达波长更小，产品尺寸也更小。性能良好的 77GHz 毫米波雷达的最大检测距离可以达到 160m 以上，因此常被安装在前保险杠上，正对汽车的行驶方向。77GHz 毫米波雷达能够用于实现紧急制动、高速公路跟车等 ADAS 功能。

毫米波雷达主要有以下功能。

（1）防碰撞预警：通过毫米波雷达监测车辆周围物体的距离，及时发现存在碰撞危险的情况。

（2）自适应巡航：通过毫米波雷达对车辆前方的可行驶情况进行判断，支持车辆自适应纵向控制。

（3）紧急制动：通过毫米波雷达测量前方障碍物距离，在发生碰撞危险前或碰撞不可避免时，采取紧急制动以避免或减轻碰撞伤害。

（4）盲区监测：通过后向毫米波雷达监测车辆后方盲区情况，可以帮助驾驶人对后向路况做出基本判断。

（5）开门预警：通过毫米波雷达实时观察后向来车，保障人员下车安全。

（6）倒车辅助：通过毫米波雷达实时观察后向来车，用于倒车时告知侧方及后方来车。倒车出库时，识别并报告来自左右侧的车辆，辅助倒车。

（7）变道辅助：通过毫米波雷达监控本车侧后方的区域，可以在一定范围内探测到邻近车道上其他车辆的当前位置、行驶速度、行驶方向。如果一辆车处于视角盲区或以很快的速度从后面接近本车，那么车外后视镜上的警告信号灯就会一直亮着以提醒司机。如果此时司机操纵本车转向，那么车外后视镜上的警告信号灯就会闪烁，提醒司机有撞车的危险。

（8）泊车辅助：通过毫米波雷达探测车辆周边情况，辅助驾驶员进行安全泊车。

（9）生命体征探测：毫米波雷达安装在车顶可感知整个座舱区域、探测目标并对其进行高精度分类和生物特征的监测。另外，毫米波雷达成像还可评估身体大小，识别成人与儿童，以优化安全气囊的部署。

4. 毫米波雷达的性能指标

毫米波雷达的主要性能指标如表 7-11 所示。

表 7-11 毫米波雷达的主要性能指标

主要性能指标名称			范围		
工作频率			短距雷达 24～24.25GHz，中长距雷达 77～81GHz		
最大可检测目标数			几十到百量级		
检测距离范围			0.5～250m，0.5～80m		
电压范围			9～16V		
防水防尘等级			IP6K7		
消耗功率			<10W		
测量精度	距离	长距	±0.5m	短距	±0.5m
	速度		±0.12m/s		±0.12m/s
	角度		±0.5°		±0.5°
多目标区分能力	距离	长距	2.5m	短距	1.5m
	速度		0.25m/s		0.25m/s
	角度		3.5°		8°

毫米波雷达数据处理过程如图 7-10 所示。

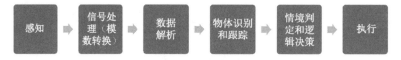

图 7-10 毫米波雷达数据处理过程

根据以上处理过程，对信号处理（模数转换）到物体识别和跟踪之间毫米波雷达输出的数据格式做简要分析。

首先，通过天线接收目标反射回来的电磁波能量信号，然后对模拟的能量信号进行 A/D 采样，输出离散的能量信号。

其次，对离散信号进行脉冲压缩、FFT 变换、动目标检测（MTD）、恒虚警处理等一系列处理，得到差拍信号之后即可提取出回波信号的飞行时间、多普勒频率、相位差等信息。

最后，进行物体识别和跟踪处理。根据回波信号的飞行时间、多普勒频率、相位差即可计算得到点目标的距离、速度、角度信息。再利用点云聚类算法、卡尔曼滤波跟踪算法对点目标进行处理，即可输出目标的位置、速度、尺寸、类型等信息。

毫米波雷达数据输出格式如表 7-12 所示。

表 7-12 毫米波雷达数据输出格式

数据类型	数据格式和包含内容	分析
原始数据	毫米波雷达点云数据距离、速度、角度数据	更新周期≤75ms 常用工作频率：24GHz、77GHz
特征数据	点云分割后的特征点距离、速度、角度数据	
目标数据	目标障碍物数据（类型、运动状态）	

5. 毫米波雷达的发展趋势

车用毫米波雷达的总体技术路线包括频段、单片微波集成电路（MMIC）芯片、天线、模块、整机等方面的内容，如图 7-11 所示。

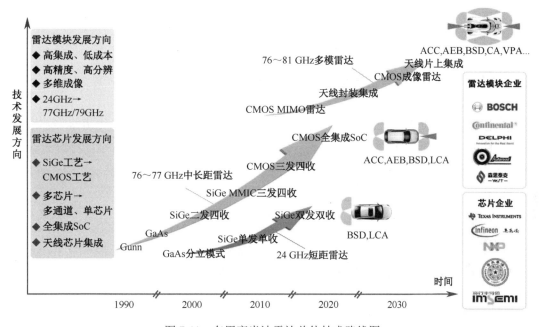

图 7-11 车用毫米波雷达总体技术路线图

目前国际上主流的车用毫米波雷达按照其频率的不同，主要分为两种：24GHz 毫米波雷达和 77GHz 毫米波雷达。24GHz 毫米波雷达检测距离在 70m 以内，用于实现 BSD、LCA、PA 等；而 77GHz 毫米波雷达检测距离为 70~200m，用于实现 ACC、FCW 和 AEB 等。

长期来看，车用毫米波雷达最终会统一到 76~81GHz 频段上，原因主要有以下两方面。

（1）24GHz 在带宽和适用范围上受限。我国工业和信息化部对 24GHz 车用雷达的频段划分为 24.25~26.65GHz，带宽为 2.4GHz，扩展空间有限。另外，我国射电天文台址周围 5km 范围内，禁止使用 24GHz 短距离车用雷达设备。

（2）76~81GHz 具有技术优势。76~81GHz 相比于 24GHz，物体分辨准确度提高 2~

4倍，测速和测距精度提高 3～5 倍，能检测行人和自行车；设备体积更小，更便于在车辆上安装和部署；该频段是全球装配永久认可的权威频段，因此更适用于全球车辆平台。采用 MIMO（多输入多输出）阵列扫描技术的 79GHz 成像雷达还可以获得目标的高度信息，从而实现真正意义的毫米波成像。79GHz 成像雷达将成为未来车用中短距离 MRR 和 SRR 的主流，与摄像头、激光雷达结合实现多传感器融合，如图 7-12 所示。

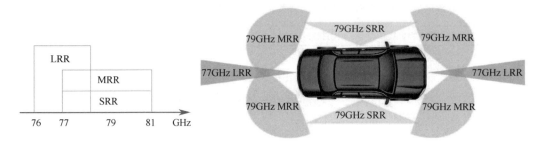

图 7-12　77GHz 毫米波测距雷达与 79GHz 毫米波成像雷达

7.3　车载感知融合技术介绍

自动驾驶原理框图如图 7-13 所示。首先，使用摄像头、雷达等多种传感器来感知周围的环境，并在数字世界中实现重建；然后，利用智能计算平台对当前汽车的行驶路线进行规划决策，类似于人类大脑的决策过程；最后，由规划决策模块驱动车辆的执行系统，实现车辆的自动驾驶。

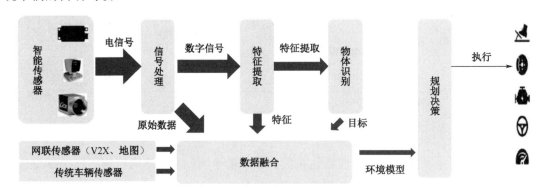

图 7-13　自动驾驶原理框图

随着汽车自动驾驶程度的提高，对环境感知的要求也不断提高，传统的单一传感器无法满足对复杂交通状态的准确识别。在现实场景中，交通参与者多种多样，既包括路边建筑物，也包括信号灯、标志牌等交通设施；感知系统既要识别运动的物体，也要识别静止的物体；物体的识别和跟踪不仅包括物体的轮廓，也包括速度等信息。此外，还要求感知系统在各种天气情况下都能可靠地工作。由于不同物体表面性质不同，不同传感器在不同天气状况下的可靠性也不同，因此没有一种传感器可以在全天候条件下检测到所有物体，并且以足够的精度从中获取多样化的物体类型和其他相关信息。

例如，激光雷达是自动驾驶系统的重要传感器之一，但激光雷达在雨雪等天气状况下基本无法正常工作。因此，自动驾驶系统的感知模块不能依赖单一传感器，需要引入多种传感器协同工作。感知融合技术应运而生，所谓感知融合是指基于多种传感器的不同感知特性，将多种传感器对环境的感知信息进行融合，实现在数字世界对周围环境的准确重建。基于多传感器的感知融合技术是实现自动驾驶的基础和前提。

车载感知融合技术主要包含两部分内容：一部分是感知技术，主要是通过不同感知技术把感知的环境数据转换为数字信号；另一部分是融合技术，即把不同传感器感知数据中的信息进行融合，输出统一的环境模型，为规划决策提供有效输入。

现有的车载传感器种类众多，大致分为内部传感器、外部传感器和元数据传感器 3 种。

内部传感器：这类传感器安装在汽车上或汽车内，专注于车辆本身，测量汽车的动态状态。这类传感器的典型例子是陀螺仪、加速度计、转向角传感器、雨刮器活动传感器、转向指示器等。

外部传感器：这类传感器安装在汽车上或汽车内，专注于车辆周围环境，测量汽车的环境状态。这类传感器的典型例子是激光雷达、超声波雷达、摄像头等。这类传感器技术涉及光学、电学等相关学科。

元数据传感器：通常是指汽车外部的数据源，可以是云端的服务器或者其他车辆。这类传感器的典型例子是云数据、导航地图、V2X 信息等。

各种传感器依赖于不同的学科技术，每种传感器会产生大量的感知数据。据英特尔公司测算，一辆配置了摄像头和激光雷达等传感器的自动驾驶汽车，每天可以产生超过 4000GB 的数据。处理这样大量数据的计算技术和完成环境感知的感知技术是相对独立的两类学科。数据融合需要多种信息的输入和高性能的数据融合算法，从而构建一个真实的世界模型。

例如，法雷奥公司就提出了一种多传感器融合方案，如图 7-14 所示。

多传感器融合的基本原理类似于人类大脑对环境信息的综合处理过程。人类对外界环境的感知是通过将眼睛、耳朵、鼻子和四肢等感官所探测的信息传输至大脑，并与先验知识进行综合分析，实现对其周围的环境和正在发生的事件做出快速准确的评估；而多传感器融合技术是通过各种传感器对环境信息进行感知，并传输至信息融合中心，与数据库信息进行综合分析，实现对周围的环境和正在发生的事件做出快速准确的评估。多传感器融合的体系结构分为分布式、集中式和混合式，如图 7-15 所示。

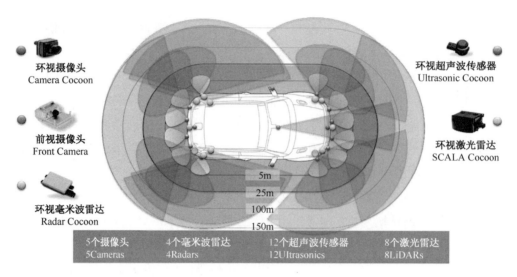

图 7-14 多传感器融合方案示例

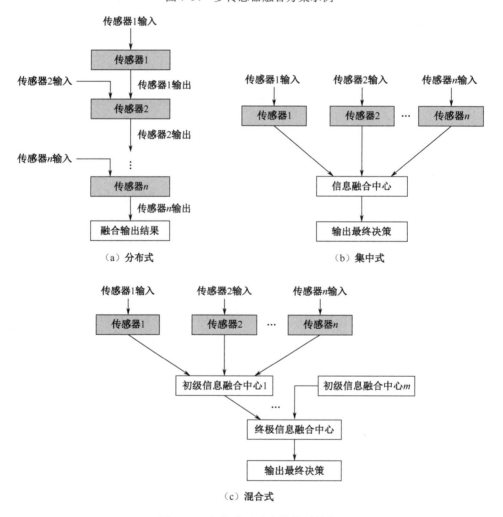

图 7-15 多传感器融合的体系结构

分布式先对各个独立传感器所获得的原始数据进行局部处理,然后将结果送入信息融合中心进行智能优化组合来获得最终的结果。其优点是对通信带宽的需求低,计算速度快,可靠性和连续性好,但跟踪的精度远没有集中式高。

集中式将各传感器获得的原始数据直接送至信息融合中心进行融合处理,可以实现实时融合。优点是数据处理的精度高,算法灵活;缺点是对处理器的要求高,可靠性较低,数据量大,故难于实现。

在混合式结构中,部分传感器采用集中式融合方式,剩余的传感器采用分布式融合方式。混合式结构具有较强的适应能力,综合了集中式和分布式的优点,稳定性强。混合式结构比前两种结构更为复杂,因此通信和计算方面的代价也更大。

目前多传感器融合的理论方法有贝叶斯准则法、卡尔曼滤波法、DS 证据理论法、模糊集理论法、人工神经网络法等。

每种传感器都有自己的接口,即使同一种传感器,不同厂商的输出接口也各不相同。如果没有标准的输入,融合算法就需要适配不同厂家的传感器接口和输入,这样会增加算法设计的复杂性,不利于自动驾驶技术的发展。通过标准化的接口设计,可以使每种传感器遵循标准的输出格式,有利于算法研究人员集中精力进行融合算法的研究,同时可以简化整个自动驾驶系统的设计,加快自动驾驶的发展进程。

第 8 章

智能汽车软件架构

汽车中的软件和软件运行环境正在快速地演变。自动驾驶等业务对交互服务提出了更高的要求,多传感器高度融合也远不同于当前在功能上相互独立配置的控制单元。为避免汽车软件的复杂性急剧增长,汽车软件需要一个清晰的架构。软件架构的演变也成为如今各大车企的关注焦点。

8.1 智能汽车软件架构介绍

在汽车工业的早期发展阶段,车辆中不存在任何电子产品。20 世纪 70 年代,电子喷油装置被率先应用在了汽车上,拉开了汽车电子化的序幕。由于这些电子装置必须通过软件来控制,汽车软件也应运而生。因此,当代的智能汽车软件架构无论对车企还是用户来说都是十分重要的存在。

8.1.1 汽车软件发展历史

从 2010 年开始,汽车电动化带来了电子电气架构、汽车软件新变局。智能驾驶、车联网概念被引入,造车新势力、互联网企业等参与造车环节,以特斯拉为代表的整车厂重新定义软件系统,提出 OTA 新升级模式。据估计,当前汽车里所有软件的代码量已经超过一亿行。

随着车内互联技术和车载娱乐装置的发展,汽车已经成为一个分布式 IT 系统,它可以访问云端,支持远程功能刷新,可以高带宽地访问地图服务、媒体内容、其他车辆及周围环境设施。而在另一个维度上,人们对汽车能效的追求也促进了传统的动力总成系统向高压混动系统和纯电动系统演变。

由软件驱动的车辆创新技术井喷式出现，汽车变得越来越复杂，而由此产生的影响在某些情况下已经变得不可控，如车辆容易受黑客攻击等。汽车软件驱动的创新发展如图 8-1 所示。

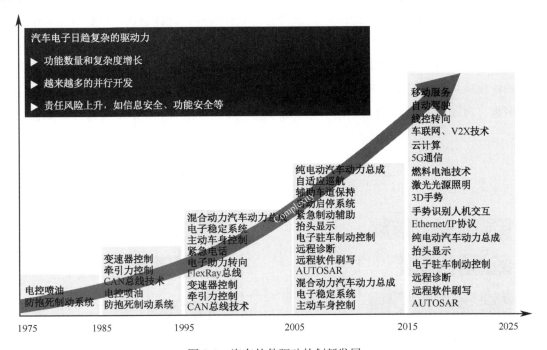

图 8-1　汽车软件驱动的创新发展

软件架构的影响是多方位的。例如，它会影响系统建模、测试、模块在环模拟的过程；当需要将多种关乎车辆品质的要求（如车辆安全性）相结合时，架构又会影响分析过程。在新技术领域，面向服务的高级操作系统离不开安全的通信平台；AUTOSAR 自适应平台、自动驾驶和高级驾驶辅助系统的普及需要多传感器融合技术及图像识别技术；软件通过远程操作灵活地刷入车载硬件，需要分布式端对端的安全性作为保障；为车辆提供车载娱乐、在线 App、远程诊断、紧急呼叫处理服务，需要云技术和 IT 骨干网将数以亿计的车辆实时连接。这些关键技术都受到软件架构的影响。

8.1.2　软件架构风格

软件架构风格定义了用于描述系统的术语表和一组指导构建系统的规则。对软件架构风格的研究和实践促进了对设计的重用，一些经过实践证实的解决方案也可以可靠地用于解决新的问题。架构风格不变的部分使不同的系统可以共享相同的实现代码。只要系统是使用常用的、规范的方法来组织的，就可使其他设计者很容易地理解系统的架构。

软件架构风格为粗粒度的软件重用提供了可能。然而，对于应用架构风格来说，由于视点不同，系统设计师有很大的选择余地。要为系统选择或设计某一种架构风格，必须根据特定项目的具体特点进行分析比较后再确定，架构风格的使用几乎完全是特定的。

下面介绍不同风格的架构并给出实例。

1. 分层架构

分层架构（Layered Architecture）是最常见的软件架构，这种架构将软件分成若干个水平层，每一层都有清晰的角色和分工，不需要知道其他层的细节。层与层之间通过接口通信。假定系统中的各组件被部署在一个分层架构中，并且函数调用（API 使用）的方向是固定的，仅能从较高层级向较低层级调用，如图 8-2 所示。

例如，自动驾驶领域的决策层分层，即将决策过程划分为多个层级进行，如图 8-3 所示。

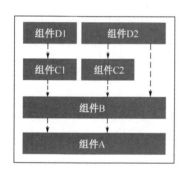

图 8-2　分层架构示意图

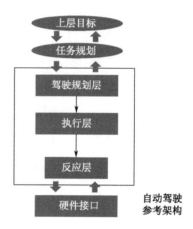

图 8-3　分层架构的示例——自动驾驶中的决策层架构

较高层级负责任务/路径规划，而较低层级负责操控汽车。这种模块化分层的架构允许架构师将功能划分到垂直的域中。图 8-3 中的粗箭头表示抽象架构，抽象架构层级间的连接可以是直接或间接的。

分层架构的局限性在于层级之间只能通过一种通信方式进行交互，而同一个层级中的组件之间无法相互通信。

分层架构具有以下优点：结构简单，容易理解和开发；不同技能的程序员可以负责不同的层，天然适合大多数软件公司的组织架构；每一层都可以独立测试，其他层的接口通过模拟解决。

同时，分层架构也具有一定的缺点：一旦环境变化，需要调整代码或增加功能时，通常比较麻烦和费时；部署比较麻烦，即使只修改一个小地方，往往也需要重新部署整个软件，不容易做持续发布；当软件升级时，可能需要暂停整个服务；扩展性差，当用户请求大量增加时，必须依次扩展每一层，由于每一层内部是耦合的，扩展会很困难。

2. 基于组件的架构

基于组件（Component-Based）的架构相比于分层架构更为灵活，并且假定所有的组件是可交换且彼此独立的。所有的通信都应该经过规范定义的公共接口进行，并且每个组件都具备单一的接口，以便通过接口实现对组件的查询。该架构在非汽车领域中的一个典型应用就是微软的 Windows 操作系统，它大量使用了动态链接库（Dynamic Linked Library，DLL）和 IUnKnown 接口。这种架构的示意图如图 8-4 所示。

基于组件的架构通常与契约式设计（Design-by-Contract）原则一起使用。契约式设计原则假设组件应该对其接口制定规范，表明哪些是 API 函数可以做的，哪些是不能做的。这种架构非常适合用于描述车辆功能。

通常软件会被分为平台和应用层（遵循分层架构）。在应用层中，所有能够下载到系统中的 App 都是按照基于组件的架构原则设计的。这一原则确保了只要接口正确，不同的 App 之间就可以互相调用。

3. 单体架构

单体（Monolithic）架构和基于组件的架构相反，它假设整个系统是一个大型组件，系统中的所有模块都可以相互调用。这一风格容易导致系统的耦合度过高并增加系统复杂度，因此常被用于成熟度较低的系统。单体架构示意图如图 8-5 所示。

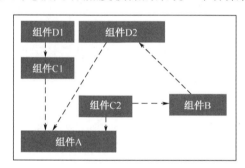

图 8-4 基于组件的架构示意图

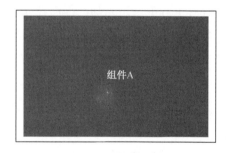

图 8-5 单体架构示意图

单体架构通常被用来实现安全关键系统中的部分功能。这类系统的内部组件间必须实时通信，并且通信开销尽可能小。单体架构采用的典型机制是编程语言中的安全机制。例如，使用静态变量，没有内存管理，不使用动态结构等。

4. 微内核架构

微内核架构（Microkernel Architecture）又称插件架构（Plug-in Architecture），指的是软件的内核相对较小，主要功能和业务逻辑都通过插件实现。许多现代操作系统都采用这种架构。这种架构可以被看作分层架构中的一种双层架构的特例，如图 8-6 所示。

内核包含系统运行的最小功能，是具有更高执行权限的有限组件的集合，如任务调度程序、内存管理和基础进程间通信管理，这些组件相较于应用层的组件而言拥有更高级别的权限。

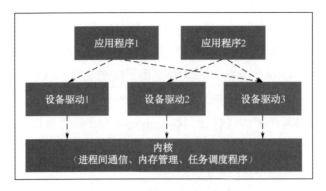

图 8-6 微内核架构示意图

应用程序则是相互独立的,它们之间的通信应该减至最少,避免出现互相依赖的问题。例如,用户应用程序进程、设备驱动程序或文件服务的组件,这些组件可以具备不同的权限级别,但是其权限级别要始终低于内核进程。

在这种架构中,应用程序(或组件)经常会采用进程间通信。此类通信允许操作系统(或平台)保持对通信过程的控制。

在汽车行业,微内核架构被用于某些要求高安全性的组件。内核的最小化遵循最小特权(Least Privilege)原则,因而能始终保持对系统安全性的控制。

微内核架构具有以下优点:具有良好的功能延伸性;功能之间相互隔离,应用程序可以独立加载和卸载,容易部署;可定制性高,能适应不同的开发需要;可以渐进式开发,逐步增加功能。

微内核架构的缺点主要有:扩展性差,内核通常是一个独立单元,不容易做成分布式;因为涉及应用程序与内核的通信,以及内部的应用程序登记机制,开发难度相对较大。

5. 管道与过滤器架构

管道与过滤器(Pipes and Filters)架构是另一种广泛使用的架构,适用于基于数据处理而运行的系统。这种架构假定组件沿着数据处理流的方向进行连接。在现代汽车软件中,这种架构在主动安全域的图像识别功能中十分常见。这一功能需要在多个阶段处理大量的视频数据,且组件之间必须相互独立,如图 8-7 所示。

管道与过滤器架构由两大组件构成,一个为过滤器,另一个为管道。

过滤器的主要功能为从输入接口读取数据,然后经过特定的处理,将结果数据置于输出接口。过滤器是一个独立的实体,只负责自身的处理,不用考虑其他过滤器的输入和输出数据。过滤器分为 3 类,分别为输入过滤器、处理过滤器和输出过滤器。

管道是连接各个过滤器的组件,负责过滤器间数据的传输,充当过滤器之间数据流的通道。

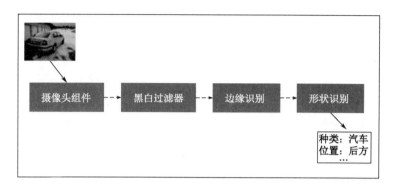

图 8-7 管道与过滤器架构

管道与过滤器架构具有以下优点：符合高内聚、低耦合的设计原则，可以方便地对过滤器进行替换或删除等操作；支持模块的重用，可以将单个独立的过滤器应用到其他软件系统中；支持并行执行，每个过滤器是一个独立的实体，可以单独运行，不受其他过滤器影响。

管道与过滤器架构的缺点主要有：不适合处理交互的应用；传输的数据没有标准化，所以读入数据和输出数据存在格式转换等问题，会导致性能降低。

6. 发布者-订阅者架构

发布者-订阅者（Publisher-Subscriber）架构可以被视作客户-服务器架构的特例。这种架构规定信息的提供者（发布者）和信息的使用者（订阅者）之间是松耦合的。

订阅者向中央存储订阅信息，以便获得有关信息更新的通知。发布者不知道订阅者，其任务仅仅是更新信息，这与客户-服务器架构有明显的差异，后者由服务器将信息直接发送到已知的客户端（因为该客户端发送了请求）。发布者-订阅者架构示意图如图 8-8 所示。

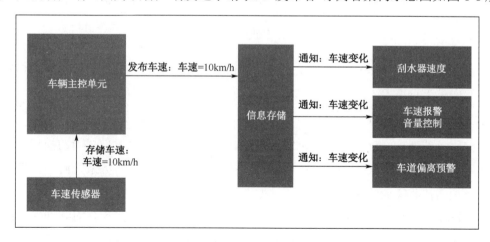

图 8-8 发布者-订阅者架构示意图

发布者-订阅者架构最大的特点就是实现了松耦合，即发布者发布消息、订阅者接收消息，而不是寻找一种方式把两个分离的系统连接在一起。

当然，这种松耦合也是发布者-订阅者架构最大的缺点，因为需要中间的代理，增加了系统的复杂度。而且，发布者无法实时知道发布的消息是否被每个订阅者接收到了，这增加了系统的不确定性。

在汽车软件中，发布者-订阅者架构常用于分发有关车辆状态变化的信息。其优点在于信息发布者和信息订阅者之间的解耦，信息发布者不会随着订阅者数量的增加而出现过载的情况。其缺点是信息发布者无法控制哪些组件使用信息，也无法确定在任意给定时刻相关组件拥有的信息内容（因为组件不必同步接收更新）。

7. 中间件架构

中间件（Middleware）架构假定存在一个公共请求代理，它协调不同组件的资源使用需求。中间件的概念是随着对象管理组织（Object Management Group，OMG）推出的公用对象请求代理体系结构（Common Object Request Broker Architecture，CORBA）被引入软件工程当中的。尽管 CORBA 标准本身与汽车行业无关，但是其原则在 AUTOSAR 标准的设计中得到了体现。中间件架构示意图如图 8-9 所示。

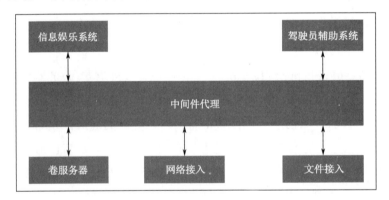

图 8-9　中间件架构示意图

AUTOSAR 标准的设计中使用了中间件架构，中间件在汽车软件的适应机制和容错机制中正变得越来越重要。

8. 面向服务的架构

面向服务的架构（Service-Oriented Architecture，SOA）假设组件之间的松耦合采用互联网的协议标准。它所强调的是架构中组件的接口可以使用网络服务来访问，并且可以在系统运行期间按照需要添加和更改服务，如图 8-10 所示。

目前汽车电子电气架构由分布式向集中式演进，同时为了满足用户对智能化功能的快速迭代需求，汽车行业正迎来一场新的变革。在这场变革中，SOA 是关键。目前 SOA 的开发方法逐渐被各大 OEM 所关注。面向服务架构的关键是要将位于整车 ECU 上的应用程序的不同功能单元拆分为服务，并定义服务接口，借助中间件实现服务的互操作，因此对于实现面向服务的架构,中间件技术是关键核心要素。

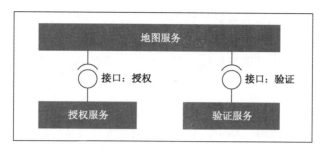

图 8-10　面向服务的架构示意图

9. 云原生架构

云原生是一种构建和运行应用程序的方法,是一套技术体系和方法论。云原生的英文为 Cloud Native,这是一个组合词:Cloud 表示应用程序位于云中;Native 表示应用程序从设计之初即考虑到云环境,原生为云而设计,在云上以最佳状态运行,充分利用和发挥云平台的弹性与分布式优势。

经过多年的发展,目前云原生最新的官方定义是基于容器、服务网格、微服务、不可变基础设施和声明式 API 构建的可弹性扩展的应用。

云原生的六大关键因素如图 8-11 所示。

图 8-11　云原生的六大关键因素

随着对汽车软件价值的挖掘日渐深入,行业内外对于软件定义(Software-Defined)的认知和研究也越发深入。汽车行业的云原生之路差异很大,有的用户在云原生道路上刚刚起步,如一些传统车企,在新技术的采用方面称得上引领者。软件在改变汽车行业的逻辑,在软件定义汽车的大背景下,可以看到一些显著的发展趋势。

(1)核心是软件,以人为中心,注重服务体验,汽车不再是冷冰冰的东西,而是变得更加有温度。

(2)汽车成为集办公、娱乐、支付甚至社交等功能于一体的智能空间,而且需要满足个性化需求。

(3)新型车企通过微服务实现应用解耦,通过服务平台化以及利用车联网技术实现多种服务快速集成与输出。

（4）软件的发展趋势是微服务化、容器化。

云原生在车企中的典型应用场景有以下几种。

（1）主流的 DevOps 都采用微服务化、容器化的方式实现。对于汽车行业的内容提供商和出行服务商来说，无论是语音识别还是天气、股票等内容的提供，都可以基于云原生的技术和理念去迭代产品。

（2）车联网等数据分析、人工智能是天然适合容器化的，输入训练和推理数据之后，通过无状态的算法能够立即得出结论，不仅速度快，而且节省资源。与 AI 相关的场景特别适合采用容器化和云原生化的技术栈。生产制造的上下游链条数据分析通过云原生技术可以实现业务全流程的统一化、自动化、精细化和智能化管理，如图 8-12 所示。

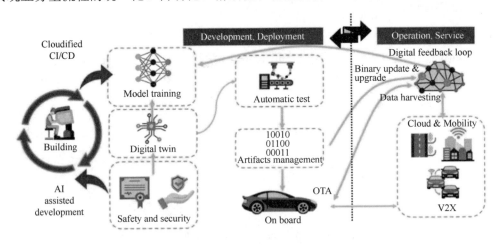

图 8-12　云原生应用

（3）混合多云的车联网协作。在混合多云的车联网场景中，允许应用在各种云上自由流动和迁移。无论应用、中间件部署在什么云上，用户都可以随意迁移，从一个云厂商迁移到另一个云厂商，且不用修改任何东西。

8.2　面向服务的架构

在 ICT 领域，SOA 已经在国内外得到广泛的应用，相对比较成熟。SOA 由 Gartner 于 20 世纪 90 年代中期提出，2002 年业界开始积极探索和研究，2005 年 SOA 开始推广和普及，2007 年行业开始制定标准推动实施（如 SCA 和 SDO 通过 OASIS 审核，WS-Policy 成为 W3C 标准等），2010 年起开始进入成熟期。

8.2.1　面向服务的架构介绍

目前传统汽车分布式 EE 架构难以适应软件定义汽车的时代需求。

首先,在传统 EE 架构中软硬件高度嵌套,软件功能的实现依赖硬件。若要新增单一功能,则需要改变所有与其相关的 ECU 软件,同时要修改车内布线等,功能或系统升级的复杂性极大,车企集成验证更为困难。若要实现较为复杂的功能,则需要多个控制器同时开发完成才能进行验证,一旦其中任意一个控制器出现问题,就可能导致整个功能失效。

其次,在传统分布式 EE 架构之下,ECU 由不同的供应商开发,框架无法复用,无法统一。同时,OTA 外部开发者无法对 ECU 进行编程,无法由软件定义新的功能,以进行硬件升级。

最后,基于传统分布式 EE 架构,车企只是架构的定义者,核心功能是由各个 ECU 完成的,其软件开发工作主要由 Tier1 完成。主机厂只做集成的工作,这也导致过去大部分主机厂自身的软件开发能力较弱。

随着汽车 EE 架构逐步趋于集中化,域控制器或中央计算平台以分层式或面向服务的架构部署,ECU 数量大幅减少,汽车底层硬件平台需要提供更为强大的算力支持,软件也不再基于某一固定硬件开发,而是具备可移植、可迭代和可拓展等特性。汽车原有以 ECU 为单元的研发组织发生转变,形成通用硬件平台、基础软件平台及各类应用软件的新型研发组织形态。而实现 SOA 落地的关键点就是:对已有系统中的功能进行提取和包装,形成标准化的服务。

SOA 的主要优点可概括为能够更好更快地提供业务价值、快速应变能力和重用。主要体现在以下几个方面。

(1)服务之间通过简单、精确定义的接口进行通信,不涉及底层编程接口和通信模型。

(2)粗粒度性:粗粒度服务提供一项特定的业务功能,采用粗粒度服务接口的优点在于使用者和服务层之间不必再进行多次往复,一次往复就足够了。

(3)松耦合性:松耦合性要求 SOA 中的不同服务之间保持一种松耦合的关系,也就是保持一种相对独立无依赖的关系。这样做的好处有两点,其一是具有灵活性;其二是当组成整个应用程序的服务内部结构和实现逐步发生变化时,系统可以继续独立存在。

(4)位置透明性:位置透明性要求 SOA 中的所有服务对于其调用者来说都是位置透明的,也就是说,每个服务的调用者只需要知道想要调用的是哪个服务,而不需要知道所调用服务的物理位置。

(5)协议无关性:协议无关性要求每个服务都可以通过不同的协议来调用。

SOA 的目标就是实现灵活可变的 IT 系统。灵活性可以通过 3 个途径来实现:标准化、复用、松耦合可编排。标准化、复用、松耦合可编排等 SOA 技术的内在机制,也是中间件技术和产品的本质特征,如图 8-13 所示。

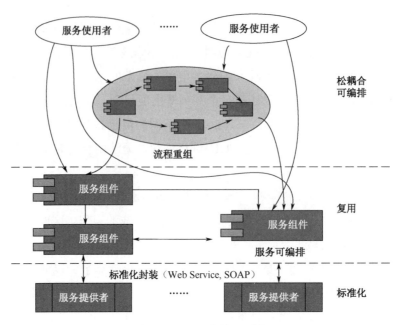

图 8-13 SOA 的核心要素

1. 标准化封装（互操作性）

因为封装的技术和平台依赖性，传统软件架构一直没有彻底解决互操作问题。互联网前所未有的开放性意味着各节点可能采用不同的组件、平台技术，对技术细节进行了私有化的约束，构建模型和架构没有统一标准，导致架构平台自身在组件描述、发布、发现、调用、互操作协议及数据传输等方面呈现出巨大的异构性。

在软件的互操作方面，传统中间件只是实现了访问互操作，即通过标准化的 API 实现了同类系统之间的调用互操作，而连接互操作还是依赖特定的访问协议，如 Java 使用 RMI，CORBA 使用 IIOP 等。而 SOA 通过标准的、支持 Internet、与操作系统无关的 SOAP 实现了连接互操作。SOA 实现互操作，就是通过一系列标准族来实现访问、连接和语义等各种层面的互操作。

2. 软件复用

软件复用，即软件的重用，是指同一软件不做修改或稍加改动就可以多次重复使用。从软件复用技术的发展来看，就是不断提升抽象级别，扩大复用范围。最早的复用技术是子程序，子程序可以在不同系统之间进行复用。但是，子程序是最原始的复用，因为它只能在一个可执行程序内复用，而且是静态开发期复用，如果修改子程序，则意味着所有调用这个子程序的系统必须重新编译、测试和发布。

为了解决这个问题，人们发明了组件，如 Windows 操作系统中的 DLL 组件。组件将复用提升了一个层次，因为组件可以在一个系统内复用（同一种操作系统），而且是动态、运行期复用。这样组件可以单独发展，组件与组件调用者之间的耦合度降低。通过服务或者服务组件来实现更高层次的复用、解耦和互操作，即 SOA 中间件。

3. 耦合关系

传统软件将软件的 3 个核心部分网络连接、数据转换、业务逻辑全部耦合在一个整体之中，形成铁板一块的软件，牵一发而动全身，软件难以适应变化。分布式对象技术将连接逻辑进行分离，消息中间件将连接逻辑进行异步处理，实现了更大的灵活性。消息代理和一些分布式对象中间件将数据转换也进行了分离。而 SOA 通过服务的封装，实现了业务逻辑与网络连接、数据转换等完全解耦。

SOA 由于实现了业务与技术的完全分离，消除了应用集成的各种本质障碍，使各种业务服务能够随意集成，这样就能满足各种市场需求。

在 SOA 中每个服务都具有唯一且独立的身份标识（ID），界定了清晰的功能范围，并通过服务中间件（Service Middleware）完成自身的发布、对其他服务的订阅以及与其他服务的通信工作。因此，SOA 解决了传统架构中因个别功能增减/变更而导致整个通信矩阵与路由矩阵变更的问题。同时，SOA 中每个服务组件接口都是标准可访问的，服务组件的设计、部署不再依赖具体特定的硬件平台、操作系统和编程语言，同样的组件/功能可以通过标准化接口在不同的车型上实现复用，从而实现组件的软硬分离。

在面向服务的架构下，开发人员可专注于上层应用的开发，而无须再对底层算法甚至各个 ECU 中的软件进行重新编译，这也解决了相同的应用在不同车型及硬件环境下重复开发的痛点问题，使得汽车软件架构十分灵活并易于拓展。

8.2.2 面向服务的架构开发流程

虽然电子电气架构开发从理论上说是正向开发，但实际上一款车型的开发并不是完全从零开始的，很多功能方案会沿用老款车型的。这样做的后果是，系统和软件模块已经固定，即无法通过正向设计的思路拆解逻辑，设计服务。考虑到这种情况，服务设计可以分为以下两种方法，如图 8-14 所示。

1. 自下而上的方法

这种方法适用于改造现有平台上已实现的功能或系统。这种方法的基础如功能的网络拓扑、网络通信、ECU 平台架构、功能规范和使用场景等都已经有明确定义。可以利用现有的这些输入，完成原有功能对 SOA 的转换。但是如果特性很复杂，那么仍然有必要使用逻辑功能架构来定义高质量和完整的 SOA。

已经完成平台化开发的量产项目，其物理逻辑已经完成构建，只需要将物理逻辑封装为 SOA 中的底层元服务。这些物理逻辑必须是已经成形且相对较为成熟的，如制动系统中一些与基础制动控制相关的功能控制（ABS、HBA、HDC 等），也可以将部分元服务进一步组合为基础服务。

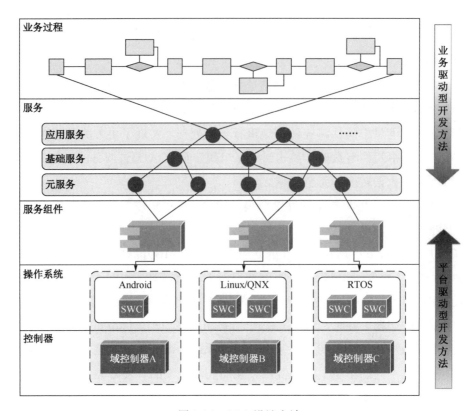

图 8-14　SOA 设计方法

对于软件开发来说，其核心内容是如何将以前的信号通信模式更新为以服务为包的通信模式。其中，服务与信号之间的转换点可以位于从云端到传感器/执行器级别的某个位置。

如果在当前架构上完全重新开发 SOA，则自底向上会有较多的信号向服务的转化过程，这可能不是最好的方法。因此，在实际开发过程中应根据实际用例逐步添加东西，这样可以逐渐满足当前的解决方案。

服务由应用程序组件通过网络上的通信协议提供。汽车以太网通过开放的标准化车辆接口（如 GENIVI CVII）实现硬件和软件抽象。

运行时环境的时序会影响基于信号的效果链的性能。对于 SOA 的堆栈过程，从信号迁移到服务会增加延迟/抖动。但是，没有必要迁移整个信号效果链，可以在服务级别尽最大努力分离功能，在信号级别进行硬控制循环。

2. 自上而下的方法

自上而下的方法即正向设计方法，适用于引入车辆程序和平台的新特性或系统。这种方法需要给定特性或系统的需求和用例以及逻辑功能架构作为输入。基于前面所介绍的开发流程，从需求出发，进行逻辑拆解、服务拆解、软件架构搭建、系统设计等。

整个服务开发的前提是通过各种手段获取业务用例，从用户使用案例出发，以服务用户为设计导向，基于 SOA 采用正向流程对汽车软件进行设计。由用例驱动的开发活动，可以建立需求和服务操作之间清晰的追溯关系，为抽象和封装服务提供充足的语境信息。整个设计过程主要解决两个问题：一是需要构建哪些服务内容，二是每个服务应该封装哪些逻辑。

构建服务内容实际就是业务过程的分析过程，即由系统设计人员和测试评价人员从用户角度考虑功能需求和系统实现。服务封装通过服务操作实现，该操作在实现过程中相当于软件函数或方法。

在上述两种方法中，软件平台架构师应考虑需要提供的域控制器级别公共或基础服务，以及需要支持的子系统和功能的列表。当软件架构师在单个特性或系统级别定义服务和契约时，如果服务具有公共功能，并且在平台级别不存在，那么软件架构师需要与软件平台架构师讨论如何定义相同的服务和契约。通常服务的设计是在单个功能或系统级别定义的，最后需要架构师综合考虑整车系统，将具有高度复用性的服务归类为平台级通用服务。通用服务池子是生态共创的基础。

可以将服务分为 4 个不同级别，以增强服务的可复用性。

（1）硬件抽象服务：根据 ECU 的功能和硬件外围设备（传感器和执行器），定义硬件抽象服务。示例：摄像头接口、雨量传感器接口。

（2）平台级核心服务：所有跨应用程序集群和域的公共服务都需要在软件平台级别定义和提供。示例：电源模式、车速。

（3）域级核心服务：在一个应用集群中，跨不同应用程序的公共服务应定义为域级核心服务。示例：前车距离计算、前方障碍物。

（4）应用服务：每个特定的应用程序或系统功能服务。示例：启用 ACC、AEB 系统状态。

根据服务提供功能的特点，可以分为基础型服务与功能型服务。基础型服务提供与业务无关的通用系统服务能力，包括操作系统、基础软件、通用中间件提供的功能。功能型服务提供与具体业务功能相关的服务，包括与域控相关的专用中间件、应用层提供的功能。

根据服务的实现方式，可以分为静态服务与动态服务。静态服务在开发阶段定义服务提供的功能、运行机制或生命周期状态切换条件，一般为执行特定单一化操作或实现相对固定的业务功能，以及和电源管理、车辆状态管理等相关的状态同步。动态服务是在运行阶段，根据外界（云端或其他智能终端）的输入，依赖现有静态服务提供的接口，动态定义新的服务。它不是传统的程序更新手段，而是对静态服务进行编排，车端服务引擎可动态读取编排脚本，进而定义新的功能场景，实现服务的个性化。

8.2.3 SOA 的应用

目前 EE 架构正在向 Zonal 架构发展，自动驾驶域的传感器将成为整车功能体验提升的利器。由于区域控制器具有服务转换能力，ADAS 计算中心不再需要和大量的传感器一一连接，只需要从服务中间层直接发起调度请求。

下面是一个潜在的开发实例。

第1阶段是目前90%的EE架构中所使用的平行式分布。目前Zonal架构无法实现LVDS和摄像头视频的处理能力，自动驾驶域还难以完全融入，如图8-15所示。但是，其他域如车身域，可以通过区域控制器的服务转换能力，将信号打包成业务服务。在拆分和打包服务的同时，也会同步进行原子服务的开发和丰富，后续随着整车的FOTA更新，原子服务会越来越完善，同时会有更多的业务服务在互联互通的大环境下呈现给用户。

第2阶段，随着技术的发展，硬件会具备一些特殊接口的集成能力，雷达、分布式摄像头等可以直接连接到区域控制器，环境感知服务的使用权被平等地交给每个域，如图8-16所示。随着环境感知信号的引入，车身域会真正地进化出"眼睛"，灯光、雨刮、天窗、门锁、防盗不再是冷冰冰的电子功能，将会成为整车人工智能的新入口，车身域将从电子域进化为智能域。一些过去只存在于想象中的功能，如视觉识别天气自动调整雨刮、根据周围行人和车辆自动调整灯光方向、单人使用车辆的时候仅解锁离车主最近的一扇门都不再是幻想。

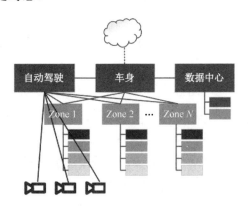

图8-15　第1阶段（LVDS平行传输）

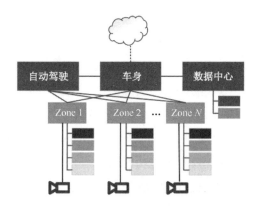

图8-16　第2阶段（LVDS集成在Zone中）

第3阶段，区域控制器将所有特殊接口的能力打包成真正统一的虚拟服务接口，如图8-17所示。而其中的关键条件则在于区域控制器是否具备完整的原子服务。例如，一旦区域能够提供视频解析的原子服务，那么无须在区域中接入LVDS信号，可以直接通过千兆以太网将视频服务原封不动地传递到区域中，区域控制器中有对应的解码器，能将这些信号解析、解码、重构并打包成服务，以极低的时延和极高的保真率提供给不同的处理单元和控制模块。而这个阶段一旦实现，接口的标准化和统一化会上升到新的高度，整车电子电气架构的成本也会大幅下降。主干网通过以太网传递服务，支路通过CAN/LIN等传统总线收集原子服务需要的信号流，所有的系统、软件、硬件有条不紊地在自己的服务领域中开发。

如果把汽车作为一个系统，那么这个系统已经具备了视觉功能（摄像头）、触觉功能（雷达点云)、感觉功能(温度与雨滴传感器)、听觉功能(麦克风)、思考功能(算力平台)、沟通功能(V2X、音响、喇叭)、移动功能(纵向/横向)等。

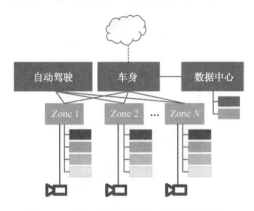

图 8-17　第 3 阶段(统一以太网传输)

同时,车端的各 ECU 与云端之间可以基于 SOA 的设计思想以服务化的方式进行通信,形成车云一体。车内各 ECU 的服务抽象(如车门开关)与云端服务能力(如生态服务)通过统一的服务化协议完成车与云之间服务的自由调度,充分发挥整车各传感器/执行器与云平台服务能力组合带来的场景化优势,从而支撑 OEM 构建海量个性化的智能应用场景,如图 8-18 所示。

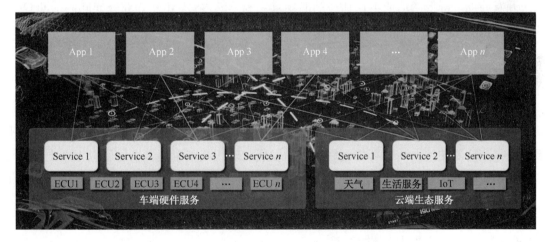

图 8-18　车云一体

基于车云一体架构带来的服务化基础能力,实现车云 SOA 服务的高效、稳定、协调工作,充分开发车辆硬件能力,实现功能最大化和出行场景智能化,构建更贴近使用场景的智能化及跨域创新组合的场景化应用(如车内摄像头疲劳检测和座椅振动的联动)。该架构是支撑 OEM 打造智能汽车的核心技术架构,能体现 OEM 品牌的个性化和差异化。

得益于整车电子电气架构向以太网架构的进化,车内各域的系统级能力(如诊断、OTA、日志）也通过服务化封装方式实现动态可配置，同时车内服务可以通过车云一体架构被云端发现和调度。因此，云端对于整车级数据采集、远程诊断/标定、整车 OTA、远程控车都可以通过服务化协议实现动态策略的能力提升，例如，云端数据采集可指定采集的 ECU、采集的数据项、采集的频率、采集的策略（如时间周期）等。

基于车/云服务化封装，可以通过工具化、图形化、流程化的方式支持新的功能场景的快速开发，如图 8-19 所示。

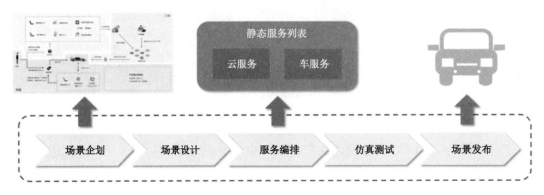

图 8-19　支持新场景的快速开发

相比于原有基于信号的开发模式，通过封装好的服务进行组合可以大幅提升开发效率，缩短开发周期，降低沟通成本，让持续的场景化服务成为 OEM 新的业务模式，帮助 OEM 快速应对市场对于智能化功能的需求变化。

8.3　SOA 软件中间件

中间件相关技术在计算机分布式系统中发展了很多年，尤其在互联网服务、大型商业系统中得到广泛使用。随着智能网联汽车的发展，现代汽车也逐步增加了以太网支持，这让之前的很多分布式系统技术也可以应用到汽车软件中，如 SOA。所以，基于 SOA 的中间件也得到了越来越多的重视。

8.3.1　SOA 软件中间件介绍

IT 行业对于中间件的定义如下：中间件是一种独立的系统软件服务程序，分布式应用软件借助这种软件在不同的技术之间共享资源，中间件位于客户服务器的操作系统之上，管理计算资源和网络通信。从这个意义上可以用一个等式来表示中间件：中间件=平台+通信。这就限定了只有在用户分布式系统中才能叫中间件，同时把它与支撑软件和实用软件区分开来。

中间件的核心思想在于"统一标准、分散实现、集中配置"：统一标准才能给各个厂商提供一个通用的开放平台；分散实现则要求软件系统层次化、模块化，并且降低应用与平台之间的耦合度；由于不同模块来自不同的厂商，它们之间存在复杂的相互联系，要想将它们整合成一个完善的系统，必须将所有模块的配置信息以统一的格式集中管理起来，集中配置生成系统。

有了汽车软件中间件后，所有的软件和应用都具备了标准化接口，同时硬件功能也被抽象成服务，可以随时被上层应用调用；软件开发可以跨配置、跨车型、跨平台、跨硬件；软件开发者可以更多地聚焦于软件功能的差异化；软件认证可以有标准可依。中间件在汽车软硬件解耦的发展趋势中发挥了关键的作用。

有三大需求在推动 SOA 的发展。

（1）传统汽车电子电气架构的 SOA 化。

（2）车载娱乐系统与车联网需要 SOA 进行更广泛的应用集成。

（3）自动驾驶的软件架构适合以 SOA 的形式来组织。

这三大需求各自产生了一些典型的中间件产品，如图 8-20 所示。

图 8-20　SOA 中间件

目前而言，SOA 在汽车软件中的应用才刚刚开始，很多企业还在摸索着前进。

8.3.2　汽车开放系统架构

在所有中间件方案中，汽车开放系统架构（AUTOmotive Open System Architecture，AUTOSAR）是目前应用范围最广的车载电子系统标准规范。AUTOSAR 是由全球汽车制造商、零部件供应商以及各种研究、服务机构共同参与制定的一种汽车电子系统的合作开发框架，并建立了一个开放的汽车控制器标准软件架构，规范了车载操作系统标准与 API 接口。截至 2021 年 7 月，AUTOSAR 联盟已经拥有 300 多家合作伙伴。

AUTOSAR 旨在通过提升 OEM 及供应商之间软件模块的可复用性和可互换性来改进

对复杂汽车电子电气架构的管理,如图 8-21 所示。汽车行业中有众多的整车厂和供应商,每家 OEM 会有不同的供应商及车型,每个供应商也不止向一家 OEM 供货,若能使相同的产品在不同车型中重复利用或者使不同供应商的产品相互兼容,就能大幅减少开发成本。为此,AUTOSAR 联盟建立了独立于硬件的分层软件架构;为实施应用提供方法论,包括制定无缝的软件架构堆叠流程并将应用软件整合至 ECU;制定了各种车辆应用接口规范,作为应用软件整合标准,以便软件在不同汽车平台复用。有了标准化应用软件和底层软件之间的接口,开发者就可以专注于功能的开发,而无须顾虑目标硬件平台。

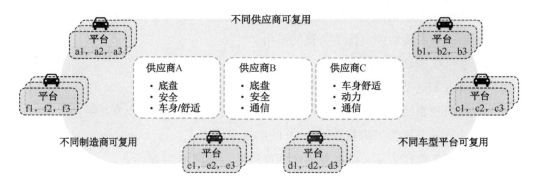

图 8-21　AUTOSAR 旨在提升软件模块的可复用性和可互换性

目前,AUTOSAR 拥有 Classic Platform 和 Adaptive Platform 两大平台,分别对应传统控制类车辆电子系统与对应自动驾驶的高性能类车载电子系统。

Classic Platform(CP):Classic Platform 是 AUTOSAR 针对传统车辆控制嵌入式系统的解决方案,具有严格的实时性和安全性限制,如图 8-22 所示。

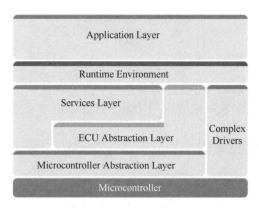

图 8-22　AUTOSAR Classic Platform 架构

Classic Platform 自下而上可大致分为微控制器、基础软件层、运行环境层和应用软件层。Classic Platform 架构实现了汽车软件的层次化与模块化,将硬件依赖和非硬件依赖的软件进行了封装。同时,如果使用工具链进行开发,基础软件可以通过配置参数实现功能剪裁、算法逻辑,便于基础软件的开发。此外,接口标准化便于基础软件与硬件抽象层软件对接，在缩短开发周期的同时也为 OEM 提供了更大的选择空间。

Adaptive Platform（AP）：Adaptive Platform 是 AUTOSAR 面向未来自动驾驶、车联网等复杂场景而提出的一种新型汽车电子系统软件架构标准。Adaptive Platform 修改了大量 Classic Platform 标准的内容，采用了基于 POSIX 标准的操作系统，以面向对象的思想进行开发，并且可以使用所有标准的 POSIX API，主要目的是满足当前汽车自动驾驶、电气化和互联互通等趋势的需求。Adaptive Platform 自下而上可分为 3 层，如图 8-23 所示。

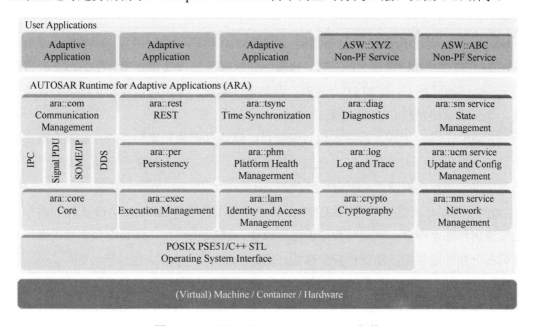

图 8-23　AUTOSAR Adaptive Platform 架构

（1）硬件层：AP 可将运行的硬件视作 Machine，这也意味着硬件可以通过各种管理程序相关技术进行虚拟化，并可实现一致的平台视图。

（2）实时运行环境层（ARA）：由功能集群提供的一系列应用接口组成，分为 API 和 Service 两种接口类型。

（3）应用层：运行在 AP 上的一系列应用。

Communication Management：提供 Adaptive Application 之间以及 Adaptive Application 与 Foundation 和 Adaptive Platform Services 之间的通信，还包括与远程服务之间的通信，目前规范规定的协议有 SOME/IP、IPC、DDS 及 S2S。

REST：是一个 Framework，体现与外部（移动 HTTP/JSON 客户端）的连通性。

Platform Health Management：平台运行状况管理支持对单个应用程序实例执行监视，以确定应用程序的本地状态，并根据所有应用程序的状态派生全局平台运行状况。

Time Synchronization：时间同步。

Persistency：为 Adaptive Platform 的应用程序及其他功能集群提供将信息存储在

Adaptive Machine 的非易失性存储器中的机制。

Execution Management：负责平台初始化以及 Adaptive Application 的启动和关闭，它根据配置好的 Manifest 文件执行任务，而这些 Manifest 文件则包含了什么时候启动、如何启动应用等信息。

Core：定义了多个功能集群使用的公共类和功能，作为其公共接口的一部分。

Identity and Access Management：为 Adaptive Application 和其他功能集群提供身份和访问管理。

Diagnostic：实现基于 IP 的诊断功能（UDS on IP），通过诊断服务器，实现诊断事件管理（DEM）和诊断通信管理（DCM）。诊断事件管理主要提供诊断事件服务，处理诊断事件，记录操作循环状态，维护 DTC 状态，存储事件数据。诊断通信管理主要提供诊断会话管理、诊断请求转发和 UDS 服务处理。

Log and Trace：为应用程序提供转发接口，将信息记录到通信总线、控制台或文件系统中，每个提供的日志信息都有自己的严重性级别，对应每个严重性级别，提供了一个单独的方法供应用程序或自适应平台服务使用。

Cryptography：支持用于通用加密操作和安全密钥管理的 API，该 API 支持在运行时动态生成密钥和加密作业，以及对数据流进行操作，该 API 旨在支持将安全敏感的操作和决策封装在单独的组件中，如硬件安全模块（HSM）。

State Management：请求将 Function Groups 设置到特定状态，请求激活/停用网络，请求重启/关闭 Machine，执行平台特定的行为，当收到 PHM/EM 的通知时，从（所监控的）错误中恢复。

Network Management：AUTOSAR 网络管理，协调 ECU 的休眠/唤醒。

Update and Config Management：负责在 AP 上更新、安装、删除软件，UCM 和 UCM Master Service 旨在支持车辆诊断的软件配置管理，并支持以安全、可靠和高效的更新过程在 Adaptive Platform 中执行更改。

Operation System Interface（POSIX PSE51/C++ STL）：为支持 POSIX（可移植操作系统接口）标准的操作系统及不同的应用需求提供标准化的平台接口和应用服务。

Adaptive Platform 相较于 Classic Platform 更加适应当前汽车架构向 SOA 转型的大趋势。当前汽车架构中同一硬件平台可能集成了多种系统，例如，车载信息娱乐相关的 ECU 通常使用 Linux、QNX 或其他通用操作系统。尽管 Classic Platform 支持 AUTOSAR OS（OSEKOS），但 Adaptive Platform 支持虚拟化技术及多系统并存的架构，只要是 POSIXOS 都可使用，包括那些达到 ASIL-D 级的操作系统，兼容性强，可移植性好，因此 AP 相较于 CP 更有优势。

此外，CP 主要支持面向信号的架构（Signal-Oriented Architecture），以基于信号的静态配置的通信方式（CAN、LIN）为主，开发后功能升级较为困难；AP 主要支持面向服务的架构，以基于服务的 SOA 动态通信方式（SOME/IP）为主，硬件资源间的连接关系虚拟化，不局限于通信线束的连接关系，软件也可实现灵活的在线升级。因此，AP 更专注于提供高性能计算和通信机制，具有灵活的软件配置方式，更加适合当前智能汽车领域高速发展的形势。

传统 Classic Platform 的强实时性，能很好地满足传统 ECU 需求，但智能化、网联化带来的网络延迟、干扰等因素无法满足强实时性。因为需要满足非实时性需求的平台，所以有了 Adaptive Platform。Classic Platform 和 Adaptive Platform 将在一段时间内共存，Adaptive Platform 的出现不是为了取代 Classic Platform。Classic Platform 与 Adaptive Platform 的对比如表 8-1 所示。

表 8-1 Classic Platform 与 Adaptive Platform 的对比

	Classic Platform	Adaptive Platform
使用语言	C	C++ 14&STL
实时性	硬实时 μs 级	软实时 ms 级
性能/算力	相对较弱，资源占用低	相对较强，资源占用高；大数据并行处理，高性能运算
使用场景	传统 ECU（如 ECM、VCU、BMS、MCU 等）	自动驾驶、辅助驾驶、车联网
应用架构	面向信号的架构	面向服务的架构
功能升级	一般 ECU 开发后比较固定	可灵活在线升级
安全等级	最高到 ASIL-D	最低为 ASIL-B，最高可到 ASIL-D
主要通信方式	基于信号的通信方式（CAN、LIN）	基于服务的通信方式（SOME/IP）
操作系统	AUTOSAR OS（OSEKOS）	POSIX PSE51，类 UNIX 系统，如 QNX、Linux、PikeOS 等
代码执行	直接从 ROM 执行代码	应用从 NVM 载入 RAM 运行
地址空间	所有应用共享同一地址空间（MPU 提供安全支持）	每个应用有独立的（虚拟）地址空间（需要 MMU 支持）
任务调度	固定的任务配置	支持多种（动态）调度策略
运行环境	RTE（RunTime Environment）	ARA（AUTOSAR Runtime for Adaptive Applications）
功能	固定，所有应用编译链接为一个整体（一个 HEX 文件）	应用作为独立的可执行文件，独立编译、上传（部署）；可灵活在线升级，应用可安装 / 卸载
模块	完全定义了所有模块	更少的模块，只有 API 定义
配置	编译前配置，编入二进制文件	运行时从 Manifest 文件动态载入配置

SOA 是一个系统性泛化的技术命题，发展中的 Adaptive AUTOSAR 平台技术规范未能全面覆盖其流程定义，尤其是 SOA 软件架构的分析和建模部分。另外，借鉴 SOA 领域中工业化技术标准定制了适配车辆环境的 SOME/IP 通信协议（来自 Web 服务的 SOAP）和服务接口结构（来自 RPC 消息交换模式）。

8.3.3 机器人操作系统

1. 概述

机器人操作系统（Robot Operating System，ROS）是一套开源的软件框架和工具集，用来帮助开发人员建立机器人应用程序，它提供了硬件抽象、设备驱动、函数库、可视化工具、消息传递和软件包管理等诸多功能。

ROS 的发展历史如图 8-24 所示。

图 8-24 ROS 的发展历史

ROS 项目的初衷是给科研机器人 Willow Garage PR2 提供一个开发环境和相应的工具。为了让这套软件在更多的机器人上运行，ROS 为机器人开发提供了一套相对完善的中间层、工具、软件乃至通用的接口和标准，机器人工业领域的开发者因此能快速开发系统原型并进行测试和验证。

2. ROS 的特点

ROS 的运行架构是一种使用 ROS 通信模块实现模块间 P2P 松耦合的网络连接的处理架构，支持若干种通信类型，包括基于服务的同步 RPC（远程过程调用）通信、基于 Topic 的异步数据流通信，还包括参数服务器上的数据存储，但是 ROS 本身不具备实时性。

ROS 的主要特点可以归纳如下。

1）点对点设计

一个使用 ROS 的系统包括一系列进程，这些进程存在于多个不同的主机中，并且在运行过程中通过端对端的拓扑结构进行联系。虽然一些基于中心服务器的软件框架也具备多进程和多主机的优势，但是在这些框架中，当各主机通过不同的网络进行连接时，中心服务器就会发生问题。ROS 的点对点设计示例如图 8-25 所示。

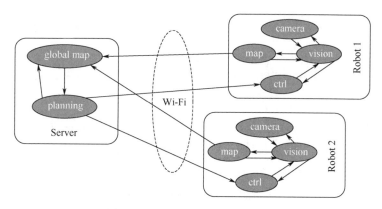

图 8-25　ROS 的点对点设计示例

ROS 的点对点设计以及服务和节点管理器等机制可以分散由计算机视觉和语音识别等功能带来的实时计算压力，适应大多数机器人遇到的计算挑战。

2）多语言支持

在写代码的时候，大多数编程者会偏好某一些编程语言。这种偏好是个人在每种语言上所花的编程时间、达到的调试效果、对编程语言语法的适应、可接受的程序执行效率以及各种技术和文化的原因导致的结果。为了解决这个问题，ROS 被设计成语言中立性的框架结构。ROS 支持多种主流编程语言，如 C++、Python、Java、Octave 和 Lisp，也支持其他多种编程语言的接口实现，如图 8-26 所示。

图 8-26　多种编程语言支持 ROS 开发

ROS 的特殊性主要体现在消息通信层，其利用 XML-RPC 机制实现端对端的连接和配置。XML-RPC 也实现了大多数主流编程语言的合规描述。ROS 的开发者希望它能够适配各种编程语言的语法约定，而不是仅仅基于 C 语言给各种其他编程语言提供实现接口。然而，在某些情况下，可以利用已经存在的库，封装后支持更多新的编程语言。例如，Octave 的客户端就是通过 C++ 的封装库实现的。

为了支持交叉语言，ROS 利用了简单的、语言无关的接口定义语言去描述模块之间的消息传送。接口定义语言使用简短的文本描述每条消息的结构，也允许消息的合成。

在编写 ROS 应用程序的过程中，可利用 ROS 代码库中包含的超过 400 种消息类型，这些消息适配传感器传送数据使用，使 ROS 可轻易获得周围环境信息。其好处是 ROS 的消息处理系统完全与编程语言无关，可支持多种编程语言自由结合与适配使用。

3）精简与集成

已知的大部分开发完成的机器人软件工程都包含可以在工程外重复使用的驱动和算法，但不幸的是，由于多方面的原因，大部分代码的中间层都过于混乱，以至于很难单独提取出相关功能，并把这些功能和驱动应用到其他程序或工程中。

为了应对这种挑战，ROS 中的所有驱动和算法逐渐发展成为与 ROS 没有依赖关系的、单独的库。ROS 建立的系统具有模块化的特点，各模块中的代码可以单独编译，而且编译使用的 CMake 工具使其自始至终贯彻精简的理念。ROS 将复杂的代码实现封装在各个库中，并创建了应用程序以显示 ROS 库的功能。这种方式允许对 ROS 的代码进行简单移植并复用于任何新系统中。另一个巨大优势在于，对代码的单元测试也变得较为容易，一个独立的单元测试程序可以测试代码库中很多的特性。

ROS 复用了很多流行的开源项目的代码。例如，从 Player 项目中复用了驱动、运动控制和仿真方面的代码，从 OpenCV 中借鉴了视觉算法方面的代码，从 OpenRAVE 中引用了规划算法的内容。

在每一个创建的实例中，ROS 都被用来显示多种多样的配置选项，并在各软件之间进行和管理数据通信，同时对它们进行微小的包装和改动。ROS 有一个活跃的社区，大量开发者在社区中对其进行维护和升级，包括升级其软件库、对应用打补丁等，从而不断升级 ROS 的源代码。

4）工具包丰富

为了管理复杂的 ROS 软件框架，开发者利用大量的小工具去编译和运行多种多样的 ROS 组件，以维持一个精简的内核，避免构建一个庞大的开发和运行环境。ROS 丰富的工具包如图 8-27 所示。

这些工具主要担负的任务有：组织源代码的结构、获取和设置配置参数、图形化端对端的拓扑连接、测试频带使用宽度、即时描绘信息数据、自动生成文档等。ROS 开发者的目标是把所有的代码模块化，因为他们相信，损失效率的重要性远远低于系统的稳定性和管理的复杂性。

5）免费且开源

ROS 所有的源代码都是公开发布的，这也是当前 ROS 在机器人和自动驾驶领域广泛应用的主要原因。并且，活跃的开发者们会在软件各层次进行调试，不断改正错误。ROS 的开源遵循 BSD 许可，也就是说允许各种商业和非商业的工程基于 ROS 进行开发。

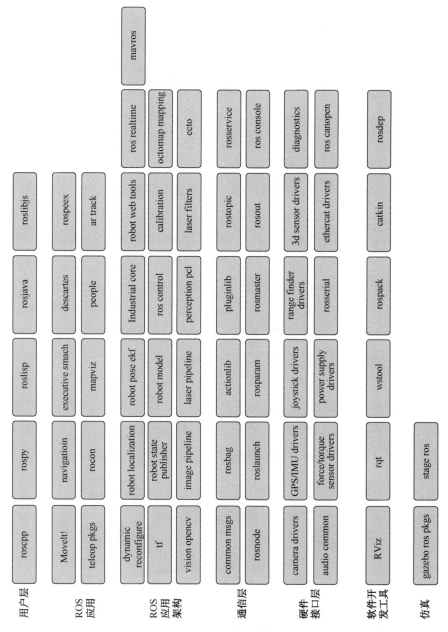

图 8-27　ROS 丰富的工具包

ROS 通过内置的通信系统进行数据传递，不强制要求所有模块在相同的可执行层面相互连接。因此，利用 ROS 构建的系统可以较为自由地使用大量其他组件，个别模块甚至可以包含被各种协议保护的软件，这些协议包括 GPL、BSD 等。

3. ROS 总体框架

根据 ROS 代码的维护者和发布者，可将 ROS 代码分为两大部分。

核心部分的代码主要由 Willow Garage 公司和一些开发者设计、提供及维护。它提供了一些分布式计算的基本工具,以及整个 ROS 核心部分的程序。

球范围的代码由不同国家的 ROS 社区组织开发和维护。其中包括库的代码,如 OpenCV、PCL 等;库的上一层是从功能角度提供的代码,如人脸识别,这些功能会调用下层的库;最上层的代码是应用级代码,能控制机器人完成某一确定的功能。

还可以从另一个角度对 ROS 进行分级,主要分为 3 个级别:计算图级、文件系统级、社区级。

1)计算图级

计算图是 ROS 处理数据的一种点对点的网络形式。程序在运行时,所有进程以及它们所进行的数据处理,都将会通过一种点对点的网络形式表现出来。这一级主要包括几个重要概念:节点(Node)、消息(Message)、主题(Topic)、服务(Service)。

(1)节点。

节点是一些执行运算任务的进程。ROS 利用规模可增长的方式使代码模块化,一个典型系统由很多节点组成。在这里,节点也可以称为软件模块。节点的称呼使得基于 ROS 的系统在运行时更加形象化。当许多节点同时运行时,可以方便地将端对端的通信绘制成一个图表,在这个图表中,进程就是节点,而端对端的连接关系由其中的弧线连接表示。

(2)消息。

节点之间通过传送消息进行通信,如图 8-28 所示。每一个消息都是一个严格的数据结构。原有标准的数据类型(如整型、浮点型、布尔型等)都得到支持,同时支持原始数组类型。消息可以包含任意的嵌套结构和数组(类似于 C 语言中的结构 structs)。

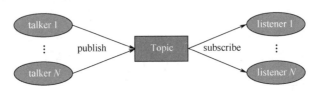

图 8-28 ROS 的消息传送

(3)主题。

消息以一种发布或订阅的方式传递。一个节点可以在一个给定的主题中发布消息。一个节点可以针对某个主题关注与订阅特定类型的消息。可能同时有多个节点发布或者订阅同一个主题的消息。总体上,发布者和订阅者不了解彼此的存在。

(4)服务。

虽然基于主题的发布或订阅模式是很灵活的通信模式,但是它广播式的路径规划对于可以简化节点设计的同步传输模式并不适合。在 ROS 中,一项服务用一个字符串和一对严格规范的消息定义:一个用于请求,一个用于回应。这类似于 Web 服务器,Web 服务器是由 URI 定义的,同时带有完整定义类型的请求和回复文档。需要注意的是,只有一个节点可以以任意独有的名字广播一项服务，只有一项服务可以称为分类象征，例如，任意一个给出的 URI 地址只能有一个 Web 服务器。

在上述概念的基础上，需要有一个控制器使所有节点有条不紊地运行，这个控制器被称为 ROS 控制器（ROS Master）。

ROS 控制器通过 RPC 提供登记列表和对其他计算图表的查找。没有 ROS 控制器，一个节点将无法找到其他节点并交换消息或调用服务。

ROS 控制器为 ROS 节点存储主题和服务的注册信息。节点与 ROS 控制器通信并报告它们的注册信息。当这些节点与 ROS 控制器通信时，它们可以接收关于其他已注册节点的信息，并且建立与其他已注册节点之间的联系。当这些注册信息改变时 ROS 控制器也会回馈节点，同时允许节点动态创建与新节点之间的连接。

节点与节点之间的连接是直接的，ROS 控制器仅仅提供查询信息，就像一个 DNS 服务器。节点订阅一个主题会要求建立一个与发布该主题的节点的连接，并且会在同意连接协议的基础上建立该连接。

2）文件系统级

ROS 文件系统级主要是指在硬盘上查看的 ROS 源代码的组织形式，如图 8-29 所示。

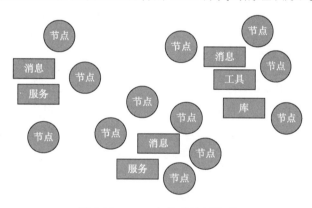

图 8-29　ROS 文件系统级构成

ROS 中有无数的节点、消息、服务、工具和库文件，需要有效的结构去管理这些代码。在 ROS 文件系统级有以下两个重要概念：包（Package）、堆（Stack）。

（1）包。

ROS 的软件以包的形式组织。每个包里包含节点、ROS 依赖库、数据套、配置文件、第三方软件或者任何其他逻辑，包的作用是提供一种易于使用的结构，以便其软件的重复使用。总的来说，ROS 的包短小精悍。

（2）堆。

堆是包的集合，它提供一个完整的功能，如图 8-30 所示。堆与版本号关联，也是发行 ROS 软件的关键方式。

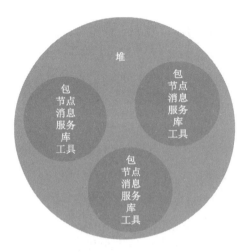

图 8-30　ROS 的堆

ROS 是一种分布式处理框架。这使得可执行文件能被单独设计，并且在运行时松耦合。这些过程可以封装到包和堆中，以便共享和分发。

Manifests（manifest.xml）：提供关于 Package 的元数据，包括它的许可信息和 Package 之间的依赖关系，以及语言特性信息，如编译旗帜（编译优化参数）。

Stack Manifests（stack.xml）：提供关于 Stack 的元数据，包括它的许可信息和 Stack 之间的依赖关系。

3）社区级

ROS 社区级是指在 ROS 网络上进行代码发布的一种表现形式，如图 8-31 所示。代码库的联合系统，使得协作关系也能被分发。这种从文件系统级到社区级的设计让 ROS 系统库的独立发展和工作实施成为可能。正是这种分布式的结构，使得 ROS 迅速发展，软件仓库中包的数量随时间呈指数级增加。

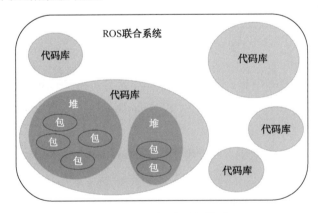

图 8-31　ROS 社区级构成

4. ROS2 介绍

ROS1 中依赖 Master 注册获取节点信息，而 ROS2 实现了去中心化。ROS2 的应用框架总体分为3个部分：应用层、中间件层和操作系统层。RCL是中间件层与用户层程序直接交互的接口。RMW接口层抽象了DDS的具体实现，可根据用户需求，切换不同的DDS实现。ROS2根据通信边界，分别做了不同的实现，进程内通信由ROS2实现，际间通信（进程间和跨机通信）则采用DDS实现。采取这样的通信策略是因为部分DDS的进程内通信仍使用回环地址的网络通信方式，数据要进行用户态与内核态的复制，且通信受限于协议栈，通信效率低。ROS1与ROS2的架构如图8-32所示。

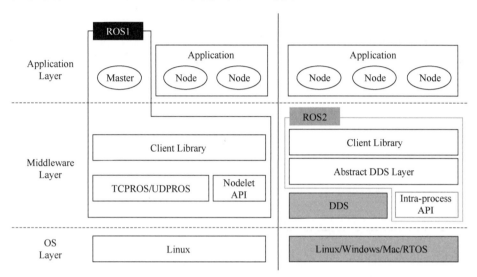

图8-32 ROS1与ROS2的架构

ROS2对ROS1进行了改进和提升，产品适用范围更广。ROS1推出以后被大量地应用于工业领域，包括科研机器人、工业机器人、轮式机器人、自动驾驶汽车乃至航天无人驾驶设备，其原来的功能设计已经不能满足海量应用对于某些性能（如实时性、安全性、嵌入式移植等）的需求，ROS2即在这样的背景下被设计和开发出来。ROS2与ROS1的主要区别包括以下几点。

（1）ROS1主要构建于Linux系统之上，主要支持Ubuntu；ROS2采用全新的架构，底层基于DDS通信机制，支持实时性、嵌入式、分布式、多操作系统，ROS2支持的系统包括Linux、Windows、Mac、RTOS，甚至支持单片机等没有操作系统的裸机。

（2）ROS1的通信系统基于TCPROS/UDPROS，强依赖于Master节点的处理；ROS2的通信系统基于DDS，取消了Master，同时在内部提供了DDS的抽象层实现。有了这个抽象层，用户就不用关注底层的DDS使用了哪个商家的API，可以让开发者并行开发低耦合的功能模块，并且便于进行二次复用。

（3）ROS1运行时要依赖roscore，一旦roscore出现问题就会造成较大的系统灾难，同时由于安装与运行体量较大，对很多低资源系统会造成负担；ROS2基于DDS进行数据传输,而 DDS 基于 RTPS 的去中心化的通信框架,这就消除了对 roscore 的依赖,系统的稳定性强,对资源的消耗也得到了降低。

(4) ROS2 新增了 QoS(Quality of Service,服务质量)机制,主要对通信的实时性、完整性、历史追溯等方面形成了支持。这大幅增强了框架功能,避免了高速系统难以适用等问题。ROS1 缺少 QoS 机制,Topic 的稳定性与质量难以保证。

ROS2 与 ROS1 的对比如表 8-2 所示。

表 8-2 ROS2 与 ROS1 的对比

ROS1	ROS2
仅支持单机器人	支持多机器人
对嵌入式设备不友好	支持小型嵌入式设备和微控制器
严重依赖网络通信(需要大带宽且稳定的网络连接)	支持非理想网络环境,在低质量、高时延等网络环境下系统仍然能够工作
非实时系统	实时系统,支持实时控制,包括进程间和机器间通信的实时性
超高的灵活性带来不规范的编程模式	有规范的编程模式,可以支持基于 ROS 的大规模项目的构建、开发和部署
多用于学术应用	具备对多产品的支持能力

5. ROS 与 Adaptive AUTOSAR 的区别

ROS2 可用作自动驾驶中间件,实现与 Adaptive AUTOSAR 中间件类似的功能,但二者存在一定差别。

(1) Adaptive AUTOSAR 是严格意义上的中间件,即处于计算机 OS 与车载 ECU 特定功能实现之间,为 ECU 功能实现层屏蔽掉特定处理器和计算机 OS 相关的细节,并提供与车辆网络、电源等系统交互所需的基础服务;ROS2 作为机器人开发的应用框架,在应用和 OS 之间提供通用的中间层框架和常用软件模块(ROS Package),在某种意义上可以称作操作系统。

(2) Adaptive AUTOSAR 是一套标准,定义了对应用的标准接口,但没有定义实现细节,平台组件间的交互接口需要 Adaptive AUTOSAR 供应商实现;ROS2 则是代码优先,每个版本都有完整的代码实现,也定义了面向应用的标准接口。

(3) Adaptive AUTOSAR 从一开始就面向 ASIL-B 级应用;ROS2 不是根据 ASIL 标准设计的,ROS2 实现功能安全的解决方案是把底层换为满足 ASIL 要求的 RTOS 和商用工具链(编译器)。例如,Apex.AI 基于 ROS2 定制开发的 Apex.OS 已经通过了最高等级的 ASIL-D 认证。

Apex.OS 对 ROS2 进行了改造,修复了 ROS2 的一些 Bug,同时给上游提供监控节点;增强了实时性、可靠性及确定性;和 ROS2 未来的 Release 同步,保持 API 兼容。Apex.OS

Cert 产品通过了 ISO 26262 SEooC 功能安全认证，最高支持 ASIL-D 级，基于 Apex.OS 可以开发安全相关应用。

Apex Middleware 是由 Apex.AI 推出的能够满足汽车通信需求、支持机器内部通信、支持跨机器通信、支持云端通信的通信中间件。核心组件基于 Eclipse Cyclone DDS 的高鲁棒性、高性能网络通信和 Eclipse Iceoryx 的高效零拷贝通信，它们都是开源项目，并且在汽车和任务关键性分布式系统中得到验证。Apex Middleware 和 Apex.OS 高度优化集成，也可作为一个独立产品。

Apex Middleware 的优势如下：具有跨 ECU 和 ECU 内部通信完整的、集成化的解决方案；已经集成到通用的框架中，如 ROS2、Apex.OS、Adaptive AUTOSAR；支持 DDS 和 SOME/IP 等当前汽车以太网最相关的协议；支持发布/订阅和请求/响应通信；能高效处理海量数据，满足驾驶辅助和智能驾驶应用的数据传输需求；提供低运行时开销的高性能通信；提供通信发现机制，用于支持现代化的 SOA；已通过 ISO 26262 安全认证；提供大量 QoS 特性；提供有效的桥接至网络协议，如 MQTT、AMQP、OPC-UA、Eclipse Zenoh。

8.3.4 Cyber RT

Cyber RT 是百度 Apollo 开发出来的中间件，于 Apollo 3.5 中正式发布。相较于其他中间件方案，Cyber RT 的一大优势是其专为无人驾驶设计，其架构如图 8-33 所示。

图 8-33 Cyber RT 架构

基础库：高性能、无锁队列。

通信层：Publish/Subscribe 机制、Service/Client 机制、服务自发现、自适应通信。

数据层：数据缓存与融合。多路传感器数据需要融合，而且算法可能需要缓存一定的数据。比如典型的仿真应用，不同算法模块之间需要有一个数据桥梁，数据层就起到这个桥梁的作用。

计算层：计算模型、任务及任务调度。

百度最早用的是 ROS1，但在使用的过程中逐渐发现 ROS1 存在"若 ROS Master 出故障了，则任何两个节点之间的通信便受到影响"的问题，于是希望使用一个没有中间节点的通信中间件来代替 ROS1，那时 ROS2 还没有推出，因此其自主研发出了 Cyber RT。Cyber RT 和 ROS2 类似，其底层也使用了一个开源版本的 DDS；为了解决 ROS1 的问题，Cyber RT 删除了 Master 机制，用自动发现机制代替，这个通信组网机制和汽车网络 CAN 完全一致。此外，Cyber RT 的核心设计将调度、任务从内核空间转移到了用户空间。

8.3.5 GENIVI 联盟

GENIVI 联盟是一个由全球数十个联盟成员共同组成并驱动的非营利性汽车技术联盟，其主要成员包括整车及零部件制造商和汽车软件供应商。

GENIVI 联盟共享一个标准的车载信息娱乐系统开发的开源平台（Linux）。GENIVI 联盟的主要任务是确定联盟成员认为无差别的车载信息娱乐系统的核心功能，如图 8-34 所示。

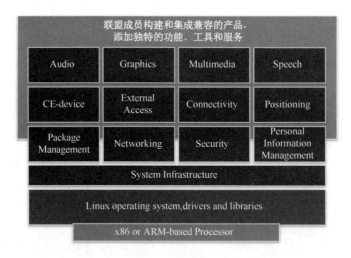

图 8-34　GENIVI 规范中非差异化部件区高级视图

GENIVI 平台以中间件的方式整合那些支持 IVI 系统核心功能的软件模块，如电话、音频路由、蓝牙接口，以及传感器和用户控制等接口。在应用层面，汽车生产商们可在 GENIVI 平台的基础上自由定制，以便打造独特的驾驶员/乘客体验或人机界面。

随着智能网联汽车的快速发展，该联盟于 2021 年更名为 COVESA，主要聚焦于车云互联环节，面向智能网联汽车的车内、边缘和云端服务、接口和数据交换等领域进行技术研究和标准制定。

8.3.6 AUTOSEMO

随着 EE 架构逐渐由分布式向集中式演进，AUTOSAR CP 被 AUTOSAR AP、ROS2、Cyber RT 等中间件方案替代也是大势所趋。然而，并不是所有的车企都选择了 AUTOSAR AP，主要原因包括以下几个。

（1）使用成本高：首先，AUTOSAR AP 的费用可达几百万元，而且对于不同的域控制器、不同的芯片需要重复收费，这会给小型车企带来很大的成本压力。其次，AUTOSAR AP 的学习难度大、学习成本高，有时企业需要专门培训或招聘相关人才，这也会增加车企的费用开支。

（2）存在效率不高的问题：AUTOSAR AP 的配置很多，它通过配置加上一部分代码去实现自己的功能，存在代码臃肿及低效的问题。

（3）静态部署与动态部署的理念冲突：AUTOSAR AP 是从 AUTOSAR CP 发展而来的。AUTOSAR CP 采用静态部署，只适用于相对简单的业务逻辑和功能，其代码是固化的，功能是无法改变的，类似于过去的功能手机。AUTOSAR AP 则类似于现在的智能手机，App 可以跨平台、跨机型部署。这种动态部署的理念和之前的静态部署不甚相同，而其方法论却是基于静态部署衍生而来的，因此在实践层面会存在不少问题。

（4）当前无法满足智能网联的需求：云端跟车端所使用的操作系统不一样，而 AUTOSAR 只能负责车内的通信，不能支持车端到云端的通信，因而无法支持车路协同场景（车端与云端的通信是通过 MQTT 等中间件来实现的）。除此之外，AUTOSAR 能否兼容车辆网联化中需要用到的数据平台、通信平台和地图平台也存在疑问。

不同于已经非常标准化的 AUTOSAR CP，AUTOSAR AP 目前标准还不是很完善，标准每年都在更新。在这个背景下，ROS2、Cyber RT 等其他中间件方案有望得到更多车企的青睐。

中国汽车工业协会联合各家 OEM 和供应商成立了中国汽车基础软件生态委员会（AUTOSEMO），目的是共同构建具有我国自主知识产权的汽车基础软件生态体系，如图 8-35 所示。

AUTOSEMO 服务框架如图 8-36 所示。

ASF 是对通用基础软件的扩充。首先，在控制器内做到跨核协同，在不同种类的操作系统及基础软件平台之上提供系统级服务调用及整车级功能设计视图；其次，对 AUTOSAR 的服务管理框架进行扩展，向应用层提供更多基于服务开发需要的功能；最后，提供基于引擎的动态服务配置方法，基于预设的静态服务，通过云端对静态服务进行编排，实现更加丰富的业务功能。

图 8-35 AUTOSEMO 生态

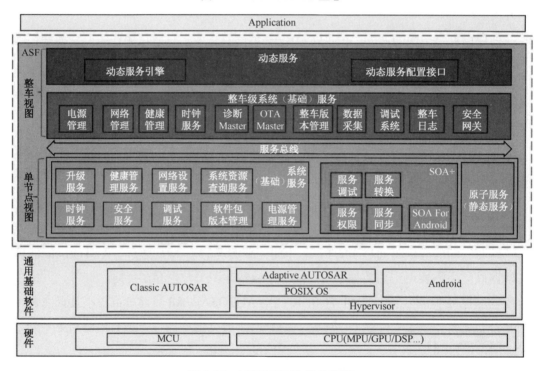

图 8-36 AUTOSEMO 服务框架

8.4 面向服务的架构中的通信管理

SOA 软件设计原则是模块化。模块化可以提高可维护性、代码重用性并隔离故障。例如，自动驾驶系统可以分解成特定的任务模块，如数据采集、状态估计、任务规划等。为了完成任务，模块必须与其他模块交换信息。在现代操作系统中，将单个模块映射到软件进程非常方便，这些进程可以位于相同的计算设备上，也可以位于物理上独立的计算设备上。这就把信息交换的任务转化成了深入研究的进程间通信问题。

8.4.1 通信中间件

在软件定义汽车中，应用间跨进程或跨核的通信，必然成为软件架构设计中一个需要解决的问题。模块化为开发提供了便利，但也引入了对通信中间件的需求。

在没有使用通信中间件的时候，为了开发上层应用，开发者们需要自己定义数据的格式、数据的发送方和接收方；但有了 SOME/IP 和 DDS 这种以服务 / 数据为中心的发布 / 订阅模式后，开发者们只需要明确需要什么样的数据、数据传到哪里，而无须知道数据是由谁发出的、怎样发出的。

以数据为中心，是相对于传统的以消息为中心而言的，其与后者的本质区别在于通信中间件知道它存储了什么数据，并能控制如何共享这些数据。对传统的以消息为中心的中间件，程序员必须为发送消息编写代码；而对以数据为中心的中间件，程序员只需要为如何及何时共享数据编写代码，然后就可以直接共享数据。

通信中间件有点到点、消息队列和发布 / 订阅 3 种工作模式，SOME/IP 和 DDS 都采用发布 / 订阅模式。

在发布 / 订阅模式中，发布者和订阅者通过主题相关联，双方不必知道对方在何处，也不必同时在线，实现了通信双方在时间、空间和数据通信上的多维松耦合。

此外，相比于面向信号的 CAN，DDS 和 SOME/IP 都是面向服务的通信协议。两者的区别在于面向信号的数据传输，不管网络需不需要，它始终会不断循环发送；而面向服务的通信方式则不同，仅当客户端请求或服务器通知特定订阅者时，才在客户端和服务器配置中交换数据，这就确保了永远不会浪费带宽，并且仅在需要的时间和地点进行数据通信 / 交换。因此，面向服务的通信协议能够大大减少网络负载，提高通信效率。

软件定义汽车时代，车内所有可以被调用的功能都是服务，不同功能提供不同的调用接口，接口分类如下。

（1）API 接口：各类函数的调用接口，提供在系统内功能实现函数被调用的能力，应用程序可调用相关的 API 接口，提供和使用功能服务。

（2）文件方式：以配置文件或设备文件等方式，提供系统内调用能力，文件可通过配置自动生成，其中包含有效配置信息，在运行环境中能被特定的程序读取识别，实现特定的服务。

（3）系统原生服务：操作系统及基础类库提供的可操作能力，包括对系统 CPU 和内存使用情况的监测、应用程序的监控、系统资源的划分等，以及 C++、Boost 等基础类库的调用。

（4）IPC 接口：各类 IPC 机制提供系统内进程间的调用能力，包括 Socket、共享内存等进程间通信方式，以及 IPCF 等特定的跨核通信方式。

（5）协议栈接口：通过网络协议栈的方式提供跨平台的调用能力，包括 SOME/IP、DDS、

MQTT、HTTP 等网络协议的调度服务、接口封装及协议转换等。

SOA 在互联网领域已经应用了很长时间，但在汽车行业中算是比较新的概念。在 Adaptive AUTOSAR 框架中，通信管理模块包括通信进程间通信和网络协议栈。

鉴于汽车的应用场景和通信需求有其特殊性，很多互联网的 SOA 技术并不能直接照搬过来。一般 SOA 通信中间件系统各层的功能有如下要求。

（1）本地服务和远程服务之间的通信应以统一的接口描述语言定义的文件为契约。接口定义语言（IDL）是一种中立的接口描述语言，与具体的操作系统、编程语言无关。

（2）SOA 的底层核心功能应具备服务发现、消息序列化、内部事件/消息处理和传输功能。应用之间、服务之间、操作系统之间，可通过标准的通信协议或服务接口相互通信或访问，特别是满足传感数据的大数据吞吐量传输。需要支持典型的车内通信协议，如 SOME/IP、DDS 等。其中，服务发现功能应具备访问控制功能，防止无权用户的窃听和侵入；传输功能应具备数据加密和签名等功能，保证通信数据的安全。

未来汽车将与更多的基础设施进行连接，为了与它们连接，未来汽车将会用到不同的通信协议，如图 8-37 所示。

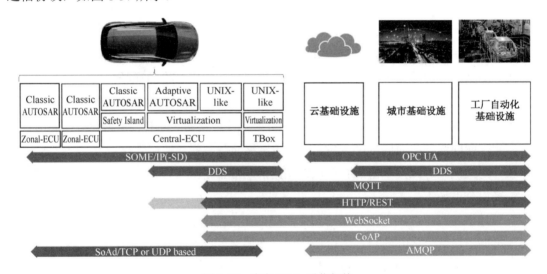

图 8-37　汽车 SOA 通信架构

HTTP、MQTT、SOME/IP、DDS 等均用于实现 SOA 通信，只是负责的场景不同。例如，SOME/IP 用于车内节点之间的服务通信，HTTP 和 MQTT 用于和互联网模块通信，三者实现机制类似，可以相互切换。

MQTT、DDS、AMQP、REST、CoAP 这几种协议都已被广泛应用，并且每种协议都有至少 10 种代码实现，都宣称支持实时的发布/订阅的物联网协议，但是在设计具体系统架构时，需要考虑实际场景的通信需求，选择合适的协议。SOA 协议对比如表 8-3 所示。

表 8-3 SOA 协议对比

SOA 协议	AMQP	MQTT	DDS	SOME/IP	OPC UA	CoAP	HTTP/REST	WebSocket
通信模式	发布/订阅	发布/订阅	发布/订阅	发布/订阅 请求/响应	发布/订阅 请求/响应	发布/订阅 请求/响应	请求/响应	请求/响应
拓扑结构	N-1-N or 1-1	N-1-N	N-N	1-N | N-1	N-1-N | 1-N 或 N-N	N-1 | N-1-N	N-1	N-1
可用 OS	Linux/Android	Linux/Android/Adaptive AUTOSAR	Linux/Android/Adaptive AUTOSAR	Linux/Android/Classic Autosar/Adaptive AUTOSAR	Linux/Android/Adaptive AUTOSAR	Linux/Android/Adaptive AUTOSAR	Linux/Android/Adaptive AUTOSAR	Linux/Android/Adaptive AUTOSAR
接口定义语言	—	Franca（需要额外的转换器）	OMG	Franca	OMG	—	REST Franca（需要额外的转换器）	Web Franca（需要额外的转换器）
动态发现	不支持	不支持	数据	服务	服务器	不支持	不支持	不支持
异步	支持	支持	支持	支持	支持	支持	不支持	不支持
基于代理	✓ | ✗	✓	不需要	不需要	✓ | ✗	不需要	不需要	不需要
QoS 感知	可用性	可靠性	支持	不支持	不支持	不支持	不支持	不支持
传输层安全协议（TLS）/数据包传输层安全协议（DTLS）	TLS	TLS	TLS/DTLS	TLS/DTLS	TLS/DTLS	DTLS	TLS	TLS
协议中额外的安全措施	会话身份验证	会话身份验证	会话身份验证、操作访问控制	数据认证、数据保密	会话身份验证、数据保密、操作访问控制	（独立研究）	（独立研究）	（独立研究）会话身份验证
应用场景	云端	车云、车内	车内	车内	车云	车云	车云、车内	车云、车内

8.4.2 SOME/IP

1. SOME/IP 概述

2011 年，BMW 设计和提出了 SOME/IP，SOME/IP 全称为 Scalable Service-Oriented Middleware over IP，即以 Server/Client 服务形式进行通信，并且服务具备高度可扩展性。SOME/IP 是一种应用层协议，运行在 TCP/UDP 传输协议之上（车载以太网第四层以上），作为以太网通信中间件来实现应用层和 IP 层的数据交互，使其不依赖操作系统，同时能兼容 AUTOSAR 和非 AUTOSAR 平台。因此，SOME/IP 可以独立于硬件平台、操作系统和编程语言，如图 8-38 所示。

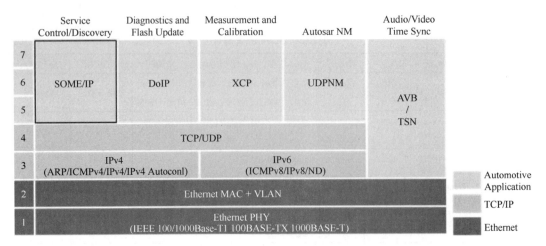

图 8-38　SOME/IP 协议架构

SOME/IP 满足车用要求的特性主要有：基于服务的通信方式；占用空间小；与 AUTOSAR 兼容（其他中间件均不兼容）；可伸缩性，小平台或超大平台均可使用；兼容性，可用于车用的各种操作系统，如 AUTOSAR、OSEK、QNK 和 Linux。

2. SOME/IP 消息格式

SOME/IP 消息头格式如图 8-39 所示。

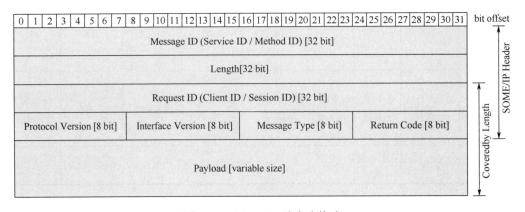

图 8-39　SOME/IP 消息头格式

Message ID：Message ID 的前 16bit 表示所使用的服务（服务 ID）。服务是通信的总体类别。每个服务需要有一个唯一的服务 ID，由系统集成商进行标识。Message ID 的后 16bit 是方法 ID，用于表示构成服务的方法、时间和字段。如 track_number.set。

Length：长度字段共 32bit，表示包括有效载荷、头信息和请求 / 客户端 ID 在内的字节长度。

Request ID：Request ID 用于客户端区分同一处理方式的多次调用。Request ID 的前 16bit 为 Client ID，用于标识特定的客户端。例如，如果头端（客户端 A）与后座娱乐系统（客户端 B）均需要设置 CD 播放器（服务器）中的曲目，则客户端 A 和客户端 B 使用不同的 Client ID。Request ID 的后 16bit 代表 Session ID。例如，如果客户端 A 多次在 CD 播放器中设置曲目，则每一条设置消息都包含不同的 Session ID。在服务器响应时，服务器始终需要使用请求中的 Request ID，将响应与请求正确对应。Request ID 来源于 AUTOSAR 的客户端与服务器的通信。

Protocol Version：Protocol Version 用于表示 SOME/IP 协议版本，该字段的长度为 8bit。

Interface Version：Interface Version 用于表示服务接口的版本，该字段长度为 8bit。此接口的定义和版本均由接口设计方提供，若定义了新的版本，则该字段自动检测接口的兼容性。

Message Type：此字段用于区分不同的消息类型。SOME/IP 中用到的主要消息类型如表 8-4 所示。

表 8-4 SOME/IP 中用到的主要消息类型

消息类型	消息名称	目的
0x00	REQUEST	期待回应的请求消息
0x01	REQUEST_NO_RETURN	不需要回应的请求消息
0x02	NOTIFICATION	通告请求（即订阅消息），不期望回应
0x40	REQUEST ACK	对于 REQUEST 的确认（可选）
0x41	REQUEST_NO_RETURN ACK	对于 REQUEST_NO_RETURN 的确认
0x42	NOTIFICATION ACK	对 NOTIFICATION 的确认（报告类）
0x80	RESPONSE	回复消息（对请求消息的回应，或者订阅后的消息）
0x81	ERROR	RESPONSE 无法正确交付时发送的消息
0xC0	RESPONSE ACK	对 RESPONSE 的确认（可选）
0xC1	ERROR ACK	对 ERROR 的确认（报告类）

Return Code：长 8bit，用于表示消息的反馈（接收方是否成功处理消息）。

Payload：有效载荷字段，包含 SOME/IP 消息的参数。在上述设置曲目的示例中，如果该曲目应设置为 10，则有效载荷为 10。SOME/IP 有效载荷字段的长度取决于使用的传输协议。对于 UDP 而言，SOME/IP 有效载荷范围为 0~1400B，该上限主要为日后协议栈更改而设定（如使用 IPv6 或添加安全协议）。

由于 TCP 可以将数据进行分段，因此 TCP 支持更大的有效载荷。在 SOME/IP 传输协议（TP）中，UDP 同样支持有效载荷分段。在 SOME/IP 中，详细规范了参数序列化的方法，即有效载荷中的数值，以及低位至高位的排列顺序。

3. SOME/IP 服务机制

SOME/IP 根据服务接口来定义一项服务，服务接口为依据已有的通信原则定义的客户端和服务器的行为。SOME/IP 支持的通信原则如图 8-40 所示。

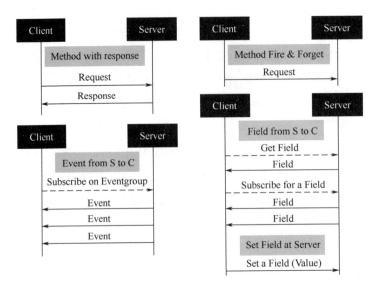

图 8-40 SOME/IP 支持的通信原则（C=Client，S=Server）

Request/Response：描述具有请求消息和响应消息的通信方式。请求是客户端向服务器发送的调用方法的消息。响应则是服务器反馈客户端调用结果的消息。

Fire&Forget：描述仅存在请求消息的通信方式。与 Request/Response 相同，客户端向服务器发送请求调用一个方法。不同的是，在此情况下，客户端并不期待来自服务器的响应。

Event：在这种情况下，服务器会周期性地或在情况发生变化（事件）时向客户端发送具有特定内容的消息。前提是，客户端告诉服务器它希望接收这类信息，即订阅。在此情况下，客户端不会发送回应服务器的消息，这种通信方式对于服务器而言也遵循 Fire&Forget 的通信原则。

Field：Field 表示可以远程访问的属性。Field 可以由客户端设置。获取（Get）Field 的沟通原则与 Event 一致。不同的是，系统在任何时候都可以获取 Field，而 Event 只在该事件发生的时间内有效。因此，属性可以被视为一种可以从外部接口寻址的软件变量。

4. 服务发现

SOME/IP 通过以太网提供面向服务的通信，采用 SOME/IP-Service Discovery（SOME/IP-SD）定位服务实例，并检测服务的运行状态，同时发布订阅处理功能。

SOME/IP-SD 是一种特殊的 SOME/IP 格式，基于服务的通信模式是 SOME/IP 的关键特性，SOME/IP-SD 提供了两种动态发现服务的机制。一种是 Offer Service，由 Server 向网络上的小伙伴告知它所提供的服务；另一种是 Find Service，由 Client 向别人请求可用的服务。SOME/IP-SD 对 SOME/IP-SD 报文中的 Payload 进行了定义和实现。而 Message ID 字段则是固定的 0xFF FF 81 00。

SOME/IP-SD 的作用如图 8-41 所示。

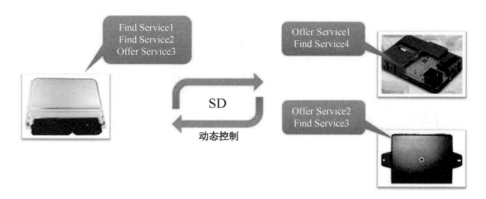

图 8-41 SOME/IP-SD 的作用

客户端收到需要的服务会发送订阅报文，服务器给出订阅 ACK 后开始发送 Event。所有需要 Event 或 Notification Event 的客户端必须在运行时间内利用 SOME/IP-SD 在某个服务器上注册，如图 8-42 所示。

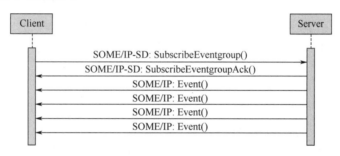

图 8-42 订阅与 Event 发送

5. SOME/IP 与 AUTOSAR

SOME/IP 可支持 AUTOSAR CP、AUTOSAR AP 及非 AUTOSAR 平台之间的通信。BMW 设计出 SOME/IP 之后，SOME/IP 被 AUTOSAR 纳入其正式标准，并随着 AUTOSAR CP 规范发布而被广泛应用于车载以太网，因此可以说是 AUTOSAR CP 推动了 SOME/IP 的广泛使用。

在 AUTOSAR 架构中，SOME/IP-SD 模块位于 AUTOSAR BSW Mode Manager（BswM）模块和 AUTOSAR Socket Adaptor（SoAd）模块之间。BswM 模块提供了通用模式请求和服务请求之间的连接。SoAd 模块则处理以太网堆栈和 SD 模块之间的服务请求。通过配置 SoAd 模块中的 Socket Connection 表，可以接收其他 ECU 的 SD 模块发来的单播和多播报文。

借助 SOME/IP 的高度平台扩展性，可以实现不同平台的数据交互，而统一的 SOME/IP 通信机制是不同平台通信的前提。为了在不同软件平台上运行 SOME/IP，以便在整车以太网上实现 SOA 通信机制，AUTOSAR AP 规范中也引入了 SOME/IP，因此 AUTOSAR CP 和 AUTOSAR AP 之间实现 SOME/IP 通信是比较容易的。

为了使非 AUTOSAR 软件平台与车内 CP 和 AP ECU 更好地交互，GENIVI 系统也开发了一套开源 vSOME/IP 软件源代码,以便和 CP/AP 交互。但 vSOME/IP 是开源的,所以性能会差一些,因此需要统一的规范来做约束,从而做一些深层次的二次开发。当前,全球最大的商用 SOME/IP 产品供应商是 Vector,开源的 vSOME/IP 则是由 GENIVI 联盟来维护的。

8.4.3 DDS

1. DDS 概述

DDS(Data Distribution Service)是由 OMG 发布的分布式通信规范。OMG(Object Management Group)成立于 1989 年,是一个国际性、开放性、非营利性技术标准联盟,由供应商、终端用户、学术机构、政府机构推动。OMG 工作组会针对各种技术和行业制定企业集成标准,并开发可为数千个垂直行业提供现实价值的技术标准,其中包括统一建模语言 SYSML、UML,以及中间件标准 CORBA、DDS 等。

DDS 最早应用于美国海军系统,用于解决军舰系统复杂网络环境中大量软件升级的兼容性问题。随着 DDS 被 ROS2 及 AUTOSAR 引入,目前 DDS 已被广泛应用于航空、航天、船舶、国防、金融、通信、汽车等领域。

2. DDS 的特点

1)数据中心(Data Centricity)

DDS 最重要的特性是以数据为中心,这是它与其他很多通信中间件不同的地方。DDS 的数据共享以 Topic 为单元,应用程序能够通过 Topic 判断其所包含的数据类型,而不必依赖其他的上下文信息。同时,DDS 能够按照用户定义的方式自动地存储、发布或订阅数据,使应用程序能够像访问本地数据一样写入或者读取数据。DDS 数据中心如图 8-43 所示。

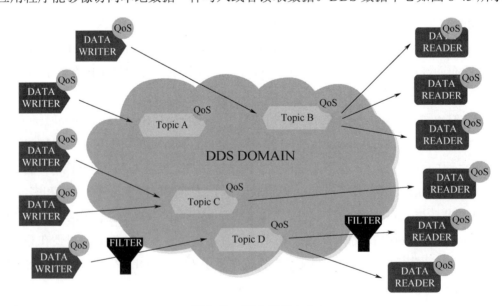

图 8-43 DDS 数据中心

2）全局数据空间（Global Data Space）

DDS 实现的数据共享可以理解成一个抽象的全局数据空间，任何应用程序，不论采用何种开发语言或操作系统，都可以通过相同的方式访问这个全局数据空间，就像访问本地存储空间一样。当然，全局数据空间仅仅是一个抽象的概念，在实现时数据仍然是分别存储在每个应用程序的本地空间中的。在系统运行时，数据是按需传输或存储的，数据的发布者仅仅发送对方需要的数据，而订阅者仅接收并存储本地应用程序当前需要的数据。全局数据空间如图 8-44 所示。

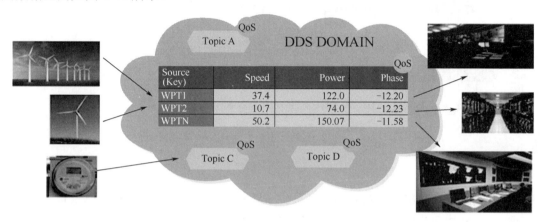

图 8-44 全局数据空间

3）服务质量（Quality of Service，QoS）

DDS 提供了非常灵活的 QoS 策略，以满足用户对数据共享方式的不同需求，如可靠性、故障处理等。针对数据安全性要求比较高的系统，DDS 还提供了细颗粒度的数据安全控制，包括应用程序身份认证、权限控制、数据加密等。

4）动态发现（Dynamic Discovery）

类似于 SOME/IP-SD，DDS 提供了对数据发布者和订阅者的动态发现机制，这意味着用户不必去配置通信节点的地址或其他属性信息，因为它们在运行的过程中会自动发现对方，并自动完成相关配置，即实现了即插即用。

5）可扩展架构（Scalable Architecture）

DDS 可应用于边缘计算、雾计算和云计算中。在边缘计算中，DDS 可以用于实现高速实时的机器间通信。在中间系统中，它可以提供健壮、可靠的 QoS 和内容可感知（Content-aware）的信息流。DDS 提供了可扩展的信息访问和数据分发手段用于集成信息系统，可将各系统接入云端。

DDS 既适用于小型设备，也适用于云计算系统等超大型系统。DDS 可为成千上万的参与者提供超高速数据传输，同时管理数千个数据对象，提供极高的可用性和安全性，适用于物联网。DDS 通过提供一个标准通信层，屏蔽了底层复杂性，简化了分布式系统的开发。可扩展架构如图 8-45 所示。

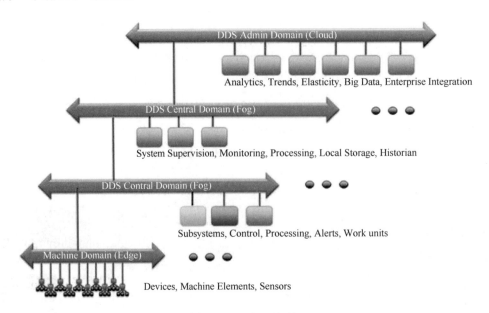

图 8-45 可扩展架构

6）安全（Security）

DDS 为关键任务的工业物联网环境提供了跨系统、跨供应商、覆盖边缘设备到云端的安全机制。DDS 为数据分发提供了身份验证、访问控制、数据加密和数据完整性等安全机制。DDS 安全机制是在点对点对等架构上实现的，不会影响实时通信的性能。

3. DCPS 模型

DCPS（Data-Centric Publish-Subscribe）模型是 DDS 标准中定义的以数据为中心的订阅/发布模型。在这个模型中，向全局数据空间写入数据的一方称为 Publisher 和 DataWriter，从全局数据空间中读取数据的一方称为 Subscriber 和 DataReader。DCPS 模型如图 8-46 所示。

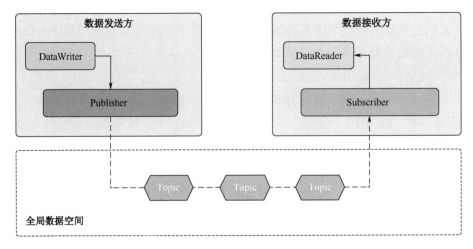

图 8-46 DCPS 模型

除了 DCPS 模型，DDS 标准中还定义了一套完整的应用程序接口，该接口标准是与平台无关的。这意味着不论应用程序使用什么开发语言或运行在什么平台之上，只要 DDS 中间件的实现符合 DDS 标准，那么相关的应用程序即可实现不同平台间的移植。

数据发送过程是应用程序调用 DataWriter 对象提供的 write 方法，把数据传递给 Publisher 对象，而 Publisher 负责将数据在网络上发送出去。

数据接收过程是 Subscriber 负责从网络上接收数据，并把它存储在对应的 DataReader 中。应用程序可以为对应的 DataReader 注册一个回调函数，或者使用 DataReader 提供的 read 和 take 方法来轮询 DataReader 中的数据。

具体来说，DataWriter 在逻辑上从属于 Publisher，并受 Publisher 管理。一个 DataWriter 只能从属于一个 Publisher，而 Publisher 可以拥有多个 DataWriter。每一个 DataWriter 都绑定一个 Topic，所以同一个应用程序中可能存在多个 DataWriter 和 Topic。此外，还可以为同一个 Topic 绑定多个 DataWriter。

同理，DataReader 在逻辑上从属于 Subscriber，并受 Subscriber 管理。一个 DataReader 只能从属于一个 Subscriber，而 Subscriber 可以拥有多个 DataReader。每一个 DataReader 都绑定一个 Topic，所以同一个应用程序中可能存在多个 DataReader 和 Topic。此外，还可以为同一个 Topic 绑定多个 DataWriter。

DCPS 模型的工作过程很像日常生活中报纸的发行过程。以《人民日报》为例，其中 Topic 就相当于《人民日报》，数据即报纸中的文字或者图片，DDS 中间件负责报纸发行的所有中间环节和渠道，包括报纸的印刷、存储、运输等。

用户可以通过设置 QoS 策略来控制数据在应用程序之间共享的方式，每个 DCPS 实体，包括 Topic、DataWriter、Publisher、DataReader、Subscriber 等，都能够独立配置相应的 QoS 策略。

（1）DEADLINE：如果希望某个 Topic 能够周期性更新，可以设置 DEADLINE 属性。在数据发布方设置 DEADLINE，意味着应用程序必须以小于 DEADLINE 的周期去更新 Topic；而在数据订阅方设置 DEADLINE，意味着数据发布方必须以小于 DEADLINE 的周期去发布 Topic。

（2）LIFESPAN：通过设置 LIFESPAN，可以使 DataWriter 写入的每个数据样本都有一个关联的到期时间，超过该时间后，该数据样本不再传送给任何应用程序，并且这些数据将从 DataReader 缓存中清除。

（3）HISTORY：设置 HISTORY 属性可以让 DataWriter 保存并发送旧的采样数据，新的 DDS 节点如果订阅了相关的 Topic，那么它不仅能够接收到数据的当前值，也能收到一部分历史值，从而了解数据近期的变化趋势。

（4）RELIABILITY：为 DataWriter 设置 RELIABILITY 属性，可以使数据实现可靠的

传输，当出现通信错误导致数据采样没有被接收到时，DataWriter 会持续重传，直到所有数据被正确接收。

4. RTPS 协议

DDS 标准中并不包含传输层协议，所以不同的 DDS 实现可能使用不同的消息交互方式，甚至使用不同的传输协议。这可能导致来自不同厂家的 DDS 实现无法互操作。而随着 DDS 在大型分布式系统中的应用越来越广泛，制定统一传输层标准的需求越来越强烈。

RTPS（Real-Time Publish Subscribe）协议在此背景下诞生，它主要满足了工业自动化领域大规模分布式系统的需求，也能够很好地契合 DDS 协议特点。RTPS 协议中定义了消息格式、各种应用场景下的消息交互方式等，如图 8-47 所示。

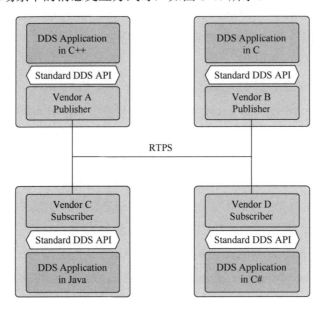

图 8-47　RTPS 示例

它的主要特点包括：提供容错机制，避免单点故障；具有高扩展性，支持即插即用；采用模块化设计，针对计算能力较弱的平台，可只实现 RTPS 的一个子集功能，并且不会出现兼容性问题。

RTPS 基于多播、无连接的传输模型，这个模型可以映射到不同的传输协议上，如 UDP/IP（也是目前 RTPS 中唯一被标准化的传输协议）。除此之外，基于 TCP 的传输，以及基于 TSN（Time-Sensitive Networks）的传输的相关标准也在制定中。很多 DDS 实现支持除 UDP/IP 之外的多种传输协议，但没有遵循统一的标准，因此不同供应商的 DDS 实现之间可能存在互操作问题。

5. DDS 的应用

目前 DDS 已被多个车载中间件平台引入。AUTOSAR AP 已经具有 DDS 标准的完整网络绑定。此外，AUTOSAR CP 的标准规范中是不支持 DDS 的，但做一些变通后也可以在 AUTOSAR CP 上集成 DDS。ROS2 和 Cyber RT 的底层均使用了开源 DDS，将 DDS 作为最重要的通信机制。与中间件相对应，Xavier、Orin 等面向自动驾驶的 SoC 芯片上也都预留了 DDS 接口。RTI 作为 OMG 组织董事会成员主导了 DDS 标准的制定，开发的 DDS 品牌名为 Connext，因此称之为 Connext DDS。

开源 DDS 是相对于商用的 RTI DDS 等而言的，其也是根据 OMG 官方标准开发的，但源代码开放，主要包括 Fast DDS、Open DDS 等。

在自动驾驶领域比较有影响力的开源 DDS 是由 RTI 原核心团队成员在欧洲创办的 eProsima 公司推出的 Fast DDS。在 eProsima 公司将 Fast DDS 的源代码开放出来后，用户可以直接在 GitHub 上免费下载。Fast DDS 需要通过向 eProsima 公司支付费用来取得支持。

Open DDS 由位于圣路易斯和凤凰城的 Object Computing 的 ACE/TAO 团队开发，它和 Fast DDS 具有一定的相似性——两者都是基于 RTPS 实现的、面向数据的通信框架，遵循的是同一标准。这类框架的典型特征是去中心化，支持 QoS 机制，支持实时通信，通常会绑定如 protobuf 等序列化工具。

尽管开源 DDS 会对商用的 RTI DDS 形成一定竞争，但开源 DDS 也存在不足：开源 DDS 的使用门槛高，如 RTI DDS 的服务策略有 50 多个，而开源 DDS 的服务策略只有 23 个，完整程度远不及前者；RTI DDS 已经通过了 ASIL-D 级认证，而开源 DDS 还没有。

6. SOME/IP 与 DDS 的不同

SOME/IP 与 DDS 是目前自动驾驶中用得最多的两类通信中间件，二者都是面向服务的通信协议，都采用以数据为中心的发布/订阅模式。

当然，SOME/IP 与 DDS 在很多方面也存在不同，主要区别如下。

（1）主要应用领域不同：SOME/IP 是专为汽车领域开发出来的，它针对汽车领域的需求定义了一套通信标准，而且在汽车领域深耕的时间比较长；DDS 是一个工业级别的强实时的通信标准，它对场景的适应性比较强，但用于汽车/自动驾驶领域时需要做专门的裁剪。

（2）灵活性、可伸缩性不同：相较于 SOME/IP，DDS 引入了大量的标准内置特性，如基于内容和时间的过滤、与传输无关的可靠性、持久性、存活性、延迟/截止时间监视、可扩展类型等。当采用 AUTOSAR AP 与 DDS 一起构建通信框架时，该框架不仅可以与现有 API 及应用程序兼容，而且在可靠性、性能、灵活性和可伸缩性等方面可以提供重要的好处。

（3）订阅方和发布方是否强耦合：在 SOME/IP 中，在正常数据传输前，订阅方需要与发布方建立网络连接并询问发布方是否提供所需服务，在这个层面上，节点之间仍然具有一定耦合性。在 DDS 标准下，每个订阅方或发布方只需要在自己的程序中订阅或发布传感器数据，不需要关心任何连接。因此在 DDS 中，服务订阅方和发布方的解耦更加彻底。

（4）服务策略不同：较好的 QoS 是 DDS 相比于 SOME/IP 最重要的特征。SOME/IP 只有一个服务策略；而 RTI DDS 和开源 DDS 分别有 50 多个和 20 多个服务策略，这些服务策略能涵盖绝大多数可以预见到的智能驾驶场景。

（5）应用场景不同：从应用场景的角度来看，SOME/IP 比较偏向于车载网络，且只能在网络层为 IP 类型的网络环境中使用；而 DDS 在传输方式上没有特别的限制，对非 IP 类型的网络，如共享内存、跨核通信、PCIe 等网络类型都可以支持。而且，DDS 有完备的车联网解决方案，其独有的 DDS Security、DDS Web 功能可为用户提供"车－云－移动端"一站式解决方案。

SOME/IP 与 DDS 的对比如图 8-48 所示。

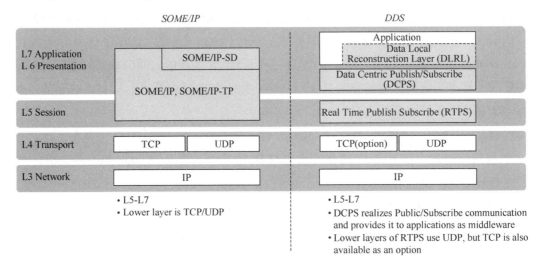

图 8-48 SOME/IP 与 DDS 的对比

在商业落地中，SOME/IP 与 DDS 是直接竞争关系，但由于二者在应用领域、灵活性、服务策略等方面存在差异，因此整车厂可以按需选择合适的通信中间件，二者甚至可以共存。这也是 AUTOSAR AP 既支持 SOME/IP 也支持 DDS 的原因。

8.4.4 Iceoryx

Iceoryx（冰羚）是博世旗下子公司 ETAS 推出的中间件解决方案。博世在量产 ADAS 领域长期占据市场前三的份额，因此其对于如何使自动驾驶数据高效流转的需求更为迫切。2020 年 7 月，ETAS 推出了针对高级自动驾驶应用的中间件——Iceoryx。Iceoryx 是一个适用于各种操作系统的进程间通信（IPC）的中间件，目前已支持 Linux、macOS 和 QNX，可兼容 ROS2 和 AUTOSAR AP 的接口，以满足不同开发阶段的需求。

Iceoryx 具有以下特点：真正的零拷贝共享内存通信；信息传输时延小于 1μs；用于处理每秒 GB 级的数据传输；支持多种操作系统、通信模式和 API；易于集成到 ROS2、Adaptive

AUTOSAR 等框架中；基于静态内存和 lock-free 算法的实现；具有安全 STL 实现的巨大的 C++库。

传统的数据传输是通过复制副本传输数据的，这样会消耗大量内存并产生延迟。由于大量自动驾驶相关的感知数据需要在整个系统内完成快速流转，此时进程间通信就需要发挥作用。以 Linux 系统为例，不同进程之间传播或交换信息，由于不同进程地址空间相互独立，传递数据时要不停地来回复制数据、建立和释放堆栈，这个过程会浪费和占用大量系统资源并会产生不期望的延迟，如图 8-49 所示。

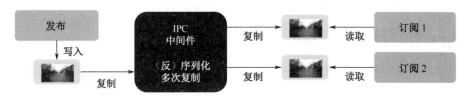

图 8-49　传统的数据传输会造成系统的低效率

为了解决 IPC 低效率问题，Iceoryx 设计了一种零拷贝的内存共享技术。零拷贝通过事前定义好的通用接口，将需要消费的数据（图片原始 RGB 或者激光点云数据）放入由 Iceoryx 申请好的内存空间，然后引入计数器这个概念，用于记录内存空间中各块数据是被调用还是被释放。当计数器为 0 时，表示该块数据可以被释放。这样，所有的数据调用都发生在共用的内存区域中，免去了各进程将数据复制到自己的私有存储内，大大提高了数据通信的效率。

基于共享内存的复制并不是一种创新的通信机制，但 Iceoryx 采用了发布 / 订阅架构、服务发现、和计数器相结合的机制。在现代处理器上，无论消息的大小，Iceoryx 传输消息的时延都小于 1μs。因此，Iceoryx 实现了所谓的真正零拷贝。这是一种从发布者到订阅者的端到端方法，没有创建一个副本。当机器人和自动驾驶系统每秒必须处理以 GB 为单位的传感器数据时，避免 API 层面的复制是至关重要的，如图 8-50 所示。

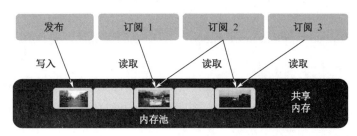

图 8-50　Iceoryx 设计的零拷贝通信机制

Iceoryx 还需要更多的量产车型的验证，以及持续的打磨优化。Iceoryx 是开源的，遵从 Apache 2.0 许可证，任何个人或者团队都可以免费使用源代码。Iceoryx 的使用取决于 POSIX API，由于不同操作系统的 API 会有细微差异，因此在将 Iceoryx 移植到另一个基于 POSIX

的操作系统时，可能需要进行细微的改动。如果需要通过 ASIL-B 或 ASIL-D 级功能安全认证，则还需要从博世购买相关的安全服务。

目前，对于 Iceoryx 来说最大的挑战是快速搭载量产车上市，以真正检验其价值。另外，由于自动驾驶感知信息种类越来越多，为激光点云数据、摄像头 RGGB 帧、3D 毫米波雷达目标信息、4D 毫米波雷达点云信息、整车信号数据等高效申请和分配内存块也是实现真正零拷贝的前提，这也需要在实际项目中不断打磨优化。

8.4.5 其他协议栈接口介绍

1. HTTP/REST（松耦合服务调用）

REST（Representational State Transfer）即表征状态转换，是基于 HTTP 开发的一种通信风格，目前还不是标准原则。

HTTP/REST 的主要作用是简化互联网中的系统架构，快速实现客户端和服务器之间交互的松耦合，降低客户端和服务器之间的交互时延。因此，适合在物联网的应用层面，通过 REST 开放物联网中的资源，实现服务被其他应用所调用。

REST 指的是一组架构约束条件和原则。满足这些约束条件和原则的应用程序或设计就是 RESTful。在 REST 中，客户端和服务器之间的交互在请求之间是无状态的。在服务器端，应用程序状态和功能可以分为各种资源，它向客户端公开。资源的例子有应用程序对象、数据库记录、算法等。每个资源都使用 URI（Universal Resource Identifier）得到一个唯一的地址。所有资源共享统一的界面，以便在客户端和服务器之间传输状态。它使用的是标准的 HTTP 方法，如 GET、PUT、POST 和 DELETE。

HTTP/REST 其实是互联网中服务调用 API 封装风格，将物联网中的数据采集到物联网应用系统中。在物联网应用系统中，可以通过开放 REST API 的方式，把数据服务开放出去，被互联网中其他应用所调用。

2. CoAP

CoAP（Constrained Application Protocol）即受限应用协议，是应用于无线传感网中的协议。

CoAP 是简化了 HTTP 的 RESTful API，也是 6LoWPAN 协议栈中的应用层协议，它适用于在资源受限的情况下通信的 IP 网络。该协议主要使用 libcoap（C 语言实现）和 Californium（Java 语言实现）。

3. MQTT

MQTT（Message Queuing Telemetry Transport）即消息队列遥测传输。它是由 IBM 开发的即时通信协议，比较适合物联网场景。MQTT 采用发布/订阅模式，所有的物联网终端都通过 TCP 连接到云端，云端通过主题的方式管理各个设备关注的通信内容，负责设备与设备之间消息的转发。

MQTT 在设计时就考虑到不同设备的计算性能的差异,所以所有的协议都采用二进制格式编解码,并且编解码格式非常易于开发和实现。最小的数据包只有 2 字节,对于低功耗低速网络也有很好的适应性。它有非常完善的 QoS 机制,根据业务场景可以选择最多一次、至少一次、刚好一次 3 种消息送达模式。它运行在 TCP 协议之上,同时支持 TLS (TCP+SSL) 协议,并且由于所有数据通信都经过云端,因此安全性得到了较好的保障。

MQTT 可以在低带宽、不可靠的网络中使用,能够提供基于云平台的远程设备的数据传输和监控功能。

MQTT 一般适用于设备数据采集到端(Device→Server,Device→Gateway)和集中星型网络架构(Hub-and-Spoke),不适用于设备与设备之间通信,其设备控制能力弱,实时性较差(一般在秒级)。

在自动驾驶领域,MQTT 比较典型的应用场景是 V2X。

此外,MQTT 硬件体积极小,并能提供简单的 QoS 保证,非常适合玩具车、扫地车等功能简单、硬件资源有限的项目。

4. AMQP

AMQP(Advanced Message Queuing Protocol)即先进消息队列协议,是由 OASIS 组织提出的,该组织曾提出 OSLC 标准,用于业务系统如 PLM、ERP、MES 等进行数据交换。

该协议最早应用于金融系统之间的交易消息传递,在物联网应用中,主要适用于移动手持设备与后台数据中心的通信和分析。

5. WebSocket

WebSocket 是 HTML5 支持的一种新的协议,它能够真正支持浏览器和服务器之间进行双向通信。

为了能够兼容浏览器 HTTP 协议,WebSocket 规定在第一次发起请求时依然要发出符合 HTTP 协议规范的 Header,但其 Connection 域的值是 Upgrade,并增加 Upgrade 域,值是 Socket,即告知服务器,即将建立的通信是 WebSocket 双向通信。服务器如果接受,会返回 101 给客户端进行协议切换。

WebSocket 规定的数据格式分为控制帧和数据帧。控制帧是发出心跳帧(ping),而服务器响应 pong,还有结束帧;数据帧就是真实数据格式,其格式头只有 6 字节(2 字节的头和 4 字节的掩码),后面就是真实的数据(经过掩码转换)。

6. OPC UA

OPC 全称是 OLE(Object Linking and Embedding)for Process Control。为了便于自动化行业不同厂家的设备和应用程序相互交换数据,定义了 OPC UA。

OPC UA 的优势主要体现在 3 个方面。

首先，在功能方面，OPC UA 不仅支持传统 OPC 的所有功能，而且支持更多新的功能。例如，自动查询本机中与当前网络中可用的 OPC Server；所有的数据都可以用分级结构定义，使得 OPC Client 不仅能够读取并利用简单数据，也能访问复杂的结构体等。

其次，在平台支持方面，由于不再基于 COM/DCOM 技术，OPC UA 能支持更多的硬件和软件平台。硬件平台包括传统的 PC、基于云的服务器、PLC、ARM 等；软件平台包括微软的 Windows 系统、苹果公司的 OSX 系统、安卓系统，以及其他的基于 Linux 的分布式操作系统。

最后，在安全性方面，最大的变化是 OPC UA 可以通过任何单一端口（经管理员开放后）进行通信，这使得 OPC 通信不再会由于防火墙而受到大量的限制。

OPC UA 是一个完整的体系结构，通信协议只是其中一部分。OPC UA 应用程序允许查看所有网络节点、方法和数据结构。通信既可以基于发布/订阅模式，也可以基于客户-服务器模式。在第二种模式中，服务器显示一组服务来访问网络节点，从而使服务器读取、写入、调用方法等成为可能。

8.5 汽车 OTA 介绍

当汽车中软件代码行数不断增长时，随之而来的是软件工程复杂度的指数级增长和软件故障概率的提升。车辆无论是遇到软件故障还是软件更新，如果每次都要去 4S 店，效率将非常低下，线下售后运营负荷也会很沉重，既难以满足智能汽车更新迭代的需求，也使得用户体验很差。

OTA 的出现完美地解决了软件频繁更新的问题，通过 OTA 可以远程快速完成缺陷的修复，避免了持续数月的进厂召回带来的风险。通过 OTA 升级，可以不断给用户开启新功能，不断优化产品体验，进行快速迭代。通过 OTA，可以帮助车企节省因为软件缺陷带来的召回成本。

OTA 全称为 Over-the-Air Technology，即空中传送技术，是通过无线网络下载数据包，从而对系统进行升级的方式。OTA 升级可以分为 3 个阶段，即组织更新包、推送更新包、安装更新包。整个过程通过网络通信完成，最终实现终端内存储数据的更新，进而改善终端的功能和服务技术。

汽车 OTA 通常由汽车生产厂商发起，基本实施流程包括：云端的升级包部署，云端与车端的安全连接建立，云端到车端的升级包推送与安全传输，车端的升级包拆包、分发与执行，如图 8-51 所示。

根据升级固件的差异，汽车 OTA 可以分为 SOTA（Software OTA，软件空中升级）和 FOTA（Firmware OTA，固件空中升级）。

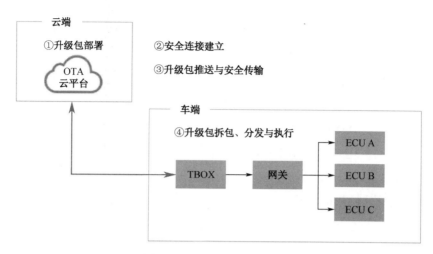

图 8-51 汽车 OTA 实施流程

FOTA 指的是给一个设备、ECU 闪存下载完整的固件镜像,或者修补现有固件、更新闪存。例如,可以升级车辆的转向系统,让驾驶操作更加轻松;升级油门踏板的反应力度,让加速更线性舒适等。FOTA 是对车辆控制器的系统层进行升级,影响的是汽车的动力系统、电池管理系统等。例如,可以对底盘、动力、ADAS 等底层系统进行 OS 层的软件更新。

SOTA 是目前汽车 OTA 升级的主要方式。SOTA 只能对车辆应用层软件进行更新,仅限车机、信息娱乐等软件,几乎没有硬件调度的能力,车企实现难度较小。

汽车软件变得日益复杂,在开发周期有限的情况下会造成功能不完善。汽车 OTA 解决的核心问题主要有以下几个。

1. 软件缺陷的修复

面对如此庞大的代码基数,车厂和零部件供应商很难做到软件无缺陷。利用 OTA 能实现对软件缺陷的及时响应,快速修复缺陷。软件缺陷不仅包括功能性 Bug,还包括信息安全漏洞。

2. 新功能的引入

如今很多新兴的车企开始借鉴互联网思维,将敏捷开发的方式用在了控制器领域,车辆只需要安装包含基本功能的软件,即可完成交付,后续新功能将通过 OTA 的方式推送给用户,极大地缩短了新车型开发上市周期,缓解了用户交付压力。

3. 用户体验的提升

通过分析用户对车辆使用情况的反馈,有针对性地修改软件功能和参数,如优化人机交互 UI、调整天窗开启角度、改善 Autopilot 算法等,可以大幅提升用户体验。

要使汽车 OTA 真正落地,需要具备以下几个条件。

(1) 差分升级。无论车内以太网的布局升级到什么程度,被升级对象的功能升级都是有限的。差分升级的主要目的是更好地对软件升级包进行分层。

（2）稳健的OTA升级保障机制。要通过各种模拟的方式确定OTA功能是否稳定可靠，保障汽车信息安全。

（3）OTA的测试验证。要对OTA功能进行仿真测试，包括软件、硬件及合规性。

车内新一代智能ECU子系统对OTA软件升级提出了新的要求，整车架构的软件化和服务化要求OTA进行软硬模块的拆分等。

目前大部分OTA还是端到端服务。将软件升级包通过无线移动网络下发到车辆，同时在整个软件升级过程中对车辆状态进行监控，也可以基于OTA进行远程诊断。

SOA基于软硬件解耦的优势可以彻底实现硬件和软件独立，算力架构可以迭代，共享算力变成了可能，而这些在传统架构中实现的成本是不可控的。

因此，SOA为OTA提供了更好的框架基础，OTA升级将变得更加简单、灵活、安全、可控。OTA也将由前期面向功能的OTA逐步向面向服务的OTA迈进，OTA仍然是端到端服务，但是内容更为丰富，包括智能汽车的云端App在本地的软件配置、智能传感器的云诊断和激活、配合云端AI的边缘算法优化、高精度地图数据包等。汽车OTA必须做到精确、安全、私密、快速。将来，OTA既是一个服务接口，也是一个虚拟管道，更是车云一体出行系统不可或缺的一环，对系统设计、规范标准化、测试等都提出了更高的要求。

在SOA的服务架构下，借助强大的OTA通道，可以最大限度地激发汽车全生命周期的价值潜力。

8.6 云原生架构的应用

未来，通过软件更新，汽车的驾驶体验会随着行驶里程的增加变得越来越好。在软件定义汽车的场景下，车辆的智能驾驶系统可以通过在线升级，获得更精准的操控或新功能；也可以通过电池充放周期的分析与优化，提升汽车的续航能力等。软件将取代传统硬件，成为未来汽车最为核心的竞争力所在。

8.6.1 云原生技术

一款全新的车型，除了要搭载符合不同地区法规要求的多项强制功能，还必须另外提供数百个功能选项，其中的变量会以几何级数增长。而要满足这些功能配置的要求，就需要一套可以大规模开发、测试与提供各项功能的方法，从而将干扰与相互依赖性降到最低。而且，软件离不开硬件的承载。

另外，面对汽车越发多样、复杂的软件功能，对硬件平台也提出了更高的要求。不同于两三年一换的消费电子产品，汽车的平均使用年限要长得多。而这也带来了一个相当有挑战性的问题，即什么样的硬件平台，才能让汽车拥有足以处理还未发生的复杂场景所需的灵活性、算力与数据量。

答案是软件定义。软件定义不仅是指由软件启动和控制一项特定的功能，还包含对底层硬件的抽象化，从而实现同样的软件在不同的硬件上都能顺畅运行。另外，软件定义还必须具备不断升级和更新的能力，并且必须以云端技术作为开发和构建的基础。

软件定义汽车必须满足以下要求。

（1）软件必须具备可移植性，即同一软件可在不同硬件上运行。

（2）软件必须基于云端技术开发构建和升级，使开发和维护成本能够降到最低。

（3）由于汽车产业的特殊性，软件必须能够满足实时性、功能安全及保密的要求。

（4）软件架构应为开放式的。因为只有开放的标准才能创造更大的生态系统，让所有人都能参与其中。

随着汽车功能的复杂化、多样化，汽车软件代码越发冗长，有效推动云基础设施产业降低成本、缩短开发时间的云原生开发方式，比以往任何时候都更适用于汽车开发。目前云计算的发展已进入成熟期，云原生作为新型基础设施支撑数字化转型的重要技术，逐渐在人工智能、大数据、边缘计算、5G 等新兴领域崭露头角，成为驱动数字基础设施的强大引擎。未来将更多地基于云进行本土应用开发，云计算也为云原生应用提供了较好的基础支撑，如资源隔离、分布式、高可用等，云原生最大程度地发挥了云的优势。

从技术特征方面来看，云原生技术架构具备以下典型特征。

（1）极致的弹性能力。不同于虚拟机分钟级的弹性响应，以容器技术为基础的云原生技术架构可实现秒级甚至毫秒级的弹性响应。

（2）服务自治、故障自愈能力。基于云原生技术栈构建的平台具有高度自动化的分发调度调谐机制，可实现应用故障的自动摘除与重构，具有极强的自愈能力及随意处置性。

（3）大规模复制能力。云原生技术架构可实现跨区域、跨平台的规模化复制部署。

云原生技术实现了应用的敏捷开发，能大幅提升交付速度，降低业务试错成本，高效响应用户需求，增强用户体验，加速业务创新。

8.6.2 SOAFEE 介绍

2021 年，ARM 推出了首个将云原生概念引入汽车软件开发的架构 SOAFEE（Scalable Open Architecture for Embedded Edge），即面向嵌入式边缘的可扩展开放架构。

从数据中心或服务器来的云端技术无法直接应用于汽车产业。其中最为关键的就是，汽车对于功能安全及实时性的要求无法得到满足。

SOAFEE 通过扩增既有的云端技术，实现汽车产业对于实时性及功能安全的特殊要求；SOAFEE 以 ARM Project Cassini 中的 System Ready 开放标准为基础，实现底层硬件的抽象化。

车端的最底层是硬件计算平台，在此之上是固件（Firmware），它是系统软件与硬件之间的接口。而在系统软件之上包括各种应用及服务，分别在各自独立的环境中运行，这个环境称为容器（Container）。在云原生系统中，这些 Container 在云端的环境中开发、测试及验证，然后经由一个名为编排器（Orchestrator）的软件模块，配置适当的软硬件资源给每一个 Container 中的应用与服务，使它们能够在汽车中执行它们的工作。同时，云端的 CI/CD（持续集成/持续交付）模块将负责管理应用及服务的更新。

SOAFEE 云原生架构如图 8-52 所示。

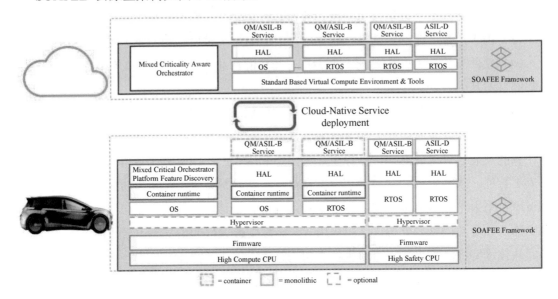

图 8-52　SOAFEE 云原生架构

在云端，SOAFEE 不仅会构建相同的软件环境，也会构建虚拟的硬件环境 Virtual ECU，以确保云端与终端间的一致性。SOAFEE 的重要贡献就是将编排器改进成能够处理功能安全及实时需求的软件模块。

SOAFEE 可以针对每个容器配置不同的软件和硬件资源。例如，把自动驾驶的功能和服务放在独立的容器当中，通过编排器就可以配置能够满足最高等级功能安全的硬件和软件环境来为这个容器服务。把导航功能放在另一个容器中，它不需要最高等级的功能安全，一般也不需要用分核锁步这样的机制去支持这个容器。可见，不同的容器有不同的功能安全需求，可以通过编排器配置适当的软硬件环境来满足这些容器的不同需求，从而达到保障整个系统功能安全的目的。

当功能及服务被放到车中执行时，底层的硬件必须提供良好的扩充能力以应对各种计算处理需求，同时要能在一定的功耗下达到最佳的运作性能，还必须提供处理实时性、功能安全及保密的技术。ARM 所提供的技术完全能够满足这些要求，因此 ARM 能够从终端的 IP 技术出发，完善软件定义汽车的架构，整合产业链中对于软件定义汽车的要求。SOAFEE 涵盖各种不同硬件、IP 的架构，只要符合软件之间的标准界面，ARM 以外的硬件架构也可以在 SOAFEE 中使用。

对车厂及一级供应商来说，采用 SOAFEE 后的软件开发成本会大幅降低。同时，通过售后不断地推出创新的服务，可以为车厂创造新的营收来源。对 IC 设计及软件供应商而言，可以更好地实现产品的差异化，同时软件定义会让更多的云端应用开发者加入汽车创新的行列。最后，消费者也会更满意定制化的汽车功能及使用体验。

另外，传统汽车的开发流程需要三到四年时间，但 IC 芯片的规格为三四年前的标准。可在 IC 芯片规格确定前，通过 SOAFEE 及硬件开发平台开发左移来确定应用及服务的计算需求，这样既可以降低规格不合的风险，也可以缩短开发时间。

许多公司已经利用云平台来开发汽车软件。如果生态系统按预期发展，它们很可能会逐渐转向 SOAFEE。ARM 处理器在 ECU 领域占据主导地位。一旦拥有 ARM 兼容系统和软件的主要 OEM、Tier1 和主要芯片制造商开始使用 SOAFEE，SOAFEE 就将成为事实上的标准。

8.7 软件开发流程介绍

汽车软件行业如今普遍采用 ASPICE 作为软件开发的方法和流程。为了应对快速变化的需求，越来越多的软件团队倾向于使用敏捷框架进行软件开发。云原生技术的应用为 DevOps 提供了很好的前提条件。

8.7.1 ASPICE

ASPICE（Automotive SPICE）是 ISO/IEC 15504（SPICE）国际标准在车用领域的修改版本。其目的是评估汽车产业中电子控制器供应商的开发流程。

ASPICE 的主要内容包括符合性声明、过程能力确定、过程参考模型和实施指标、过程能力等级与过程属性。

1. 符合性声明

ASPICE 过程评估模型及过程参考模型符合 ISO/IEC 33004 标准，可作为实施过程能力评估的基础。ISO/IEC 33020 是符合 ISO/IEC 33003 标准的度量框架。

2. 过程能力确定

ASPICE 过程能力确定包含过程参考模型、度量框架、过程评估模型。它们之间的关系如图 8-53 所示。

使用过程评估模型来确定过程能力的概念基于一个二维框架。第 1 个维度由过程参考模型（过程维度）定义的过程来提供。第 2 个维度由进一步细分到过程属性的能力等级（能力维度）所构成。过程属性提供了过程能力可度量的特性。

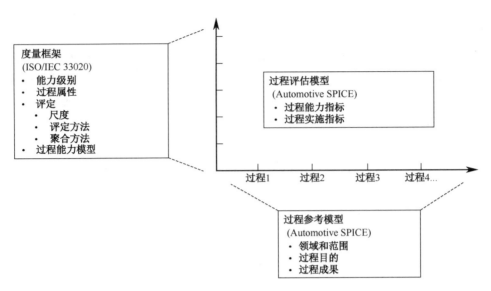

图 8-53 过程参考模型、度量框架与过程评估模型的关系

过程评估模型从过程参考模型中选择过程并增补指标。这些指标支持收集客观证据，使评估师能够根据能力维度对过程进行评定。

1）过程参考模型

ASPICE 将汽车系统研发过程划分为 32 个过程，并将这 32 个过程归类到三大类（主要生命周期过程、组织生命周期过程和支持生命周期过程）、8 个过程组（获取过程组、供应过程组、系统过程组、软件工程组、支持过程组、管理过程组、重用过程组、过程改进过程组）。过程参考模型如图 8-54 所示。

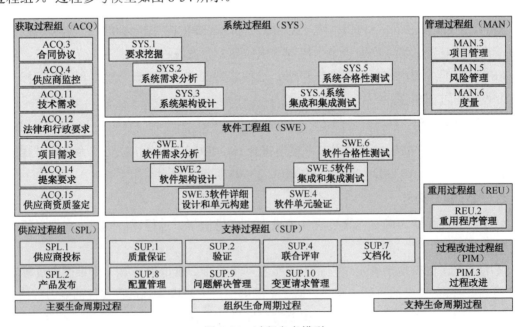

图 8-54 过程参考模型

在实际项目评估中，考虑到性价比和项目范围，通常评估时不会包括所有过程，而是根据被评估项目的具体情况选择被评估的过程域。所有过程依据过程类别进行分组，并根据它们所处理活动的类型在过程组内进一步划分。每个过程都以目的陈述来描述。目的陈述包括在特定环境下执行时过程的特有功能性目标。针对每个目的陈述，都有一个相关联的特定成果清单，它是过程实施的预期正面结果的清单。

2）度量框架

度量框架主要继承 ISO/IEC 33020 中的定义，包括过程能力基本和过程属性、过程属性评定、评分规模、评分方法、合计方法、过程能力等级模型等。

度量框架为能力维度提供了必要的需求和规则。它定义了一个可使评估人员确定对象过程的能力级别的模式。这些能力级别被定义为度量框架的一部分。为了能够进行评定，度量框架提供了定义过程能力的有可度量特性的过程属性。每个过程属性被分配到特定的能力级别。某个过程属性达成的程度是基于已定义的评定尺度的评定方式来表示的。评估师对对象过程的最终能力级别的导出规则是由过程能力等级模型来表示的。

3）过程评估模型

过程评估模型提供了指标，以判断过程成果和过程属性成果（过程成就）在项目和组织单位的实例化过程中是存在还是缺失的。这些指标为评估师收集必要的客观证据提供了指导，以支持能力的判定。这些指标不应被视为必须遵循的检查单集。为了判断过程成果和过程成就是存在还是缺失的，评估需要获取客观的证据。

所有证据都来自对工作产品和被评估过程的存储库内容的检查，以及被评估过程的执行者和管理者提供的证词。将证据映射到 PAM 指标，以建立与相关过程成果和过程成就的对应关系。有两种指标：过程实施指标，其只适用于能力级别 1 级，提供了过程成果实现程度的指示；过程能力指标，其适用于能力级别 2 级到 5 级，提供了过程成就实现程度的指示。

3. 过程参考模型和实施指标

过程维度中的过程可取自 ASPICE 过程参考模型，过程描述模板如图 8-55 所示。

过程参考模型	过程ID	通过过程名称、过程目的和过程成果来定义过程参考模型。此外，还提供了过程ID
	过程名称	
	过程目的	
	过程成果	
过程实施指标	基本实践	过程的一组基本实践提供了实现过程目的和满足过程成果所需的任务和活动的定义
	输出工作产品	一些输出工作产品与各过程相关联

图 8-55 过程描述模板

4. 过程能力等级和过程属性

过程能力指标是达成所考虑的过程属性指定的能力的方法。

过程能力指标的证据支持对过程属性的达成程度的判断。过程评估模型的能力维度由与 ISO/IEC 33020 定义相匹配的 6 个能力等级组成。过程能力指标对包含在过程能力等级 1 到等级 5 的能力维度中的 9 个过程属性进行描述。过程评估模型中的每个过程属性与过程度量框架中定义的过程属性相同。通用实践指出每个过程属性的特征。通用资源与整体的过程属性相关联。过程能力等级 0 不包括任何类型的指标，因为它反映了未实施的过程或未能实现其任何成果的过程。

ASPICE 根据企业管理的细致和严谨程度不同，将企业的软件研发能力划分为 6 个等级，等级 0 为最低级，等级 5 为最高级。级别越高代表研发项目出现意外情况的可能性越低，企业对项目和产品的成功掌控力越强，越有能力按时向客户交付高质量的产品。

ASPICE 建立在 V 模型之上，它需要与每个开发阶段相对应的测试阶段，如图 8-56 所示。

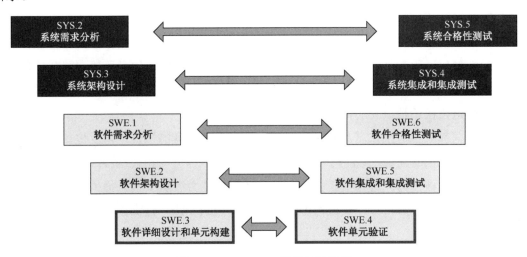

图 8-56　ASPICE V 模型开发流程

V 模型是一种类似于瀑布式的开发模型，该模型是线性的，制造商只有等到整个过程的末期才能见到开发成果。尽管在实际过程中可以进一步分解成更小的任务进行验证，但阶段的划分依然比较固定，阶段之间存在大量的文档。

8.7.2　敏捷开发

1. Scrum 概述

传统装载在汽车上的软件往往一旦卖出，就不会再变更，升级需要去线下 4S 店完成。在这种情况下，基于 V 模型进行软件开发有利于需求和过程管理，明确范围和进度。不过，这种情况正在发生变化。一方面，消费者对新技术越来越感兴趣，特别是与用户有直接交互的信息娱乐系统和智能驾驶功能，用户希望功能不断完善，可以获取新技术而不用换一台新车；另一方面，随着 OTA 技术的成熟，软件和硬件的开发过程正在逐步解耦，软件需要实现小步快跑，不断迭代。这个时候，汽车软件的新老从业者们开始思考如何改变，是否能在汽车行业中应用敏捷开发的理念，或者将敏捷开发与传统的开发模型进行结合。目标是获得效率和质量的平衡。

与传统计划驱动的开发相比，敏捷开发有两个核心理念。

（1）自适应而不是预测。

（2）以人为本而不是以流程为导向。

计划驱动的工程期望在开发之前提出一个预测计划。该计划列出了整个项目的人员、资源和进度。软件设计也是预先完成的，预计实现与此设计一致。成功的衡量标准是这个计划的遵循程度。

敏捷计划是用来帮助控制变更的基线。敏捷团队的计划与传统团队一样仔细，但计划会不断修改以反映在项目中学到的东西。成功取决于软件提供的价值。

计划驱动的工程寻求一种结构以将个体差异降到最低。这样的工业流程更具可预测性，在人员转移时能够更好地应对，并且更容易定义技能。

敏捷工程将软件开发视为人类活动，其中涉及的人员以及他们如何协作是成功背后的主要驱动力。

Scrum 是一种流行的敏捷开发流程框架。Scrum 框架中包含 3 个角色、3 个工件、4 个会议，其目的是有效地完成每一个迭代周期的工作。

Scrum 工作流程如图 8-57 所示。

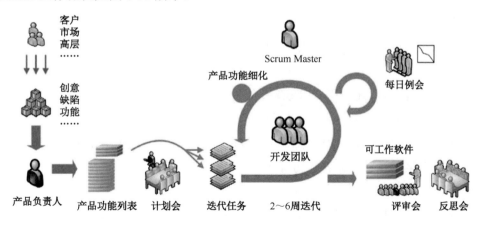

图 8-57　Scrum 工作流程

不同于瀑布模型将开发过程划分为需求、设计、编码、测试等阶段，Scrum 将整个开发过程分为多次迭代（称为 Sprint，冲刺）。一般为期 2~6 周，最常见的为 2 周。Scrum 并非以一段时间集中完成一个过程,而是将所有过程中必需的每一部分集中在这段时间内完成。需求、设计、编码、测试、上线都必须在一个迭代周期中完成,每个迭代周期必须产生一个可以工作的软件。

2. SAFe 概述

敏捷方法在推广应用中面临着一个问题,那就是对纯软件、小规模团队的产品很有效的敏捷方法一旦移植到结合硬件、大规模团队的产品中,就会出现很多问题。因为在敏捷扩展方面,开发并不是最大的难题。要想运行得更快,需要在很多方面做出改变,如产品规划、财务、采购、产品管理、数据管理和后期运维等。这些改变需要花费很长的时间。

大体量的公司如何在战略级别快速地响应市场,引入敏捷开发的思想呢?经过业界多年的探索,慢慢诞生了 SAFe、Less、DAD 等多种适合大规模项目的敏捷框架,其核心思想就是在敏捷开发的基础上,增加管理协调的机制,覆盖从市场分析、研发实现到后期运维的整个流程。

首先,把大团队划分为小团队,各个小团队按照快速敏捷的方法运作,在各个团队之间增加协调层。其次,敏捷框架从研发层逐渐向上扩展到业务层和战略层。在一个框架内,公司战略和产品规划都可以快速调整,以适应市场变化,结合底层实施团队的敏捷开发,以及中上层对各个团队的协调和组合,达成公司的商业战略目标。

SAFe 提供了一种在高度传统且规模比较大的组织内快速进行敏捷扩展的方法。其关键原则是精益和敏捷思维的结合。

除了 Scrum 中的 3 个主要角色——产品负责人、Scrum Master 和开发团队,SAFe 还为敏捷框架引入了许多新的角色。这些角色被认为是管理多个同时运行的敏捷团队之间的产品集成和流程的关键。

SAFe 的原则有以下几个。

(1)要有经济视角。不是仅仅响应客户的愿望,而要根据延迟的成本(CoD)来评估工作。

(2)按节奏排计划,按需发布 RoD。

(3)以明显可评估的工作来建立里程碑。

(4)可视化并限制 WIP,减少工作的 Batch Size,并且控制好任务拆分队列长度。

(5)不断探索、开发和部署新的解决方案。

SAFe 有 4 个实施级别。

(1)Essential SAFe:最基本的 SAFe,由 Business Owners 进行管理,通常只包含一个 Agile Release Train(ART)。

(2)Portfolio SAFe:引入投资组合管理功能,以协调不同的团队或者不同的 ART。

(3)Large-Solution SAFe:引入整合不同的 ART 进行集成交付的 Solution Train 概念。

（4）Full SAFe：在 Large-Solution SAFe 的基础上引入投资组合管理，用来管理跨 Solution Train 及其他 ART。

Full SAFe 配置如图 8-58 所示。它是该框架的最全面版本，支持构建和维护大型复杂解决方案组合的企业。

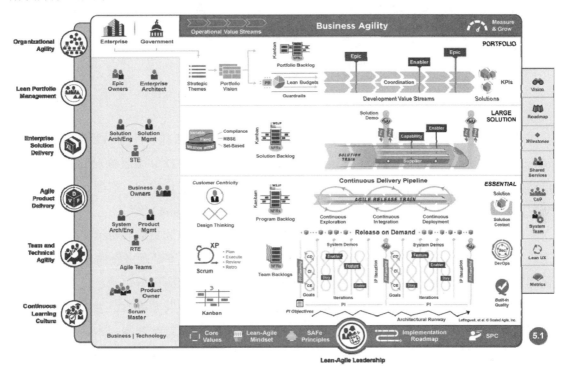

图 8-58　Full SAFe 配置

8.7.3　DevSecOps

1. DevOps 概述

DevOps（Development 和 Operations 的组合词）是指一种重视软件开发人员（Dev）和 IT 运维技术人员（Ops）之间沟通合作的文化、运动或惯例。

DevOps 的目标是提升产品研发效能，进行更便捷、更快速、更可靠的交付，从而提高产品竞争优势。DevOps 模糊了以往研发模式中开发、测试、运维等岗位和角色的界限，加强了他们之间的协作，如图 8-59 所示。

在技术层面，通过流水线和一系列自动化机制、成熟可伸缩的基础设施（如云）等，使开发人员获得更高的效能，从而更加频繁且快速地将代码变为产品，并从中获得持续不断的反馈和验证，以获得更高的可靠性。为了实现 DevOps 的目标，除思维模式和文化以外，DevOps 也需要一些技术和工具来支撑。正是一些基础设施和工具的发展和成熟，才使得越来越多的公司能够践行 DevOps。

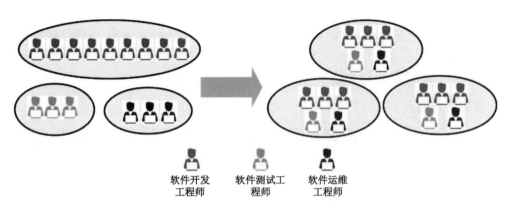

图 8-59 DevOps 组织结构转变

从目前业界的最佳实践来看，DevOps 技术和理念主要包括几个关键的要素：持续集成（Continuous Integration，CI）、持续交付（Continuous Delivery，CD）、微服务（Microservice）、自动化测试、基础设施即代码（Infrastructure as Code，隐含了虚拟化、容器、自动编排、配置即代码等技术和理念）、监控和日志（Monitoring and Logging）等。

持续集成和持续交付的重要特点是自动化、不断构建。持续集成和持续交付需要快速完成计划、编码、测试、发布的循环，持续集成和持续交付并不是画成圆的 V 模型，自动化测试和自动化发布是其不可或缺的组成部分。而将这一过程应用于每一次提交，意味着每一次代码的提交、合并都会经过自动化测试，成为一个新的发布版本。为了保障效率，可在提交、合并和版本发布时进行不同程度的测试。重要的是持续获得版本，为进一步验证和最终交付给用户提供有力支持。

微服务架构以独立的组件为单元进行部署，是用户可以感知的最小功能集。微服务具有小而专的特性，能提高开发、测试、更新效率，从而实现敏捷。从功能上看，微服务可以成为 Docker 的搭档，使业务流程可以按需编排、实时部署。

DevOps 可以看作开发、技术运营和质量保障三者的交集。瀑布式开发、敏捷开发与 DevOps 的对比如图 8-60 所示。

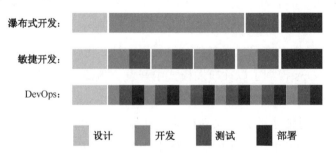

图 8-60 瀑布式开发、敏捷开发与 DevOps 的对比

DevOps 最终实现的就是持续交付，让软件产品的产出过程在一个短周期内完成，使软件保持在随时可以发布的状态。而云原生的容器、微服务等技术为 DevOps 提供了很好的

前提条件，是保证 IT 软件开发实现 DevOps 和持续交付的关键应用。

业界围绕 DevOps 已经形成了一系列的工具集合和解决方案。通过文化意识的改变和自动化工具的使用，DevOps 能够带来的价值也是很明显的，包括更快的研发交付速度、更快的产品创新和尝试速度；有效地管理更大规模的系统，并能够提供更可靠的质量；缩短交付周期，提高交付速度和效率。

2. DevSecOps 概述

传统 DevOps 主要考虑速度和质量，并没有考虑安全。所以，在 DevOps 比较成熟的情况下，安全就变成了研发效能继续改进的瓶颈。DevSecOps 的最终目标就是通过将安全左移到开发和测试阶段，使安全评审阶段的时长变短，从而进一步缩短交付周期，如图 8-61 所示。并且，它可以在更早的阶段发现并修复安全漏洞，从而减少上线前发现安全漏洞的返工成本。

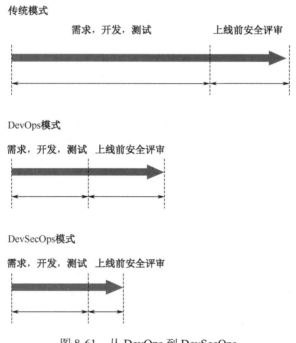

图 8-61　从 DevOps 到 DevSecOps

DevSecOps 延续了 DevOps 的理念，其设计与执行仍然处于 Agile 框架之下。DevSecOps 的目标是将安全嵌入 DevOps 的各个流程中（需求、开发、测试等），从而实现安全的左移，让所有人为安全负责，将安全性从被动转变为主动，最终让团队可以更快、更安全地开发出质量更好的产品。

DevSecOps 的出现并非偶然，它是软件持续交付演进的必然产物。在这种新型软件交付模式下，安全行为会散落在软件交付的各个阶段，而安全的职责也会落在各个阶段的参与者身上，而不再是主责落在安全团队身上。DevSecOps 可以给研发效能提供诸多好处，主要表现在以下 3 个方面，如图 8-62 所示。

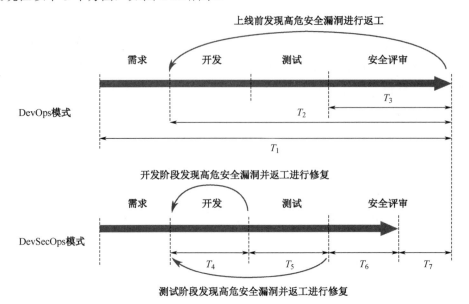

图 8-62　DevSecOps 相比于 DevOps 的好处

（1）交付更快：DevSecOps 通过自动化安全工具扫描，无感地左移了部分传统模式中在上线前最后阶段进行的安全扫描工作，使整个交付周期变得更短，交付速度因此变得更快。例如，由于安全评审阶段时长的减少（T_7），交付周期从 DevOps 模式下的 T_1 变成了 DevSecOps 模式下的 $T_1 - T_7$。

（2）节省成本：DevSecOps 由于在 SDLC 前期阶段发现并修正安全隐患和漏洞，避免了传统模式中在上线前最后阶段进行安全扫描发现高危安全漏洞后进行的返工，从而从流程上节省了成本。在 DevSecOps 模式下，由于安全左移到了开发或者测试阶段，因此，如果高危安全漏洞在开发阶段被发现，那么额外耗费的人力仅仅是开发时长 T_4 下的人力，节省下来的是 $T_2 - T_4$ 时长下的人力。而如果高危安全漏洞是在测试阶段被发现的，那么返工额外消耗的人力就是 $T_4 + T_5$ 下的人力，因此节省下来的就是 $T_2 - T_4 - T_5$ 下的人力。

（3）控制风险：DevSecOps 减少了开发团队对安全部门/团队的依赖，通过安全左移让开发团队具备发现和修正部分安全隐患和漏洞的能力。

虽然 DevSecOps 是 DevOps 演进的必然结果，但是在 DevSecOps 实践落地的过程中，仍然面临来自技术、流程、人和文化诸多方面的困难和挑战，如图 8-63 所示。

其中，技术挑战主要来源于两个方面。

（1）由于 DevSecOps 是一个全新的概念，因此市场上可选择的开源和商用工具并不多。

（2）现有的很多 DevSecOps 工具并不成熟（如存在误报率、专业性要求高等问题），增加了 DevSecOps 工具的推广难度。

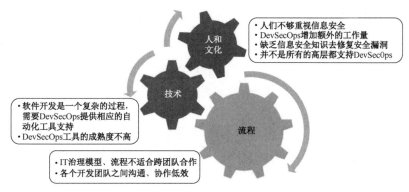

图 8-63 实现 DevSecOps 所面临的挑战

相比于技术方面的挑战，人和文化方面的挑战则影响更大。对于程序员来说，他们的主要工作是写代码，所以很多程序员缺乏相关的安全意识，并且简单地认为安全不是他们的职责，而是安全团队的职责。

针对以上种种挑战，DevSecOps 也给出了对应的最佳实践，以便进一步在企业中进行推广。例如，在技术层面，DevSecOps 最佳实践强调自动化信息安全，甚至将安全扫描进一步左移到 IDE 阶段，更早发现并修复问题，从而节省成本。另外，安全指标也可以作为质量门禁，用来保障交付的安全性。在人和文化层面强调持续培训和安全意识的培养，以及 DevSecOps 负责人和开发团队中 DevSecOps 专家等新角色的定义。在流程层面强调定期的代码审查、红蓝对抗，通过 DevSecOps 度量发现研发过程中的瓶颈，以及评估 DevSecOps 改进的效果。

目前汽车开发多采用 V 流程，结合 ISO 21434 中的安全活动流程实现 DevSecOps，如图 8-64 所示。

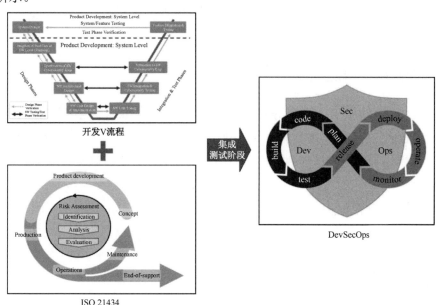

图 8-64　V 流程 DevSecOps

第 9 章

智能汽车操作系统

智能汽车操作系统建立在汽车的软件架构与硬件架构之上。智能汽车操作系统是由传统汽车电子基础软件不断演变而来的，传统汽车电子产品主要分为两类，分别是汽车电子控制装置和车载电子设备。基于此，智能汽车操作系统一般分为车控操作系统和车载操作系统两类。

9.1 操作系统介绍

本节将为读者重点介绍操作系统的概念、功能和发展趋势。通过对传统汽车操作系统的解读，使读者能够对智能汽车操作系统的前身有清晰的认知，了解智能汽车操作系统出现的必要性。

9.1.1 操作系统概述

汽车电子电气架构正在从传统分布式架构向域架构、中央计算架构转变，而集中化的 EE 架构是实现软件定义汽车重要的硬件基础。软件层面上，由于软件迭代周期越来越短，汽车软件架构也逐步由面向信号的架构向面向服务的架构升级，以更好地实现软硬件解耦与软件快速迭代。

在智能汽车软硬件架构中，位于最底层的是车辆平台及外围硬件（传感器、V2X、动力及底盘控制等），在其之上是自动驾驶计算平台，而这也是实现汽车智能化的核心，如图 9-1 所示。

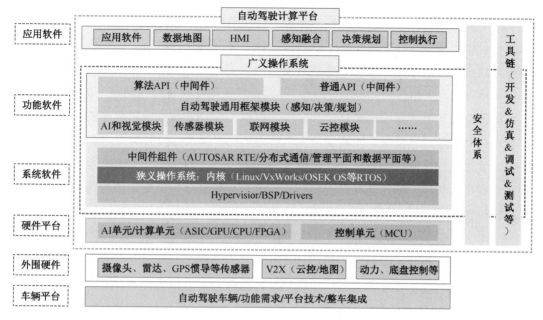

图 9-1　智能汽车软硬件架构概览

进一步来看，自动驾驶计算平台可以分为硬件平台和软件两大部分，其中软件自下而上分别为系统软件、功能软件和应用软件。

（1）系统软件：由硬件抽象层、OS 内核（狭义上的操作系统）和中间件组件构成，是广义操作系统的核心部分。

（2）功能软件：主要为自动驾驶的核心共性功能模块，包括自动驾驶通用框架模块、AI 和视觉模块、传感器模块等库组件及相关中间件。系统软件与功能软件构成了广义上的操作系统。

（3）应用软件：主要包括场景算法和应用，是智能座舱（HMI、应用软件等）及自动驾驶（感知融合、决策规划、控制执行等）形成差异化的核心。

9.1.2　操作系统的功能

操作系统不仅为上层应用及功能的实现提供了高效、稳定的环境支持，也是各类应用调度底层硬件资源的桥梁，在智能汽车软硬件架构中处于核心的位置。

操作系统最核心的功能是管理计算机资源。计算机资源可进一步分为硬件资源和软件资源两大类。硬件资源指的是组成系统的硬件设备，如中央处理器、主存储器、输入/输出设备等。软件资源指的是存放于计算机内的各种数据和文件。操作系统位于底层硬件与用户应用程序之间，是两者沟通的桥梁。用户可以通过操作系统的用户界面来操作计算机。一个完善的操作系统应该至少提供以下功能。

（1）进程管理（Process Management）：操作系统需要有效协调计算机系统内的一个或

多个 CPU，为用户程序提供效率最高的服务。为了提升 CPU 的利用效率，现代操作系统会引入线程、进程等概念，把用户程序划分成逻辑上独立的执行线索，然后按照一定的算法或规则给这些执行线索分配 CPU，完成计算任务。

（2）内存管理（Memory Management）：即计算机的随机访问存储器（RAM）的管理。操作系统需要通过某种算法动态管理和监控内存的分配，并按照应用程序的需要来分配内存。管理的原则是，尽量保证能够满足应用程序的内存需求，同时确保内存的使用效率。

（3）文件系统（File System）：本质上是外部存储器，如硬盘、各种存储卡等的管理。按照预先定义的规则，把这些存储设备分片，然后对每个分片的使用情况进行跟踪，确保外部存储设备能够有效使用，同时确保存储在上面的数据是准确的、可恢复的。

（4）用户界面（User Interface）：提供计算机系统与用户的接口，方便用户操作计算机。字符模式的命令行界面和图形模式的 GUI（图形用户界面）是最常见的两种用户接口呈现形式。其本质是对显示设备和键盘、触摸屏、鼠标等输入设备的有效管理。

（5）设备管理（Device Drivers）：对计算机中除上述物理设备外的其他物理设备的管理。

（6）网络协议（Network Protocol）：随时随地接入网络是计算机的基本要求。操作系统能够提供多种多样的网络接口方式，同时能够提供符合国际标准的网络协议栈（如 IP 协议）。这些都是操作系统的任务。

9.1.3 操作系统的基本概念

1. 微内核与宏内核

微内核与宏内核是操作系统设计中两种不同的思想，这与 CPU 的 RISC（精简指令集）和 CISC（复杂指令集）架构类似。

微内核的思想是把尽量少的操作系统机制放到内核模块中进行实现，而把尽量多的操作系统功能以单独进程或线程的方式实现，这样便于操作系统体系结构的扩展。例如，一个常见的设计思路就是，把进程（或线程）调度、进程间通信（IPC）机制与同步、定时、内存管理、中断调度等功能放到内核中实现，由于这些功能需要的代码量不是很大，所以内核的尺寸很小。另外，把操作系统必须实现的文件系统、设备驱动程序、网络协议栈、I/O 管理器等功能作为单独的进程或任务来实现，用户应用程序在需要这些功能的时候，通过核心提供的 IPC 机制（如消息机制）向这些服务进程发出请求，即典型的客户-服务器机制。

这种微内核的实现思路有很明显的优势，如体系结构更加清晰、扩展性强等，而且由于内核保持很小，可移植性（不同 CPU 之间的移植）也很强。但此思路也有很大的弊端，其中最大的一个弊端就是效率相对低下。因为系统调用等服务都是通过 IPC 机制来间接实现的，若服务器进程繁忙，对于客户端的请求则可能无法及时响应。微内核操作系统的设计思路如图 9-2 所示。

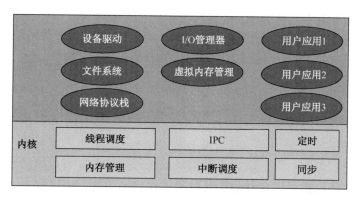

图 9-2　微内核操作系统的设计思路

宏内核的思路正好相反，是把尽可能多的操作系统功能放到内核模块中实现。在操作系统加载的时候，把这些内核模块加载到系统空间中。由于这些系统功能是静态的代码，不像微内核那样作为进程实现，而且这些代码直接在调用进程的空间中运行，不存在发送消息、等待消息处理、消息处理结果返回等延迟，因此调用这些功能代码的时候效率很高。因此，在追求效率的嵌入式操作系统开发中，这种宏内核模型较为合适。

但宏内核也有一些弊端，最明显的问题就是内核过于庞大，有时候会导致它的扩展性不好（这可以通过可动态加载模块来部分解决）。宏内核操作系统的设计思路如图 9-3 所示。

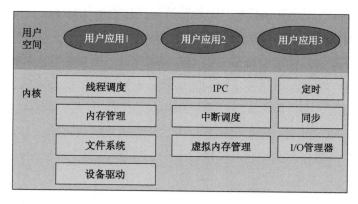

图 9-3　宏内核操作系统的设计思路

2. 进程、线程与任务

一般情况下，描述操作系统的任务管理机制时存在以下 3 个概念。

1）进程

进程是一个动态的概念。一个可执行模块（可执行文件）被操作系统加载到内存中，分配资源，并加入就绪队列后，就形成了一个进程。一般情况下，进程有独立的内存空间（例如，在典型的 PC 操作系统中，如果目标 CPU 是 32 位的，则一个进程就有独立的 4GB

虚拟内存空间），如果不通过 IPC 机制，进程之间就无法交换任何信息，因为进程之间的地址空间是独立的，不存在重叠的部分。

2）线程

一般情况下，线程是 CPU 可感知的最小的执行单元。一个进程往往包含多个线程，这些线程共享进程的内存空间，线程之间可以直接通过内存访问的方式进行通信，线程之间共享同一进程的全局变量，但每个线程都有自己的堆栈和硬件寄存器。

3）任务

这个概念同线程类似，但与线程不同的是，任务往往是针对没有进程概念的操作系统来说的，如嵌入式操作系统。这些操作系统没有进程的概念，或者说整个操作系统就是一个进程，在这种情况下，任务便成了操作系统中最直接的执行单元。另一个说法是，任务往往是一个无限循环，操作系统启动时，任务随之启动，然后一直运行到操作系统结束运行为止。

3. 可抢占与不可抢占

在操作系统对进程（或线程）的调度策略中存在两种调度方式：可抢占方式和不可抢占方式。在可抢占方式下，操作系统以时间片（Time Slice）为单位完成进程调度。针对每个进程，一次只能运行一个或几个时间片，一旦时间片消耗完毕，操作系统就会强行暂停其运行，而选择其他重新获得时间片的进程投入运行。在不可抢占方式下，进程会一直运行，操作系统不会强行剥夺其运行权，而是等待其自行放弃运行（或者发生系统调用）。一般情况下，在系统调用时，操作系统才进行新一轮调度。

这两种方式在嵌入式操作系统中都被大规模地应用。但很显然，可抢占方式具备更好的实时性。因此在一些对实时性要求很高的场合，一般采用可抢占方式。但可抢占方式会引发另一个问题，即多个进程之间对共享资源访问的同步问题。因此，在实现可抢占调度的同时，必须采用互斥机制、同步机制等操作系统机制来解决可抢占方式带来的问题。不可抢占方式不存在资源竞争的问题，但也存在同步问题。

4. 同步机制

有些情况下，线程之间的运行是相互影响的，例如，对共享资源的访问就要求访问共享资源的线程相互同步，以免破坏共享资源的连续性。下列线程同步机制可被操作系统实现，用来完成线程的同步和共享资源的互斥访问。

1）事件（Event）

事件对象是最基础的同步对象之一，事件对象一般处于两种状态：空闲状态和占用状态。一个内核线程可以等待一个事件对象，如果一个事件对象处于空闲状态，那么任何等待该事件对象的线程都不会被阻塞。相反，如果一个事件对象处于占用状态，那么任何等待该对象的线程都会进入阻塞（Blocked）状态。一旦事件对象的状态由占用变为空闲，那么所有等待该事件对象的线程都会被激活（状态由 Blocked 变为 Ready，并被插入 Ready 队列），这一点与互斥体不同。

2）信号量（Semaphore）

信号量对象也是最基础的同步对象之一。一般情况下，信号量对象维护一个计数器，假设其值为 N，每当一个内核线程调用 Wait For This Object（等待该信号量对象）时，N 就减 1，如果 N 小于 0，那么等待的线程将被阻塞，否则继续执行。

3）互斥体（Mutex）

互斥体是一个二元信号量，即 N 的值为 1。这样最多只有一个内核线程占有该互斥体对象，当这个占有该互斥体对象的线程释放该对象时，只能唤醒另一个内核线程，其他内核线程将继续等待。

注意互斥体对象与事件对象的不同，在事件对象中，当一个占有事件对象的线程释放该对象时，所有等待该事件对象的线程都将被激活，而对于互斥体对象，则只有一个内核线程被激活。

4）内核线程对象（Kernel Thread Object）

内核线程对象本身也是一个互斥体对象，即其他内核线程可以等待该对象，从而实现线程执行的同步。但与普通互斥体对象不同的是，内核线程对象只在状态为 Terminal 时才是空闲的，即如果有一个线程等待一个非 Terminal 状态的内核线程对象，那么它将一直被阻塞，直到等待的线程运行结束（状态变为 Terminal）。

5）睡眠

一个运行的线程可以调用 Sleep 函数而进入睡眠（Sleeping）状态，进入睡眠状态的线程将被加入 Sleeping 队列。当睡眠时间（由 Sleep 函数指定）到达时，系统将唤醒该睡眠线程（修改状态为 Ready，并插入 Ready 队列）。

6）定时器

定时器是操作系统提供的最基础的服务之一。例如，线程可以调用 Set Timer 函数设置一个定时器，当设置的定时器时间到达时，系统会给设置定时器的线程发送一个消息。与 Sleep 函数不同的是，内核线程调用 Sleep 函数后将进入阻塞状态，而调用 Set Timer 函数之后，线程将继续运行。

5. 分时操作系统

分时操作系统的实现思想是，在一台主机上连接多个带有显示器和键盘的终端，同时，允许多个用户通过自己的终端以交互方式使用计算机，共享主机资源。

分时技术把处理器的时间分成很短的时间片，这些时间片被轮流分配给各个联机的作业使用。如果某作业在分配给它的时间片用完时仍未完成，则该作业暂时中断，等待下一轮运行，并把处理器的控制权让给另一个作业。这样在一个相对较短的时间间隔内，每个用户作业都能得到快速响应，以实现人机交互。

分时操作系统具有以下 4 个特点。

（1）多路性：允许在一台主机上同时连接多个联机终端，系统按分时原则为每个用户服务。

（2）独立性：每个用户各占一个终端，彼此独立操作，互不干扰。

（3）及时性：用户的请求能在很短的时间内获得响应。

（4）交互性：用户可通过终端与系统进行广泛的人机对话。

6. 实时操作系统

实时操作系统（Real Time Operating System，RTOS）是指当外界事件或数据产生时，能够接收并以足够快的速度予以处理，其处理的结果又能在规定的时间之内控制监控的生产过程或对处理系统做出快速响应，并控制所有实时任务协调一致运行的操作系统。

实时操作系统有硬实时和软实时之分，硬实时要求在规定的时间内必须完成操作，这是在操作系统设计时保证的；软实时则只要按照任务的优先级，尽可能快地完成操作即可。我们通常使用的操作系统在经过一定改变之后就可以变成实时操作系统。

7. POSIX 及其他接口

POSIX（Portable Operating System Interface of UNIX）即可移植操作系统接口，POSIX 标准定义了操作系统应该为应用程序提供的接口标准。其正式称呼为 IEEE 1003.1，而国际标准名称为 ISO/IEC 9945。2017 年的版本包含基本定义、系统接口、Shell 和实用程序、基本原理 4 个部分。Linux 和 QNX Neutrino 都适配此标准。

POSIX 包括系统应用程序接口（API）和实时扩展 C 语言。POSIX 定义了标准的基于 UNIX 操作系统的系统接口和环境来支持源代码级的可移植性。目前，POSIX 主要提供依赖 C 语言的一系列标准服务，将来的版本将致力于提供基于不同语言的规范。

IEEE 1003.13 标准为实时和嵌入式应用定义了 4 种配置。其中，PSE 51 为最小实时系统，也是功能最受限的系统；PSE 52、PSE 53、PSE 54 逐步放宽限制，允许更多功能，如图 9-4 所示。

PSE 51 并不包括 IPC，因为没有直接的接口实现进程之间的交互。因而，进程间通信需要有额外模块支持。例如，AUTOSAR AP 提供机器内和机器之间面向服务的通信。AUTOSAR 仅支持 PSE 51，仅为应用程序提供受限的操作系统 API。

对于 POSIX 中未定义的系统功能，需要在其他接口部分定义。例如，系统定义了一系列用于系统性能监控的 API，用于应用程序感知其占用内存、CPU 等资源的情况。这些 API 需要在其他接口中定义，并提供完善的文档。

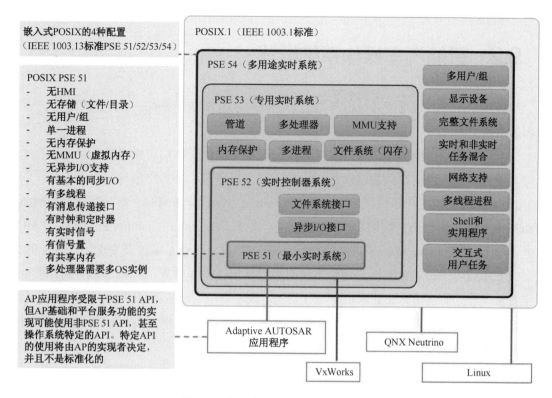

图 9-4　嵌入式 POSIX 标准配置对比

9.1.4　操作系统的发展趋势

只要计算机的结构没有本质变化（目前大部分仍是冯·诺依曼体系结构），操作系统的架构就不会有太大的变化，但操作系统的应用场景在不断演变。

例如，以前的操作系统大致可分为桌面操作系统、服务器操作系统和嵌入式操作系统三大类。Windows、Linux 是桌面操作系统的典型代表，UNIX 系列操作系统在服务器（或大型机）领域一家独大，嵌入式领域则存在 pSOS、VxWorks、μcOS 等操作系统。

进入移动互联网时代，智能移动终端出现后，又催生了广泛应用于智能移动终端上的 Android 操作系统、Apple iOS 操作系统等。

随着云计算的兴起，云操作系统又有流行的趋势。可以看出，操作系统的类别（或种类）并不是一成不变的，而是随着应用的变化和演进，不断有全新的操作系统被开发出来，以适应这些应用。其总体呈现出一种按照应用场景进行细分的趋势。例如，Windows 成就了微软在 PC 时代的霸主地位，Android 和 iOS 则分别使 Google 和苹果在智能手机时代大放异彩。

在软件定义汽车的大趋势下，会逐渐出现更多的应用场景，由于体系结构的限制，传统的操作系统很可能无法适应这些新兴场景的需求，因此又会催生一批新的操作系统。汽车操作系统是实现传统汽车向智能汽车升级的关键。

9.2 智能汽车操作系统概述

智能汽车操作系统是由传统汽车电子基础软件不断演变而来的，传统汽车电子产品可分为以下两类。

（1）汽车电子控制装置：通过直接向执行机构（如电子阀门、继电器开关、执行电动机等）发送指令，控制车辆关键部件（如发动机、变速箱、动力电池等）协同工作。常见的 ECU 包括发动机电控系统（Engine Management System，EMS）、自动变速箱控制单元（Telematics Control Unit，TCU）、车身电子稳定系统（Electronic Stability Program，ESP）、电池管理系统（Battery Management System，BMS）等。这些系统涉及安全、行驶性能。

（2）车载电子设备：在汽车环境下能够独立使用的电子装置，和汽车本身的性能并无直接关系，常见的包括行车计算机、导航系统、汽车音响、电视娱乐系统、车载通信系统、上网设备等。这类设备常与用户体验相关，不直接参与汽车行驶的控制决策，对车辆行驶性能和安全影响较小。

基于此，智能汽车操作系统一般分为车控操作系统和车载操作系统两类。

1. 车控操作系统

车控操作系统分为安全车控操作系统和智能驾驶操作系统。其中，安全车控操作系统主要面向经典车辆控制领域，如动力系统、底盘系统和车身系统等，该类操作系统对实时性和安全性要求极高，生态发展已趋于成熟。智能驾驶操作系统主要面向智能驾驶领域，应用于智能驾驶域控制器，该类操作系统对安全性和可靠性要求较高，对性能和运算能力的要求也较高。该类操作系统目前在全世界范围内都处于发展初期，生态尚未完备。

车控操作系统的设计开发过程应考虑其具体的目标应用系统，根据功能安全危害分析、信息安全威胁分析和风险评估的结果，分别确定车控操作系统在功能安全和信息安全方面需要提供的安全机制与功能要求，以及在操作系统自身的设计、实现、测试、验证等开发阶段的活动要求和所采用的方法与措施，以满足有关标准、法规（例如，功能安全相关的 ISO 26262、SOTIF 和 RSS，信息安全相关的 ISO 21434 等）对于汽车软件安全生命周期过程的要求。

对于操作系统这样的通用软件而言，需要根据 ISO 26262 中有关 SEooC 所定义的开发流程要求，对车控操作系统的典型应用场景做出假设，并基于此开展相关的安全风险分析和评估，识别安全目标、需求等内容。未来在将此操作系统与具体安全相关系统/应用相结合的时候，应保证假设的条件与实际情况的一致性。根据对安全等级的分解，车控操作系统中的软件部件需要达到应用所要求的 ASIL 等级（如高级辅助驾驶决策的应用要求达到 ASIL-D 的安全等级，则车控操作系统中对应的软件部件也需要达到不低于 ASIL-D 的安全等级）。

对于车控操作系统在信息安全方面的目标与需求分解，也应参照类似方法，对其目标应用系统进行分析。

车控操作系统的代码实现应遵循安全相关的编码规范（如 MISRA、CERT C Secure Coding Standard 等）的要求。

应对操作系统代码实施安全性检测（基于适宜的安全规则），并开展动态安全测试（信息安全方面可包括渗透测试）。

应结合车辆设备系统在功能安全等级及信息安全方面的具体要求，以及设备自身软硬件资源情况、性能需求等，考虑对车控操作系统应用的安全要求，具体如下。

（1）操作系统从自身层面提供的安全能力是有限的，系统软件整体的安全性还有赖于应用对操作系统机制和功能的正确理解和应用。因此，操作系统提供方应向应用开发方明示对于操作系统的正确使用事项和要求。

（2）操作系统的安全机制、策略和功能应合理配置，以确保应用能够按照预期的方式和安全策略正确执行操作系统的相关操作。

此外，车控操作系统内会用到众多第三方软件部件和成熟的开源软件。在应用这些软件前，需要明确这些软件的安全需求，然后对其进行安全分析并及时对安全风险采取规避或改进措施。在将这些软件部件集成到车控操作系统中后，需要对其安全需求进行验证。

2. 车载操作系统

车载操作系统主要面向信息娱乐和智能座舱，主要应用于汽车中控系统，对于安全性和可靠性的要求处于中等水平。该类操作系统发展迅速，依托于该类操作系统的生态也处于迅速发展时期。

车载操作系统架构可分为单系统架构和多系统架构。两类架构均可实现一芯多屏（多屏融合、多屏互动）、单屏多系统（虚拟运行环境、多应用生态融合）、一芯多功能单元（信息娱乐、TBOX 等）3 类应用。

1）单系统架构

单系统架构仅涉及单个车载操作系统，由车载操作系统内核、基础库、基础服务、运行环境及程序运行框架组成。车载操作系统对底层硬件和上层应用程序提供统一的接口，实现车载操作系统与硬件和上层应用程序的解耦。

2）多系统架构

多系统架构是在同一套硬件之上运行多个车载操作系统的架构，可分为硬件隔离、虚拟机管理器、容器三类基础架构，以及两类或三类基础架构的混合架构，用于满足不同功能、性能和安全的隔离需求。

9.3 安全车控操作系统介绍

安全车控操作系统主要是实时操作系统,主要应用对象是 ECU。ECU 对安全车控操作系统最基本的要求是高实时性,系统需要在规定时间内完成资源分配、任务同步等指定动作。嵌入式实时操作系统具有高可靠性、实时性、交互性及多路性的优势,系统响应极快,响应时间通常在毫秒或者微秒级,可满足高实时性的要求。目前主流的安全车控操作系统都兼容 OSEK/VDX 和 Classic AUTOSAR 这两类汽车电子软件标准。其中,Classic AUTOSAR 基于 OSEK/VDX 标准,定义了安全车控操作系统的技术规范。

9.3.1 OSEK/VDX

安全车控操作系统国外发展较早。OSEK/VDX 是德国汽车工业协会(OSEK)于 1993 年和法国汽车工业协会(VDX)于 1988 年针对不同的生产商对实时操作系统作出的统一规定,2006 年标准化为 ISO 17356。

从广义上讲,OSEK/VDX 并不只是一个标准化的操作系统,也规范了网络管理(Network Management,NM)组件和通信接口(COM)。这些组件也可以单独使用,标准只是对操作系统的框架进行了定义,在框架之内每个供应商都有足够的自由度采用自己的解决方案,如图 9-5 所示。

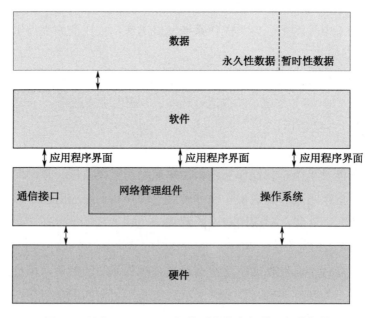

图 9-5 具有 OSEK/VDX 操作系统的车控单元软件架构

1. OSEK OS/OSTime

OSEK 操作系统的核心是基于任务模式的，仍然按照传统的优先级方式来分配任务。另外，基于时间触发的操作系统的版本称为 OSTime（OSEKTT），其调度器如图 9-6 所示。

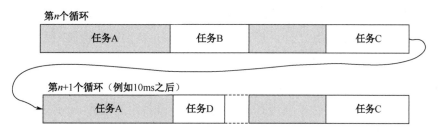

图 9-6　时间触发的调度器

基于优先级的操作系统识别两类任务：基本任务（Basic Task）和扩展任务（Extended Task）如图 9-7 所示。由于扩展任务不一定是必要的，所以一些 OSEK 操作系统只识别基本任务。OSEK 操作系统逐渐往小型化、灵活化的方向发展，其中的调度器也要尽可能简化。

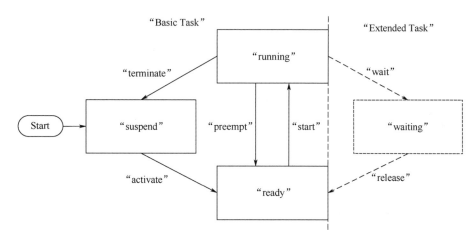

图 9-7　OSEK/VDX 的任务模型

车控单元在通电之后，所有的任务不分优先级，都处于暂停状态（suspend）。调度器的优先级在所有的任务之上，它会对中断最先做出响应。

当一个任务向操作系统请求运行（activate）时，有可能由于其他任务也在请求，或者有其他任务正在运行而不能马上得到许可。这时任务本身的状态是 ready，即等待调度器的指令（terminate）。在没有更高优先级的任务时，微控制器一旦有了空余的计算资源，调度器马上会分配给等待中的任务（start）。这时任务的状态为 running，即正在被执行。当运行结束后，任务会自动停止。在任务正在执行的过程中，如果突然有优先级更高的任务请求运行，当前任务会暂时被取代（preempt），直到优先级更高的任务运行结束，再恢复运行。

软件开发人员可以指定特定的任务不会被优先级更高的任务所取代。在这种情况下，优先级高的任务必须等待当前任务结束之后，才能被调用。这会使得优先级高的任务的等待时间变得不可控。另外，操作系统完成任务取代本身也需要一定的执行时间，用于对被取代的任务的信息进行存储（如寄存器内容、堆栈指针等），以便以后调用。

除等待优先级更高的任务之外，任务本身在运行时也会发生等待。例如，等待某个传感器的测量信号，才能继续运行。在这种情况下，任务会请求操作系统将其状态设置为等待（waiting）。基本任务不具备这种功能。

如果高优先级任务运行时需要用到低优先级任务所占用的资源，而低优先级任务不能释放这些资源，便会出现错误。OSEK 操作系统解决这种冲突的方法是，使低优先级任务获得高优先级（Priority Ceiling），以便它可以短暂地运行。OSEK 操作系统按照规格可以分为 4 种适应性类型：BCC1、BCC2、ECC1 和 ECC2。以 B 开头的类型只支持基本任务，而 ECC1 和 ECC2 也支持扩展任务。

2. OSEK COM

OSEK COM 更确切地说是通信模块的核心交换层（Interaction Layer），负责通过信息传递来完成任务之间的通信。通过网络层（Network Layer）和数据链路层（Data Link Layer）可以实现不同车控单元之间任务的通信，所以不同车控单元之间通信的总线系统的通信协议对于应用程序开发人员来说是透明的。

OSEK/VDX 只是对网络层和数据链路层进行了粗略的规定，而没有规定细节。OSEK 操作系统的通信模块可以分为 4 种适应性类型：CCCA、CCCB、CCC0 和 CCC1。其中，CCC1 实现了全部标准，CCC0 和 CCC1 也支持外部通信。

只有通信在时间触发模式下进行时，采用时间触发的操作系统（OSTime）才有意义。这时，需要使用模块 FT COM 取代模块 CPM。目前，FT COM 主要是为 FlexRay 总线系统定制的，但原则上也可以兼容其他的时间触发系统。

3. OSEK NM

网络管理通过 Alive Message 扩展了 OSEK 识别总线上连接的其他设备的功能。同样，可以通过总线对设备进行电源管理（Power Management）。例如，可以通过网络管理实现对车控单元从休眠状态的唤醒。

但是，网络管理的原理和计算机自动识别插入的 USB 设备是不同的，车控单元通过网络管理只能识别预先存储在管理表格中的设备，而管理表格在开发过程中就已经确定了。

网络管理针对未在网络中注册过的设备定义了另一种非直接的监控，也就是将总线上的信息分配到发送设备。前提条件是，在开发过程中就已经确定了未注册设备的信息类型，因为很多总线系统如 CAN 在发送信息时不包含发送地址。

逻辑环中定义了设备的顺序，但是信息总是从一个设备传输到下一个设备（或者从最后一个传递到第一个）。和一个真正的环不同，车控单元是基于总线系统的无源星型结构连接的，所以逻辑环内的顺序并不取决于走线方式。OSEK/VDX 并不需要其他的总线系统，而是根据 ISO 11898 利用 CAN 总线。理论上也可以采用其他的总线类型，但实际中只有 CAN 总线提供了兼容 OSEK/VDX 的附加协议层。

网络管理没有按照适应性类型进行分类，而是给出了基础部分和可选部分的表单。

4. 其他

操作系统和应用程序都需要和可执行的文件相关联，文件中使用 OIL（OSEK Implementation Language）记录配置文件。配置文件中一方面包含零部件供应商的车控单元硬件信息，另一方面记录整车厂的软件信息。OIL 在生成应用程序源代码的时候建立，可以在软件的开发环境中对其进行检索。

OSEK 应用程序开发可以通过 ORTI（OSEK Run Time Interface）进行，开发人员可以通过 ORTI 对内部信息（如任务运行状态灯）进行操控。

9.3.2　Classic AUTOSAR

随着技术、产品、客户需求等的升级，OSEK 标准逐渐不能支持新的硬件平台。2003 年，宝马、博世、大陆、戴姆勒、通用、福特、标致雪铁龙、丰田、大众 9 家企业作为核心成员，成立了汽车开放系统架构组织，致力于建立一个标准化平台，独立于硬件的分层软件架构，制定各种车辆应用接口规范和集成标准，为应用开发提供方法论层面的指导，以降低汽车软件设计的复杂度，提高汽车软件的灵活性和开发效率，以及在不同汽车平台上的复用性。Classic AUTOSAR 以 OSEK/VDX 为基础，但涉及的范围更广。

基于 AUTOSAR 的车控单元软件架构如图 9-8 所示。

图 9-8　基于 AUTOSAR 的车控单元软件架构

接口在运行时环境（Run Time Environment，RTE）中实现。运行时环境是一个统一的软件层，运行于不同的车控单元之上，这样可以实现将软件任意分配到不同的车控单元运算资源之上。不同车控单元中的两个不同的软件组件和同一个车控单元中的两个不同的软件组件通过运行时环境进行分配的方式是相同的。所以，运行时环境也被称为虚拟功能总线（Virtual Functional Bus，VFB）。

在运行时环境之下的底层结构由实时操作系统及通信组件组成。Classic AUTOSAR 并不是和底层结构竞争或者取而代之，而是以底层结构为基础，在其上做进一步开发。

硬件抽象包括控制器抽象（虚拟机）和外围设备的通用驱动程序。在这方面，AUTOSAR 采用了 HIS（Hersteller Initiative Software）联盟所制定的标准驱动程序的规范。

Classic AUTOSAR 将车控单元内部硬件抽象为多个层。最底层为微控制器及其内部设备（如计时器等），这一层称为控制器抽象层（Controller Abstraction Layer，CAL）。这一层的软件组件一般由微控制器生产商提供。再上一层为车控单元的计算核心层，其软件一般来自第三方供应商。再上一层为整体的车控单元硬件层，其软件一般由车控单元生产商或者第三方供应商提供。

可以将 Classic AUTOSAR 看成一个运行时环境之上的、功能强大的应用程序界面。零部件供应商也逐渐采用这种模式。简化的操作系统核心一般由第三方供应商来开发和推广。

9.4 智能驾驶操作系统介绍

智能驾驶操作系统是自动驾驶汽车发展的核心竞争力之一。智能驾驶操作系统的发展趋势是纵向分层，实现层与层之间的解耦，以方便快速开发和移植。

9.4.1 智能驾驶操作系统概述

智能驾驶操作系统纵向分层示意图如图 9-9 所示。

图 9-9　智能驾驶操作系统纵向分层示意图

目前普遍采用的智能驾驶操作系统底层内核主要有 Linux、QNX 和其他 RTOS（如 FreeRTOS、ThreadX、VxWorks 等），它们的对比如表 9-1 所示。

表 9-1 智能驾驶操作系统内核比较

项目指标	Linux	QNX	其他 RTOS
实时性	需要进行实时性改造	微秒级时延	微秒级时延
开放性	源代码开放	封闭	商用或开放
许可协议	GPL	商用	N/A
费用	无授权费用（商用收费）	Royalty & License	较低或免费
功能安全	ASIL-B 有可能	ASIL-D	N/A
软件生态	应用生态链完善	汽车领域应用广泛	有限
优势	技术中立，支撑复杂功能	性能强，安全性高	实时性好，启动快
劣势	系统复杂	进程间通信、系统调用开销等	进程间通信、系统调用开销
主要适用范围	智能座舱、信息娱乐、TBOX、ADAS、某些域控制器等	仪表盘、智能座舱、信息娱乐、导航、ADAS、域控制器等	仪表盘、ADAS、整车控制器等

9.4.2 Linux

1. 背景介绍

Linux 最初是作为通用操作系统设计开发的，但它提供了一些实时处理支持，包括大部分 POSIX 标准中的实时功能，支持多任务、多线程，具有丰富的通信机制等。除此之外，Linux 社区有实时性增强 Patch，在 Linux 内核原有 RT 功能上，增加了中断线程化、优先级默认继承等功能。Linux 也提供了符合 POSIX 标准的调度策略，包括 FIFO 调度策略、时间片轮转调度策略和静态优先级抢占式调度策略。另外，Linux 还提供了内存锁定功能，以避免在实时处理中存储页面被换出，同时提供了符合 POSIX 标准的实时信号机制。

Linux 的诞生和发展与 UNIX 系统、Minix 系统、Internet、GNU 计划有着不可分割的关系，它们对于 Linux 有着深刻的影响和促进作用。

2. Linux 操作系统的特点

Linux 是一种遵循 POSIX 标准的多用户、多任务的自由操作系统。与其他操作系统相比，它有以下显著特点。

（1）基于 UNIX 设计，性能出色。Linux 继承了 UNIX 的优秀品质，具有出色的性能、可靠性和稳定性，为系统的安全运行提供了保证。Linux 系统可以 7×24 小时不间断工作，系统出现死机的概率很小。

（2）遵循 GPL 许可，是自由软件。Linux 遵循 GNU 的 GPL 许可，是自由软件家族中最重要的一员。用户可以免费获得和使用 Linux，并且能在 GPL 许可的范围内自由地修改和传播，因而是学习、应用、开发操作系统及其他软件的理想平台。

（3）符合 POSIX 标准，兼容性好。POSIX 是基于 UNIX 制定的针对操作系统应用接口的国际标准，目的是获得不同操作系统在源代码级的软件兼容性。Linux 是一种符合 POSIX

标准的操作系统。这就意味着，基于 POSIX 标准编写的应用程序（包括大多数 UNIX、类 UNIX 系统的应用程序）都可以方便地移植到 Linux 系统中，反之亦然。

（4）可移植性好。可移植性是指操作系统从一种计算机硬件平台转移到另一种计算机硬件平台后仍能正常运行的能力。Linux 的内核只有不到 10%的代码采用了汇编语言，其余均采用 C 语言编写，因此具备高度可移植性。目前，Linux 可以在包括 x86/x64、Spare、Alpha、MIPS、PowerPC 等在内的各种计算机平台上运行。

（5）网络功能强大。Linux 是在互联网上发展起来的，它有着与生俱来的强大的网络功能。其网络协议内置在内核中，性能强，兼容性好，可以轻松地与各种网络集成在一起。Linux 核外的网络应用功能也十分强大，可以运行各类网络服务。

（6）安全性好。Linux 是针对多用户和网络环境设计的，在设计之初就充分考虑了安全性。Linux 内核中采取了许多保障系统资源安全的措施，如文件权限控制、审计跟踪、核心授权等，使得 Linux 可以十分安全地运行在开放网络环境中。另外，由于源代码开放，研究者众多，系统漏洞的修补和更新速度都很快，抵御病毒攻击的能力也很强。

3. Linux 操作系统的组成

Linux 基本系统由 3 个主要部分组成。

（1）内核：运行程序和管理基本硬件设备的核心程序。

（2）Shell：系统的命令行用户界面，负责接收、解释和执行用户输入的命令。

（3）文件系统：按一定的组织结构存放在磁盘上的文件集合。

以上部分构成的 Linux 基本系统是系统的最小配置，它使用户可以运行程序、管理文件和使用设备。在基本系统之上，用户可以通过有选择地附加一些系统和应用软件（如 X 图形界面、系统工具软件、应用软件等）来扩展系统，使其满足不同的应用需求。Linux 系统的基本结构如图 9-10 所示。

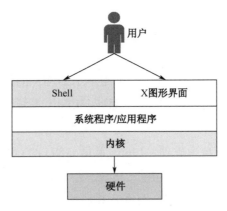

图 9-10 Linux 系统的基本结构

9.4.3 QNX

1. QNX 背景介绍

QNX 是一种商用的类 UNIX 实时操作系统,遵从 POSIX 标准,目标市场主要是嵌入式系统。在汽车领域,QNX 是最大的操作系统供应商。据不完全资料显示,QNX 在车用市场的占有率达到 75%。全球主要汽车品牌目前都采用了基于 QNX 技术的系统。

2. QNX 操作系统的特点

QNX 是分布式实时操作系统,能运行在 x86、PowerPC、MIPS、ARM 等硬件平台上。分布式,顾名思义,运行 QNX 系统的局域网中的每个用户都可使用该网络中的任何资源,与使用自己本机资源无异。同时,QNX 又是实时操作系统,它提供优先级驱动的、抢占式的调度方式(时间片轮转)。QNX 系统本身开销小,上下文切换快,相比于其他操作系统,在相同硬件基础上能给应用程序留下更大的余地。QNX 架构由微内核和一组进程构成,可灵活裁剪,最小配置只需要十几 KB 内存,因而在许多嵌入式设备上有广泛应用。QNX 是符合 POSIX 标准和实时标准的操作系统,因此其可移植性和可靠性较好。

QNX 在许多功能上和 UNIX 操作系统极为类似,既支持多个用户同时访问,也支持多个任务同时执行,既是多任务操作系统,也是多用户操作系统。现在出现了多处理器结构的计算机,随之出现了支持多处理器的操作系统。在多处理器操作系统的统一支配下,整个系统按照多指令方式实现作业和任务的并行执行,以提高系统的计算能力和速度。

多个进程在多个处理器上的并行处理才是真正的同时执行。多任务系统中常说的同时执行指的是用户感觉上的同时执行,实际上是多个进程按照某种规则轮流占有 CPU 资源。这其实是一种并发执行。QNX 的 RTOS 版本提供了单处理器的操作系统,Neutrino 版本可支持多处理器。

3. QNX 操作系统设计理念

QNX 采用微内核架构,操作系统中的多数功能是以许多小型的 Task 来执行的,它们被称为 Server。这样的架构使用户和开发者可以关闭不需要的功能,而无须改变操作系统本身。QNX 是微内核实时操作系统,其核心仅提供 4 种服务:进程调度、进程间通信、底层网络通信和中断处理,其进程在独立的地址空间中运行。所有其他 OS 服务都实现为协作的用户进程,因此 QNX 核心非常小巧,而且运行速度极快。

QNX 的微内核独自处于一个被保护的地址空间中,驱动程序、网络协议和应用程序处于程序空间中。内核可以通过动态地插入提供服务的进程来扩展,如文件系统、网络、POSIX 消息队列和设备驱动程序。每个进程都在它自己的内存保护的地址空间中运行。由于内核中导致问题的代码太少,内核错误几乎被消除。当软件出现故障时,即使是驱动程序和其他关键程序出现故障,基于 QNX Neutrino 的系统也能智能地恢复,无须重启。嵌入式系统开发人员还能依靠微内核架构实现其他增强可靠性的功能，包括支持软件和硬件热交换，以及在网络环境中分布组件的能力。与拥有专有应用程序接口的实时执行程序和操作系统不同，QNX Neutrino 实时操作系统是根据最新的 POSIX 1003.1 标准和草案（包括实时和线程选项）从头设计的。

QNX Neutrino 实时操作系统架构如图 9-11 所示。

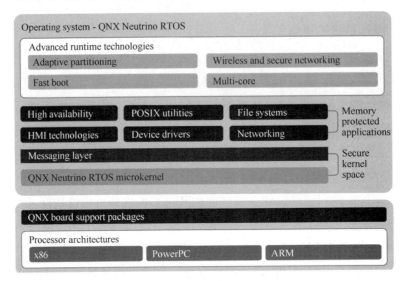

图 9-11　QNX Neutrino 实时操作系统架构

QNX Neutrino RTOS 是功能齐全、性能可靠的简化版操作系统，可满足最小规格的实时嵌入式系统的有限资源要求。其真正的微内核操作系统和模块化架构可使用户以较低的运行总成本创建高度优化的可靠系统。

（1）该系统建立在真正的微内核架构上。在这种系统中，所有驱动程序、应用程序、协议栈和文件系统都在内核外部内存受保护的安全的用户空间内运行。几乎所有组件在出现故障时都能自动重启而不会影响其他组件或内核。

（2）该系统采用模块化结构，允许用户动态升级模块、引入新功能或实施问题修复，而不会增加停机时间和系统中断的成本。

（3）该系统采用多核技术和内置透明分布处理技术。

（4）该系统根据 POSIX 标准设计，只需要简单地重新编译，就可移植既存代码、开源 UNIX 代码、Linux 代码和因特网代码。通过标准应用程序接口，用户能重新使用应用程序代码。

（5）该系统利用自适应分区技术确保系统资源满足应用要求。

（6）该系统支持 x86、PowerPC 和 ARM 平台。

9.4.4 VxWorks

1. VxWorks 背景介绍

风河公司是一家专业从事嵌入式操作系统、软件开发工具、解决方案平台及服务开发的软件公司。2022 年，安波福公司以 43 亿美元收购了风河公司。

VxWorks 是风河公司设计开发的一种嵌入式实时操作系统，是嵌入式开发环境的关键组成部分。良好的持续发展能力、高性能的内核及友好的用户开发环境，使 VxWorks 在嵌入式实时操作系统领域占据一席之地。它以其良好的可靠性和卓越的实时性被广泛地应用在通信、航空、航天等高精尖技术及实时性要求极高的领域。

2. VxWorks 的主要特点

VxWorks 是一种可伸缩、可裁剪、高可靠，同时适用于所有流行目标 CPU 平台的实时操作系统。可伸缩是指 VxWorks 提供了超过 1800 个应用程序接口供用户自行选择使用；可裁剪指用户可以根据自己的应用需求对 VxWorks 进行配置，产生具有各种不同功能集的操作系统映像；高可靠是指 VxWorks 能够胜任一些诸如飞行控制这样的关键性任务。

VxWorks 包括一个微内核、强大的网络支持、文件系统、I/O 系统、C++支持的各种模块。与此同时，VxWorks 还支持超过 320 家合作伙伴公司的第三方产品。

VxWorks 的主要特点如下。

（1）高性能的微内核设计。

VxWorks 的微内核具有全部实时特性，包括迅速的多任务调度、中断支持，以及同时支持抢占式调度和时间片轮转调度。与此同时，该微内核还具有系统负担小、对外部事件的响应时间确定等特点。VxWorks 提供了广泛的任务间通信机制，包括共享内存、消息队列、Socket、远程过程调用和信号量等。提供的信号量有 3 种：二进制（也称二值）信号量、计数信号量和互斥信号量。

（2）可裁剪的运行软件。

VxWorks 在设计之初就具有可裁剪的特性，使得开发者可以对操作系统的功能、大小进行增减，从而为自己的应用程序保留更多的系统资源。例如，在深层嵌入式应用中，操作系统可能只有几十 KB 存储空间；而对于一些高端的通信应用，可能需要所有的操作系统功能。这就要求开发者能够从 100 多个不同的功能选项中生成适用于自己应用的操作系统配置。这些独立的模块既可以用于产品中，也可以省去。利用 Tornado 工程项目管理工具，可以十分轻松地对 VxWorks 的各种功能选项进行增减。

（3）丰富的网络支持。

VxWorks 是第一个集成标准 TCP/IP 网络功能的实时操作系统。到目前为止，VxWorks 的 TCP/IP 协议支持最新的 Berkeley 网络协议。

(4) 兼容 POSIX 1003.1b。

VxWorks 支持 POSIX 1003.1 标准的基本系统调用，包括进程原语、文件目录、I/O 原语、语言服务和目录管理等。另外，VxWorks 还遵循 POSIX 1003.1b 实时扩展标准，包括异步 I/O、计数信号量、消息队列、信号、内存管理（页面锁定）和调度控制等。

(5) BSP 移植。

风河公司提供了大量预制的、支持许多商业主板及评估板的 BSP。同时，VxWorks 的开放式设计及高度可移植性使得用户在使用不同的目标板进行开发时，所做的移植工作量非常小。到目前为止，风河公司提供了超过 200 个 BSP，当用户为自己的目标板开发 BSP 时，可以从风河公司的标准 BSP 中选一个最接近的来加以修改。

(6) 操作系统可选附件。

为了扩展 VxWorks 的功能，风河公司还提供了一些可选附件，包括 BSP 开发工具包、支持 Flash 文件系统的 TrueFFS 组件、用于虚拟存储管理的 VxVMI 组件、用于支持多处理器的 VxMP 组件和 VxFusion 组件，以及各种图形、网络方面的组件。

(7) 实时性。

实时性是指系统在限定时间内执行完规定的功能并对外部的异步事件做出响应的能力。实时性的强弱是以完成规定功能并做出响应的时间的长短来衡量的。

VxWorks 的实时性非常好，其系统本身的开销很小，任务调度、任务间通信和中断处理等系统公用程序精练而高效，它们造成的延迟很短。VxWorks 提供的多任务机制对任务的控制采用优先级抢占调度（Preemptive Priority Scheduling）和轮转调度（Round Robin Scheduling）机制，这充分保证了可靠的实时性，使同样的硬件配置能满足更强的实时性要求，为应用的开发留下更大的余地。

(8) 多任务。

由于真实世界事件的异步性，嵌入式系统能够运行许多并发进程或任务是很重要的。VxWorks 的多任务环境能较好地匹配真实世界，因为它允许对应许多外部事件的多任务执行。系统内核通过给这些任务分配 CPU 时间来获得并发性。

(9) 抢占调度。

真实世界的事件具有继承的优先级，在分配 CPU 的时候要注意这些优先级。基于优先级的抢占调度中，任务都被指定了优先级，在能够执行的任务（没有被挂起或正在等待资源）中，优先级最高的任务会被分配 CPU 资源。换句话说，当一个高优先级的任务变为可执行状态时，它会立即抢占当前正在运行的低优先级任务的资源。

(10) 任务间的通信与同步机制。

在一个实时系统中，可能需要多个任务协同完成某个功能。系统必须提供这些任务间快速且功能强大的通信机制。内核也要提供为了有效地共享不可抢占资源或临界区所需的同步机制。VxWorks 中提供了信号量、消息队列和事件等机制来实现任务间的通信与同步。

（11）任务与中断之间的通信机制。

尽管真实世界的事件通常以中断方式到来，但为了提供有效的排队、优先化和减少中断延迟，通常希望在中断服务程序（ISR）中仅做一些必要的处理，其他的处理工作尽可能交给某个特定的上层任务来处理。所以，任务和 ISR 之间要有通信机制。信号量和消息队列同样可以实现该功能。

3. VxWorks 操作系统的组成及功能

VxWorks 操作系统是 32 位实时操作系统，支持 32 位以上的嵌入式微处理器，包括进程管理、存储管理、设备管理、文件系统管理、网络协议及系统应用等部分。

VxWorks 操作系统构成如图 9-12 所示（虚线框内）。VxWorks 只占用很小的存储空间，并且可高度裁剪，保证了系统能以较高的效率运行。

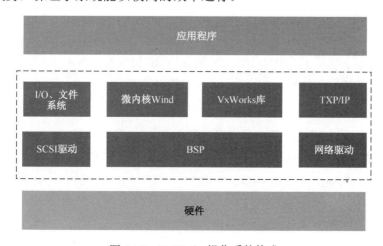

图 9-12 VxWorks 操作系统构成

VxWorks 操作系统主要由以下几部分组成。

（1）高性能的实时微内核 Wind。

VxWorks 的实时微内核 Wind 主要包括多任务调度（采用优先级抢占方式）、任务间的同步和通信机制及中断处理、定时器和内存管理机制。Wind 内核是整个平台的核心，是实现实时多任务操作系统基本功能的微内核，其他实现外围功能的大量软件组件都依赖它。Wind 内核只关心 CPU，而对外设不做假设，不关心总线类型、内存大小和 I/O 设备等。板级支持包（BSP）会驱动基本硬件，用户定制硬件可由应用程序驱动。Wind 内核实现的功能包括任务调度、任务通信、内存管理、定时器和中断处理等，提供符合实时系统标准 POSIX 1003.1b 的接口，以提高应用程序代码的可移植性。

（2）I/O 系统。

VxWorks 提供了一个快速灵活的 I/O 系统，包括 UNIX 标准的缓冲 I/O 和 POSIX 标准的异步 I/O。VxWorks 的 I/O 系统主要包括字符设备、块设备、虚拟设备（管道、Socket）、监控设备和网络设备等。

（3）文件系统。

VxWorks 针对不同的设备提供了多种文件系统，支持外部存储介质的访问。在内部实现上，VxWorks 的文件系统通过标准接口来连接，使其能够方便地在同类设备间移植。

VxWorks 提供了多种格式的文件系统，包括 dosFs、rt11Fs、rawFs、tapeFs、cdromFs 和 TSFS 等，适用于不同应用环境。通常使用 dosFs 作为目标机的文件系统。TSFS 是主机的文件系统在目标机上的映射，串口调试时常使用。

（4）BSP。

BSP 为 VxWorks 提供了硬件环境的接口，使应用程序编码在很大程度上与目标板的硬件和结构无关。它包括硬件初始化、中断处理、定时器、内存地址映射、内存分配等。

（5）网络系统。

VxWorks 的网络系统由标准的网络协议部分组成，即物理层、数据链路层、IP 层、TCP 层、应用层，基本上移植了 BSD4.4 UNIX 的 TCP/IP 协议栈，仅在实时性上进行了较大的修改。为了增强系统的适用性和可移植性，在新版 VxWorks 中增加了一个被称为 MUX 层的接口层。

（6）虚拟内存（VxVMI）与共享内存（VxMP）。

VxVMI 为带有 MMU（内存管理单元）的目标板提供了虚拟内存机制，主要用于对指定内存区的保护。VxMP 主要用于多处理器上运行的任务之间的信号量共享、消息队列和内存块管理。

（7）目标代理。

目标代理遵循 WDB（Wind Debug）协议，允许目标机与主机上的 Tornado 开发工具相连，使用户可以远程调试应用程序。

（8）工具库。

VxWorks 向用户提供了丰富的系统调用，包括中断处理、定时器、消息注册、内存分配、字符扫描、线缓冲和环缓冲管理及 ANSIC 标准。

（9）VxWorks 仿真器（VxSim）。

VxSim 可模拟 VxWorks 目标机的运行，用于应用系统的分析。

4. VxWorks 与 QNX 的区别

与 QNX 相比，VxWorks 有点像宏内核，但体量比 QNX 小，只有 8KB。VxWorks 7 之前只提供系统服务，使用统一地址空间方式，没有用户服务。VxWorks 7 之后区分 Kernel Space 和 User Space，只是 User Space 和 Kernel Space 一致，类似 Linux 的 Monolithic Kernel。QNX 是只有 Kernel 服务运行在 Kernel Mode 下，其他逻辑运行在 User Mode 下。

QNX 是基于信息传递的操作系统，VxWorks 是基于内存的操作系统；QNX 是基于线程划拨调度的，VxWorks 是基于轮询调度的；QNX 针对算力比较强的系统，VxWorks 则偏向于单独 MCU 或 MCU 岛应用的小规模系统，核心是任务调度。VxWorks 的实时性更强，可靠性更高。VxWorks 能轻松达到汽车领域最高的 ASIL-D 级认证，VxWork 还通过了更难的 DO-178C A 级认证。

VxWorks 对汽车领域常用的 C++和智能驾驶算法领域常用的 Python 兼容性良好，对车规级以太网上层协议栈 TSN 标准兼容性良好，对无人驾驶常用操作系统 ROS 兼容性良好，也兼容自适应 AUTOSAR。

9.5 车载操作系统介绍

车载操作系统从功能角度可分为非实时操作系统和实时操作系统，从应用领域角度通常可分为用于中控的车载操作系统、用于仪表的车载操作系统和用于 TBOX 的车载操作系统。

9.5.1 车载操作系统概述

目前，应用于车载领域的操作系统有 QNX、AGL、AliOS、Android 和鸿蒙 OS 等，如表 9-2 所示。

表 9-2 车载操作系统现状

车载操作系统		AGL	QNX	AliOS	Android	鸿蒙 OS
内核		Linux	QNX	Linux	Linux	Linux+自研
技术性能		宏内核	微内核	宏内核	宏内核	宏/微内核
		编译执行	编译执行	编译/解释混合执行	编译/解释混合执行	编译执行
资源抽象层		具备资源抽象功能	具备资源抽象功能	有	Android HAL	有（Harmony OS Driver Foundation）
基础库		无/有	有	有	有	有
基础服务		无/有	有	有	有	有
运行时环境		无/有	有	有	有	有
程序运行框架		无/有	有	有	有	有
功能	非实时	Y	—	Y	Y	Y
	实时	—	Y	—	—	Y
功能安全	具备功能安全认证	—	ASIL-D	ASIL-D（RT-AliOS）	—	ASIL-D
	可扩展性	高	高	高	高	高

续表

车载操作系统		AGL	QNX	AliOS	Android	鸿蒙 OS
是否可裁剪		是	否（微内核，无裁剪的必要）	是	是	是
是否开源		是	否	部分开源	是，有风险	部分开源
应用领域	中控	Y	Y	Y	Y	Y
	仪表	Y	Y	—	—	Y
	TBOX	Y	Y	—	—	—

注：（1）表中各操作系统支持的应用领域仅为一般性分类参考
（2）通过 ASIL-D 认证的不一定是全部车载操作系统
（3）鸿蒙 OS 根据应用需求属性分别运行在实时和分时内核之上

车载操作系统可用于实现一芯多屏（多屏融合、多屏互动等功能）、单屏多系统（虚拟运行环境、多应用生态融合等功能）及一芯多功能单元（信息娱乐、TBOX 等功能）的方案。

9.5.2 AGL

AGL（Automotive Grade Linux）是一个协作开源项目，由 Linux 基金会管理，它将汽车制造商、供应商和技术公司聚集在一起，以加速开发和采用完全开放的联网汽车软件堆栈。其以 Linux 为核心，开发了一个开放式平台，作为事实上的行业标准，以实现新功能和技术的快速开发。它目前已经有超过 100 家成员单位。

2014 年，Linux 基金会发布了 AGL 开源规范 1.0 版本，它是业界首个开放式车载信息娱乐（IVI）软件规范。AGL 参考平台基于 Tizen IVI 平台，用来运行 HTML5 应用。基于 Tizen IVI，AGL 添加了直观的 UI/UX，以及用 HTML5 和 JavaScript 编写的各种应用程序，并支持多种硬件架构。

AGL 系统架构如图 9-13 所示。

整个 AGL 系统从下至上可以分为以下 4 层。

1. OS 层

OS 层包括系统启动、文件管理、任务调度、设备管理、设备驱动（并行设备、图形驱动、视频驱动、音频驱动、车载外设如传感器 CAN 等）、资源监控、系统更新等。

2. 服务层

在 OS 层之上是服务层，支持蓝牙、Wi-Fi、IPC、生命周期管理、位置服务、窗口和图形系统、网络服务、健康监控、电源管理、错误管理、电话、持久化存储、摄像头、音频服务、收音调台服务、语音服务、通信服务、智能手机连接、配置服务、诊断服务、多媒体服务、浏览器服务、个性化 PIM 服务、车载总线服务等。

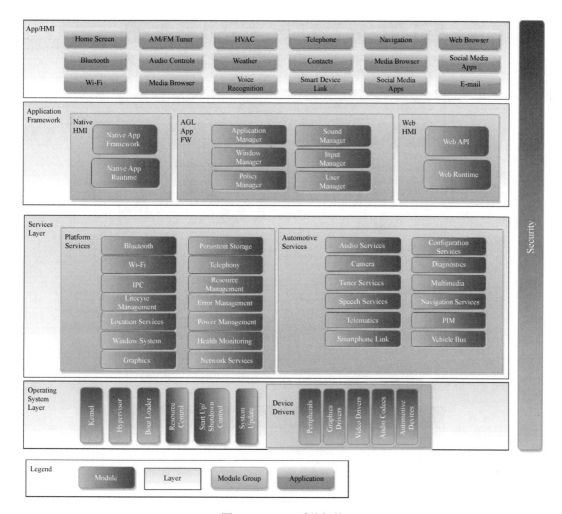

图 9-13　AGL 系统架构

3. 应用框架层

基于服务层提供的服务形成一个应用框架，后续开发者可以基于应用框架开发各种各样丰富多彩的应用。该层包括原生应用框架、应用管理、策略管理、窗口管理、声音管理、输入管理、用户管理、Web 框架等。

4. 应用层

该层不属于 AGL 所负责的部分，用户可以自己开发各类应用，如主屏定制、收音机、浏览器、天气、手车互联、车载电话、音视频播放、E-mail 收发等。

此外，对于汽车来说，安全是非常重要的，所以单独做了安全层，但这层是横跨上述所有层的，每一层都有安全功能需要考虑和实现。

9.5.3　Android

Android 系统架构如图 9-14 所示。其中主要包括以下几部分。

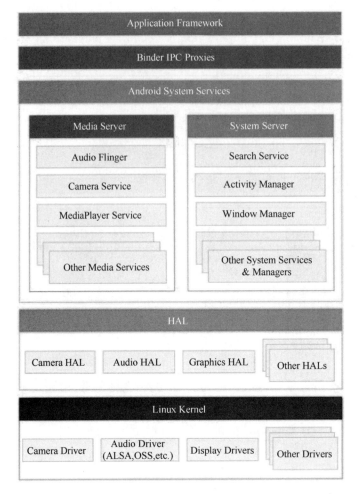

图 9-14 Android 系统架构

（1）应用框架。

（2）系统服务。系统服务是专注于特定功能的模块化组件，如窗口管理器、搜索服务或通知管理器。应用框架 API 所提供的功能是与系统服务通信，以访问底层硬件。Android 包含两组服务：系统和媒体。

（3）硬件抽象层（HAL）。HAL 定义了一个标准接口以供硬件供应商实现，这可让 Android 忽略较低级别的驱动程序实现。HAL 实现会被封装成模块，并由 Android 系统适时地加载。

（4）Linux 内核。Android 使用的 Linux 内核版本包含一些特殊的补充功能，如低内存终止守护进程、唤醒锁定、Binder IPC 驱动程序，以及对移动嵌入式平台来说非常重要的其他功能。

Android 内核相较于 QNX 与 Linux 在某些方面具备独有的优势。从架构来看，Android 的硬件抽象层对 Linux 内核驱动程序进行了封装，把对硬件的支持分成了两层，一层放在用户空间（User Space），一层放在内核空间（Kernel Space），其中硬件抽象层运行在用户空间，而 Linux 内核驱动程序运行在内核空间。Linux 作为宏内核，把对硬件的支持和管理全部放在内核空间，而复杂的内核结构会带来稳定性较差的问题；QNX 作为微内核，内核中只有最基本的调度、内存管理、驱动、文件系统等，但频繁的系统调用与信息传递会使 OS 的运行效率较低。Android 内核介于 QNX 与 Linux 之间，较 Linux 有更好的稳定性，较 QNX 有更高的效率。

Android 之所以在用户空间新建一个硬件抽象层来支持硬件设备，是因为 Android 使用的开源协议是 Apache License，此协议比较宽松，其允许开发者获取并修改源代码之后，不把源代码公开出来。而 Linux 使用的开源协议是 GPL，它的要求和限制较多，其中要求开发者添加或修改代码之后，必须把添加或修改后的源代码公开出来。硬件抽象层保护了开发厂家的利益，但脱离了 Linux 的开源。Android 是开放的，但不是开源的，这也是把 Android 从 Linux 分出去的主要原因。

Android Automotive 并非 Android 的分支或并行开发版本。它与手机等设备上搭载的 Android 使用相同的代码库，位于同一个存储区中。它能够利用现有的安全模型、兼容性计划、开发者工具和基础架构，同时保持较高的可定制性和可移植性，完全免费提供且开源。Android Automotive 扩展了 Android 平台，在将 Android 打造为功能完善的信息娱乐平台的过程中，增加了对汽车特定要求、功能和技术的支持。

9.5.4 鸿蒙 OS

鸿蒙 OS 是基于微内核的分布式操作系统，目标是提升操作系统的跨平台能力，包括支持全场景、跨多设备和平台、低时延和高安全性。鸿蒙 OS 包含如下几个关键技术。

（1）分布式技术：涉及分布式软总线、分布式数据管理、分布式调用等。其实就是功能、数据在多个设备间共享。

（2）硬件原子化和虚拟化：对硬件能力进行了高度抽象，例如，将手机拆解成摄像头+麦克风+扬声器+输入屏的组合。对应用层暴露的是虚拟硬件（从而屏蔽硬件的物理载体和物理位置上的差异），这样手机上的应用就可以使用车机上的摄像头。

（3）统一的应用包格式：应用开发者不再需要为单独的设备开发多个 App，一个 App 可以安装在不同设备上，大大降低了应用开发成本。

（4）安全和开发工具：为鸿蒙 OS 及应用开发提供安全保障和开发便利。

鸿蒙 OS 架构如图 9-15 所示。

图 9-15 鸿蒙 OS 架构

鸿蒙 OS 架构分为以下 4 层。

内核层：相比于 Android，鸿蒙 OS 支持多种内核。例如，在高算力设备上使用 Linux 内核，而在低算力设备上使用自研的 LiteOS。通过内核抽象层，鸿蒙 OS 将内核的差异屏蔽掉。

系统服务层和应用框架层：这两层类似于 Android Framework，但鸿蒙 OS 的系统服务层根据场景进行了垂直归类和划分，如 IoT 业务子系统、穿戴业务子系统等。通过这些垂直子系统，鸿蒙 OS 能满足不同场景的需求。

应用层：鸿蒙 OS 提供了多种语言的 API，目前上层的标准语言是 Java Script/Java，目标是统一语言，但目前的困难是不同场景和不同行业对系统性能等的要求不一样，所以目前还依赖硬件。

另外，鸿蒙 OS 和方舟编译器还有深度合作。方舟编译器的作用主要是优化虚拟机/运行时环境以加速程序执行，不排除方舟编译器将来首先在鸿蒙 OS 上大规模商用的可能。

鸿蒙 OS 通过一芯多屏、多并发、运行时确定保障等能力，满足出行场景需要，具有多用户、多外设、多连接的特点，定义了 HMS-A（HMS for Auto，包括语音、音效、视觉、AI 等七大核心能力）、12 个车机子系统和 500 多个 HOS-CAPI，支撑 OEM、合作伙伴、第三方应用快速开发、持续升级。

9.5.5 AliOS

AliOS 车载操作系统架构主要包括 AliOS 核心系统、数据服务平台及工程化支持平台三大部分，AliOS 解决方案全景图如图 9-16 所示。

图 9-16　AliOS 解决方案全景图

AliOS 核心系统主要实现 Linux 内核、设备驱动、内核安全、多核实时调度、硬件抽象、基础库、图形处理、多媒体框架、电源管理、网络连接、安全管理、云应用管理和运行时环境等功能；数据服务平台提供基础服务、核心云服务及车云互联服务；工程化支持平台基于开放的车辆服务融合平台和云测平台，提供集开发、测试、服务接入于一体的车载应用和服务生态。

9.6　车载多系统架构

在 EE 架构趋于集中化后，虚拟化技术的出现让多系统成为现实。本节主要介绍车载多系统架构和典型虚拟机技术方案。

9.6.1　车载多系统架构方案

典型的智能汽车计算平台基础软件架构如图 9-17 所示。

安全 MCU 运行符合 ISO 26262 标准的 Safety OS，实现高安全级别的车辆控制和车内通信等。高性能片上系统（SoC）芯片借助虚拟化技术，支持以 Linux 为代表的全功能量级操作系统和 Safety OS 在多个虚拟机上同时运行，实现环境感知定位、路径决策规划等核心算法及人机接口处理算法。

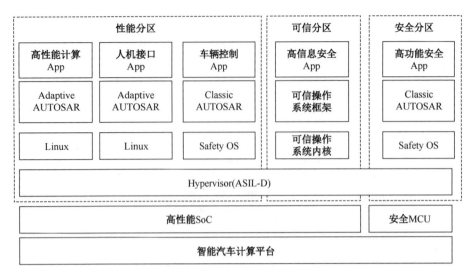

图 9-17 典型的智能汽车计算平台基础软件架构

下面介绍几种常见的车载多系统架构。

1. 硬件隔离架构

硬件隔离（Hardware Partition）架构将硬件资源通过硬件分区的方式进行划分和管理，硬件资源所属分区拥有对该资源的访问和管理权限，其他分区不能对该资源进行操作，如图 9-18 所示。通过硬件分区的方式对资源进行管理，简化了资源从属和管理问题，方便了软件开发，但灵活性稍差。

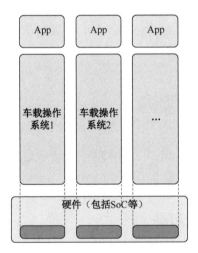

图 9-18 硬件隔离架构

硬件隔离架构的典型技术方案是 ARM Trust Zone。基于 ARM Trust Zone 的隔离技术可将硬件分为两个独立的 Domain。

（1）关键应用 Domain：可以在 1 秒内启动，主要用于运行仪表、倒车影像、提前输出声音和错误处理等关键应用。

（2）多媒体应用 Domain：主要用于运行非关键应用，如 Android 等 IVI 功能。

基于该技术，硬件被静态隔离，可预先分配硬件归属于关键应用域或非关键应用域，不需要 Hypervisor 的支持，相关系统可以并行访问硬件资源。这种方案的优点是可以消除 Hypervisor 引入的性能延迟，由于系统间实现了物理隔离，系统间相互影响小，稳定性及安全性在所有多系统方案中都达到最高标准，而且系统间交互通过底层模块保证，系统应用的开发难度较低。

该方案的缺点是，各系统对于硬件资源的需求在前期需要进行较为准确的规划设计，在分配后不能动态运行规划，一个系统资源紧张时不能使用其他系统的空闲资源，灵活性较差，也容易导致资源利用率不高。

2. 虚拟机管理器架构

Hypervisor 是一种运行在物理服务器和操作系统之间的中间软件层（可以是软件程序，也可以是固件程序），其允许多个操作系统和应用共享一套基础物理硬件，因此也可以看作虚拟环境中的元操作系统。它可以协调访问服务器上的所有物理设备和虚拟机，也称虚拟机管理器（Virtual Machine Monitor，VMM）。

虚拟机管理器架构基于虚拟机管理器为每个虚拟机，即车载操作系统单系统分配不同的资源，可以协调不同芯片、不同芯片底层软件、不同应用层软件，使硬件和软件资源可以按照产品需求灵活地在不同的虚拟机操作系统中分配。虚拟机管理器是一种运行在硬件层和操作系统之间的中间软件层，通过限制或允许访问 CPU、内存和外设等片上资源来定义每个单系统可用的功能，而单系统之间完全隔离，某个单系统无法访问未提供给自己的资源。

虚拟机管理器架构有两种类型，如图 9-19 所示。

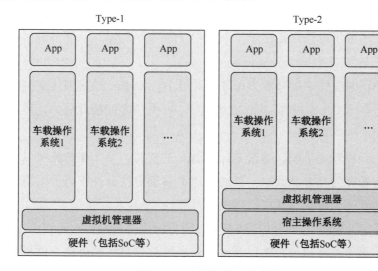

图 9-19　虚拟机管理器架构

1）Type-1 裸机型

裸机型 Hypervisor 最为常见，直接安装在硬件资源之上，操作系统安装并运行在 Hypervisor 之上。裸机型虚拟化技术通过提供系统虚拟机（如模拟真实硬件的整个系统），允许未经修改的客户操作系统作为客户机运行，该模式需要硬件虚拟化的支持，如 x86 架构的 AMD-V/Intel VT，ARMv8 和 Power 架构的虚拟化 Profile 等。

其优势在于客户操作系统不需要进行任何修改就可以正常运行，并且它们不知道自己在虚拟化环境中运行。这种虚拟化技术使用简单，具有很好的兼容性，但需要捕捉客户操作系统发出的敏感特权指令，进而通过虚拟机管理器来模拟系统的特权指令，这个过程将降低指令的执行速度。

2）Type-2 宿主型

宿主型（又称基于操作系统虚拟化）将虚拟化层安装在主机操作系统中，虚拟化软件以应用程序进程形式运行在主机操作系统中，而主机操作系统运行在物理硬件之上。由于 Type-1 技术对硬件性能的要求较高，并且运行效率不高，因此人们提出了 Type-2 虚拟化技术解决方案。

在 Type-2 中，虚拟机系统（客户操作系统）的内核需要经过特殊修改，把特权指令改成对虚拟化层 API 的调用。在 Type-1 的基础上，对客户操作系统进行了修改，增加了一个专用 API，这个 API 可以将客户操作系统发出的指令进行最优化，即不需要 Hypervisor 耗费一定的资源进行翻译操作，因此 Hypervisor 的工作负担变得非常小，整体性能也有很大的提高。Type-2 技术可以减少模拟执行特权指令造成的性能开销。另外，这种技术还可以优化 I/O 访问和操作，运行速度基本可达到本机速度。

虚拟机管理器架构的正面影响包括以下几点。

（1）充分隔离了车载应用的功能域，使得对功能安全要求较高的应用（如仪表程序）和非功能安全相关的应用可以运行在同一个 SoC 上而互不影响，从而节约了硬件资源，减少了功耗。

（2）使多用户同时操作多屏幕成为可能。通过 Hypervisor 的虚拟化支持，可以在一个 SoC 上同时延展出多个 IVI 系统（Android 或 AGL），系统之间彼此隔离，用户的操作不会相互影响。

（3）更高效的互联互通机制。通过 Hypervisor 的支持，多个虚拟机可以利用主机内存作为媒介相互进行数据的交互和共享，其通信速率和稳定性远高于基于网络的通信，使得多系统间的屏幕共享和大量数据共享访问成为可能。

（4）更有效的硬件资源共享。默认情况下，所有的硬件资源都由特权虚拟机进行管理，通过虚拟化技术，多个虚拟机用户可以共享分配给特权虚拟机的硬件，这样就节约了硬件资源，不需要为每个系统都分配硬件，所有系统都可以通过虚拟通道访问虚拟硬件。

虚拟机管理器架构的负面影响包括如下几点。

（1）增大了系统开发的复杂度。在车载环境中，由于 Hypervisor 的引入，通常需要维护 3 个虚拟机系统（Android、AGL 和 QNX），还要维护虚拟机之间的通信和相互间的协调关系，由此产生的开发工作量和难度比单一操作系统要大很多。

（2）增加了系统调度开销。由于虚拟机中对底层硬件的操作都需要嵌入 Hypervisor 中进行，因此相关指令会导致虚拟机暂停并进入 Hypervisor 中执行操作，之后再退回到虚拟机中继续执行，这样就增大了系统额外开销。

（3）引入了安全性问题。当两个虚拟机间做内存共享时会引入安全相关问题，如果某个虚拟机安全性不足被非法入侵，可能导致非法入侵者通过安全漏洞进入其他虚拟机甚至 Hypervisor。其中，Type-1 裸机型方案由于不存在底层支撑的宿主操作系统内核，对于上层虚拟机的攻击需要个个击破，安全性相对较高；而 Type-2+Application 的方案，由于 Application 层直接搭建在宿主操作系统之上，因此更容易直接被攻破，造成整个多系统架构崩溃，其安全性较差。

对于 Hypervisor 环境引入的负面影响可以通过优化的手段来降低，常用的优化手段有：减少虚拟 CPU 退出到 Hypervisor 的次数；通过将相关硬件直接 Pass 到虚拟机中进行操作，降低对 Hypervisor 的依赖；对 GPU 采用硬件虚拟化技术，针对多虚拟机进行隔离，减少软件开销。

总的来说，Hypervisor 环境的引入对车载系统是利大于弊，能够更充分地发挥车载 SoC 的性能，更好地满足多人多屏的需求。

3. 容器架构

容器（Container）架构基于 Linux 内核和容器框架承载多个应用程序，如图 9-20 所示。这些承载应用程序的容器共享底层计算机和操作系统，Linux 内核确保运行在不同容器中的应用程序相互隔离，具有不同的文件系统、网络和存储接口、处理器和内存。容器映像中的文件用作从该映像创建的容器的只读文件系统，在容器中运行的程序看不到其他文件，且在容器中运行的代码的行为独立于基础系统。

容器架构的典型技术方案包括 runC 和 LXC。

1）runC

runC 是一个容器运行环境，最初是作为 Docker 的一部分开发的，后来被提取为单独的开源工具和库。作为低级容器运行时，runC 可以用作独立工具，用来生成和运行容器。像 Docker 这样的高级容器运行时通常将实现诸如

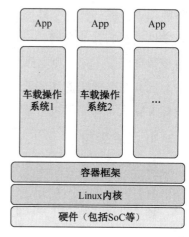

图 9-20 容器架构

映像创建和管理之类的功能，并将使用 runC 来处理与正在运行的容器相关的任务，将进程附加到现有容器等。EBcorbos Linux 包含 runC 的容器方案，该方案已经在大众 MEB 平台中广泛使用。

runC 相关的标准化工作主要由 OCI（Open Container Initiative）开展。OCI 是一个开源组织，由 Docker 和其他容器行业的领导者于 2015 年 6 月建立，其明确目的是创建容器格式和运行规范的行业标准。OCI 目前制定了两个规范：运行时规范（runtime-spec）和映像规范（image-spec）。运行时规范概述了如何运行在磁盘上解压缩的文件系统包。在较高级别上，OCI 实现将下载 OCI 映像，然后将该映像解压缩到 OCI 运行时文件系统捆绑包中。此时，OCI 运行时捆绑包将由 OCI 运行时运行。

2）LXC

LXC（Linux Container）可提供轻量级的虚拟化，以便隔离进程和资源。LXC 可以在操作系统层面为进程提供虚拟的执行环境，一个虚拟的执行环境就是一个容器。LXC 在资源管理方面依赖 Linux 内核的 cgroups 子系统，cgroups 子系统是 Linux 内核提供的一个基于进程组的资源管理框架，可以为特定的进程组指定可以使用的资源。

容器架构的特点包括：轻量级隔离，与宿主机使用同一个内核；无须指令级模拟；无须即时（Just-In-Time）编译；容器可在 CPU 核心的本地运行指令，不需要专门的解释机制；提供共享机制，可简单实现容器与宿主机的资源共享。

容器占用的空间比虚拟机小很多，甚至可以小到 10MB，可以轻松限制容器的内存和 CPU 利用率。与部署应用时需要部署整个操作系统的虚拟机相比，容器非常轻巧且启动迅速，从而使用户可以快速扩展容器并添加相同的容器。容器对于持续集成和持续部署（CI/CD）也是极好的选择。可以通过在开发人员之间分发和合并镜像来促进协作开发。

但是容器无法提供与虚拟机相同的安全性和稳定性。由于容器共享主机的内核，因此不能像虚拟机一样完全隔离。容器是进程级的隔离，一个容器可以通过影响宿主机内核的稳定性来影响其他容器。一旦容器执行了任务，它就会关闭并删除其中的所有数据。如果希望数据保留下来，则必须使用数据卷进行保存，这需要在主机上进行手动配置。

因其完整的隔离和安全性，虚拟机通常用于要求苛刻的应用程序、网络基础结构及要消耗 VM 大部分资源的应用程序，而容器通常用于 Web 应用和微服务。

4. 混合架构

在实际应用中，为平衡功能与安全性的不同要求，可采用 3 类基础架构中的两类或 3 类组合而成的混合架构。例如，硬件隔离+虚拟机管理器 Type-1 的混合架构如图 9-21 所示。

还可以在 Type-2 的基础上，将虚拟机管理器实现在一个宿主操作系统之上，如图 9-22 所示。

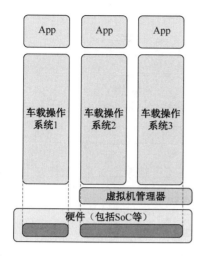

图 9-21　硬件隔离+虚拟机管理器 Type-1 的混合架构

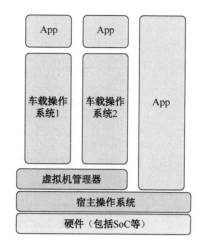

图 9-22　虚拟机管理器 Type-2+Application 的混合架构

该架构既可以支持硬件虚拟化及其他单系统运行在其虚拟机管理器之上，又可以运行自身操作系统的功能和应用，并实现与其他单系统间的隔离。

9.6.2　典型虚拟机技术方案

1. KVM 介绍

1）KVM 的历史

KVM 的全称是 Kernel Virtual Machine，翻译成中文就是内核虚拟机。其基于 Linux Kernel，通过加载新的模块使 Linux Kernel 本身变成一个 Hypervisor。

2）KVM 功能概览

KVM 是基于虚拟化扩展（Intel VT 或 AMD-V）的 x86 硬件，是 Linux 完全原生的全虚拟化解决方案。部分的准虚拟化支持，主要是通过准虚拟网络驱动程序的形式用于 Linux 和 Windows 客户机系统的。KVM 目前设计为通过可加载的内核模块，支持广泛的客户机操作系统，如 Linux、BSD、Solaris、Windows、Haiku、ReactOS 和 AROS Research Operating System。

在 KVM 架构中，虚拟机实现为常规的 Linux 进程，由标准 Linux 调度程序进行调度。事实上，每个虚拟 CPU 显示为一个常规的 Linux 进程。这使 KVM 能够享受 Linux 内核的所有功能。

需要注意的是，KVM 本身不执行任何模拟，需要用户空间程序通过/dev/kvm 接口设置一个客户机虚拟服务器的地址空间，向它提供模拟的 I/O，并将它的视频显示映射回宿主机的显示屏。目前这个应用程序是 QEMU。

KVM 的基本架构如图 9-23 所示。

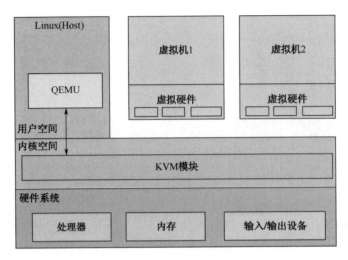

图 9-23　KVM 的基本架构

KVM 是一个基于宿主机操作系统的 Type-2 虚拟机。在图 9-23 中，左侧部分是一个标准的 Linux 操作系统，可以是 RHEL、Fedora、Ubuntu 等。KVM 模块在运行时按需加载进内核空间运行。

KVM 由 KVM 模块和 QEMU 组成。

（1）KVM 模块。

KVM 模块是 KVM 的核心部分。其主要功能是初始化 CPU 硬件，打开虚拟化模式，然后使虚拟客户机运行在虚拟化模式下，并对虚拟客户机的运行提供一定的支持。

KVM 模块与用户空间 QEMU 的通信接口主要是一系列针对特殊设备文件的 IOCTL 调用。

KVM 模块加载之初，只存在/dev/kvm 文件，而针对该文件的最重要的 IOCTL 调用就是创建虚拟机。在这里，创建虚拟机可以理解成 KVM 为某个特定的虚拟客户机（用户空间程序创建并初始化）创建对应的内核数据结构。

同时，KVM 还会返回一个文件句柄来代表所创建的虚拟机。针对该文件句柄的 IOCTL 调用可以对虚拟机做相应的管理。例如，创建用户空间虚拟地址和客户机物理地址及真实内存物理地址的映射关系，创建多个可供运行的虚拟处理器（vCPU）。同样，KVM 模块会为每一个创建出来的虚拟处理器生成对应的文件句柄，对虚拟处理器相应的文件句柄进行相应的 IOCTL 调用，就可以对虚拟处理器进行管理。

针对虚拟处理器的重要的 IOCTL 调用就是执行虚拟处理器，用户空间准备好的虚拟机在 KVM 模块的支持下，被置于虚拟化模式中的非根模式下，开始执行二进制指令。在非根模式下，所有敏感的二进制指令都会被处理器捕捉到，处理器在保存现场之后自动切换到根模式，由 KVM 决定如何进一步处理（要么由 KVM 模块直接处理，要么返回用户空间交由用户空间程序处理）。

（2）QEMU

QEMU 本身就是一个著名的开源虚拟机软件。与 KVM 不同，QEMU 虚拟机是纯软件实现，所以性能低下。但是，其优点是在支持 QEMU 本身编译运行的平台上就可以实现虚拟机的功能，甚至虚拟机可以与宿主机不是同一个架构。QEMU 的代码中有整套的虚拟机实现，包括处理器虚拟化、内存虚拟化，以及 KVM 用到的虚拟设备模拟（如网卡、显卡、存储控制器和硬盘等）。

为了简化开发和代码重用，KVM 在 QEMU 的基础上进行了修改。虚拟机运行期间，QEMU 会通过 KVM 模块提供的系统调用进入内核，由 KVM 模块负责将虚拟机置于处理器的特殊模式下运行。遇到虚拟机进行输入/输出操作，KVM 模块会从上次的系统调用出口处返回 QEMU，由 QEMU 来负责解析和模拟这些设备。

从 QEMU 的角度来看，也可以说 QEMU 使用了 KVM 模块的虚拟化功能，为自己的虚拟机提供硬件虚拟化加速，从而极大地提高了虚拟机的性能。除此之外，虚拟机的配置和创建、虚拟机运行依赖的虚拟设备、虚拟机运行时的用户操作环境和交互，以及一些针对虚拟机的特殊技术（诸如动态迁移），都是由 QEMU 自己实现的。

从 QEMU 和 KVM 模块之间的关系可以看出，这是典型的开源社区在代码共用和开发项目共用方面的合作。QEMU 可以选择其他的虚拟机或技术来加速，如 Xen 或者 KQEMU；KVM 也可以选择其他的用户空间程序作为虚拟机实现，只要它按照 KVM 提供的 API 来设计。

3）KVM 功能特性

（1）内存管理。

KVM 从 Linux 继承了强大的内存管理功能。一个虚拟机的内存与任何其他 Linux 进程的内存一样进行存储，可以以大页面的形式进行交换以实现更高的性能，也可以以磁盘文件的形式进行共享。NUMA（非一致性内存访问，针对多处理器的内存设计）允许虚拟机有效地访问大量内存。

KVM 支持最新的基于硬件的内存虚拟化功能，支持 Intel 的扩展页表（EPT）和 AMD 的嵌套页表[NPT，也称快速虚拟化索引（RVI）]，以实现更低的 CPU 利用率和更高的吞吐量。

内存页面共享通过一项名为内核同页合并（Kernel Same-page Merging, KSM）的内核功能来支持。KSM 扫描每个虚拟机的内存，如果虚拟机拥有相同的内存页面，KSM 就将这些页面合并到一个在虚拟机之间共享的页面，仅存储一个副本。如果一个客户机尝试更改这个共享页面，它将得到自己的专用副本。

（2）存储。

KVM 能够使用 Linux 支持的任何存储来存储虚拟机镜像，包括具有 IDE、SCSI 和 SATA

的本地磁盘，网络附加存储（NAS）（包括 NFS 和 SAMBA/CIFS），以及支持 iSCSI 和光纤通道的 SAN。多路径 I/O 可用于提高存储吞吐量和提供冗余。由于 KVM 是 Linux 内核的一部分，因此它可以利用所有领先存储供应商都支持的一种成熟且可靠的存储基础架构，它的存储堆栈在生产部署方面具有良好的记录。

KVM 还支持全局文件系统（GFS2）等共享文件系统上的虚拟机镜像，以允许虚拟机镜像在多个宿主机之间共享或使用逻辑卷共享。磁盘镜像支持按需分配，仅在虚拟机需要时分配存储空间，而不是提前分配整个存储空间，这样做可以提高存储利用率。KVM 的原生磁盘格式为 QCOW2，它支持快照，允许多级快照、压缩和加密。

（3）设备驱动程序。

KVM 支持混合虚拟化，其中准虚拟化的驱动程序安装在客户机操作系统中，允许虚拟机使用优化的 I/O 接口而不使用模拟的设备，从而为网络和块设备提供高性能的 I/O。KVM 准虚拟化的驱动程序使用 IBM 和 Red Hat 联合 Linux 社区开发的 VirtIO 标准，它是一个与虚拟机管理程序独立的、构建设备驱动程序的接口，允许为多个虚拟机管理程序使用一组相同的设备驱动程序，能够实现更出色的虚拟机交互性。

（4）性能和可伸缩性。

KVM 也继承了 Linux 的性能和可伸缩性。KVM 虚拟化性能在很多方面（如计算能力、网络带宽等）已经可以达到非虚拟化原生环境的 95%以上的性能。KVM 的可伸缩性也非常好，客户机和宿主机都可以支持非常多的 CPU 和大量内存。例如，Red Hat 官方文档就介绍过，RHEL6.x 系统中的一个 KVM 客户机可以支持 160 个虚拟 CPU 和 2TB 内存，KVM 宿主机支持 4096 个 CPU 核心和 64TB 内存。

KVM 诞生不久就被 Linux 社区接纳，成为随 Linux 内核发布的轻量型模块。与 Linux 内核集成，使 KVM 可以直接获益于最新的 Linux 内核开发成果，如更好的进程调度支持、更广泛的物理硬件平台的驱动、更高的代码质量等。

2. Xen 虚拟机介绍

1）Xen 虚拟机的历史

20 世纪 90 年代，英国剑桥大学在一个名为 Xenoserver 的研究项目中开发出了 Xen 虚拟机。

2）Xen 虚拟机功能概览

Xen 是一个直接在系统硬件上运行的虚拟机管理程序。Xen 在系统硬件与虚拟机之间插入一个虚拟化层，将系统硬件转换为一个逻辑计算资源池，Xen 可将其中的资源动态地分配给任何操作系统或应用程序。在虚拟机中运行的操作系统能够与虚拟资源交互，就好像它们是物理资源一样。

Xen 是一个开放源代码的 Hypervisor 平台，可在单台计算机上运行多达 100 个满特征的操作系统。操作系统必须进行显式修改（移植）以在 Xen 上运行（提供对用户应用的兼容性）。这使得 Xen 无须特殊硬件支持，就能达到高性能的虚拟化。Xen 虚拟机可以在不停止工作的情况下在多个物理主机之间实时迁移。在操作过程中，虚拟机在没有停止工作的情况下内存被反复复制到目标机器。虚拟机在最终目的地开始执行之前，会有一次 60~300 秒的暂停以执行最终的同步化，给人无缝迁移的感觉。

Xen 系统架构如图 9-24 所示。

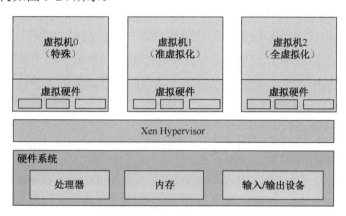

图 9-24　Xen 系统架构

Xen 被设计成微内核的实现，其本身只负责管理处理器和内存资源。在 Xen 上运行的所有虚拟机中，0 号虚拟机是特殊的，其中运行的是经过修改的支持准虚拟化的 Linux 操作系统，大部分输入/输出设备都交由这个虚拟机控制，而 Xen 本身并不直接控制它们。这样做可以使基于 Xen 的系统最大限度地复用 Linux 内核的驱动程序。更广泛地说，Xen 虚拟化方案在 Xen Hypervisor 和 0 号虚拟机的功能上做了划分，既能够重用大部分 Linux 内核的成熟代码，又能够控制系统之间的隔离性，对虚拟机进行更加有效的管理和调度。通常，0 号虚拟机也被视为 Xen 虚拟化方案的一部分。

在 Xen 上运行的虚拟机，既支持准虚拟化，也支持全虚拟化，几乎可以运行所有可以在 x86 物理平台上运行的操作系统，Xen 还支持 ARM 平台的虚拟化。

3）Xen 虚拟机功能特性

Xen 服务器构建于开源的 Xen 虚拟机管理程序之上，结合使用半虚拟化和硬件协助的虚拟化。操作系统与虚拟化平台之间的这种协作支持开发一个较简单的虚拟机管理程序来提供高度优化的性能。

Xen 提供了复杂的工作负载平衡功能，可捕获 CPU、内存、磁盘 I/O 和网络 I/O 数据，它提供了两种优化模式：一种针对性能，另一种针对密度。

Xen 服务器利用一种名为 Citrix Storage Link 的独特的存储集成功能，使系统管理员可直接利用来自 HP、Dell Equal Logic、NetApp、EMC 等公司的存储产品。

Xen 服务器包含多核处理器支持、实时迁移、物理服务器到虚拟机（P2V）和虚拟机到虚拟机（V2V）转换工具、集中化的多服务器管理、实时性能监控等。

Xen 作为开发最早的虚拟化方案之一，对各种虚拟化功能的支持相对完善。Xen 虚拟机监控程序是一个专门为虚拟机开发的微内核，所以其资源管理和调度策略完全是针对虚拟机的特性而开发的。作为一个独立维护的微内核，Xen 功能明确，开发社区构成比较简单，所以更容易接纳专门针对虚拟化所开发的功能和优化。

Xen 的配置和使用较难，部署会占用较大的空间，而且非常依赖 0 号虚拟机中的 Linux 操作系统。Xen 微内核直接运行于真实物理硬件之上，开发和调试都比基于操作系统的虚拟化困难。Xen 最大的困难在于 Linux 内核社区的抵制，导致 Xen 相关的内核改动一直不能顺利进入内核源代码，从而无法及时得到内核最新开发成果的支持，这与 KVM 形成了鲜明的对比。

3. QNX 虚拟机介绍

1）QNX 虚拟机的历史

2021 年，QNX 发布了 QNX Hypervisor 2.2。利用 QNX Hypervisor 2.2，设计的灵活性和可扩展性可实现最大化，制造商和其他嵌入式系统供应商得以将具有混合关键性和不同运行环境的多个系统整合到同一硬件平台上。这有助于降低从轨道和机器人控制器，到车辆数字驾驶舱和电池管理 ECU 的各种嵌入式系统的初始开发成本和长期拥有成本。

基于 QNX Neutrino RTOS 7.1，QNX Hypervisor 2.2 支持用于中断控制的最新芯片增强功能、可伸缩矢量扩展（SVE）和加密技术及安全强化功能。同时，新版本也为用户提供了其他功能，如在访客发起前快速启动关键系统服务，以及基于优先级的硬件资源和设备共享。与以往的版本一样，QNX Hypervisor 2.2 也添加了信息熵源，并提供了丰富的 VirtIO 共享设备支持。

QNX Hypervisor 2.2 为开发团队提供了一个强健、可靠的虚拟机管理程序域，帮助开发团队运行 Android 和 Linux 发行版。此外，QNX Hypervisor 2.2 还可以进行扩展，以便系统架构师选择在虚拟机中运行软件，或者与主机域中的虚拟机共同运行软件。这种灵活性使开发人员能够在不影响功能和性能的情况下，降低系统复杂性并将 Android 和 Linux 添加到 SoC 中。

值得注意的是，任务关键型应用可以根据优先级调度与 Android 共享主机域服务（后端），从而精确控制访客的行为。因而，与 BlackBerry 所有 QNX Hypervisor 产品版本一样，系统架构师不仅可以通过 QNX Momentics 工具组件完全控制访客和设备的分离和隔离，还可以深入了解管理程序的运行情况。

2）QNX 虚拟机功能概览

由 QNX 提供的闭源虚拟机是基于 Type-1 实时优先级的微内核管理程序，用于管理虚拟机，如图 9-25 所示。QNX 虚拟机管理程序可以更容易地获得安全关键组件，并通过隔离不同的客户端操作系统的非安全关键组件来确保安全性。QNX Hypervisor 能够满足嵌入式零停机生产系统的精度要求。

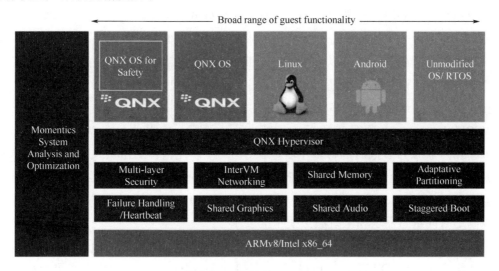

图 9-25　QNX Hypervisor

QNX 虚拟机可以支持多个不同的架构，在这些架构中可以分别运行 QNX 的基础服务（Foundation）、主机端（Host）和虚拟机端（GVM）。

基础服务模式：所有物理设备的驱动都运行于 QNX 主机端，所有的用户级应用都运行于 QNX 虚拟机中（如显示管理、启动动画、静态画面等）。

Host 模式：所有物理设备的驱动均运行于 QNX 主机端，用户的应用程序和驱动程序都运行于主机端，在这种模式下通常只能运行一个 Linux 客户端。

多用户模式：所有物理设备的驱动均运行于 QNX 主机端，用户级应用和驱动都运行于主机端，这种模式通常可以支持 2 个以上 Linux 客户端。

通过 QNX Hypervisor，可以安全地整合多个操作系统，使其在同一 SoC 上共存，使用独特的 QNX OS 微内核体系结构，并将安全关键组件与非安全关键组件分开。与安全相关的组件在一个操作系统上运行，而非安全相关的组件在虚拟机上的另一个操作系统上运行。通过采用具有最高安全合规性和预认证水平的管理程序技术，可以减少安全认证时间和成本。

QNX Hypervisor 支持 QNX Neutrino OS、Linux 和 Android 操作系统，以及其他未修改的操作系统、RTOS 和实时执行程序。

4. ACRN 虚拟机介绍

1）ACRN 虚拟机的历史

2018 年发布的 ACRN 是一款灵活的、轻量级的参考 Hypervisor，以实时性和关键的安全性为设计出发点，并且通过开源平台为精简嵌入式开发进行优化。ACRN 的最大优势之一是体量小，发布时大约只有 25KB 代码。

2) ACRN 虚拟机功能概览

ACRN 是一个比较成熟、稳定的基础虚拟化技术开源方案，目前只能应用于 Intel 系列芯片。ACRN 可灵活地支持逻辑分区、共享和混合模式。

ACRN 有两个关键组成部分：ACRN Hypervisor 和 ACRN 设备模块。ACRN Hypervisor 是一个 Type-1 Hypervisor，可以直接运行于裸机上。ACRN 设备模块是针对虚拟设备仿真的参考框架实现，它提供丰富的 I/O 虚拟化支持，目前计划支持音频、视频、图形和 USB。随着社区发展，预计会加入更多设备虚拟化功能。

ACRN Hypervisor 运行在裸机上，其上可以运行一个基于 Linux 的服务操作系统（Service OS），然后可以同时运行多个客户操作系统，以便整合工作负载。ACRN Hypervisor 为 Service OS 创造第一个虚拟环境，然后启动 Guest OS。Service OS 运行本地设备驱动程序来管理硬件，向 Guest OS 提供 I/O Mediation。Service OS 以系统最高优先级的虚拟机运行，以满足时间敏感需求和系统服务质量的要求。

Service OS 目前可以运行 Clear Linux，但是 ACRN 也支持其他 Linux 的发行版或者专有 RTOS 作为 Service OS 或 Guest OS。为了保持 ACRN Hypervisor 代码库尽可能小且高效，大部分设备模块的实现驻留在 Service OS，用来提供设备共享和其他功能。目的是保证在资源受限的设备上实现小尺寸、低时延的代码库的优化。

硬件资源可以被分成两部分，一部分可以直接被 Hypervisor 启动，甚至可以在 VM 启动之前。如果没有提前启动的 VM，则 Service VM 是第一个启动的，并且可以直接获取硬件资源。ACRN 虚拟机架构如图 9-26 所示。

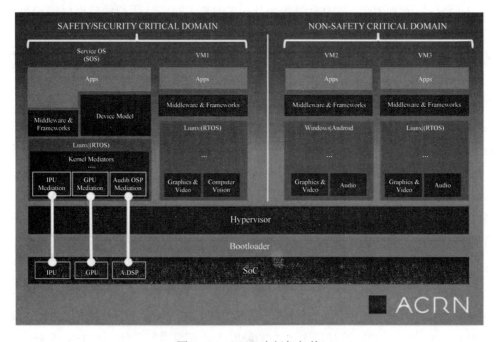

图 9-26　ACRN 虚拟机架构

ACRN 为嵌入式和车载应用量身定制的虚拟化方案追求灵活性、轻量级，并且在开发阶段对代码量有严格控制。由于代码量小，在做实时性、稳定性和功能安全的认证时就会比较方便。ACRN 在设计上考虑了功能安全的要求和实时性要求，在开源社区中也在推动符合功能安全认证的开发模式，是针对车载的技术方案。ACRN 的典型用例是奇瑞星途 VX。奇瑞星途 VX 配备了双 12.3 英寸液晶显示屏，仪表使用 Clear Linux，仪表盘显示刷新频率为 60Hz，中控采用最新的安卓 9.0 系统。

5. COQOS 虚拟机介绍

1）COQOS 虚拟机的历史

该系统通过虚拟化技术，实现了信息娱乐软件和 AUTOSAR 功能在单一硬件上安全运行。基于模块化理念，COQOS 软件可应用于车载主显示器、仪器板及车身控制模块。

2）COQOS 虚拟机功能概览

COQOS 虚拟机不仅可以用于座舱系统，也可以用于自动驾驶系统，并且通过了 2018 版的 ASIL-B 级认证，如图 9-27 所示。

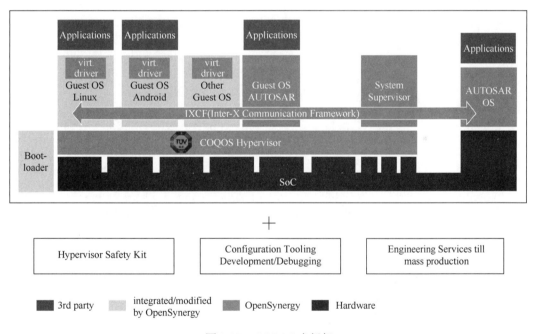

图 9-27　COQOS 虚拟机

最新的 COQOS Hypervisor SDK 围绕安全高效的虚拟机管理程序构建，可在一个 SoC 上同时运行多用途操作系统，以及 RTOS 和 AUTOSAR 兼容软件。

COQOS 是一个高度可伸缩的软件框架，用于在汽车领域实现虚拟化技术。它为汽车 OEM 和供应商提供了一个灵活的解决方案，可以无缝集成娱乐资讯单元、远程信息处理和消费电子用户应用程序，以及实时 AUTOSAR 的汽车应用。

COQOS 解决方案使用 SYSGO 的 PikeOS 微内核体系结构。PikeOS 微内核已经被广泛部署在关键的航空电子项目中,并被证明符合严格的安全和安保标准。

COQOS 提供了对 Linux、Android 和 AUTOSAR 框架的全面支持。其微内核允许安全可靠地分配处理器资源。COQOS 使用虚拟而不是硬件辅助虚拟,并提供虚拟版本的 Linux 和 Android 访客操作系统。

COQOS 提供了一种资源分区机制,用于为不同的 OS 分区分配系统资源。AUTOSAR 和 Linux OS 可以在单个硬件平台的单独分区上托管,并使用此机制共享系统资源。

COQOS 提供了时间划分机制,用于为驻留实时和非实时应用程序的不同 OS 分区分配 CPU 时间插槽。AUTOSAR 实时应用程序和 Linux 非实时应用程序可以使用这种灵活的时间划分方案来访问 CPU。

第 10 章

智能汽车安全设计

智能汽车亟须解决的问题之一就是安全问题。如何在自动驾驶的情况下确保车上人员的安全,关系到普通大众能否真正接受智能汽车。智能汽车安全设计主要包括功能安全设计、预期功能安全设计、信息安全设计和数据安全设计几方面。安全既是设计新一代智能汽车的起点,又是智能驾驶需要实现的目标。

10.1 汽车安全设计介绍

智能驾驶在驾驶员辅助、车联网、车辆动力学控制以及主动和被动安全系统等领域不断添加新的功能。这些功能的开发和集成大大增加了系统开发活动的复杂程度。为保证智能驾驶设计的安全可靠性,需要系统地分析所有可能的风险,并设计相应的应对措施以使风险降低到可接受的范围之内;为保证系统开发的安全可靠性,要加强对安全系统开发过程的管理,并且要提供足够的证据,以证明所开发的系统能够满足所有合理的系统安全要求。

智能汽车的安全挑战如表 10-1 所示。

表 10-1 智能汽车的安全挑战

	安全挑战	安全技术	标准
车辆因素	电子电气系统故障	功能安全	ISO 26262
	系统功能局限	预期功能安全	ISO/PAS 21448
人员因素	驾驶员误用		
环境因素	环境干扰		
	网络攻击	信息安全	SAE J3061 ISO 21434

10.2 功能安全设计

功能安全在自动驾驶系统的全生命周期中起着指引、规范、控制的作用。明确的功能安全要求、技术方案和规范的功能安全开发流程可以降低和避免来自系统性失效和随机硬件失效的风险。系统在运行过程中出现故障时，也依赖功能安全机制确保系统进入安全状态。

10.2.1 功能安全介绍

在介绍"功能安全"时，经常引用的术语是"本质安全"。"本质安全"是一种通过消除危险原因来确保安全的方法。而"功能安全"是通过功能方面的努力将风险降低到可接受水平来确保安全的方法。

以道路和铁路交叉口为例，可以思考一下应该采取什么措施来避免汽车和火车之间发生碰撞。为了消除道路和铁路交叉的危险原因，将道路和铁路分开，通过建设立交桥来避免碰撞的做法就是基于本质安全的思路。按照本质安全的思路，采用立交桥的做法，可以从物理上消除汽车与火车之间的碰撞。

而功能安全的方法则是通过设置铁路道口来避免碰撞。在道路与铁路的交叉处设置警报器和栏杆，在铁路上安装传感器，当传感器检测到火车接近时，警报器响起，并降下栏杆。当另外的传感器检测到火车已经通过时，警报器停止，并升起栏杆。虽然道路与铁路在物理上仍然交叉，但可通过设置铁路道口的方法把汽车和火车相撞的风险降低到可接受的水平。这就是功能安全的思路，如图 10-1 所示。

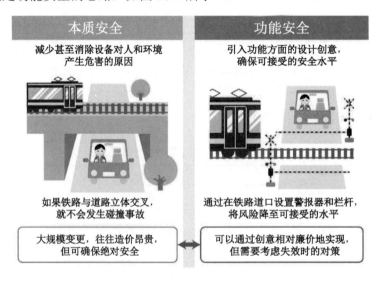

图 10-1 本质安全与功能安全的思路

本质安全可以确保绝对安全，但是通常造价昂贵。相比之下，功能安全很多时候只要较低的成本就可实现，但在设计时必须考虑到当附加的功能发生故障时应如何确保安全。

在上述功能安全的案例中，如果传感器损坏，那么即使火车接近，警报器和栏杆也不会工作。这样就会立即变为危险状态，因此需要一种即使传感器损坏也不会引发危险状态的设计。

例如，可以对传感器增加自我诊断电路，如诊断出自身有问题就会降下栏杆。这样即使发生故障也会导向安全的方向，这就是故障安全（Fail Safe）的思路。还可以进行冗余设计，如设置双重传感器，即使一个传感器损坏，另一个传感器也会工作，在此期间可以对损坏的传感器进行修复。双重保险的案例还有铁路道口警报器的红灯、汽车的前灯/尾灯等。

要想实现功能安全，需要防止人受到设计对象的动作或行为的危害，而要想实现这一目标，就需要同时考虑到系统性故障和随机性故障。系统性故障是指在设计时就隐含的潜在故障，通常称为 Bug（漏洞、缺陷）。要想防止系统性故障，就需要构建一个不会引起设计漏洞的设计流程。

对于汽车而言，可将汽车看成一个机器人，驾驶员给这个机器人发送指令，如踩踏板加油，汽车收到指令后执行：电喷系统增加喷油量，发动机输出扭矩增大，实现车辆加速。

对于传统汽车而言，其结构简单，且大多数指令是通过机械方式来实现的，如老式汽车的机械式节气门等，其失效的可预见性高。而现代汽车，其电子电气化功能增强，驾驶员的指令会先转换成相关信号，然后将这些信号传递给控制器的处理芯片，最终驱动相关的执行器来执行，其失效的可预见性大大降低。

现代汽车随着电子电气化的程度越来越高，整车的安全性在很大程度上取决于电子控制器的安全性，如发动机控制器 ECU、变速箱控制器 TCU、车辆稳定性控制器 ESP 等。而且，电子控制器失效的可预见性非常低，因此必须考虑电子控制器失效了该怎么办。

针对电子控制器失效了怎么办这个问题，首先要确定一个角度。例如，极端高温情况下的 ECU 自燃、爆炸等这种系统本身带来的风险，不在功能安全的考虑范围内。

产品安全可分为传统安全和电子/电气功能安全，传统安全包括与触电、火灾、烟雾、热、辐射、毒性、易燃性、反应性、腐蚀性、能量释放等相关的危害和类似的危害。传统安全不在功能安全的考虑范围之内。

IEC 61508 主要针对由电气/电子/可编程电子部件构成的系统，或者起安全作用的电气/电子/可编程电子系统（E/E/PES），建立一个覆盖整体安全生命周期的评价方法。目的是针对以电子为基础的安全系统提出一个一致的、合理的技术方案，统筹考虑单独系统（如传感器、通信系统、控制装置、执行器等）中元件与安全系统组合的问题。IEC 61508 的核心是风险概念和安全功能。风险是指危害事件频率（或可能性）以及事件后果严重性。通过应用由 E/E/PES 和/或其他技术构成的安全功能，使风险降低到可以容忍的水平。

ISO 26262 主要针对汽车行业中特定的电气器件、电子设备、可编程电子器件等，旨在提高汽车电子电气产品功能安全。它为汽车安全提供了一个生命周期（管理、开发、生产、经营、运行、报废）的理念，并在生命周期的各个阶段提供必要的支持。该标准涵盖功能安全方面的整体开发过程（包括需求定义、设计、实施、集成、验证、确认和配置），于 2011 年发布了第 1 版，2018 年发布了第 2 版。2017 年，全国汽车标准化技术委员会发布了《道路车辆功能安全》（GB/T 34590）。

10.2.2　ISO 26262 功能安全管理

ISO 26262 系列标准分别从功能安全管理、概念、系统级研发、软硬件的研发、生产和操作等方面对产品的整个生命周期进行了规范和要求。

ISO 26262 给出的项目安全生命周期如图 10-2 所示。

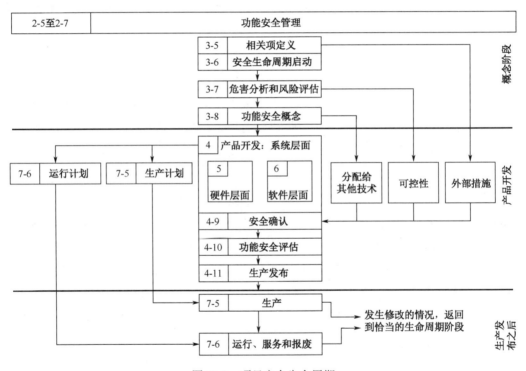

图 10-2　项目安全生命周期

安全生命周期中不同阶段和子阶段的定义以及其他关键概念的解释如下。

1. 相关项定义

安全生命周期的初始任务是对相关项的功能、接口、环境条件、法规要求、已知危害等进行描述，确定相关项的边界及其接口，以及与其他相关项、要素、系统和组件相关的假设。

2. 安全生命周期启动

在完成相关项定义的基础上,通过确定所开发的相关项是一项全新的开发还是对现有相关项的修改来启动安全生命周期。如果是对现有相关项的修改,则对其所做的影响分析的结果可用于裁剪安全生命周期。

3. 危害分析和风险评估

安全生命周期启动后,进行危害分析和风险评估。首先,通过危害分析和风险评估预测与相关项相关的危害事件所处工况的暴露概率、危害事件的可控性和严重度,这些参数共同决定了危害事件的汽车安全完整性等级。然后,通过危害分析和风险评估确定相关项的安全目标,安全目标是相关项最高层面的安全要求。最后,将所确定的危害事件的汽车安全完整性等级分配给相应的安全目标。后续阶段和子阶段中详细的安全要求来自安全目标,这些安全要求继承了相应安全目标的汽车安全完整性等级。

4. 功能安全概念

基于安全目标,考虑初步的构架设想以定义功能安全概念。功能安全概念是通过分配给相关项要素的功能安全要求来定义的。如果能够对涉及的其他技术或与外部措施接口的期望行为进行确认,则功能安全概念可包括其他技术或与外部措施的接口。其他技术的实施不在本标准范围内,且外部措施的实施不在相关项开发范围内。

5. 产品开发:系统层面

在定义了功能安全概念后,从系统层面进行相关项的开发。系统开发流程基于V模型概念,V模型左侧包含技术安全要求的定义、系统架构、系统设计和实现,V模型右侧包含集成、验证、确认和功能安全评估。在本阶段定义软硬件接口。

系统层面产品开发包括对发生在安全生命周期内其他阶段活动的确认任务。

(1)对通过其他技术实现功能安全概念的确认。

(2)对外部措施有效性的假设的确认和对性能的假设的确认。

(3)对人员反应所做假设的确认,包括可控性和操作任务。

生产发布是产品开发的最后子阶段,提供相关项量产发布。

6. 产品开发:硬件层面

基于系统设计规范,从硬件层面进行相关项的开发。硬件开发流程基于V模型概念,V模型左侧包含硬件要求的定义、硬件设计和实现,V模型右侧包含硬件集成和测试。

7. 产品开发:软件层面

基于系统设计规范,从软件层面进行相关项的开发。软件开发流程基于V模型概念,V模型左侧包含软件要求的定义、软件架构设计和实现,V模型右侧包含软件集成、测试和软件要求验证。

8. 生产计划和运行计划

生产计划和运行计划以及相关要求的定义在系统层面产品开发过程中启动。

9. 阶段：生产、运行、服务和报废

该阶段描述了与相关项的功能安全目标相关的生产过程，即与安全相关的特殊特性，以及对相关项的维护、维修、报废的指导说明的开发和管理，以确保相关项在生产发布后的功能安全。

10. 可控性

在危害分析和风险评估中，要考虑驾驶员或其他涉险人员控制危害情况能力的可信度。在安全确认过程中，需要确认在危害分析和风险评估、功能安全概念和技术安全概念中关于可控性的假设。暴露概率和严重程度依赖于场景，通过人为干预的最终可控性受相关项设计的影响，在确认过程中进行评估。

11. 外部措施

外部措施指相关项外部的措施，在相关项定义中对其进行了规定，用于减少或减轻来自相关项的风险。外部措施不仅包括附加的车载装置如动态稳定控制器或防爆轮胎，而且包括车辆以外的装置如防撞栏或隧道消防系统。

在安全确认过程中，需要确认在相关项定义、危害分析和风险评估、功能安全概念和技术安全概念中关于外部措施的假设。可在危害分析和风险评估过程中考虑外部措施，然而，如果可信度来自危害分析和风险评估过程中的外部措施，则在功能安全概念中不能认为此外部措施是一个减少风险的途径。

12. 其他技术

其他技术，如机械和液压技术，不同于本标准适用范围内的电子电气技术。这些技术可在功能安全概念制定中、安全要求分配中作为外部措施被考虑。如果其他技术被定义为外部措施，则考虑到降低相关风险而重新进行危害分析和风险评估是有益的，这样做可能会降低相关安全目标的汽车安全完整性等级。

基于以上这些具体的生命周期的各个阶段和标准中对每个阶段所必须考虑的措施、方法和具体技术的要求，对各个阶段的要求和如何满足要求的措施进行逐一落实，才能设计和制造出满足功能安全要求的安全产品。

10.2.3　ISO 26262 常见术语

1. 汽车安全完整性等级（Automotive Safety Integrity Level，ASIL）

汽车安全完整性等级共 4 级，每一级都定义了相关项或者要素的必要要求和安全措施，以避免不合理的残余风险。ASIL 等级评估如图 10-3 所示。其中，D 代表最高等级，A 代

表最低等级。

S 严重度等级	E 暴露概率等级	C 可控性等级		
		C1	C2	C3
S1	E1	QM	QM	QM
	E2	QM	QM	QM
	E3	QM	QM	A
	E4	QM	A	B
S2	E1	QM	QM	QM
	E2	QM	QM	A
	E3	QM	A	B
	E4	A	B	C
S3	E1	QM	QM	A
	E2	QM	A	B
	E3	A	B	C
	E4	B	C	D

图 10-3 ASIL 等级评估

S—严重度（发生危害事件造成驾驶员、行人等的伤害严重程度）；E—暴露概率（危害发生场景出现的频次和概率）；C—可控性（当危害发生时驾驶员、行人等可以避免伤害的概率）。

该等级代表电子电气系统在汽车行驶安全中的重要程度，也代表产品在开发过程中的设计验证复杂程度。例如，一款摄像头如果应用于倒车辅助功能，摄像头失效之后对整体系统影响并不大，则其等级会是 QM/ASIL-A。但摄像头如果应用于 L4 级自动驾驶领域，负责前方的环境感知和物体识别，将识别到的物体种类和位置发送给车辆控制端进行车辆纵向和横向控制，那么，摄像头在汽车行驶过程中扮演的角色就非常重要，摄像头失效对自动驾驶系统而言是灾难性的，相应的等级就是 ASIL-D。

芯片/代码需要达到 ASIL-D 级。对于任何芯片、任何代码都是基于一定的系统架构假设进行评估的。例如，一款 ASIL-D 级的电源芯片配合一个 QM 级的 MCU 应用在电池管理系统当中，那么，这个电池管理系统在评定审核过程中肯定是达不到 ASIL-D 级的。

2. 汽车安全完整性等级分解（ASIL Decomposition）

将安全需求冗余地分配给充分独立的要素，目的是降低分配给相关要素的冗余安全需求的等级，如图 10-4 所示。

ASIL 分解本质上是 1+1=2 和 0+2=2 的道理，等级高的电子电气系统的设计开发难度和流程复杂度要高于等级低的系统。在 ASIL 分解过程中，以下两点需要特别注意。

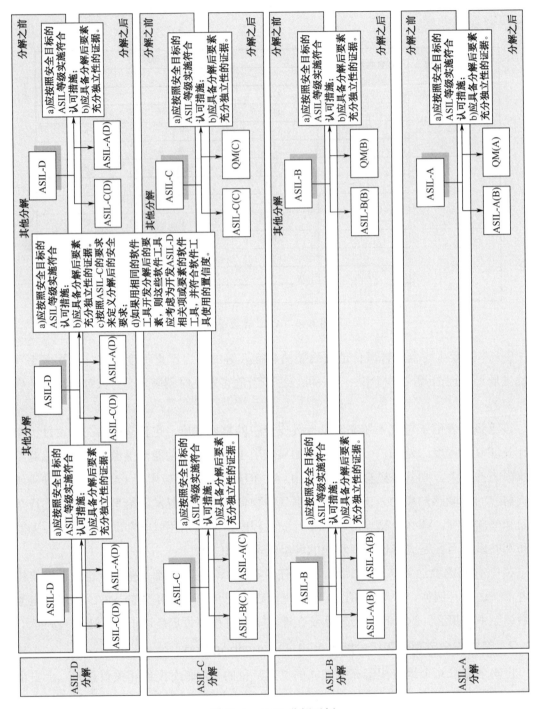

图 10-4 ASIL 分解示例

(1) 链路独立。

每一个电子电气系统内都存在并行的几个功能,存在因为受到同一个底层/中间层因素的影响或者同一个外部因素的影响而同时失效的情况;系统中,具有串联关系(一个系统的输出是另一个系统的输入）的几个系统，可能在一个底层/中间层输入的错误瞬间造成一系列的失效。将识别出这种可能存在的失效模式和相关系统关系，避免系统中存在相关失效的情形的状态定义为链路独立。

（2）架构最优。

在进行 ASIL 分解时，可以选择多种分解方式，例如，激光雷达的传感器冗余的 ASIL-B（数据源）+ASIL-B（数据源），E-Gas 三层扭矩监控过程软件的设计 QM（功能执行）+ASIL-C（功能监控）。在 ASIL 分解过程中，需要考虑分解对象的关联关系，优化整体系统架构，即清晰定义被分解对象的角色及冗余部分出现偏差的处理方式。

3. 安全状态（Safe State）

安全状态表示当前系统的状态是不会造成危害的。汽车电子电气系统中，供电的断开、驱动级芯片的关闭、机械的锁止等都可能是安全状态的表现。在系统设计中，故障降级是普遍采用的一种方式，但故障降级并不一定是安全状态。

4. 故障容错时间间隔（FTTI）

故障容错时间间隔，即在危险事件发生之前，系统故障可存在的时间间隔，如图 10-5 所示。

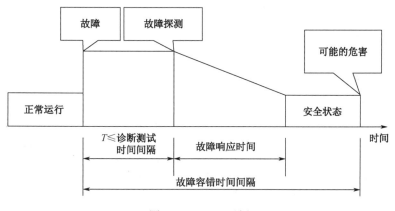

图 10-5　FTTI 示例

故障探测时间和故障响应时间之和不应大于 FTTI。例如，摄像头是自动驾驶系统中非常重要的信息收集传感器，摄像头会提供包含三维色彩的数据信息供后端进行语义分割，如果摄像头模组损坏，如 ISP 处理单元开路，图像信息就会消失，此时的 FTTI 包括摄像头模组损坏的判断时间和汽车执行刹车或者减速到一定速度的时间。

5. 危害分析和风险评估（Hazard Analysis and Risk Assessment，HARA）

危害分析和风险评估，即为了避免不合理的风险，对相关项的危害事件进行识别和归类的方法，以及定义防止和减轻相关危害的安全目标和汽车安全完整性等级的方法。HARA 是功能安全的核心，需要找到系统功能失效和汽车事故之间的关联。例如，车辆刹车失灵，如果车辆静止,则没有造成事故的风险。但是,如果车辆刹车失灵而又刚好要刹车,那么就会造成撞到行人或其他车辆的风险。HARA 示例如表 10-2 所示。

表 10-2 HARA 示例

失效模式	危害	特定情境	危害事件	可能的影响	ASIL	安全目标	安全状态
非预期驻车制动激活	意外减速	高速行驶、转弯处、低摩擦表面	在高速行驶、转弯处、低摩擦表面意外减速	车辆失去稳定性	等级高	车辆行驶时,避免在没有驾驶员请求的情况下激活驻车功能	禁用电子驻车制动系统
非预期驻车制动激活	意外减速	中低速、高摩擦表面	在中低速、高摩擦表面意外减速	与后面的车辆追尾相撞	等级低	车辆行驶时,避免在没有驾驶员请求的情况下激活驻车功能	禁用电子驻车制动系统

10.2.4 车载智能计算平台的功能安全设计

车载智能计算平台开发一般采用 SEooC 方式。这种开发方式不会受限于某个具体的项目,需要基于前期市场调研或以往项目积累,对车载智能计算平台承载的安全目标、功能安全要求以汽车电子电气架构做基础假设。企业可根据自身的产品和业务特性对 ISO 26262 中不必要的章节进行裁剪,将裁剪后的安全生命周期应用到实际的项目中。车载智能计算平台功能安全生命周期参考示意图如图 10-6 所示。

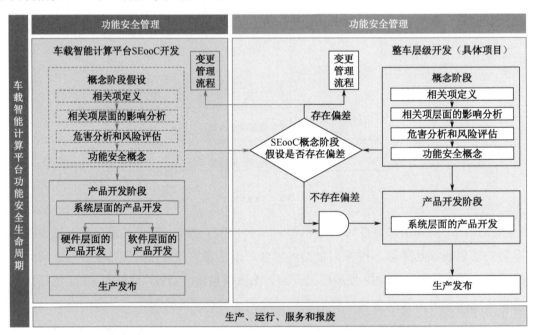

图 10-6 车载智能计算平台功能安全生命周期参考示意图

车载智能计算平台功能安全管理贯穿整个安全生命周期,大体可以分为整体安全管理、产品开发阶段安全管理及产品发布后的安全管理。整体安全管理侧重于企业或部门层面,聚焦于功能安全文化建设、功能安全能力建设等。产品开发阶段安全管理侧重于产品开发过程中的组织架构、人员配置、开发活动计划及文档交付计划等。产品发布后的安全管理主要关注生产和售后层面,包括生产、运行、服务和报废。

在整体安全管理中,质量管理是功能安全管理的基础,相关企业或部门须具备质量体系,具有独立的质量部门实施产品质量审核。功能安全部门和质量管理部门可以合二为一,但是功能安全需要满足独立性要求。

在产品开发过程中,需要配备独立的安全经理跟踪安全相关的活动,解决安全相关的问题。对每个开发阶段,需要制订详细的开发计划、验证计划及认可评审计划。如果涉及供应商,则需要通过签署DIA(开发接口协议)明确双方责任和义务。

在生产、运行、服务和报废阶段,功能安全管理需要定义明确的生产操作规范、维修流程、报废回收流程,保证最终产品在全生命周期中不会影响环境及人身安全。

10.3 预期功能安全设计

随着自动驾驶系统功能架构趋于完善,ISO 26262覆盖的故障性风险造成的功能安全问题分析已无法满足高度复杂系统的安全性分析要求。在系统不发生故障的情况下引起的安全风险愈发受到重视,ISO/PAS 21448将此类问题归结为预期功能安全(Safety Of The Intended Functionality,SOTIF),并给出了其详细定义。预期功能安全问题是目前自动驾驶汽车商业化发展的最大难题之一。

10.3.1 预期功能安全介绍

多起因自动驾驶汽车引发的致命交通事故表明,传统的以质量保障(关注失效风险的预防、探测和消除,采用ISO 26262关注并解决的是因电控系统故障而导致的整车行为危害)为中心的车辆安全体系,已经不能完全满足自动驾驶车辆的安全保障需求。全球汽车工业领域亟须建立全新的自动驾驶安全评判准则体系,以指导正向设计开发和测试评价工作。

自动驾驶系统中涉及环境干扰和人员误用等外部触发条件的安全开发最为复杂,且受目标市场的影响较大,如何建立一套科学、合理且广泛适用于各目标市场的安全评价体系是国际标准ISO/PAS 21448亟须解决的一项重要课题。

功能安全和预期功能安全的关注点如图10-7所示。总体来讲,功能安全和预期功能安全技术为确保自动驾驶车辆在故障、非故障情况下的安全运行提供了根本保障。

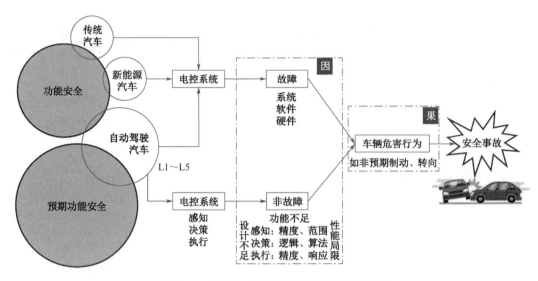

图 10-7　功能安全和预期功能安全的关注点

预期功能安全重点关注预期的功能的安全性，即满足预期设计要求的功能所具有的安全水平。

因自动驾驶车辆运行场景条件的复杂性和未知性，自动驾驶功能即使满足设计要求，仍可能存在大量的安全运行风险，如图 10-8 所示。

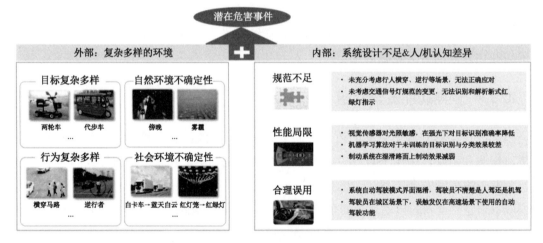

图 10-8　自动驾驶潜在危害

如何避免预期的功能所引发的安全风险，即预期功能安全。预期功能安全的目标是将设计不足、性能局限导致的风险控制在合理、可接受的范围内。

这些设计不足、性能局限在遇到一定的场景触发条件（如环境干扰或人员误用）时，将导致整车行为危害，如图 10-9 所示。

智能汽车安全设计 第10章

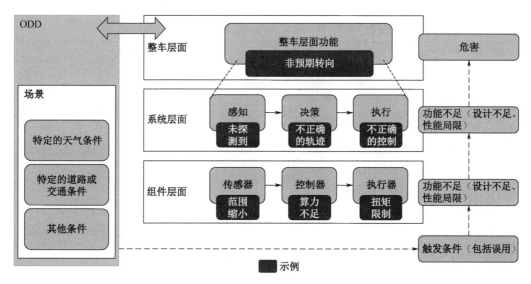

图 10-9 功能不足、触发条件、整车行为危害的关联

与传统车辆重点关注系统失效预防、探测与减轻不同，自动驾驶车辆因替代了人类驾驶员的部分或全部驾驶操作行为，更需要关注运行过程中自身功能和性能的行为安全，由于使用场景的复杂性和随机性，自动驾驶系统安全相关的很多问题在设计阶段无法预见。

从安全性和已知性角度将自动驾驶运行场景分为已知安全场景、已知不安全场景、未知不安全场景和未知安全场景，如图 10-10 所示。

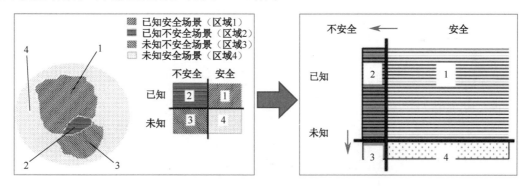

图 10-10 自动驾驶运行场景分类及 SOTIF 开发、验证和发布演进

在开发之初，区域 2 和区域 3 的比例较高。SOTIF 技术通过对已知场景及用例的评估，发现系统设计不足，将区域 2 转化为区域 1 并证明区域 2 的残余风险足够低；针对区域 3，SOTIF 技术基于真实场景及用例测试、随机输入测试等，发现系统设计不足，将区域 3 转化为区域 2，同时基于统计数据和测试结果，间接证明区域 3 的风险被控制到合理、可接受的水平。由此实现对已知和未知风险的合理控制，完成自动驾驶车辆系统的安全提升和发布。

预期功能安全和功能安全的对比如表 10-3 所示。

表 10-3　预期功能安全和功能安全的对比

对比项	功能安全	预期功能安全
危害	电子电气系统故障（随机硬件故障和系统性故障）	功能不足（规范不足、功能局限、合理误用）
对象	所有 EE 系统	复杂传感/决策/执行的 EE 系统，重点是 ADAS/ADS
HARA 分析	分析危害的严重程度/概率/可控程度，给出 ASIL 等级	沿用危害的严重程度/概率/可控程度分析，侧重于触发条件的识别，如环境、传感器性能、算力限制、HMI 设计等
设计开发	正向开发流程 原则：安全目标和 ASIL 等级	迭代开发流程 原则：将更多未知场景转化为已知，减少危害场景，同时将危害场景的风险控制在可接受水平
测试验证	基于确定性故障类型 测试方法：故障集注入测试	基于已知和未知场景测试 测试方法：三支柱（封闭道路测试、开放道路测试、模拟仿真）
运行维护	传统售后，如 4S 店维修/升级	OTA 承担重要角色

自动驾驶系统安全风险的一个主要来源是未知不安全场景，对其无法定义需求，也难以量化评价，这成为全球自动驾驶安全开发领域的痛点。

10.3.2 预期功能安全相关技术

预期功能安全是智能网联汽车安全的重要组成部分，主要应对由于自动驾驶功能不足和可合理预见的人为误用造成的危害问题。现有关于智能网联汽车预期功能安全的国际标准 ISO/PAS 21448 规范和描述了一个基于迭代的系统分析流程，用于识别、分析、减少功能不足造成的危害，如图 10-11 所示。

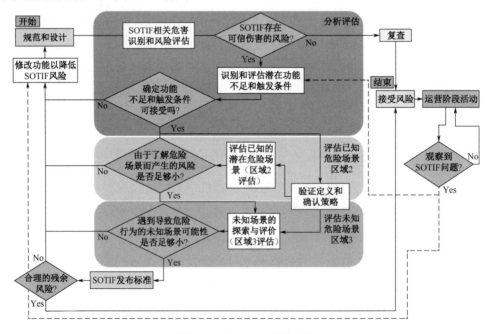

图 10-11　SOTIF 分析流程

自动驾驶的关键技术主要包括感知、决策、控制、执行几个方面，系统和组件的性能限制或规范不足可能导致多种触发条件。此外，已知的环境条件和可预见的合理误用可能会暴露一些系统或组件级的性能限制或规范不足。可在危险行为、触发条件和系统/组件级性能限制或规范不足之间建立并保持可追溯性。危险行为、触发条件和系统/组件级性能限制或规范不足之间的联系及示例如图 10-12 和图 10-13 所示。

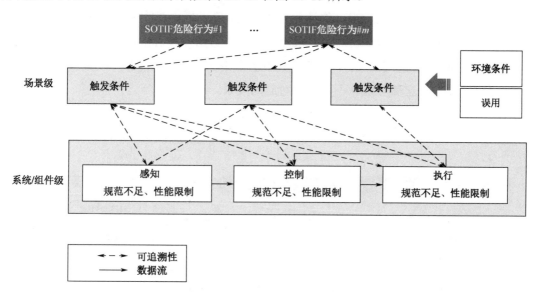

图 10-12　危险行为、触发条件与系统/组件级性能限制或规范不足之间的联系

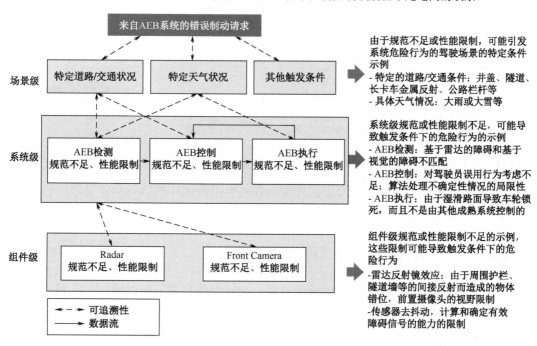

图 10-13　危险行为、触发条件与系统/组件级性能限制或规范不足之间的联系示例

针对不同领域的安全相关系统，研究人员已提出多种安全分析方法。现有车辆功能安全标准及预期功能安全标准中列举了故障树分析（Fault Tree Analysis，FTA）、失效模式及效应分析（Failure Mode and Effect Analysis，FMEA）、危险与可操作性分析（Hazard and Operability Analysis，HAZOP）、系统理论过程分析（Systems-Theoretic Process Analysis，STPA）等方法。在预期功能安全的开发初期，可结合以上一种或多种安全分析方法全面识别所定义的预期功能的相关危害，作为危害评估的输入。上述方法在原理和分析思路上均存在差异，因而在面对不同分析对象时表现出不同的适用性和有效性。

图 10-14 为预期功能安全的 V 模型，其中包含关于功能安全和预期功能安全本身的交互内容。可以看出，这种交互并不是一一对应的关系。

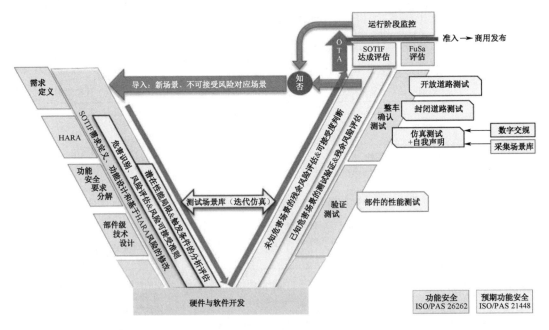

图 10-14　预期功能安全的 V 模型

例如，预期功能安全的定义以及预期功能安全对应系统的定义，都会对应功能安全的项目定义、功能架构、系统架构当中的整个流程。右边的验证和确认也分别对应功能安全和预期功能安全的相应内容。

10.3.3　智能驾驶预期功能虚拟仿真测试

随着自动驾驶等级的提高，智能驾驶设备会出现功能局限、算法缺陷、人员误用等问题，传统汽车的测试工具或测试方法已不能满足自动驾驶汽车的测试需求，为保障智能驾驶系统或相关产品的安全性，需要添加新的测试内容以及应用新的相关技术。

计算机仿真与虚拟测试技术在智能网联汽车研发过程中将扮演愈发重要的角色。具备信息高度共享化的智能网联汽车与车联网技术从根本上组成了一个信息物理系统，仿真技术需要在信息模型与物理模型两个维度进行综合仿真。

因此，从模型到软件，从软件到硬件，从部件到系统，需要不断深入地构建智能网联汽车的知识模型和完整的知识技术体系。交通系统是"人－车－路"相互作用的系统，自动驾驶系统仿真技术的重点发展方向是提供接近真实的复杂动态环境，尤其是对机动车、非机动车、行人等交通参与者的高度动态交互行为，以及天气与天光变化的仿真，并把上述动态交通要素按照不同的复杂程度进行重新组合。

此外，需要对智能汽车进行更多维度的测试与评价。首先，可以对车辆驾驶的自治性进行评价，对车辆本身在一定外界条件下的行驶能力进行测试与评价。其次，可以对车辆参与交通的协调性进行测试与评价，根据其他交通参与者的行为方式确定自身用何种行为进行交互性回应。这些测试与评价都需要仿真技术提供更高维度的虚拟场景与评价体系。

未来，智能网联仿真技术会始终服务于法律法规。通过仿真评估交通事故的法律责任，帮助监管交通行为，对交通规则进行技术评估。智能网联仿真技术将服务于产品认证，通过仿真提供科学而全面的产品测试和审查方法。智能网联仿真技术还将协助建立一个全国范围的通用型数据库，其中包含智能网联汽车工作的典型工况和边缘案例。数据信息可与其他国家和地区共享，帮助行业进行跨地区的交叉认证，最终提升自动驾驶系统的技术普适性。

基于场景的虚拟测试方法虽然不能解决产品开发与测试的全部问题，但可在一定程度上提高测试效率、降低测试成本，短期发现产品缺陷，辅助设计人员提出完善方案，缩短产品开发周期，提高产品安全性，降低产品开发成本。

针对上述智能驾驶系统现有局限和不足，对面向智能驾驶预期功能安全测试的通用场景框架及架构进行初步设计，用户或测试人员可基于该通用场景框架与架构，综合具体测试需求，生成具体的预期功能安全测试仿真场景，通过大规模仿真与测试，将预期功能安全的未知不安全区域转化成已知不安全或已知安全区域。

德国 PEGASUS 项目的场景描述如图 10-15 所示。

Layer 1：道路，包含道路几何和拓扑结构。

Layer 2：交通设施，包含施工障碍、交通标志、交通诱导。

Layer 3：短暂的变化，包括施工现场几何或拓扑结构的临时覆盖。

Layer 4：目标物体。

Layer 5：环境条件，如天气、光照等，对其他层次有影响。

Layer 6：信息层，如 V2X 信息、高精度地图等。

按照智能等级分类的场景进行预期功能安全测试。通过改变预期功能安全各层元素的状态、输入和输出信息等，产生系统 ODD 范围内与范围边缘的测试场景，测试辅助驾驶系统预期功能安全驾驶能力、对应安全机制的有效性，以及系统实际 ODD 范围。

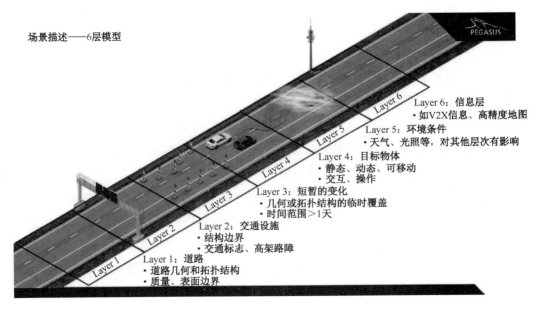

图 10-15 德国 PEGASUS 项目的场景描述

10.3.4 智能驾驶预期功能封闭道路测试

道路测试是开展智能网联汽车技术研发和应用不可或缺的重要环节之一。要确保车辆在各种道路交通状况和使用场景下都能够安全、可靠、高效地运行,需要对其功能进行大量的测试验证,这要经历复杂的演化过程。智能汽车在正式进入市场之前,必须在真实交通环境中进行充分的测试,全面验证自动驾驶功能。在自动驾驶测试评价体系中,依托封闭道路测试开展自动驾驶功能、安全性验证工作愈发重要。

因此,模拟尽可能多的交通场景,不断积累测试数据,将为自动驾驶汽车技术迭代提供有力支撑。能够满足封闭道路测试需求的自动驾驶测试场也将扮演重要角色,目前全球范围内正加速布局测试场的建设。

10.4 信息安全设计

智能汽车主要功能的实现离不开汽车 ECU,且攻击者针对智能汽车的攻击通常也是针对汽车 ECU 展开的,因此智能汽车面临的信息安全风险也是汽车 ECU 面临的风险。信息安全设计是智能汽车安全设计的重要组成部分。

10.4.1 智能汽车面临的信息安全风险

随着汽车的智能化、网联化发展,越来越多的 ECU 被部署在汽车上,例如,车载信息娱乐系统(IVI)、汽车联网模块(TBOX)、高级驾驶辅助系统(ADAS)、电子防抱死刹车系统（ABS）、无钥匙进入和启动系统（PEPS）等。然而，由于 ECU 计算资源和能力的局限，导致难以设计有效的安全方案，而且传统的安全机制难以直接部署到 ECU 上。另外，随着车上 ECU 功能越来越多，实现的代码量不断增加，潜在的代码漏洞问题越来越突出。

智能网联汽车系统通常包括云端、车端、用户端和路端，系统中存在诸多潜的、在可被利用的信息安全漏洞，任何一处短板都可能导致整个系统崩溃，如图 10-16 所示。

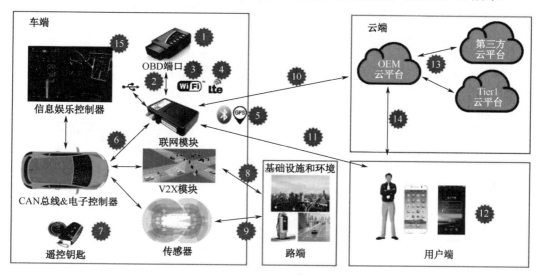

图 10-16　智能网联汽车系统中可能存在的安全漏洞

汽车保护对象模型如图 10-17 所示。

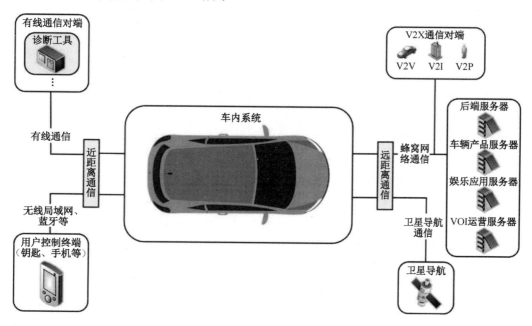

图 10-17　汽车保护对象模型

车内系统保护对象包括：软件系统、电子电气硬件、车内数据、车内通信。车外通信保护对象包括：车外远距离通信和车外近距离通信。

软件系统面临的信息安全威胁如表10-4所示。

表10-4 软件系统面临的信息安全威胁

编号	威胁描述
1	用户通过越权方式访问软件系统，包含两个方面： （1）普通用户能够通过非正常渠道篡改和提升其权限，从而访问权限对应的数据和文件 （2）利用系统访问机制设置不恰当的漏洞（如没有对用户做最小权限设置）来访问资源
2	用户利用用户身份认证不充分或者默认账号和密码未修改等问题，非法访问车内软件系统
3	软件系统中存在不安全的远程访问或者控制组件，如Telnet、FTP、TFTP，以及其他不需要强认证和未加密传输的远程控制组件，攻击者利用这些不安全的软件组件远程非法访问车内系统
4	软件系统中存在未移除或者禁止的功能业务未用的组件和协议端口，攻击者发现并利用这些隐藏的服务和端口攻击系统
5	攻击者通过操纵软件升级的确认机制，让软件系统拒绝正常的软件升级，或者让车辆在不恰当的时间和地点停车升级软件
6	攻击者通过重放合法的升级软件包，让汽车反复升级软件，干扰车辆正常工作
7	车辆升级软件时，没有进行来源合法性和软件包的完整性等可信环节的检查，导致非法软件被安装到车辆中
8	车辆的软件系统没有足够完备的信息安全日志或者其他事件记录系统，导致对攻击和异常行为不感知，也为事后的信息安全事故的调查、取证和追溯等带来困难
9	软件系统缺乏可信的启动机制，导致系统运行被篡改或者存在不完整的软件
10	软件系统的访问认证机制缺乏防暴力破解措施，攻击者利用暴力方式直接破解访问的账号和密码
11	软件系统尤其是数据库，对接收到的输入命令没有做格式的合法性校验，导致出现注入攻击
12	软件系统存在"后门"，即存在绕过正常认证机制直接进入系统的隐秘通道，如组合键、鼠标特殊敲击、特定接口、使用特定客户端、特殊URL等方式无须采用正常认证即可直接进入系统，或者软件存在隐藏的访问账号和远程访问通道等，攻击者一旦获得这些"后门"，就可以非法进入车内软件系统
13	车辆软件系统缺乏预警与监控机制或预警与监控机制不充分，无法获知自身所面临的异常信息处理行为，导致用户或者后台服务器无法及时采取应对措施

电子电气硬件面临的信息安全威胁如表10-5所示。

表10-5 电子电气硬件面临的信息安全威胁

编号	威胁描述
1	芯片缺乏独立的信息安全存储空间或可信计算空间去存储密钥、用户认证的生物特征信息等安全重要参数，导致泄密。例如，通过OS内存泄密，在各种应用执行认证时，直接访问安全重要参数，导致泄密
2	攻击者实施针对芯片的信息安全存储的攻击，企图窃取安全重要参数。例如，实施侧信道攻击、故障注入攻击等物理攻击，以及穷举暴力攻击和信息安全协议攻击等逻辑攻击
3	攻击基于芯片的软件系统可信启动机制，破坏软件启动前的可信环境和可信证明过程。例如，修改预存储的软件完整性校验值或者伪造软件的远程证明凭证等
4	攻击者直接接入硬件调试接口，如JTAG、串口或者能访问硬件的引脚，对ECU和芯片进行非法调试
5	攻击者通过攻击物理设备或利用物理泄露，对电子硬件实施物理注入攻击，包括入侵式攻击（如反向工程破解）、半入侵式注入攻击（如噪声注入、激光照射攻击等）和非入侵式侧信道攻击（通过电磁波、时序等分析密钥等）

车内数据面临的信息安全威胁如表 10-6 所示。

表 10-6　车内数据面临的信息安全威胁

编号	威胁描述
1	车内系统对安全重要参数的存储，如通信密钥、车辆数字证书私钥、车辆长期 ID 等缺乏有效的保护措施，导致安全重要参数的信息泄露，例如，采用明文存储、未采用专门的隔离区进行存储、加密安全重要参数的密钥采用固定密钥或者直接写死在代码中而导致加密密钥泄密问题
2	车内系统对存储的车内数据缺乏有效的访问权限控制，导致攻击者通过各类通信信道非法窃取和篡改数据
3	车内各类软件涉及安全重要参数的使用时，因保护不当而导致泄露，例如，缓存中存在加密密钥和认证凭证、信息安全日志或者其他记录文件记录了密钥和长期 ID 等信息
4	车内系统的参数配置缺乏有效保护，如发动机配置参数、控制算法的建模参数和感知系统的配置参数等，导致攻击者通过修改这些配置参数进行车辆操控
5	车辆共享同样的安全重要参数，如所有车辆使用同样的 root 口令，车辆软件对于外部输入数据检查及保护不足，导致代码注入攻击

车内通信面临的信息安全威胁如表 10-7 所示。

表 10-7　车内通信面临的信息安全威胁

编号	威胁描述
1	由于车内网络未采用分区分域信息安全隔离方式，攻击者一旦攻破某个单元，就可以利用攻破的点，对整个车内系统发起跨越式攻击
2	车内网络连接缺乏对消息来源的真实性和完整性校验机制，导致攻击者一旦入侵了某个车内信息单元，就可以通过篡改消息和伪造消息对车辆进行操控
3	车内网络系统缺乏防 DDoS 或者流控措施，某些信息单元被攻击者操控或者出现功能故障后向车内总线发送大量的异常报文，导致车内通信系统拒绝服务
4	攻击者截取合法报文后不断重复发送，进行重放攻击
5	通过 OBD 接口接入总线方式或者植入恶意软件的方式，监听车内总线的控制消息，破解不同运行状态的控制消息内容

车外远距离通信面临的信息安全威胁如表 10-8 所示。

表 10-8　车外远距离通信面临的信息安全威胁

编号	威胁描述
1	对汽车实施通信欺骗，例如，伪造基站或者路基通信设施身份，向车辆发送假冒的 V2X 消息或者卫星导航信息；伪造车辆 ID，采用女巫攻击方式，伪造出众多虚假车辆，影响车辆的正常行驶；伪造后端服务器身份，向汽车推送各种交互指令和伪造的软件升级包
2	利用通信信道对车辆通信实施 DoS/DDoS 攻击，造成车辆的信息处理功能中断，例如，发送各种通信协议的畸形报文、重放合法报文、大流量报文攻击等
3	通过架设无线干扰器，干扰 V2X 或者卫星导航信号，造成车辆无法正常通信
4	车辆与车外系统之间的通信加密密钥被窃取或者采用明文方式通信，导致通信内容存在泄露的风险
5	车辆与车外系统之间通信信道的完整性保护密钥被窃取或者未采用完整性保护措施，导致通信内容被非法篡改
6	采用中间人攻击方式，向车辆或者车外系统发送伪造的服务拒绝响应消息，干扰正常通信

续表

编号	威胁描述
7	攻击者利用车辆的通信信道对车辆实施网络嗅探,例如,IP 端口扫描、ping 扫描、TCP SYN 扫描等针对 IP 通信的嗅探
8	车辆和各类后端服务器之间的通信缺乏端到端的信息安全保护机制,攻击者利用中间薄弱环节实施攻击,包括窃听、伪造身份通信、篡改通信内容等
9	针对车辆的证书发放系统的攻击,例如,恶意注入伪造的证书撤销列表(CRL)等

车外近距离通信面临的信息安全威胁如表 10-9 所示。

表 10-9 车外近距离通信面临的信息安全威胁

编号	威胁描述
1	利用门禁的无线通信信道,伪造门禁控制命令,例如,采用无线中继放大器进行中间人攻击,分别向车钥匙和门禁系统发送伪造信号,骗取正确的应答信号,从而打开门禁甚至启动引擎
2	通过无线通信信道破解车钥匙,例如,通过暴力破解方式,反复向门禁系统发送控制信息,或者通过监听通信信道进行前向预测攻击、重放攻击、字典式攻击
3	伪造近距离通信报文,例如,伪造胎压管理系统(TPMS)的近距离通信消息,向相关 ECU 发送错误的胎压检测信息等
4	攻击者通过各类接触式通信接口,如 OBD 接口、充电桩接口、USB 接口等,入侵车内系统,包括植入恶意软件、修改车内关键控制系统的参数配置、窃取车内数据、非法访问文件、注入非法数据等行为
5	针对车内的无线局域网通信,如蓝牙和 Wi-Fi,发起伪造 AP 和暴力破解等攻击,试图利用无线局域网非法接入车载系统

当前,国内外正在如火如荼地制定汽车信息安全的相关标准和法规。例如,国际上有汽车信息安全标准 SAE J3061、ISO 21434,以及 UN/WP.29 汽车信息安全法规;国内有国家智能网联汽车信息安全标准体系、工业和信息化部智能网联汽车准入管理办法等。

10.4.2 汽车网络安全标准 ISO 21434

ISO 21434 主要应用于公路车辆,重点是制定汽车信息安全工程的最低标准。该标准没有给出信息安全技术、解决方案或补救措施的具体内容,也没有给出对车辆或道路基础设施的特殊要求。其鼓励采取以风险为导向的方法来确定行动的优先次序。

ISO 21434 整体架构如图 10-18 所示。

ISO 21434 重点关注车辆全生命周期所有阶段的信息安全活动,从设计和开发、生产、运行和维护到车辆报废。

ISO 21434 主要从 15 个方面对车辆网络安全进行了阐述。其中,第 5~7 章从宏观上介绍了车辆网络安全的总体要求,包括整体网络安全管理、基于项目的网络安全管理、网络安全的持续性活动。

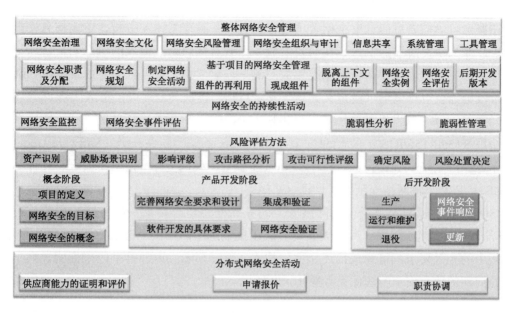

图 10-18 ISO 21434 整体架构

后续 7 章定义了产品全生命周期的各个阶段对于车辆网络安全的要求。

分布式网络安全活动主要介绍在当前车辆分布式合作开发的背景下,对于资产识别、申请报价、责任分布等方面的网络安全要求。

在该标准中,全局信息安全管理为产品全生命周期中的各个信息安全活动提供支撑,产品全生命周期中的各个信息安全活动环环相扣,二者相辅相成。具体示例如图 10-19 所示。

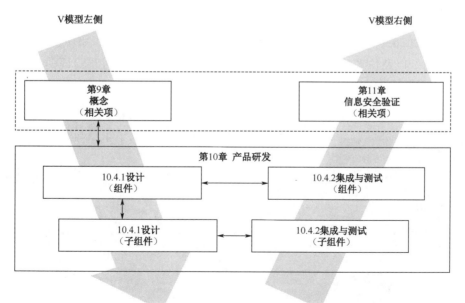

图 10-19 V 模型中产品开发活动的例子

在概念阶段需要对信息安全相关项进行定义，并展开 TARA 分析，输出信息安全目标与需求，作为研发阶段的输入；在研发阶段，需要对概念阶段输入的信息安全目标与需求进行细化，完成软硬件设计以及系统集成与测试，对信息安全需求的完成情况进行确认；验证阶段则需要对标概念阶段定义的信息安全目标，确认其已达成，形成闭环。

2020 年，联合国世界车辆法规协调论坛（UN/WP.29）发布了 3 项关于智能网联汽车的重要法规 R155/R156/R157，即信息安全（Cyber Security）/软件升级（Software Updates）/自动车道保持系统（ALKS）。R155 合规认证主要分为两部分，一是网络安全管理体系认证（CSMS），二是车辆网络安全型式认证（VTA）。

ISO 21434 标准定义了车辆网络安全的完整框架和产品全生命周期的相关流程，对 R155 法规的落地起到支撑作用，尤其是有助于车辆制造商在供应链上实施 CSMS 要求。对于法规中的相关要求，可通过描述文件、技术文件、演示、审计等手段来证明。汽车产品全生命周期的信息安全管理体系如图 10-20 所示。

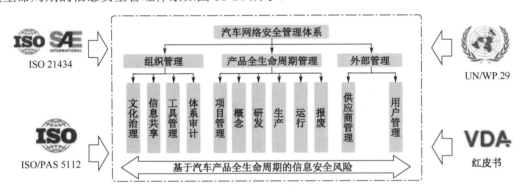

图 10-20　汽车产品全生命周期的信息安全管理体系

基于 ISO 26262、ISO/PAS 21448、ISO 21434，智能汽车安全设计形成从产品功能定义到软硬件开发，以及仿真验证－场地验证－封闭区域验证－实车道路验证的自动驾驶场景数据库，如图 10-21 所示。

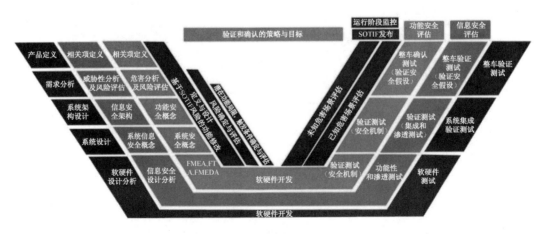

图 10-21　智能汽车安全设计

10.4.3 后量子时代对车辆信息安全的挑战

量子计算机能够以特定的计算方式有效解决一些经典计算机无法解决的数学问题。用于量子计算机的运算操作方法就是所谓的量子算法。目前，最著名的量子算法是 Shor 算法和 Grover 算法，它们已经能够威胁到当前广泛应用的密码体系。

由于现有商用密码系统均是基于算法复杂度与当前计算能力的不匹配来保证其安全性的，而 Shor 算法可以将经典计算机难以解决的大整数分解问题和离散对数问题，转换成可在多项式时间内求解的问题。这使得量子计算机可利用公钥高效地计算得到私钥，从而对现有的大部分公钥算法构成实质性威胁。

针对现有密码算法受到量子计算机影响的程度，美国国家技术标准研究所（NIST）、欧洲电信标准协会（ETSI）等组织已进行了一些评估，其结论如表 10-10 所示。

表 10-10 量子计算机对经典密码算法的影响

密码算法	类型	目的	受量子计算机的影响
AES	对称密钥	加密	需要增加密钥长度
SHA-2，SHA-3	—	哈希散列函数	需要增加输出长度
RSA	公钥	数字签名，密钥分发	不再安全
ECDSA，ECDH	公钥	数字签名，密钥分发	不再安全
DSA	公钥	数字签名，密钥分发	不再安全

目前车辆内外部交互的网络安全主要取决于数字签名和证书，这些都是由非对称算法生成的。非对称加密技术可以保护诸如远程更新（OTA）、V2X 通信和安全诊断接口等免受未经授权的访问。在 TLS 通信中，公钥加密、签名和密钥生成基于成熟的算法，如 RSA、ECDSA 和 ECDH 等。

现在的车辆至少在未来 15 年内都会在路上行驶。据估计，量子计算机可能在 15~20 年后问世，将不可避免地被用来对 IT 系统发起恶意攻击。到那个时候，传统的非对称算法将不再能够提供足够的安全性。未来，车辆将有许多不同的连接方式，如图 10-22 所示。

目前，国际上后量子公钥密码学（PQC）技术仍处于研究及标准化初期。NIST 自 2015 年起针对后量子时代的密码技术开展了大量预研工作，并在 2021 年底之前对初选的量子安全算法进行了标准化，包括公钥加密机制、密钥封装机制（KEM）和数字签名。

有了支持 PQC 的密码库，意味着汽车制造商和供应商能在系统中评估后量子算法，分析这些算法的实践表现和对硬件的需求。需要安全供应商、研究人员和汽车领域的用户持续开展信息交流，进一步提高汽车应用中 PQC 的质量。

后量子时代刚刚开始，在新的车辆架构和系统中，汽车制造商需要考虑在汽车安全中加入 PQC，并且可以升级系统，更新最新的后量子算法和实践，以应对未来的量子安全问题。

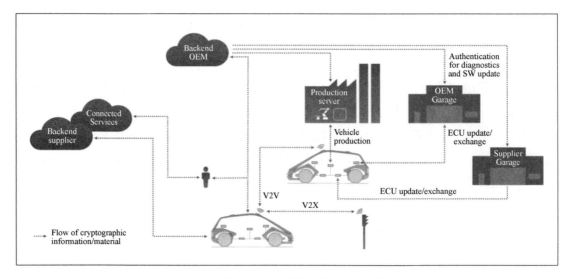

图 10-22　在未来，车辆将有许多不同的连接方式

例如，在 HSM 硬件方面，散列算法占非对称 PQC 进程计算能力的 80%。这就要求 HSM 具有高性能的安全堆栈，以支持相应的硬件加速器，从而确保量子计算机时代车辆的网络安全。

10.5　数据安全介绍

智能网联时代，汽车可以全方位收集车内、车外数据，不仅包括车内驾驶人、乘车人的个人信息，还涉及敏感区域周边地理环境等可能关系国家安全的重要数据。

2021 年，工业和信息化部、全国信息安全标准化技术委员会等部门陆续发布了汽车行业数据保护相关法律法规、国家标准、行业标准或征求意见稿。其中，《汽车数据安全管理若干规定（试行）》的公布，正式落地了对于汽车数据的保护要求。

1. 汽车数据中的个人信息和重要数据

根据数据关联性可将汽车数据分为两类：一类是关于车辆本身的数据，如各传统部件的数据、自动驾驶软硬件数据，以及车辆外部的数据等；另一类是与行车人相关的个人信息，如驾驶人的身份信息、使用车辆产生的行为数据、人脸和语音数据等。《汽车数据安全管理若干规定（试行）》继承了《网络安全法》和《数据安全法》的精神，划分出汽车行业的个人信息和重要数据，并根据其敏感性采取不同的分类监管措施。结合《车联网信息服务数据安全技术要求》和《车联网信息服务用户个人信息保护要求》，整理了不同类型的汽车数据，如表 10-11 所示。

表 10-11　不同类型的汽车数据

汽车相关数据		个人信息	
一般数据	车牌号、车辆型号、车辆平均行驶速度、年行驶里程、路面情况是否完好、道路拥堵情况、车载娱乐系统使用行为数据等	一般个人信息	电话号码、邮箱、车辆防碰撞预警服务中的个人信息、红绿灯车速引导过程中的个人信息
重要数据	（1）重要敏感区域的地理和人流车流数据 （2）反映经济运行情况的数据 （3）汽车充电网的运行数据 （4）包含人脸、车牌等的车外视频、图像数据 （5）涉及个人信息主体超过 10 万人的个人信息 （6）其他	敏感个人信息	（1）个人生物识别信息：指纹、人脸、声纹、心律、虹膜、脸谱 （2）个人身份信息：身份证、驾驶证、社保卡 （3）车辆位置、行踪轨迹 （4）驾驶人或乘车人音视频等 （5）车联网交易类信息：交易账号和密码、交易记录

2. 数据保护主体

在智能网联行业中，能够收集、使用、存储、利用、共享、运维汽车数据的主体类型多样，收集情况也各有不同。为了保证数据处理的安全性，《汽车数据安全管理若干规定（试行）》明确要求汽车数据处理者以合法、正当、具体、明确的方式处理个人信息。在《汽车数据安全管理若干规定（试行）》中，履行数据保护义务的主体为汽车数据处理者，包括汽车制造商、零部件供应商、第三方供应商、经销商、维修机构及出行服务机构。

3. 处理个人信息与重要数据的基本要求

《汽车数据安全管理若干规定（试行）》适用范围广泛，不仅要求对车主、司机相关的数据和个人信息进行保护，还要求对乘客甚至行人相关的数据和个人信息进行保护。《汽车数据安全管理若干规定（试行）》还明确了在汽车行业内被认为属于可能影响国家安全和重大社会利益的重要数据的范围，给予从业者明确的指引。根据《汽车数据安全管理若干规定（试行）》，汽车数据处理者处理个人信息与重要数据，应当符合以下要求。

1）基本原则

汽车数据处理者处理个人信息及重要数据应符合车内处理、默认不收集、脱敏处理、精度范围适用 4 项非强制性原则，这反映了监管部门对于汽车数据处理者的合理期待。

车内处理原则和脱敏处理原则对数据处理的空间范围和对外提供提出了要求。车内处理原则是指，除非确有必要，否则不向车外提供；脱敏处理原则是指，尽可能进行匿名化、去标识化等处理。通过强化脱敏处理要求，实现数据主体不被识别或关联这一最终目的，并以此保护汽车行业数据尤其是车内外收集的个人信息的安全。

精度范围适用是最小必要原则在信息收集精度要求方面的体现。智能网联汽车搭载的摄像头和雷达通常可以收集不同类型的数据。车载摄像头可能收集的信息包括交通信号灯的状态、行人的位置和移动路线，以及行车过程中的各类障碍。而汽车雷达需要对盲点监测、紧急刹车、前后防撞等做出反应，因此需要收集的信息中就含有诸如面部信息等个人敏感信息，以及车外视频、敏感地区人流车流等重要数据。汽车数据处理者有必要根据具体的服务场景，对数据收集的颗粒度进行划分。

默认不收集原则要求除驾驶人自主设定外，每次驾驶时默认设定为不收集状态。将选择权交还给驾驶人，意味着汽车数据处理者需要结合自身的服务场景设置适当的授权机制，以满足现有法律的要求。

2）知情同意

在个人信息收集方面，《汽车数据安全管理若干规定（试行）》继承了《民法典》《网络安全法》及《个人信息保护法》中的告知同意要求，即汽车数据处理者收集个人信息，应当取得被收集人的同意，但法律法规规定不需要取得个人同意的除外。需要注意的是，即便是在不需要取得个人同意的法律法规规定的例外场景下，汽车数据处理者仍应当对收集个人信息的行为进行告知，即纳入诸如隐私政策等文件中，并采取相应的保护措施。

以车联网卡实名登记为例，工业和信息化部公布的《关于加强车联网卡实名登记管理的通知征求意见稿》要求，车辆厂商应在售前、售中、售后建立车联网卡采购、使用、实名登记等管理制度，并需要将登记和核验的用户实名信息、车联网卡号码或识别码传送给相应的电信企业，由电信企业进行查验和登记，否则将按照《网络安全法》第61条的规定承担法律责任。该等用户实名信息、车联网卡号码构成可以识别特定自然人的个人信息，但该等个人信息是法律法规要求的取得车联网卡前必须提供的信息，因此不属于必须征得个人信息主体同意才能收集的信息，但是汽车生产企业仍应当在用户购买车辆时就其收集其个人信息的情况进行告知，并通过技术或其他必要措施对收集的个人信息严格保密。

结合智能网联汽车的特点，《汽车数据安全管理若干规定（试行）》在知情同意原则的基础上，特别提到采集到的车外音视频信息，尤其是车外个人信息，应当进行匿名化或者脱敏处理。实践中，自动驾驶、自动刹车、自动泊车等功能的实现都需要通过车载摄像头、激光雷达等传感器实时收集车辆外部的各类数据，包括车外行人的音视频信息，车辆收集此类个人信息难以取得个人信息主体的同意。在此类场景下，通过匿名化处理能够有效地防止特定个人信息主体被识别，降低数据泄露给个人信息主体带来的风险。

在《汽车数据安全管理若干规定（试行）》正式生效后，对于可能收集到车外行人数据的汽车数据处理者而言，如何从技术手段上满足匿名化处理要求是当务之急。

3）目的限制

依据个人信息的敏感性，《汽车数据安全管理若干规定（试行）》还特别针对不同的数据类型提出了处理目的限制，如表10-12所示。这也是我国首次在法律层面对个人信息处理的目的限制进行直接规定。

表 10-12　针对不同数据类型提出的处理目的限制

数据类型	目的限制
敏感个人信息	直接服务于驾驶人或者乘车人，包括增强行车安全、辅助驾驶、导航等
个人生物识别信息	除敏感个人信息的目的限制外，还应当限定在方便用户使用、增强车辆电子和信息系统安全性

4）敏感个人信息删除要求

《汽车数据安全管理若干规定（试行）》规定个人要求删除的汽车数据处理者处理的敏感个人信息，汽车数据处理者应当在十个工作日内删除。对那些与人身、财产安全密切相关的个人信息和数据，应予以更为严格的保护。

尽管《汽车数据安全管理若干规定（试行）》删除了用于判断违法违规的数据类型，但仍然存在一些问题。

首先，对于法律法规要求保留的敏感个人信息，如与国家安全直接相关的数据，或者与刑事侦查起诉和审判直接相关的数据等，汽车数据处理者不宜将该等数据删除。

其次，实践中汽车数据处理者可能以分布式存储的方式存储海量数据，汽车数据处理者可能难以在十个工作日内删除该等数据并进行确认，还可能使汽车数据处理者付出高额的经营成本。

最后，按照《汽车数据安全管理若干规定（试行）》，汽车数据处理者应当根据驾驶人的要求无条件删除数据，但如果数据已被匿名化处理，则该等数据无法识别或关联到特定的信息主体，因此，即便汽车数据处理者不删除该等数据，也不会导致个人信息主体的权利受到侵害，从这一角度看，汽车数据处理者无须按照驾驶人的要求删除数据。

5）境外传输要求

根据《汽车数据安全管理若干规定（试行）》的要求，个人信息和重要数据应当存储在境内，境外传输则需要通过国家网信部门组织的数据出境安全评估。《汽车数据安全管理若干规定（试行）》无疑对汽车行业个人信息和重要数据的出境提出了更为严苛的要求。

《网络安全法》和《数据安全法》仅要求关键信息基础设施处理者对重要数据出境时进行安全评估。2021年5月颁布的《信息安全技术网联汽车采集数据的安全要求》则规定，网联汽车通过摄像头、雷达等传感器从车外环境采集的道路、建筑、地形、交通参与者等数据，以及车辆位置、轨迹相关数据不得出境，进一步细化了不得出境数据的范围，值得汽车数据处理者关注。

《汽车数据安全管理若干规定（试行）》要求，向境外传输重要数据的，应当向省级网信部门等有关部门进行报告。这一要求也可结合数据安全审查制度来理解。《数据安全法》规定，国家建立数据安全审查制度，对影响或者可能影响国家安全的数据处理活动进行国家安全审查。

尽管目前还没有可能影响国家安全的判断标准和判断依据，但汽车数据处理者的业务中如果涉及处理大量的个人信息和重要数据，并将该等数据向境外传输，则应当密切关注后续出台的配套法规，以判断自身是否可能落入被审查的范围。

反侵权盗版声明

电子工业出版社依法对本作品享有专有出版权。任何未经权利人书面许可，复制、销售或通过信息网络传播本作品的行为；歪曲、篡改、剽窃本作品的行为，均违反《中华人民共和国著作权法》，其行为人应承担相应的民事责任和行政责任，构成犯罪的，将被依法追究刑事责任。

为了维护市场秩序，保护权利人的合法权益，我社将依法查处和打击侵权盗版的单位和个人。欢迎社会各界人士积极举报侵权盗版行为，本社将奖励举报有功人员，并保证举报人的信息不被泄露。

举报电话：（010）88254396；（010）88258888

传　　真：（010）88254397

E-mail：　dbqq@phei.com.cn

通信地址：北京市万寿路 173 信箱
　　　　　电子工业出版社总编办公室

邮　　编：100036